KB165831

한반도의
고인돌사회와
고분문화

韓國考古美術研究所
東垣學術叢書
01

지건길

한반도의
고인돌사회와
고분문화

사회평론아카데미

동원학술총서 01

한반도의 고인돌사회와 고분문화

2014년 6월 13일 초판 1쇄 발행
2019년 3월 13일 초판 2쇄 발행

지은이 지건길
펴낸이 윤철호
펴낸곳 (주)사회평론아카데미

편집 김천희
디자인 김진운·황지원
마케팅 최민규
등록번호 2013-000247(2013년 8월 23일)
전화 02-2191-1133
팩스 02-326-1626
주소 121-844 서울특별시 마포구 월드컵북로12길 17(2층)
ISBN 979-11-85617-10-7 93910

책머리에

나와 같은 대입 준비생뿐만 아니라 일반인들에게도 매우 낯설기만 했던 '고고인류학과考古人類學科'에 입학한 것이 1962년 봄, 벌써 쉰 해가 넘었다. 고고학이란 학문에 첫발을 들여놓은 지 그새 반세기가 지났다는 이야기다. '고고학考古學'이라는 개념이 어렴풋이 그 윤곽이 잡히면서 아직 '잉크' 냄새도 덜 가신 삼불 김원용 선생님의 『한국사전유적유물지명표韓國史前遺蹟遺物地名表』(1964)를 배낭 옆 주머니에 꽂고 서울 근교의 응봉鷹峰으로, 미사리渼沙里로 무작정 헤매고 다니기도 했다. 그러나 타고난 눈썰미가 워낙 무딘지라 그 흔한 토기 쪼가리 하나 줍지 못하고 돌아오기 일쑤였다.

대학 졸업 후 지금의 국립문화재연구소의 전신이랄 수 있는 문화재관리국 조사연구실에 들어가 거의 10년을 발굴 위주의 현장조사에 매달리다가 부여박물관장을 시작으로 새로운 국립박물관에서의 생활이 계속되었다. 이후 잠시 국립민속박물관장을 겸직했고, 서울의 고고부장과 학예연구실장, 광주와 경주 등 지방 박물관장을 거쳐 중앙 관장직을 마지막으로 만 35년간의 공직생활을 마감했다.

그동안 두 차례의 프랑스 유학을 거쳐 어쩌면 외도랄 수도 있는 파리 주재 한국문화원장을 지내며 나라 안팎에서 분주한 공직을 맡아왔다. 최근에는 '아시아문화중심도시 조성위원회'의 위원장이라는 무겁기도 하고 다소 버겁기도 한 자리를 맡아 내 고향 광주光州를 위한 마지막 봉사로 생각하면서 공직을 수행해 나가고 있다.

얼핏 파란만장하달 수도 있는 지난 50여 년이란 짧지 않은 세월 동안, 내 생활의 한복판에는 항상 '고고학'이 자리 잡고 있었다. 그러나 공직으로서의 연구직은 내 전공에만 매달릴 수 있는 자리가 아니었다. 고인돌에서부터 조선시대의 민묘民墓 발굴에 이르기까지 나에게 다가온 유적에서 어느 것 하나라도 피해갈 수가 없었다.

더구나 연구소나 박물관에 봉직하는 연구직에게는 고고학, 미술사, 인류학, 역사학 등 인문학人文學뿐만 아니라 보존과학 등 자연과학自然科學 분야에 이르기까지 폭넓은 지식이 필요하였다. 이렇듯 폭넓게 요구되는 지식의 틀 속에서도 개개 연구직들은 나름대로 각자가 갖춰야 할 전공분야를 가꿔나가야 한다. 그러한 연구직들의 다양한 전공이 한 틀 속에 들어가 새로운 지식을 창출하고 결과적으로 그 조직을 이끌어가는 원동력이 되는 것이다.

나 또한 갖은 사연 끝에 전공의 방향을 제대로 잡은 것은 연구직이 된 지 근 10여 년이 지나서였다. 학창시절에 내가 처음 관심을 가지고 다가간 분야는 '고인돌'이었다. 수업 시간이나 우연히 눈동냥으로 스쳐본 우리의 신비스러운 '고인돌'이나 유럽의 웅대한 '돌멘DOLMEN'들이 나의 호기심을 자극했고 그때 국립박물관에서 막 시작한 전국의 '지석묘支石墓'에 대한 대규모의 조사가 나의 '꿈'을 자극하는 계기가 되었다. 지금도 책꽂이의 한 귀퉁이에 꽂혀 있다가 가끔 내 눈에 잡히는 그때의 '노트'에 빼곡히 적힌 내용들을 훑어보면서 한때 열심히 드나들었던 동숭동 학교도서관의 음습한 모습을 떠올려보곤 한다.

그러나 내가 연구실에 들어가 처음 조사에 참여했던 유적이 경주 보문동普門洞의 신라 고분이었고 얼마 뒤 공주 무령왕릉武寧王陵이나 경주 천마총天馬塚 등 굵직한 유적의 발굴을 담당하게 되면서 그 소중한 경험을 살려 한때는 삼국시대의 고분문화古墳文化에 심취하기도 했다.

그러다가 천마총 발굴을 마치고 나서 첫 프랑스 유학 기간 중에 만난 '브르타뉴'에서의 웅대한 거석 유적이 다시 나의 마음을 돌려놓았다. '카르나크' 평원에 펼쳐진 장대한 열석군列石群과 다양한 고인돌, 선돌들을 둘러보면서 학창시절 빠져들었던 거석문화에 대한 향수가 다시 되살아났던 것이다. 따라서 두 번째 이루어진 프랑스에서의 학위유학學位留學에서는 '동·서 거석문화東·西 巨石文化의 비교연구'라는 주제로 그 뜻을 펼칠 수가 있었다.

지난 시절을 통틀어 내가 쏟았던 관심 분야는 크게 '고인돌'과 '고분'이었지만 내가 이에 관한 논문들을 따로 정리할 만한 기회가 없던 차에 이번 한국고고미술연구소韓國考古美術研究所의 배려로 논문들을 모아 펴낼 기회를 갖게 되었다. 처음 논총 간행에 관한 제의를 받고 잠시 그 주제에 대한 고민을 하지 않을 수 없었다. 한 권의 책에 담을 만한 대상을 고르는 일이 선뜻 떠오르질 않아서였다. 결국 '고인돌' 사회와 '고분' 문화를 주제로 하되 고인돌 시대에 이루어진 '청동기' 문화를 더해서 모두 세 분야의 주제로 압축하게 되었다.

다시 꺼내든 '잡문雜文'들을 읽어가면서 내용의 미숙함에다 들쑥날쑥한 체제가 맘에 차지 않은 것이 한둘이 아니었지만 당시 내가 갖춘 지식의 정도이자 당시 우리 학계의 풍조려니, 억지로 에두르며 용기를 내어 작업을 시작하게 되었다.

지금은 우리말 용어가 비교적 일반화되었고, 1980년대 들어 국립박물관 고고부考古部에서 이룬 한국고고학 용어개정 작업의 결과가 정착되어 가고 있다. 그러나 그 이전에는 대부분의 용어가 한자 일색으로 통용되었기 때문에 한문 교육이 거의 말살 되어버린 요즘의 젊은 세대들에게는 그 시대의 글을 읽는다는 것이 여간 고역이 아닐 수 없을 것이다. 따라서 여기에서는 가능한 범위 안에서 한글 용어로 바꿔 보았지만 그러다 보니 더러는 문맥의 앞뒤가 부자연스런 곳이 적지 않게 발견되고 있다.

또한 몇십 년 전의 글들 대부분에서 당시의 사진을 구하기가 어려워 어쩔 수 없이 상태가 불량한 원 보고서의 사진을 그대로 실을 수밖에 없었던 점에 대해서는 읽는 이들의 깊은 이해를 바란다.

이 책이 나오기까지 많은 분의 도움을 받았다. 우선 일찍이 선친이신 동원東垣 이홍근 님의 갸륵한 뜻을 받들어 어려운 여건 속에서도 국립박물관을 위한 유물

기증에서부터 연구지원 사업에 이르기까지 혼신의 힘을 기울여주신 이상룡 선생님께 감사를 드린다. 선생의 뜻으로 이어가고 있는 동원학술총서東垣學術叢書의 이름으로 바로 이 책이 나오게 된 것이다.

오래된 글들이라 대부분 새로 '워드' 작업을 할 수밖에 없었는데 이를 위해 학예연구실의 한 수 연구관 주도로 많은 직원들이 여러 날을 이 작업에 매달릴 수밖에 없었다. 다시 한 번 그들의 노고에 고마운 마음을 전한다.

끝으로 별다른 대가를 기대할 수 없는 이 초라한 책자 출판을 위해 몇 차례 박물관과 내 사무실까지 애써 찾아주신 사회평론아카데미의 김천희 대표에게 감사를 드린다.

광교산 자락에서   지건길

차례

III 백제와 신라의 고분문화

부록

I

한반도의 청동기문화

선사시대의 집터와 무덤

고고학考古學이란 인류가 남겨놓은 물질적 유산을 통해 그들의 생활을 복원하고 재현하는 학문이다. 따라서 우리는 선조들의 집터(住居址)나 무덤(墳墓)을 찾아 그러한 문제점들을 하나하나 살펴나가는 것이다.

일반적으로 집터의 발굴을 통해서는 선조들의 실제생활의 모습을 살피고 거기에 남겨진 실용도구를 접함으로써 보다 더 그들의 생활문화에 가까워질 수 있지만 이 생활유적들이 갖는 이동성의 본질에 따라 그 조사는 한계에 부딪히는 경우가 많다. 한편 무덤의 경우는 다분히 의식적意識的 행위의 소산으로서 실생활의 모습과는 얼마간의 차이가 있으며, 또한 현실보다는 오히려 내세來世의 안거安居를 바라는 염원의 결과이기 때문에 보다 의식적儀式的인 의미가 주어지게 마련이다.

그러나 우리는 좁은 이 유택幽宅의 공간에서 집약된 그들의 물질생활과 정신생활의 양면을 투시해볼 수가 있다. 무덤의 축조에서 이루어진 그들의 활동은 이러한 집약된 양면성의 소산으로 나타나기 때문에 지금까지 이루어진 대부분의 고고학적인 성과는 주로 이 무덤유적들의 조사를 통해서 이루어졌다고 할 수 있다.

1. 구석기시대

살림집의 역사는 곧 인류의 역사와 직결된다고 할 수 있다. 물론 선사시대의 살림집이라는 개념이 오늘날의 개념과는 다르다고 할지라도 인류는 구석기시대부터 그들 나름대로의 주거환경을 영위해 왔다. 최초의 집터라고 할 수 있는 것들은 대개 자연동굴이나 돌출한 바위그늘(岩蔭)을 이용하여 비바람을 막는 정도의 원시적인 주거생활이었지만 우리는 이 유적들에서 발견되는 각종 유물과 동굴벽화 등을 통해 그들의 물질생활과 정신세계를 통찰해볼 수가 있다.

구석기시대의 인류는 사냥이나 고기잡이에 의존했던 채집採集경제의 단계로서, 한곳에 정착된 생활을 못하고 먹이를 찾아 이곳저곳을 부단히 옮겨 다니는 생활의 연속이었다. 이 시대의 가장 뚜렷한 특징으로는 그들이 '뗀석기(打製石器)'를 사용했던 것이지만, 후기에 이르면서 석기는 보다 정교해지고 종류도 다양해질 뿐 아니라 석기 외에 뼈나 뿔로 도구를 만들어 사용했음을 알 수가 있다.

도구의 발달과 함께 식생활과 주거생활에서도 많은 개선이 이루어져 불의 발견과 더불어 생식生食 단계에서 벗어나 음식을 익혀 먹게 되고 동굴이나 바위그늘 외에 짐승 가죽을 덮은 '텐트'식의 살림집도 등장하게 되었다.

한반도에서 구석기시대 유적을 본격적으로 조사하기 시작한 것은 1960년대부터이지만 그간 이루어진 결과에 따라 당시 주거생활의 양상이 어느 정도 밝혀지게 되었다. 함북 웅기雄基 굴포리屈浦里[1]에서는 나뭇가지나 짐승 가죽 등으로 엮어서 만든 천막의 가장자리를 눌러놓았던 돌무지 시설이 확인되었는데 이는 약 10만 년 전에 이루어진 구석시대 중기의 유적으로 생각된다.

이밖에도 평양의 검은 모루,[2] 평남 덕천德川의 승리산,[3] 충북 제원堤原 점말,[4] 청원淸原 두루봉[5] 등지에서는 동굴유적이, 충남 공주公州 석장리石壯里[6]와 경기 연천漣川 전곡리全谷里[7](도 I-1) 등지에서는 석기문화층이 발굴·조사되어 우리나라 구석기시대 생활의 일면을 보여주고 있다.

인간이 죽으면 매장하는 풍습은 벌써 구석기 중기부터로, 유럽의 몇몇 네안데

르탈인 유적의 주거공간에 바로 인접해서 매장 인골들이 발견된 바 있다. 그러나 우리나라에서는 아직 구석기 유적에서 분명한 매장의 흔적이 확인된 바가 없다.

2. 신석기시대

구석기시대를 거쳐 한반도에는 새로이 신석기인들이 들어와 과거 '뗸석기'로 일관되던 도구가 '간석기(磨製石器)'로 바뀐다. 일부 지역에서는 목축과 원시농경이 이루어지는 등 채집경제의 단계에서 새로운 생산生産경제의 체제로 들어서게 된다. 이러한 생활방식의 전개에 따른 생산력의 향상은 필연적으로 인구의 증가를 가져오고 이에 따라 원시 취락聚落이 이루어지면서 주거양식에 새로운 변화가 일어난다.

우리나라의 신석기시대에 속하는 유적으로는 집터 외에도 조개더미(貝塚)나 유물포함층遺物包含層 등이 있지만 실제 조사된 집터 유적은 다른 유적에 비해 매우 적은 편이다. 집터의 대부분은 서울 암사동岩寺洞[8](도 I-2)에서와 같이 땅을 수직으로 파내려가 그 위에 지붕을 씌운 이른바 움집터(竪穴住居址)로서, 평면은 원형 또는 모서리가 둥근 방형(抹角方形)이 대부분으로 원형에서 방형으로, 그리고

말기에 이르러 장방형으로 변했으리라 생각된다.

움집의 규모는 일반적으로 지름 또는 한 변의 길이가 6m 안팎인 것들이 가장 많고 그 깊이는 60cm 안팎이다. 바닥에는 진흙을 깔아 굳게 다진 경우가 많은데 웅기 굴포리의 서포항西浦項[9] 제3호 집터의 경우 조개껍질층 위에 진흙을 얇게 깔고 불을 때어 구운 결과 바닥이 마치 콘크리트 바닥처럼 단단하게 나타난 특수한 유적도 있다.

이 집터들의 바닥에는 취사炊事와 난방을 위한 화덕자리(爐址)가 대개 바닥의 가운데에 있는데 거의 모두가 돌을 둘러 원형, 타원형 또는 방형 등으로 만들었지만 평북 운산雲山 궁산弓山 유적[10] 2호와 5호 집터에서와 같이 화덕 주위에 진흙으로 둑을 쌓은 곳도 있다. 이 집터들 가운데에는 출입을 위한 시설을 갖춘 곳도 상당수가 확인되었는데 한 단 또는 두 단의 계단 시설이거나 바깥쪽을 향해 비스듬한 경사로 등이었다. 이렇게 뚜렷한 출입구의 시설이 확인되지 않은 집자리의 경우는 벽에 걸쳐 세운 나무 사다리 등을 통해 출입이 이루어졌을 것으로 추정된다.

이밖에 움집의 바닥에는 군데군데 저장구덩이(貯藏孔)로 생각되는 구덩이의 흔적이 남아 있는데 여기에 바닥이 둥근 항아리를 묻고 그 안에 식량 등을 보관했던 것으로 생각된다. 저장구덩이 외에 바닥 가장자리를 따라 이루어진 기둥구멍을 통해 이 움집들의 모습이 원뿔모양(圓錐形) 또는 네모뿔모양(方錐形), 드물게는 우진각이나 맞배지붕이었음을 알 수가 있다.

신석기시대의 집터로서는 이 움집터들 외에도 평양 청호리淸湖里,[11] 강화도 삼거리三巨里[12]와 춘천 내평리內坪里[13] 등지에서와 같이 바닥에 편편하게 돌을 깔아 이룬 돌깐집터(敷石住居址)와 춘천 교동校洞[14]과 평북 의주 미송리美松里[15]에서와 같은 동굴집터도 확인된 바 있다.

소양댐 수몰지구 조사의 일환으로 발굴된 내평리에서는 강변 12×4m의 범위에 대개 타원형으로 돌이 깔린 집자리를 이루었고 그 중심부와 둘레에서 모두 11개의 화덕자리가 나타났다. 출토유물로는 돌도끼 등 석기도 있지만 대부분은 빗살무늬계(櫛文系)에 속하는 토기 파편들이 주류를 이루었다.

교동 동굴은 산 경사면의 풍화된 화강암반을 깎아 이룬 인공 동굴로서 내부 4m가량 되는 원형으로 천장은 편평한 '돔' 모양이다. 바닥에는 3구軀의 인골이 모두 발을 중앙으로 모으고 있는 상태로 발굴되어 특별한 의식하에 이루어진 매장된 상태임을 보여주었다. 그러나 출토된 토기에 유기물이 묻어 있고 동굴 천장이 그을린 상태로 보아 본래는 사람이 살던 동굴이었는데 전염병 등으로 가족들이 사망하자 시체를 매장시킨 뒤 동굴을 버리고 다른 곳으로 이사하였던 것이 아닌가 생각된다.

신석기시대의 무덤으로서 서유럽에서는 벌써 이 시대의 중엽에 대형의 돌무지무덤(積石塚) 같은 거석무덤(巨石墳墓)[16]이 나타나지만 우리나라에서는 간단한 구조의 돌무지무덤이 서해안의 시도矢島 조개더미[17]에서 확인된 바 있다. 빗살무늬토기시대의 후기에 속하는 것으로 보이는 이 돌무지무덤은 구덩이(土壙)를 타원형으로 파고 그 위에 돌을 쌓아 무덤을 만들었다. 인골은 출토되지 않았지만 구덩이와 돌무지 사이에서 많은 양의 숯이 수습된 것으로 보아 구덩이에 굽혀 묻은(屈葬) 시체를 나무 등으로 덮은 뒤 돌을 쌓은 것으로 추측된다.

이곳 시도의 무덤은 한반도에서 정식으로 보고된 최초의 무덤일 뿐 아니라 지금으로서는 신석기시대의 유일한 무덤이라고 할 수 있지만 이렇듯 간단한 구덩식 돌무지무덤(土葬積石塚)은 앞으로의 조사 결과에 따라 더욱 그 자료가 증가할 것으로 생각된다.

3. 청동기시대

지금까지 빗살무늬토기가 주류를 이루던 신석기시대 말기에 북쪽으로부터 새로운 금속문화, 즉 청동기문화의 바람이 토착 빗살무늬토기 사회에 몰아치면서 생활 전반에 걸쳐 서서히 변혁이 이루어진다. 빗살무늬·돋을무늬(隆起文) 등 유문계有文系로 일관되어 오던 토기 문화가 무문계無文系로 바뀌면서 그들의 생활 무대도 지금까지의 바닷가나 강변으로부터 점차 내륙지방으로의 진출이 현저해진다.

이러한 내륙으로의 진출은 그들의 생업경제가 농경으로 정착됨을 의미하지만 이에 따른 의·식·주 등 물질생활의 안정은 새로운 내세관념來世觀念을 불러일으켜 본격적인 무덤의 등장을 가져오게 되었다. 이 민무늬토기인(無文土器人)들의 집터형식은 기본적으로 앞서 빗살무늬토기인(櫛文土器人)들의 집터형식과 별다른 차이점은 보이지 않는다. 다만 규모가 보다 더 커지고 장방형 또는 방형의 움집이 주류를 이루지만 부여扶餘 지방의 송국리松菊里[18](도 I-3) 등지에서는 방형과 함께 원형의 집터도 나타난다.

이 시대에 이르면 한 유적지 안에서의 집자리 수가 앞서 신석기시대에 비해 훨씬 밀집된 모습을 보이는데 이는 규모의 차이와 함께 인구 증가에 따른 취락의 대형화를 나타내는 것으로 볼 수 있다.

함북 무산茂山 호곡동虎谷洞[19]에서는 1200m²의 넓이에서 모두 50여 채의 집자리가 한꺼번에 조사된 바 있다. 시기적으로 약간의 차이가 있는 유적이라고 하지만 조사된 범위가 전체 집터 추정 범위의 1/40이었다는 점으로 미루어 그 취락 규모를 짐작할 수 있다.

집터의 바닥에는 화덕자리가 남아 있지만 앞서 신석기시대 집터의 화덕이 대개 바닥 한가운데에 이루어진 데 비해 이 시대의 집터에서는 거의 모두 바닥 한쪽

도 I-3 부여 송국리의
집터(청동기시대)

에 치우쳐 있다. 또 집터의 규모가 커짐에 따라 화덕자리가 두 군데에 있기도 하고 앞서 호곡동6호 집터에서와 같이 한 주거지 안에 모두 세 군데의 화덕이 만들어진 경우도 있다. 춘천 중도中島의 맞은편에 위치한 신매리新梅里 집터[20]는 청동기시대 후기에 해당되는 유적이다. 이곳에서 조사된 2기의 집터는 서로 겹쳐진 상태로 이루어진 방형의 집터로서 2호 집터가 버려진 뒤에 1호 집터가 만들어진 것으로 보인다. 모두 20~25m²의 비교적 소형에 속하는 것들로 4~5인의 핵가족 집터로 보이는데 출토유물로 보아 기원전 4~3세기에 해당하는 유적으로 생각된다.

앞서 신석기시대부터 이루어진 돌무지무덤 외에도 청동기시대에 들어서면서 새로운 형식의 무덤으로서 돌널무덤(石棺墓)과 고인돌(支石墓)이 출현하고 극히 드물게 독무덤도 나타난다. 돌널무덤은 '유라시아' 대륙에서 널리 행했던 매장시설로서 동북아시아에서는 청동기시대 이후 시베리아를 비롯하여 중국의 동북지방과 한반도, 일본에 이르기까지 오랜 기간에 걸쳐 활발히 이루어졌다.[21]

우리나라의 돌널무덤(도 I-4)은 고인돌과 함께 청동기시대의 거의 전 기간에 걸쳐 만들어진 무덤으로 유해를 묻기 위해 판돌(板石) 또는 깬돌(割石)로 벽을 만든 매장시설이다. 이 돌널무덤들 가운데 판돌식(板石式)에서의 출토유물은 돌검(石

도 I-4 부여 송국리의 돌널무덤(청동기시대)

劍)이나 돌촉(石鏃) 등이 주류를 이루는 데 비해 비교적 시대가 뒤진 깬돌무덤(割石墓)에서는 세형동검細形銅劍 등 청동제품이 주종을 이룬다.

　고인돌도 앞서 돌널무덤과 같이 유라시아 대륙에 걸쳐 넓은 분포를 보이는 무덤으로서 동북아시아에서 고인돌의 분포는 한반도가 그 중심지가 되지만 가까운 중국의 동북 지방과 일본의 구주(九州) 지방에서도 분포의 밀도 차이는 있을지라도 적지 않은 고인돌의 존재가 확인된다.[22]

　이 지역의 고인돌은 기본적인 지역적 분포의 상황에 따라 크게 북방식과 남방식으로 구분한다. 북방식 고인돌(도 I-5)은 보통 4매의 넓적한 굄돌(支石)을 지상에 세워서 평면이 네모난 돌방(石室)을 이루고 그 위에 덮개돌(上石)을 얹혔다. 반면에 남방식 고인돌(도 I-6)은 북방식에서와는 달리 매장의 주체부가 특수한 경우를 제외하고 대개 지하에 이루어지며 그 위에 올린 덮개돌은 매장부 주위의 돌무지나 작은 돌덩이로 된 굄돌에 얹지만 이러한 시설이 이루어지지 않은 경우에는 직접 땅위에 얹어서 지반(地盤)으로 덮개돌의 무게를 지탱한다.

도 I-5 춘천 천전리의 북방식 고인돌(청동기시대)

땅 밑의 매장부는 우선 벽을 이루는 석재의 성격에 따라 판돌형(板石形), 깬돌형(割石形), 판돌과 깬돌을 섞어 쌓은 혼축형混築形 등으로 구분하고, 이밖에 땅을 파고 직접 시신을 묻은 구덩이형(土壙形), 일본의 구주지방에서만 이루어진 독널형(甕棺形) 등 매우 다양한 모습을 보이고 있다.[23]

이 고인돌들에서 출토된 유물은 앞서 돌널무덤에서 출토된 유물에 비해 매우 빈약하여 대체로 돌검·돌촉·돌도끼 등 간석기류와 민무늬토기나 붉은간토기(紅陶) 등 토기류가 대부분이다. 일부 돌널무덤에서 출토된 청동유물이 이곳 고인돌에서는 매우 드물게 발견되는 점 등은 이것들이 거의 같은 시대적 배경을 갖춘 무덤이라는 점에서 보다 더 면밀한 검토가 이루어져야 할 문제이다.

춘천 천전리泉田里 유적[24]은 중부지방의 대표적인 고인돌 분포지로 강의 방향과 나란히 10여 기의 고인돌이 대개 일렬로 이루어져 있다. 북방식과 남방식이 섞여 있어 북한강 유역 특유의 분포상을 보이고 있는 이곳 고인돌 떼는 무덤 주위에 대규모의 돌무지 시설이 이루어져 과거 돌무지무덤으로 불리기도 했으나 이 시설들은 무덤을 보호하기 위한 고인돌의 부수적인 보강 구조로 보아야 할 것이다.

도 I-6 고창 상갑리의 남방식
고인돌(청동기시대)

4. 초기철기시대

중국의 춘추전국시대 말기에 나타난 철기문화가 요녕遼寧 지방에 퍼지고 이 영향
이 한반도에까지 미쳐 우리나라도 새로운 철기문화의 단계에 들어서게 된다. 한
반도의 철기 유입은 지역적으로 달라 일률적인 편년 설정은 곤란하고 일반적으로
세형동검 문화와 결부시켜 그 시기始期는 기원전 3세기 전후쯤으로 미루어지고 있
다. 문헌사적 입장에서는 이 시기가 바로 위만衛滿의 이주와 건국에 비정되지만[25]
그 유입 배경에 대해서는 아직도 모호한 면이 적지 않다.

　　앞서 청동기시대의 민무늬토기가 이 시기까지 계속 쓰이다가 그 후기에 이르
러 중국계의 경질회도硬質灰陶가 유입되면서 남한으로 내려가 이른바 김해식金海
式 토기라는 두드림무늬(打捺文)가 주된 기법으로 나타난 회색경질토기로 되어 이
후 원삼국시대原三國時代를 거쳐 삼국시대 토기의 모태가 된다.

　　이 시대의 집터는 아직 움집의 단계에서 벗어나지 못했지만 이때부터 나타나
기 시작하는 온돌 구조의 기원이랄 수 있는 터널식 화덕자리랄지 일부 움의 깊이
가 얕아지는 구조상의 변화를 가져오게 된다. 이러한 구조상의 변화는 구석기시대
이후 오랫동안 인간이 안식처로 삼아온 반지하의 움집에서 지상으로 올라가는 전
환점이 마련되는 중요한 계기가 된다.

이 시대의 집터는 앞서 청동기시대의 집터에 비해 수적으로 매우 제한되어 있
으며 그 분포도 한강 유역을 중심으로 한 주로 중부지방에 집중되어 있음을 알 수
있다. 춘천 중도의 동편에서 발굴된 2기의 집터[26](도 I-7)는 앞서 신매리 집터보다
더욱 늦은 기원전후에 해당되는 유적으로서 양 집터가 약 1km가량 떨어져 있지
만 출토유물의 성격으로 보아 거의 같은 시기에 이루어진 것들로 보인다.

한 변 5~6m의 방형으로 만들어진 이 집터들의 바닥 중앙부위에 타원형의 화
덕자리가 이루어졌는데 화덕의 바닥 부분에는 납작한 냇돌을 깔았고 그 위는 진
흙으로 덮어 가장자리를 돌아가며 냇돌(1호)이나 진흙(2호)으로 나지막한 테두리
를 둘렀다. 여기에서 출토된 철촉鐵鏃 등 철기류나 민무늬토기와 김해식 토기의 공
존상태에 따라 이 지역의 철기 유입시기 및 민무늬토기의 하한下限 연대를 밝혀주
는 중요한 계기가 마련되었다.

한편 이 시대의 무덤으로는 앞서 청동기시대에 나타난 고인돌이나 돌널무덤,
독무덤, 돌무지무덤이 계속 이루어지는 한편, 새로이 널무덤(土壙墓)과 돌덧널무덤
(石槨墓) 등이 등장하였다.[27]

널무덤이란 땅을 파고 여기에 판자 등으로 짠 나무널 또는 덧널을 묻는 간단
한 구조의 무덤으로서 구조 확인의 어려움에 따라 그 존재가 밝혀진 것은 전후
戰後 평남 강서江西의 태성리[28] 발굴에서부터이다. 홀무덤(單葬) 또는 합장合葬 등
이 이루어진 이 무덤에서는 여느 선사시대의 무덤에서와는 달리 비교적 많은 양

의 세형동검, 수레갖춤(車輿具), 거울 등 청동제품과 철제무기가 출토되는데 이 유물들에서는 간단한 기년명紀年銘 등 실제연대를 알 수 있는 자료가 나타나 학술적으로 매우 귀중한 성과를 제공해주고 있다. 이 널무덤들은 대개 평남·황해 지방과 경주慶州지역에 국한되어 나타나 독특한 분포의 성격을 보여주고 있다.

독무덤은 시체를 항아리에 넣어 매장하는 것으로 외독무덤(單甕式)과 이음무덤(合口式)으로 나누어진다. 중국의 반파半坡 유적[29]에서는 벌써 신석기시대의 아동매장용으로 등장하지만 우리나라의 독무덤은 요녕지방을 거쳐 이 시기에 처음으로 이루어지기 시작한 것으로 보인다. 분포는 수적으로 매우 제한되어 있지만 강서 태성리에서 남해안까지 한반도 전역에 고루 퍼져 있고 특히 김해金海, 동래東萊, 영산강 유역 등 남한의 해안지역에서 보다 조밀한 분포를 보이고 있다. 이 독널들의 크기로 보아 어른의 매장이라기보다는 어른의 세골장洗骨葬이나 아동용으로 보인다. 전남 광산光山 신창리新昌里 독무덤[30]의 경우 100m²의 구역 안에 모두 53기의 이음무덤들이 매장되어 평당坪當 두 개가량의 독널이 묻힌 공동묘역共同墓域이다.

마지막으로 초기 철기시대의 무덤 가운데 최근에 알려진 몇몇 돌무지무덤을 들 수가 있다. 충북 제원堤原 도화리桃花里[31]와 춘천 중도에서 발굴된 이 시대의 돌무지무덤[32]은 앞서 청동기시대의 고인돌 가운데 이른바 돌무지식(積石式)에서부터 발전된 무덤으로 생각되는데 이 돌무지무덤들은 다음 삼국시대의 무덤에서 나타나는 대규모의 돌무지 시설로서 오랫동안 그 명맥을 이어나간 것으로 추측된다.

(『한국의 전통문화』, 한림대학 아시아문화연구소, 1988)

주

1   노유호, 「조신의 구석기시대 문회인 굴포문화에 관하여」, 『고고민속 2』, 1964.

2   김신규·김교경, 「상원 검은모루유적 구석기시대유적 발굴보고」, 『고고학자료집 4』, 1974.

3   자연사연구실, 『덕천 승리산유적 발굴보고』, 사회과학원 고고학연구소, 1978.

4 손보기, 「점말용굴 발굴」, 『점말용굴 발굴보고』, 1980.

5 이융조, 『한국의 구석기문화 II』, 탐구당, 1984.

6 손보기, 「층위를 이룬 석장리 구석기문화」, 『역사학보 35·36합집』, 역사학회, 1964.

7 金元龍 외, 『全谷里 遺蹟發掘調査報告書』, 文化財管理局 文化財研究所, 1983.

8 任孝宰, 『岩寺洞』, 서울大學校考古人類學叢刊 11, 1985.

9 김용간·서국태, 「서포항 원시유적 발굴보고」, 『고고민속논문집 4』, 1972.

10 도유호·황기덕, 「궁산 원시유적 발굴보고」, 『유적발굴보고 2』, 과학원출판사, 1957.

11 韓永熙, 「韓半島 中·西部地方의 新石器文化」, 『韓國考古學報 5』, 韓國考古學研究會, 1978.

12 金載元·尹武炳, 「韓國支石墓研究」, 『國立博物館 古蹟調査報告 6』, 國立中央博物館, 1967.

13 韓炳三·崔夢龍 외, 『八堂·昭陽댐 水沒地區遺蹟發掘 綜合調査報告』, 1974.

14 金元龍, 「春川校洞 穴居遺蹟과 遺物」, 『歷史學報 20』, 歷史學會, 1963.

15 김용간, 「미송리 동굴유적 발굴보고」, 『고고학자료집 3』, 1963.

16 池健吉, 「巨石文化의 東과 西」, 『三佛金元龍教授停年記念論叢』, 1987.

17 韓炳三, 『矢島貝塚』, 國立中央博物館, 1970.

18 姜仁求 외, 『松菊里 I·II·III』, 國立博物館 古蹟調査報告 第11·18·19冊, 1979·1986·1987.

19 황기덕, 「무산 범의구석 유적발굴보고」, 『고고민속논문집 6』, 1975.

20 李健茂 외, 『中島 II』, 국립박물관 고적조사보고 제13책, 국립중앙박물관, 1981.

21 池健吉, 「青銅器時代 – 墓制II(石棺墓)」, 『韓國史論 13』 – 韓國의 考古學II, 國史編纂委員會, 1983.

22 池健吉, 「巨石文化의 東과 西」, 『三佛金元龍教授停年記念論叢』, 1987.

23 池健吉, 「東北아시아 支石墓의 型式學的 考察」, 『韓國考古學報 12』, 韓國考古學研究會, 1982.

24 金載元·尹武炳, 『韓國支石墓研究』, 國立博物館 古蹟調査報告 6, 1967.

25 尹武炳, 「韓國 青銅器時代의 文化」, 『韓國青銅器文化研究』, 藝耕産業社, 1987.

26 池健吉·韓永熙, 『中島 – 進展報告III』, 國立博物館 古蹟調査報告 第14冊, 1982.

27 金基雄, 「鐵器時代 – 墓制」, 『韓國史論 13 – 韓國의 考古學II』, 國史編纂委員會, 1983.

28 채희국, 『태성리 고분군 발굴보고 – 유적발굴보고 5』, 고고학 및 민속학연구소, 1959.

29 考古研究所, 『西安半坡』, 中國科學院·陝西省西安半坡博物館, 1963.

30 金元龍, 『新昌洞 甕棺墓地』, 서울大學校考古人類學叢刊 第1冊, 1964.

31 崔夢龍 외, 「堤原桃花里地區發掘報告」, 『忠州댐 水沒地區發掘報告書』, 忠北大博物館, 1984.

32 朴漢尚·崔福奎, 「中島積石塚發掘報告」, 『中島發掘調査報告書』, 江原大博物館, 1982.

청동기시대의 유적 – 무덤

기원전 10세기를 전후하여 대륙으로부터 새로운 청동기 문화의 기운이 싹트기 시작하면서 우리나라에서도 서북지방에서부터 고인돌과 같은 새로운 무덤이 나타난다. 앞서 신석기시대에도 일부 해안지방 등지에서 간단한 매장 유구가 확인된 바 있으나 이것들은 인위적인 구조물이라기보다 시체를 묻은 뒤 둘레의 돌을 긁어모아 덮는 정도의 간단한 돌무지에 지나지 않았다.

따라서 우리나라 선사시대에서 본격적인 무덤의 조성은 바로 청동기시대부터이며 이러한 무덤의 출현은 선사시대 사회에 나타난 새로운 정신문화의 변화라고 할 수 있다.

이 시대의 무덤유적으로는 고인돌(支石墓) 외에도 돌널무덤(石棺墓), 널무덤(木棺墓), 덧널무덤(木槨墓), 독무덤(甕棺墓) 등을 들 수 있다. 이 무덤들은 지역이나 시기에 따라 각기 다른 모습으로 나타나며 거기에서 출토되는 유물의 양상도 무덤의 성격에 따라 각기 독특한 갖춤새와 특성을 보여주고 있다.

1. 고인돌

고인돌은 우리나라 청동기시대의 거의 전 기간에 걸쳐 한반도의 모든 지역에서 이루어진 묘제로서 비슷한 시기에 중국의 동북지방과 일본의 규슈(九州)지방에서도 나타나는 이 시대의 가장 대표적인 무덤이라고 할 수 있다.[1] 특히 한반도에서는 선사시대의 모든 문화요소 가운데 고인돌만큼 한 시대의 특징을 부각시키는 것은 없을 정도로 고인돌이 청동기시대에서 차지하는 비중은 매우 크다.

1) 분포와 형식

고인돌의 분포는 지역에 따라 밀집 정도의 차이는 있을지라도 거의 한반도 전역에 고루 퍼져 있다. 아직까지 고인돌에 대한 전국적인 지표조사가 체계적으로 이루어지지 않아 그 정확한 실태는 알 수 없지만 특정지역에서의 상황을 통해 그 실태를 짐작할 수 있다.

한반도에서 고인돌이 가장 밀집된 곳은 평안남도와 황해도 등 서북지방과 전라남·북도 등 주로 우리나라 서해안 지방에 해당되는 곳이라고 할 수 있다. 이 가운데 지금까지 비교적 조사가 체계적으로 이루어진 전라남도의 경우는 1,900여 군데에서 모두 16,000기가 넘는 고인돌이 분포되어 있는 것으로 나타났다.[2] 물론 이곳은 우리나라에서 고인돌의 분포가 가장 밀집된 곳 가운데 하나이긴 하지만 이로써 한반도 전역에 퍼져 있는 분포의 실상을 어느 정도 어림할 수가 있다.

이 고인돌들은 그 모양과 짜임새의 특성이나 분포의 양상에 따라 크게 북방식北方式과 남방식南方式으로 나눌 수 있다. 북방식은 비교적 넓고 편평한 판돌을 땅 위에 세워 네모난 상자 모양의 방을 짜 맞춘 뒤 바닥에 시체를 안치하고 그 위에 덮개돌(上石)을 덮어 마치 책상 모양을 하고 있다.

이러한 모습 때문에 학자에 따라서는 이 유형을 탁자식卓子式, 혹은 지상형地上形이라고도 하며 북한에서는 대표적인 유적의 이름을 붙여 오덕리형五德里形[3]이

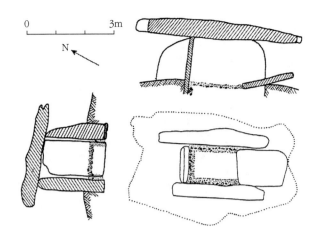

라 부른다(도 I-8).

한편 남방식에서는 땅 밑에 판돌(板石)을 짜 맞추거나 깬돌(割石), 또는 냇돌(川石) 등을 쌓아 돌널을 만들고 그 안에 시신을 묻지만 드물게는 구덩이만 파고 묻기도 한다. 무덤 위에는 큰 덮개돌을 얹는데 더러는 그 아래에 받침돌을 괴어 마치 바둑판과 같은 모습을 띠는 것도 있다. 이러한 외형적 특성 때문에 남방식을 바둑판식(碁盤式)으로 분류하기도 하고 받침돌이 없는 것은 따로 무지석식無支石式이라고도 하며, 북한에서는 침촌리형沈村里形으로 일컫는다(도 I-9).

이와 같이 외형과 짜임새의 특성에 따라 크게 두 가지 유형으로 분류하는 것은 이 고인돌들의 각 형식에 따라 그 분포도 다르기 때문이다. 대략 북한강北漢江을 경계로 하여 북방식은 그 이북에서 주된 분포를 보이는 반면, 이남에서는 남방식 고인돌이 주류를 이루고 있다. 그러나 이러한 구분은 개략적인 분포의 성격을 나타낼 뿐 결코 절대적인 것이 아니다. 한강 이남에서도 주로 서해안 지방에서 북방식이 드물게나마 확인되고 있고 마찬가지로 북한에서도 황해도 일원에 적지 않은 수의 남방식 고인돌이 분포하고 있기 때문이다.

이 두 가지 서로 다른 유형의 고인돌은 각기 그 둘레에 이루어진 보강 구조물로서 돌무지 시설의 유무에 따라 적석식積石式과 무적석식無積石式으로 분류되고 이 가운데 남방식은 다시 매장 부위의 구조적 성격에 따라 몇 가지로 나눌 수 있

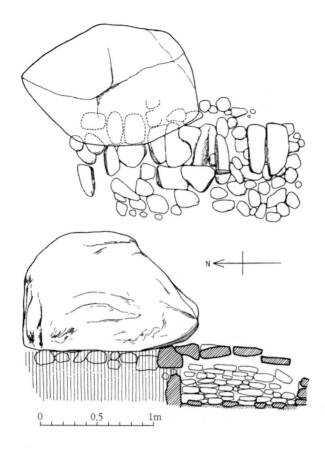

도 I-9 대구 대봉동 V구역
1호 고인돌

다. 즉 남방식은 매장시설을 이룬 벽체구조의 짜임새를 기준으로 하여 판석형板石
形, 할석형割石形, 혼축형混築形, 토광형土壙形 등으로 구분되고 특수한 지방 형식으
로 제주형濟州形을 들 수가 있다.[4]

2) 편년적 성격

고인돌 문화에 대한 원류와 편년문제는 이 분야에 대한 연구가 처음 시작된 이래
지금까지 수많은 학자들이 제기하는 중요한 과제이다. 처음으로 한반도의 고인돌
에 대한 형식 분류를 시도한 연구에서는 이 고인돌들을 '석기시대'에 이루어진 무
덤유적으로 추정하고 보다 원시적인 외형을 갖춘 남방식이 북방식에 비해 선행한

다고 보았다.[5] 그러나 이러한 주장은 어떤 학술적인 자료의 바탕 위에서 이루어진 것이 아니고 주변지역의 상황이나 보다 단순한 외형을 어림해서 내린 추론에 불과한 것이었다.

그 뒤로 일본인 학자들에 의해 현지조사가 이루어지면서 고인돌에서 출토된 몇몇 유물을 통해 그 시대적 성격이 보다 구체적으로 제시되어 '금속기 사용 초기'로 그 시기를 압축하거나[6] '금속병용기'로 보기도 했다.[7] 또한 당시까지의 유적조사 성과를 집대성하는 가운데, 한반도의 고인돌은 기원전 3~2세기나 그 이전에 이루어진 것으로 보았다.[8]

1960년대 이후 한반도의 각 지역에서 고인돌 발굴이 활발히 이루어지고 자료가 축적되면서 지금까지 외형에 의한 피상적 연구단계에서 벗어나 매장시설의 구조적 성격과 출토유물을 바탕으로 점차 그 연구가 체계화되기에 이르렀다. 그 결과 적어도 기원전 8세기 이전 한반도에는 고인돌이 구축되기 시작하였던 것으로 추정하였으며[9] 이후 대부분의 학자들이 고인돌 문화를 청동기시대의 소산으로 보기에 이르렀다.

고인돌에서 출토되는 유물의 종류와 수량이 극히 제한된 상황에서 한반도에서의 편년문제를 구체적으로 다루기는 어렵지만 지금까지 축적된 자료, 특히 토기류와 석기류의 양상을 통해 개략적인 편년관의 윤곽이 잡힐 것으로 생각된다. 이러한 몇몇 종류의 유물의 성격에 따라 한반도에서의 고인돌 축조는 기원전 10세기경부터 기원 전후에 이르기까지, 즉 기원전 1천년기 전반에 걸쳐 이루어졌다고 생각된다. 이 시기가 바로 한반도에서는 청동기시대의 거의 전 기간에 해당되지만 그 발생과 소멸시기가 지역에 따라 다르고, 큰 줄기로 볼 때는 남쪽으로 내려오면서 시대가 늦어지는 것은 문화의 전개 과정에서 나타난 당연한 양상일 것이다.

고인돌에서 출토되는 유물들은 대부분 토기류와 석기류가 주류를 이루지만 특수한 경우를 빼고는 부장된 유물의 종류나 수량은 매우 제한되어 있다. 최근에는 남해안의 일부 지역에서 요녕식동검遼寧式銅劍이나 청동 창(銅鉾)과 같은 청동 유물이 출토되기도 하는데[10] 이는 극히 예외적인 경우이기는 하지만 한반도의 고인돌 문화에 대한 새로운 해석의 여지를 보여준다.

2. 돌널무덤

고인돌과 비슷한 시기적 배경을 갖고 나타나는 이 시대의 무덤으로 돌널무덤(石棺墓)을 들 수가 있다. 이 무덤은 청동기시대에 시베리아에서 만몽滿蒙지방을 거쳐 한반도에 이르기까지 넓게 퍼져 있는 매장시설로 우리나라에서는 지역과 시기에 따라 독특한 성격을 보이며 반도의 거의 전역에 걸쳐 확인되고 있다.

돌널은 시신을 묻기 위해 판석을 세우거나 깬돌, 또는 냇돌을 쌓아 올려 만든 매장시설을 모두 일컫지만 고고학에서 돌널무덤이란 일반적으로 선사시대의 무덤에 국한한다. 이 돌널무덤은 고인돌과 달리 매장 구조물의 전체가 땅 속에 묻힌 채 땅 위에는 아무런 표지물도 남아 있지 않기 때문에 대부분 경작이나 굴착공사 등에 의해 우연히 발견되는 경우가 많다. 따라서 이들 돌널무덤이 처음부터 계획적인 발굴에 따라 학술적 조사가 이루어진 곳은 극히 드물고 대개는 사후의 수습조사 결과만을 대할 수밖에 없어 그에 대한 고고학적 성과는 매우 한정된 실정이다.

우리나라에서의 돌널무덤의 분포는 비슷한 시기적 배경을 갖고 나타나는 고인돌과는 비교할 수 없을 만큼 매우 빈약하지만 지역에 따라 밀도의 차이는 있을 지라도 반도 전역에 걸쳐 넓게 퍼져 있음을 알 수 있다. 이렇게 광범위한 분포에도 불구하고 지금까지 학술적으로 조사 보고된 돌널무덤의 수는 매우 드물다고 할 수 있다.

이 돌널무덤들은 대체로 그리 높지 않은 구릉지대의 한 곳에 단독으로 이루어진 경우가 많지만 북창北倉 대평리大坪里,[11] 부여扶餘의 송국리松菊里[12]와 가증리佳增里[13]에서와 같이 4~6기가 한데 모여 있는 곳도 있다. 진양晉陽 대평리大坪里[14]에서는 1기의 고인돌을 중심으로 그 둘레에 몇 기의 돌널무덤이 둘러 있었다(도 I-10).

돌널무덤은 땅을 파고 여기에 판돌을 세우거나 깬돌·냇돌을 쌓아 올려 네모난 매장 공간을 마련한 구조물로서 짜임새의 성격에 따라 판석묘板石墓와 할석묘割石墓로 분류된다. 이 가운데 판석묘는 다시 한쪽 벽이 한 장의 판돌로만 이루어진 단판석식單板石式과 여러 장을 이어 세운 복판석식複板石式으로 나누어진다.[15]

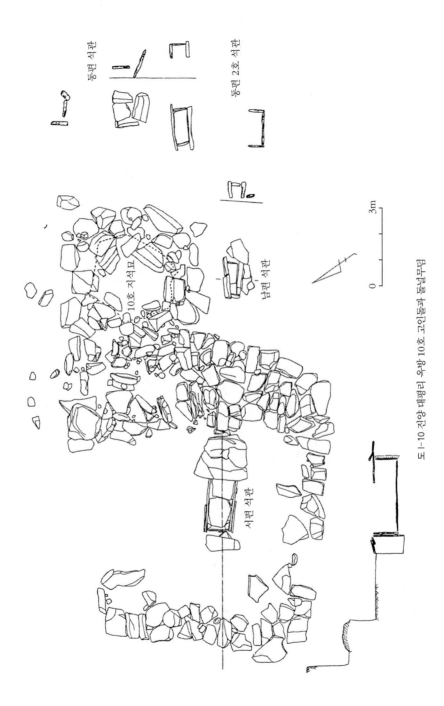

도 I-10 진양 대평리 옥방 10호 고인돌과 돌널무덤

동편 석관

동편 2호 석관

남편 석관

10호 지석묘

서편 석관

3m

0

이것들은 우리나라 거의 전역에 걸쳐 분포를 보이고 있으나 대체로 판석묘 가운데 단판석식이 반도의 서북지방에 퍼져 있는 데 비해 복판석식은 주로 남부지방, 특히 부여지역에서 성행했음을 알 수 있다. 다만 단판석식의 분포가 한강 유역과 멀리 진양 대평리에서까지 확인된 것으로 보아 고인돌 문화의 확산과도 무관하지 않은 것으로 생각된다.

한편 할석묘는 대부분 남한지역에서 조사되었는데 특히 금강 유역에서 청동기 일괄유물과 함께 나타나는 강한 지역적 특성을 보여준다.

1) 판석묘

판석묘의 구조적인 특징은 매장시설의 네 벽 가운데 각 벽면을 한 장, 또는 여러 장의 판석으로 세워 만든 것으로 여기에 쓰인 판석으로는 점판암과 같은 얇은 석재가 쓰이기도 하고 보다 두터운 자연판석이 사용되기도 한다. 마구리벽(短壁)은 일반적으로 양 긴벽(長壁)의 사이에 끼우는데 이는 넘어지기 쉬운 마구리벽을 지탱해 주기 위한 구조적인 배려로 여겨진다. 이 판석묘들에는 한 장, 또는 여러 장으로 된 뚜껑돌(蓋石)을 덮기도 하고 바닥에 마찬가지로 판돌을 까는 경우도 있으나 대신 잔자갈을 깔거나 판석과 잔자갈을 섞어 깔기도 한다.

판석묘의 평면은 평면 장방형이 대부분으로 대개는 한쪽 마구리벽이 맞은편의 마구리벽에 비해 약간 넓기 때문에 전체적으로 볼 때는 길쭉한 사다리꼴을 이룬 것이 많다. 이러한 특이한 평면을 갖추게 된 것은 시신이 널 속에서 차지하는 범위가 하체에 비해 상체가 넓은 것(頭寬足狹)을 감안한 구조적 배려로 생각된다. 이러한 전통은 멀리 시베리아의 '카라수크Karasuk' 무덤에서 나타나기 시작하여 만몽지방에서도 성행하였으며 우리나라에서는 특히 서북지방의 판석묘에서 이러한 모습이 강하게 나타난다.

2) 할석묘

할석묘는 지하에 만든 무덤의 네 벽을 깬돌이나 냇돌로 쌓아 올린 것으로 앞서 판석식에 비해 한 단계 늦은 시기의 것이라고 할 수 있다. 이 할석묘는 이후 역사시대에 이르러서도 가장 보편화된 묘제로서 널리 퍼졌지만 그 사이를 이어주는 이른바 '원삼국시대'에 할석묘의 존재에 대해서는 아직 확실한 자료가 없는 실정이다.

한반도의 돌널무덤 가운데 할석묘의 분포는 앞서 판석묘에 비해 일부 지역에 국한되어 지금까지 주로 금강 유역에서만 확인되고 있다. 이러한 할석묘가 반도의 다른 지역에서는 나타나지 않고 오히려 멀리 떨어진 요녕지방에서 성행되었으며 출토유물의 성격에서도 양 지역의 유사한 상황을 보이는데 이를 통해 지역 상호 간에 이루어진 청동기문화의 교류상을 추측할 수 있다.

이 할석묘들은 주로 비고比高 50m 미만의 낮은 구릉지대에 이루어지는데 구덩이를 파내고 깬돌이나 덩이돌(塊石)을 조잡하게 쌓아 올려 네 벽을 이루었다. 돌널의 윗면이나 바닥에는 부여 연화리蓮花里[16]에서와 같이 넓적한 돌을 덮거나 깐 곳도 있으나 그 밖의 유적에서는 이러한 시설이 이루어지지 않고 바닥에서 나무 썩은 흔적이 검출된 것으로 보아 혹시 나무널 같은 별도의 시설이 이루어진 것이 아닌가 생각된다.

3) 편년적 성격

이렇게 각 유형의 돌널무덤들은 그 분포상에 나타난 구조적 특성과 함께 부장된 유물의 성격에서도 서로 다른 모습을 보여준다. 판석묘에서 출토된 유물 가운데 주류를 이루는 것은 돌검(石劍)과 돌살촉(石鏃) 등 석기류이지만 드물게는 고식의 청동유물도 함께 나오고 있다. 북한지방의 단판석식에서는 단추(銅泡, 강계 풍용동)나 날개촉(兩翼銅鏃, 사리원 상매리) 등이 출토되었고 남부지방에서의 복판석식에서는 요녕식동검(부여 송국리) 등 우리나라의 청동기 가운데 가장 이른 시기의 것들이 나오고 있다. 한편 금강 유역에서의 할석묘에서는 한국식동검을 비롯하여 각종 무기나 의기儀器와 같은 한반도 청동기시대의 최성기에 만들어진 유물들이 출토되어 각 유형의 돌널무덤들이 갖는 시기적 배경의 차이를 보여준다.

돌널무덤에서 출토된 유물 가운데 가장 많은 수를 차지하는 것은 돌검과 돌살촉이며 이 가운데 돌검을 통해서 이 돌널무덤들의 각 형식 사이에 나타나는 성격의 차이를 엿볼 수 있다. 단판석묘에서 나온 돌검은 대부분 검신에 피홈(血溝)이 나 있는 슴베식(有莖式)이거나 자루식(有柄式)인 데 반해 복판석묘에서 출토되는 것들은 모두 피홈이 없는 것들이다. 돌검의 일반적인 형식 분류에 따르면 혈구식이 보다 선행양식으로 단판석식과 복판석식 사이에 나타나는 선후관계를 미루어볼 수 있다.

돌살촉은 그 형식이 매우 다양[7]할 뿐 아니라 각 형식이 시기적으로 너무 길어 돌검에서와 같은 형식 서열을 매기는 것이 쉽지가 않고 오직 출토유물의 개괄적인 정황으로 미루어 그 선후관계를 파악할 수 있을 뿐이다.

판석묘에서 출토되는 돌살촉은 삼각형, 버들잎형(柳葉形), 긴마름모형(長菱形), 슴베식 등이지만 이 가운데 삼각형과 버들잎형은 지금까지 단판석식에서만 나오고 긴마름모형은 복판석묘에서, 슴베식은 오랫동안 모든 판석묘에서 출토되고 있다. 이 돌살촉과 돌검의 성격에 따라 우선 판석묘 가운데 단판석묘가 한 단계 앞선다는 것을 알 수 있다.

한편 할석묘에서 돌검은 출토된 바 없고 돌살촉으로는 삼각형만 출토될 뿐 각종 무기와 의기로 이루어진 청동기 일괄유물이 다량으로 나온다. 그러나 판석묘에서는 청동유물의 출토가 훨씬 드물고 그 종류도 단추와 날개살촉이나 요녕식동검 등 한반도의 청동기 가운데 이른 시기에 해당하는 것들만 출토되고 있다.

지금까지 출토유물을 통해 각 돌널무덤의 편년적 성격을 살펴볼 때 대체로 단판석묘 → 복판석묘 → 할석묘의 전개과정으로 추정할 수 있지만 각 유형의 분포가 특정 지역에 집중되어 있음을 볼 때 시기적인 차이와 함께 강한 지역성도 고려되어야 할 것이다.

이상 돌널무덤의 구조적인 측면과 출토유물의 성격을 통해서 볼 때 그 시대적 편년은 대략 한반도에서의 청동기문화와 궤를 함께 한 것으로 생각된다. 서북지방의 강계 풍룡동豊龍洞[18]이나 사리원 상매리上梅里[19] 등지에서 출토된 단추와 화살촉 등은 우리나라 청동기 가운데 가장 이른 시기에 나오는 표지적標識的 유물들이고[20] 금강 유역의 유적에서 순수 청동기문화의 마지막 양상을 살필 수가 있기 때문이다. 따라서 이 돌널무덤들의 존속기간은 고인돌문화와는 상당 기간 겹치지만 고인돌보다는 적어도 1~2세기가량 일찍 반도에서 소멸했으리라 생각된다.

3. 널무덤

한반도 전역에서 고인돌과 돌널무덤이 한창 만들어지고 있을 때 큰 강 유역의 일부지역에서 새로이 널무덤(木棺墓)이라는 묘제가 등장하게 된다. 당시까지의 무덤 구조가 주로 돌로 이루어진 돌무덤(石墓)이었다면 이때부터 무덤에 본격적으로 나무가 사용되어 이후 역사시대에 이르러서는 무덤의 주요한 재료가 되는 것이다.

널무덤은 기본적으로 땅에 구멍을 파고 널을 안치하는 묘제를 가리키지만 여기에 따로 덧널을 덧씌운 덧널무덤(木槨墓)이나 돌무지 시설이 더해진 돌무지널무덤(積石木棺墓)도 모두 이 널무덤의 범주에 포함할 수 있을 것이다.

북한에서는 대동강 유역, 남부지방에서는 금강·낙동강·형산강, 그리고 영산강 유역에서 확인되는 이 널무덤들은 청동기시대의 중기에 금강 유역에서만 초기의 널무덤이 잠시 나타났을 뿐 다른 지역에서는 그러한 예가 아직 조사되지 않고 있다. 청동기시대의 마지막 단계에 이르러 다시 성행하기 시작하여 처음에는 청동제의 유물들이 주로 부장되다가 철기류의 등장과 함께 점차 철기의 비중이 커지게 된다. 원삼국기에 들어서도 이 묘제는 그대로 계승되지만 부장품들이 대신 철제품 일색으로 바뀌게 되어 이 널무덤들을 통해 한반도 안에서 초기 금속문화의 추이 과정을 비교적 상세히 살필 수가 있다.

널무덤은 구덩이를 파고 여기에 시신을 넣은 나무널을 묻는 가장 간단한 무덤 방식으로 시신만 그대로 묻는 움무덤(土葬墓)과 함께 인류사회에서 가장 오래, 그리고 가장 널리 쓰인 묘제라고 할 수 있다. 이렇듯 간단한 매장방식 때문에 오랜 시간이 흐르면서 널과 시신은 그대로 없어져 버리고 구덩이의 흔적만 남기 때문에 이를 흔히 구덩무덤(土壙墓)으로 일컬어왔다.

이 널무덤 가운데에는 널의 겉에 다시 덧널을 씌워 널의 취약한 구조를 보강한 덧널무덤도 있고 널의 둘레에 돌무지를 만들어 보강한 돌무지널무덤도 드물게나마 일부 지역에서 확인된다. 이렇듯 간단한 매장시설 때문에 특별히 계획된 발굴이 아니면 대부분 유물만 수습되기 때문에 이것들을 학술적으로 조사한 예는 매우 드문 편이다.

널무덤이 정식으로 조사되어 학술적으로 처음 보고되기는 1950년대 말 강서 태성리台城里 유적조사가 처음이라고 할 수 있다. 그러나 과거 낙동강·형산강 유역, 특히 경주와 대구 등지에서 학술조사를 거치지 않은 채 청동기 일괄유물이 수습된 몇몇 유적들도 조사 과정에서 별다른 유구가 파악되지 않은 것으로 미루어 보아 아마 널무덤이었을 가능성이 큰 것으로 생각된다.

다만 이 무덤들이 순수 널무덤인지 덧널무덤인지는 알 수 없으며 지금까지 조사된 몇몇 군집된 유적지에서도 이 무덤들이 서로 혼재해 있어 사실상 절대적인 구분의 기준이 모호한 경우가 많다고 할 수 있다. 따라서 불확실한 구조적 유형분류보다는 각 지역별 분포상황을 기준으로 실태를 살펴보는 것이 보다 바람직한 접근방법일 것으로 생각된다.

1) 대동강 유역

널무덤에 대한 고고학적 성격이 밝혀진 것은 1957년 강서 태성리 유적[21]에 대한 집중적인 조사가 행해지면서부터이다. 이곳은 해발 25m로 길게 뻗어내린 구릉지대로서 동쪽으로 면한 비탈지에서 모두 12기의 널무덤이 조사되었다. 대부분은 긴 축을 남-북으로 둔 장방형의 구덩이를 파고 여기에 널을 묻은 것들이지만 이러한 시설물 없이 그대로 시신만을 묻은 것(8, 9호)도 있었다. 7기는 홑무덤(單葬墓)이고 나머지 5기는 남녀를 함께 묻은 어울무덤(合葬墓)이었는데 이 가운데 1기는 두 개의 서로 다른 구덩이를 한 봉토로 덮었다.

여기에서는 청동기와 철기가 함께 출토되지만 청동유물이 보다 많이 부장되어 있어 철기로의 이행과정을 파악할 수가 있었다. 특히 몇몇 철검류들은 여기에서 반출된 동검과 형태상 매우 흡사하여 동검에서 철검으로 바뀌어가는 모습을 뚜렷이 보여주고 있다. 더욱이 여기에서는 철제의 장검과 같은 매우 발달된 유물까지 출토되어 우리나라 청동기시대 최말기인 기원 직전에 이루어진 유적으로 추정된다.

은율 운성리雲城里 유적[22]에서는 1954년 이래 5차에 걸친 발굴을 통해서 5기의 널무덤을 포함해 모두 16기의 무덤이 조사되었다. 널무덤에는 덧널이 있는 것과 없는 것으로 나눌 수가 있었는데 덧널무덤의 발달된 짜임새와 출토유물의 성격을 통해 널무덤이 덧널무덤보다 이른 시기의 것임을 알 수 있었다.

이 밖에 황해북도 은파銀波 갈현리葛峴里,[23] 봉산 당촌唐村,[24] 평양 정백동貞栢洞 부조예군묘夫租薉君墓[25]와 고상현묘高常賢墓[26] 등은 서북지방에 조사된 대표적인 널무덤들로 여기에서는 철기류와 함께 한반도 청동기문화의 마지막 단계의 유물들이 출토되어 그 시기적 배경을 보여주고 있다.

2) 금강 유역

지금까지 금강 유역에서 발굴·확인된 청동기시대의 널무덤유적으로는 공주 남산리南山里[27]가 유일한데 이는 동시에 우리나라의 널무덤 연구에서 빼놓을 수 없는 중요한 유적이기도 하다. 지금까지 일반적으로 널무덤이라는 묘제의 발생을 청동기시대의 말기쯤으로 보았으나 이른바 송국리식토기松菊里式土器 문화권에 속하는 이 지역에서 그보다 상당 기간 앞서는 것으로 보이는 유적이 나타났기 때문이다.

1971년에 발굴 조사된 남산리 유적에서는 모두 3구역에서 돌널무덤, 독무덤과 함께 모두 24기의 청동기시대 널무덤이 발굴 조사되었다. 24기의 널무덤 가운데 8기는 벽면 중간에 턱이 져 2단으로 이루어져 있고 무덤 바닥에 얕은 구덩이가 파여 있었다.

둘레의 독널과 출토유물의 성격을 통해 이 널무덤들을 기원전 5세기경의 송국리 시기로 보면 이 유적이 지금까지 한반도에서 조사된 널무덤유적 가운데 가장 이른 시기의 것으로 간주할 수 있을 것이다. 이는 같은 곳에서 조사된 독무덤에서도 마찬가지 양상을 보여주고 있다.

3) 낙동강·형산강 유역

이 지역에서 고인돌문화가 소멸되면서 그 뒤를 이어 새로이 널무덤이 등장하는데 지금까지 확인된 유적은 주로 경주와 대구지방에 편중되어 있는 편이다. 이 지역에서의 초기 널무덤으로 보이는 유적에서는 극소수의 철제품을 빼고는 대부분 청동제의 유물만 출토되고 있다. 그러다가 다음 단계에 이르면 점차 철기류의 비중이 커지며 다음 원삼국기의 널무덤에 이르러서는 철제품이 주류를 이루어 널무덤을 통해 이 지역에서의 초기 금속문화의 추이 과정을 엿볼 수 있다.

이 지방에서 이 널무덤들에 대한 구조적 성격이 어렴풋이나마 밝혀지기는 1951년 경주 구정동九政洞 유적[28]에서 청동기·철기의 일괄유물이 수습되면서부터이다. 그러나 이것들에 대한 보다 구체적인 실상이 학술적 발굴을 통해서 구명되기는 1970년대 말에 이루어진 경주 조양동朝陽洞 유적[29] 발굴에서 비롯되었다고 할 수 있다. 이 발굴을 통해서 그때까지 출토유구의 성격이 불분명한 상태로 수습되었던 청동기와 철기 일괄유물들이 대부분 여기에서와 같은 널무덤에서 나온 것들임을 짐작하게 되었다.

경주지방의 대표적인 유적으로는 앞서 구정동·조양동 외에도 죽동리竹東里[30]·입실리入室里와 영천 어은동漁隱洞[31] 유적을 들 수 있다. 이 가운데 죽동리·입실리와 조양동의 초기 무덤 등 비교적 이른 시기의 유적은 주로 경주의 남쪽 지역에 집중된 양상을 보이는데 출토유물의 성격으로 보아 대략 기원전 2세기 말에서 1세기에 걸쳐 이루어진 것으로 생각된다. 이어서 조성된 것으로 보이는 어은동 유적에서는 중국식거울(漢鏡) 등이 나온 것으로 보아 앞의 유적보다는 한 단계 늦은

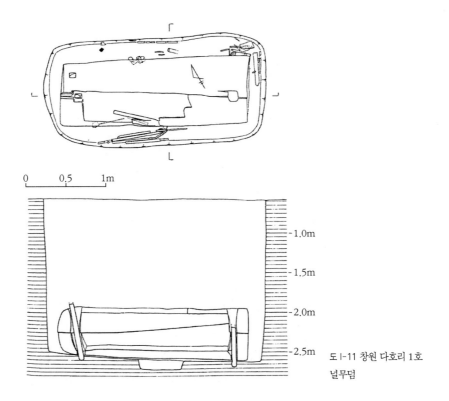

도 I-11 창원 다호리 1호 널무덤

서기 1세기경으로 추정된다.

대구지방의 만촌동晩村洞 유적[32]이나 평리동坪里洞, 비산동飛山洞[33] 등지에서 수습된 청동기 일괄유물들도 성격상 널무덤 출토로 추측되지만 이 지역에서는 아직 뚜렷한 유구가 확인된 바 없다.

1988년에 이루어진 창원 다호리茶戶里[34]에서의 유적조사는 지금까지 막연하게 추측만으로 논의해 오던 널무덤의 실체를 선명하게 드러낸 역사적인 발굴이었다. 구덩이를 깊이 파내고 묻은 널은 지금까지 미루어 짐작해 온 네모난 모양이 아니고 굵은 원통형의 통나무를 반으로 켠 다음 속을 구유처럼 파내어 널과 뚜껑을 만든 것이었다(도 I-11). 널 밑의 구덩이 바닥에는 다시 허리구덩이(腰坑)가 있고 여기에 갖가지 유물이 차곡차곡 담긴 부장품 바구니가 묻혀 있었다. 옻칠한 나무 칼집에 들어 있던 동검을 비롯한 청동제의 창(鉾)·종방울(鐸)·거울·오수전五銖錢과 철제의 창·도끼(斧), 그리고 보존상태가 양호한 목기류 등은 이 시대의 종말기에 이루어진 널무덤의 실상을 생생하게 보여주었다.

4) 영산강 유역

널무덤은 구덩이를 파내고 여기에 널을 묻는 간단한 매장방식이지만 영산강 유역에 분포하는 일부 널무덤에서는 널 위에 돌무지를 쌓아 매장부를 보강하는 특수한 장법이 나타나고 있다. 구체적으로 돌무지널무덤(積石木棺墓)이라 할 수 있는 이 유적은 그 예가 드물어 이 지방에서는 화순和順 대곡리大谷里[35]와 함평咸平 초포리草浦里[36]의 두 군데에서만 조사가 이루어졌다. 조사된 예가 드물기는 하지만 출토된 청동기 일괄유물의 중요성에 비추어 이들이 한반도의 청동기문화 연구에서 차지하는 비중은 매우 높다고 할 수 있다.

이 두 유적 모두가 주민들에 의해 유구의 상당부분이 파헤쳐진 뒤에 수습조사가 이루어져 정확한 구조적 성격을 파악할 수는 없었지만 드러난 널의 흔적과 수거된 막돌들로 보아 널 위에 상당한 규모의 돌무지가 있었던 것으로 생각된다.

대곡리 유적은 부식된 암반을 파내고 중간에서 넓은 턱을 만들어 단을 이룬 동-서로 긴 네모난 구덩이의 널무덤이었다. 구덩이의 밑바닥에는 진흙을 깔았고 그 가장자리에는 군데군데 막돌이 채워져 있었으며 바닥의 동편에서 창원 다호리의 통나무 널과 비슷한 두꺼운 널조각이 수습되었다. 여기에서는 동검 3점을 비롯하여 잔무늬거울(精文鏡) 2점, 여덟 가지방울(八珠鈴)과 쌍가지방울(雙頭鈴) 각 2점, 새기개(銅鉇)와 도끼가 각 1점씩 출토되었다.

초포리 유적도 부식된 암반을 파서 만든 무덤이지만 대곡리에서처럼 벽 중간에 단이 이루어지지 않고 대신 아래로 내려가면서 점차 좁아드는 모습이었다. 남-북으로 긴 네모난 구덩였으나 남쪽이 약간 넓어져 전체적으로 두관족협頭寬足狹의 형태를 갖추었다. 구덩이 안에는 크고 작은 막돌이 채워져 있었으며 바닥에서 널의 흔적으로 생각되는 검게 썩은 부식토가 드러났다.

여기에서는 앞서 대곡리에서 출토된 동검·거울·도끼·새기개·쌍가지방울 외에도 검자루끝장식(劍把頭飾)과 중국식동검(桃氏劍), 투겁창(鉾), 꺾창(戈), 갖가지방울 등 보다 다양한 청동기들이 출토되었다.

이로써 영산강지역의 돌무지널무덤에서 출토된 다양한 유물들은 우리나라 청동기문화의 최절정기에 제작된 것들이고 이 문화는 바로 기원전 3~2세기경 이 지역에서 특수한 널무덤을 만들었던 주민들에 의해 이루어진 것임을 알 수 있다.

4. 독무덤

독무덤은 시신, 또는 유골을 독이나 항아리에 넣어 땅 속에 매장하는 장법으로 우리나라에서는 청동기시대에 처음 나타나 원삼국기를 거쳐 삼국시대에 이르기까지 오랫동안 계속된 묘제이다. 한반도에서 최초의 독무덤 분포지라고 할 수 있는 금강 유역의 유적에서는 바닥에 구멍을 뚫고 곧추 세운(直立) 항아리에 돌뚜껑을 씌운 외독무덤(單甕式)이 발굴되었다. 그러나 그 뒤로는 이음독무덤(合口式)이 주류를 이루며 드물게나마 세 개의 독을 이어 맞춘 삼옹식三甕式도 나타난다.

한반도에서의 독무덤은 앞서 금강 유역에서와 같은 비교적 이른 시기의 것을 빼고는 대부분 청동기문화가 쇠퇴하고 철기문화가 본격적으로 시작되면서 이루어진 묘제로 생각된다.

그 분포는 앞서 널무덤에서와 비슷한 양상을 보이는데 이 두 종류의 서로 다른 묘제가 같은 지역에서 비슷한 시기에 이루어졌던 것으로 생각된다. 실제로 몇몇 유적에서는 이 무덤들이 한 지역에 섞여 있어 그러한 상황을 보여주고 있다.

강서 태성리[37]와 은율 운성리[38]에서는 각각 5기의 독무덤이 주변의 널무덤 등 다른 종류의 무덤들과 함께 조사가 이루어졌다. 지표에는 봉토의 흔적이 남아 있지 않았으나 모두 두 개의 독이나 항아리로 이어진 이음독널이었다. 여기에서 별다른 유물은 출토되지 않았으나 화분형花盆形 토기와 같은 독널로 쓰인 토기의 성격 등으로 미루어보아 그 시기는 대략 기원전 2세기에서 기원후 1세기 사이, 즉 한반도 청동기시대의 마지막 단계에 이루어진 어린아이 무덤으로 추정되었다.

이 밖에 황해도의 안악 복사리[39]와 신천信川 명사리[40] 등지에서도 독무덤들이 널무덤 등과 함께 조사된 바 있으나 그 성격은 앞서 이 지역에서의 다른 독무덤들과 비슷한 것으로 여겨진다.

금강 유역에서는 부여 송국리松菊里 유적[41]에서 조사되었고 공주 남산리[42]에서도 송국리식토기를 사용한 독널들이 발굴되었다. 이 독널들은 둥그렇게 구덩이를 파내고 그 안에 크기와 모양이 똑같은 토기를 세워 묻었는데 바닥에는 지름 3cm가량의 구멍을 뚫었고 위에는 돌뚜껑(石蓋)을 씌웠다.

남산리의 독무덤들은 둘레에 퍼져 있는 널무덤의 사이사이에 이루어져 있었다. 그 시기도 널무덤과 마찬가지로 송국리 시기에 해당하는 기원전 5세기경으로 지금까지 조사된 독무덤유적 가운데 가장 이른 시기에 해당한다고 할 수 있다.

영산강 유역에서 조사된 독무덤유적으로 광주光州 신창동新昌洞 유적[43]을 들 수 있다. 구릉 위의 대지에 넓게 이루어진 무덤들 가운데 53기를 발굴하였는데 외독널과 삼옹식 각 1기를 빼고는 모두가 이음독널이었다. 독널의 크기는 60∼70cm가 가장 많았으나 45cm의 작은 것도 있었고 가장 큰 것은 130cm에 이르며 대부분은 동-서로 길게 묻혀 있었다. 이처럼 크기가 다양한 것으로 보아 이 무덤들은 성인용의 세골장洗骨葬이라기보다는 어린이를 위한 매장시설로 짐작된다.

부장품으로는 후기 민무늬토기에 해당하는 단지와 목항아리 외에 쇳조각 1점이 출토되었고 둘레에서는 청동제의 칼자루끝장식(劍把頭飾)과 돌도끼·돌살촉·숫돌·쇳조각들이 채집됨으로써 이 유적이 청동기시대의 최말기인 기원 전후에 이루어진 것임을 알 수 있다. 이러한 독무덤의 전통 위에서 그 뒤 원삼국기 말에 이르러 활발히 이루어진 이 지역 특유의 큰독널문화가 성립되었다고 할 수 있을 것이다.[44]

낙동강 유역에서 이 시기의 대표적 독무덤유적으로는 김해의 회현동會峴洞[45]과 지내동池內洞 유적[46]을 들 수 있다. 회현동의 독무덤은 이곳 조개더미의 동쪽 정상부 둘레에서 고인돌·돌널무덤·움집터와 함께 3기가 조사되었다. 이것들은 모두 이음독널로 이 가운데 3호 독널의 아가리 이음새 밑에서 벽옥제碧玉製의 대롱옥 2점과 한국식동검 2점, 새기개 8점이 출토되었다. 독널은 일본 야요이(彌生)시대의 전기 말쯤에 나타나는 것과 흡사하여 조개무지의 생성연대보다 다소 이른, 기원 전후에 이루어진 유적으로 생각된다.

지내동의 독널은 황갈색의 후기 민무늬토기와 회청색 연질토기를 맞물린 이음독널인데 바로 옆에서는 일본 규슈지방에서 흔히 나오는 야요이식의 붉은간토기(紅陶)가 출토되어 당시 한·일 간에 이루어진 교류관계를 보여주는 중요한 자료가 된다.

낙동강 하류지방을 중심으로 기원 전후해서 이루어진 이 독무덤들의 전통은 이후 원삼국기를 거쳐 삼국시대까지 계속된다. 그러나 삼국시대에 이르면 독립된 무덤이기보다는 딸린무덤(陪塚)으로 일부 지역에서만 근근이 그 명맥을 유지하였던 것으로 여겨진다.

(「한국사 3 - 청동기문화와 철기문화」, 국사편찬위원회. 1997)

주

1   池健吉, 「東아시아 支石墓의 型式學的 考察」, 『韓國考古學報 12』, 韓國考古學硏究會, 1982.

2   李榮文, 「全南地方 支石墓 社會의 硏究」, 韓國敎員大 博士學位論文, 1993.

3   석광준, 「우리나라 서북지방 고인돌에 관한 연구」, 『고고민속론문집 7』, 과학백과사전출판사, 1979.

4   池健吉, 「湖南地方 고인돌의 型式과 構造」, 『韓國考古學報 25』, 1990.

5   鳥居龍藏, 「平安南道·黃海道古蹟調査報告書」, 『大正五年度古蹟調査報告』, 朝鮮總督府, 1916.

6   梅原末治, 『朝鮮古代의 墓制』, 1946.

7   藤田亮策, 「朝鮮의 石器時代」, 『朝鮮考古學硏究』, 京都, 1948.

8   三上次男, 『滿鮮原始墳墓의 硏究』, 吉川弘文館, 1977.

9   金載元·尹武炳, 『韓國支石墓硏究』, 국립박물관 고적조사보고 6, 1967.

10 李榮文, 「全南地方 出土 靑銅遺物」, 『韓國上古史學報 3』, 1990.

11 정찬영, 「북창군 대평리유적 발굴보고」, 『고고학자료집 4』, 사회과학출판사, 1974.

12 金永培·安承周, 「扶餘松菊里 遼寧式銅劍出土 石棺墓」, 『百濟文化 7 · 8』, 公州師大百濟文化硏究所, 1975. 당시에는 1기만 조사되었으나 1992년 국립공주박물관에 의한 주변 발굴에서 3기가 추가로 확인되었다

13 有光敎一, 『朝鮮磨製石劍의 硏究』, 京都大 考古學叢書 2, 1959.

14 趙由典, 「慶南地方의 先史文化」, 『考古學5 · 6合輯』, 韓國考古學會, 1979.

15 池健吉,「靑銅器時代의 墓制 - 石棺墓」,『韓國史論 13 - 한국의 고고학 II』, 國史編纂委員會, 1983.

16 金載元,「扶餘·慶州·燕岐出土 銅製遺物」,『震檀學報 25·26·27合輯』, 1964.

17 崔盛洛,「韓國磨製石鏃의 考察」,『韓國考古學報 12』, 韓國考古學研究會, 1982.

18 有光敎一,「平安南道江界群漁雷面發見의 一箱式石棺과 其副葬品」,『考古學雜誌 31-3』, 日本考古學會, 1941.

19 a. 과학원 고고학 및 민속학연구소,「황해북도 사리원시 상매리 석상분 조사보고」,『고고학 자료집 2』, 1959.

    b. 황기덕, 1958년「춘하기 어지돈관개공사구역 유적정리간략보고(II)」,『문화유산 59-2』, 1959.

20 尹武炳,『韓國靑銅器文化研究』, 藝耕産業社, 1991.

21 채희국,「태성리고분군 발굴보고」,『유적발굴보고 5』, 과학원 고고학 및 민속학 연구소, 1959.

22 리순진,「운성리유적 발굴보고」,『고고학자료집 4』, 사회과학출판사, 1974a.

23 고고학 및 민속학연구소,「황해북도 은파군 갈현리 하석동 토광묘유적 조사보고」,『고고학자료집 2』, 1959.

24 황기덕,「1958년 춘하기 어지돈지구 관개공사구역 유적정리 간략보고(1)」,『문화유산59-1』, 1959.

25 리순진,「부조예군무덤 발굴보고」,『고고학자료집 4』, 사회과학출판사, 1974b.

26 金廷鶴,「韓國靑銅器文化의 源流와 發展」,『韓國의 考古學』, 東京 河出書房新社, 1972.

27 尹武炳,「公州郡 灘川面 南山里 先史墳墓群」,『三佛金元龍敎授停年退任紀念論叢 I』, 一志社, 1987.

28 金元龍,「慶州 九政里 出土 金石併用期遺物에 對하여」,『歷史學報 1』, 1952.

29 崔鍾圭,「慶州市朝陽洞遺蹟發掘調査槪要와 그 成果」,『古代文化 35-8』, 1983.

30 韓炳三,「月城竹東里出土 靑銅器一括遺物」,『三佛金元龍敎授停年退任紀念論叢 I』, 1987.

31 藤田亮策 外,「南朝鮮에 於하는 漢代의 遺蹟」,『大正11年度古蹟調査報告 1』, 朝鮮總督府, 1925.

32 金載元·尹武炳,「大邱晩村洞 出土의 銅戈·銅劍」,『震檀學報 29·30』, 1966.

33 國立中央·光州博物館,『特別展 韓國의 靑銅器文化』, 汎友社, 1992.

34 李健茂 외,「義倉 茶戶里遺蹟 發掘進展報告(I)」,『考古學誌 1』, 韓國考古美術研究所, 1989.

35 趙由典,「全南和順 靑銅遺物一括 出土遺蹟」,『尹武炳博士回甲紀念論叢』, 通川文化社, 1984.

36 李健茂·徐聲勳,『咸平草浦里遺蹟』, 國立光州博物館·전라남도함평군, 1988.

37 채희국, 앞 책(주 21, 1959).

38 리순진, 앞 글(주 22, 1974a).

39 전주농,「복사리 망암동 토광무덤과 독무덤」,『고고학자료집 3』, 과학원출판사, 1963.

40 도유호,「신천 명사리에 드러난 고조선 독널에 대하여」,『문화유산 62-3』, 1962.

41 姜仁求 外,『松菊里I - 本文·圖版』, 國立博物館 古蹟調査報告 第11冊, 1979·1978.

42 尹武炳, 앞 글(주 27, 1987).

43 金元龍,『新昌里 甕棺墓地』, 서울大考古人類學叢刊 1, 1964.

44 池健吉,「先史時代篇 - 總說」,『全羅南道誌 2』, 全羅南道誌編纂委員會, 1993.

45 榧本杜人,「金海貝塚의 甕棺과 箱式石棺」,『朝鮮의 考古學』 京都 同朋舍, 1980.

46 沈奉謹,「金海 池內洞 甕棺墓」,『韓國考古學報 12』, 韓國考古學研究會, 1982.

청동기시대의 묘제 - 석관묘

1. 머리말

석관묘石棺墓는 유라시아 대륙에서 널리 행해진 선사시대의 매장시설로서 동북아시아에서는 청동기시대 이후 시베리아를 비롯하여 중국의 동북지방과 한반도, 일본에 이르기까지 오랜 기간에 걸쳐 활발히 이루어진 선사先史 묘제墓制의 하나이다. 우리나라에서의 석관묘는 지석묘支石墓와 함께 청동기시대의 거의 전 기간에 걸쳐 만들어진 원시분묘이다. 그러나 그것이 이루어진 구조적 양식에 따라 지금까지 용어 자체도 상형석관묘箱形石棺墓,[1] 상식석관箱式石棺, 수혈식석실竪穴式石室,[2] 석조상형묘石組箱形墓,[3] 석상분石箱墳,[4] 석광묘石壙墓,[5] 석곽묘石槨墓[6] 등 학자에 따라 각기 나름대로의 용어를 사용해 왔다.

석관石棺이란 유골을 매납埋納하기 위해 큰 괴석塊石을 깎아 만들거나 판석板石 또는 할석割石으로 석벽을 구축한 매장시설을 총칭한다고 할 수 있지만 우리가 고고학에서 석관묘라고 하는 것은 시간적으로 선사시대에 국한하고 있다. 다만 석관 안에 시신을 따로 목관 등에 안치시켜 격납格納이 이루어질 경우 돌로 만든 구조물은 일단 '관棺'으로서의 성격이 상실될 수도 있다.

그러나 지금까지 조사된 이 유형의 무덤에서는 아직까지 뚜렷한 목관의 실체가 나타나지 않고 있다. 뿐만 아니라 그 크기에 있어서도 특수한 대형석관을 빼고는 일반적으로 목관 같은 구조물이 따로 들어갈 만한 공간이 못되기 때문에 복잡한 용어상의 혼잡을 피하여 간단히 석관묘로 통칭하는 것이다.

따라서 석관묘는 지하에 판석이나 할석, 천석川石 또는 이들을 한데 섞어서 하나의 매장구조를 이룬 것으로서 지상에는 봉토나 상석 같은 뚜렷한 묘표시설墓標施設이 이루어지지 않은 독립된 유형의 선사시대의 한 묘제라고 정의할 수 있다. 그러나 때로는 매장주체의 구조적인 유사성에 따라 남방식지석묘의 하부구조로서의 묘곽시설까지도 석관묘의 범주에 포함시키는 등 지금까지 그에 대한 뚜렷한 개념상의 한계가 불분명하였다.

그러나 지석묘의 지하 석관시설이 비록 그 구조나 축조상태에서 석관묘와는 근사함을 보일지라도 묘제로서의 기본성격에서는 서로 간에 나타난 차이가 분명하기 때문에 당연히 구분이 이루어져야 할 것이다.

우리나라에서의 석관묘의 분포는 거의 같은 시간적 배경을 갖고 나타나는 것으로 보이는 지석묘에 비해서 매우 빈약하지만 지역에 따라 밀도의 차이는 있을지라도 멀리 두만강 유역에서부터 남해안 지방에 이르기까지 반도 전역에 걸쳐 광범위하게 나타나고 있음을 알 수 있다. 지금까지 학술적으로 조사 보고된 제한된 수의 석관묘 분포상황이 당시에 축조된 실제 숫자의 극히 일부에 지나지 않을 것임은 두말할 필요도 없다. 지석묘에서처럼 유구의 전부 또는 일부가 지상에 드러나 개괄적으로나마 그 분포의 개황을 어림잡을 수 있는 것도 아니고 고분에서와 같은 봉토의 흔적이 전혀 남아 있지 않은 상태에서 항상 우연한 결과에 의해서 유구가 노출되는 경우가 대부분이기 때문이다.

이렇듯 제한된 숫자의 석관묘이긴 하지만 지금까지 조사된 유구를 통해서 구조상에 나타난 특성을 중심으로 몇 가지 유형의 형식 분류가 이루어진 바 있다.[7] 이들 형식 분류의 기준은 대개가 석곽을 이루는 석재의 성격에 따라 이루어진 것으로서 세부적인 분류상의 명칭에서는 차이가 있을지라도 기본적인 분류의 기준에서는 모두가 동일한 입장을 취하고 있음을 알 수 있다.

이 석관묘들은 묘곽의 네 벽을 이루는 부재部材의 성격에 따라 일차적으로 판석묘와 할석묘로 구분할 수 있고 이 가운데 판석묘는 한 벽을 이루는 판석재의 수에 따라 단판석식單板石式과 복판석식複板石式의 두 가지로 나눌 수가 있다.

2. 판석묘

판석묘의 구조적인 특징은 우선 묘곽을 이루는 네 벽 가운데 각 벽이 한 장 또는 여러 장의 판석으로 이루어진 점이다. 이 중 단벽석短壁石은 대개 양쪽의 장벽長壁 사이에 끼워 들어가게 되는데 이러한 짜임새는 넘어지기 쉬운 단벽을 장벽으로 물리게 하여 지탱하기 위한 배려로 생각된다.

판석묘의 묘곽 상부는 따로 판석으로 덮기도 하고 바닥에도 같은 판석을 깐 경우가 많지만 드물게는 바닥에 잔자갈만 깔거나 자갈과 판석이 섞여 깔린 것들도 있다. 그러나 이러한 시설을 원래부터 갖추지 않은 것들, 또는 파괴된 상태로 조사가 이루어져 그러한 시설의 구비 여부가 확실치 않은 것들도 상당수에 이른다.

판석으로 이루어진 경우라 할지라도 점판암粘板岩 같은 얇은 석재가 쓰이기도 하고 때로는 두터운 자연판석으로 축조되기도 하지만 가장 두드러진 특징으로는 각 벽, 특히 장벽을 이루는 판석이 일매석(一枚石, 단판석식單板石式)이나 또는 수매석(數枚石, 복판석식複板石式)으로 이루어진 차이를 들 수 있다. 지금까지의 조사 결과에 의하면 이러한 구조상의 차이가 지역적으로 또는 시간적으로 어떤 절대적인 구분을 가지고 이루어진 것이라고 보기는 힘들다. 한반도 내에서의 일반적인 분포상황만으로 보아서는 단판석식의 대부분이 한반도의 중부와 서북지방에서, 반면에 복판석식이 한반도의 남부, 특히 부여지방에서 성행했던 것으로 보인다.

단판석식의 분포가 남·북한강변과 멀리 경남 진양晋陽 대평리大坪里[8]까지 이르는 것으로 보아서는 분포의 대세와 함께 현지에서 얻을 수 있는 석재사정 등의 여건과도 밀접한 관계를 가졌던 것으로 여겨진다. 이 석관묘들은 한 지역에서 독립된 구조로서 발견되는 경우 외에도 북창北倉 대평리大坪里[9]나 부여 가증리佳增里,[10]와 중정리中井里[11]에서와 같이 4~6기가 한곳에 밀접되어 있는 곳도 있고 진양 대평리 유적 등에서와 같이 1기의 지석묘를 중심으로 그 둘레에 몇 개의 석관이 이루어진 곳도 있다.

판석묘의 평면은 장방형을 이루기도 하지만 대개는 한쪽 단벽이 맞은편의 단벽에 비해 약간 넓기 때문에 전체적으로 이른바 두관족협頭寬足狹의 길쭉한 제형梯形을 이룬다. 이렇듯 한쪽이 보다 넓어지는 것은 사체가 석관 안에서 차지하는 범위가 하체보다는 상체 쪽이 넓기 때문임이 분명한데 이러한 전통은 멀리 시베리아의 카라수크Karasuk묘에서부터 나타나기 시작하며 만주지방을 거쳐 한반도에서는 특히 서북지방의 석관묘에서 그 특징이 보다 뚜렷이 나타나고 있다.

이 판석묘들의 크기는 길이 160cm 이상이 되어 일반 성인이 신전장伸展葬될 수 있는 것도 있지만 대개 1m 안팎의 것들이 많은데 이 정도의 크기로는 굴장屈葬된 성인을 위한 매장시설로 보아야겠지만 춘성春城 대곡리垈谷里,[12] 진양 대평리,[13] 양평楊平 상자포리上紫浦里[14]에서와 같은 길이 70cm 안팎의 판석묘들은 굴장이라 할지라도 성인용이라고는 보기 힘들고, 아동 또는 세골장洗骨葬 같은 2차 장葬으로서의 무덤으로 보아야 할 것이다.

1) 단판석묘

묘곽을 이루는 네 벽이 모두 각 한 매씩의 점판암 같은 판석만으로 짜인 것들로 지금까지 동류의 묘제에 호칭되어 오던 상식석관 또는 석상분의 전형적인 예라고 할 수 있을 것이다. 바닥에도 벽석재와 같은 재질의 1매 또는 수 매의 판석을 깐 곳이 대부분이지만 북창 대평리 1호[15]에서처럼 판석 대신 잔자갈만을 깐 곳도 있고 같은 대평리 8호나 황주黃州 천진동天眞洞 'ㄱ'호[16]에서와 같이 판석과 잔자갈을 함께 깐 곳도 있다.

이 밖에 제천堤川 황석리黃石里 2호 지석묘[17]에 인접한 소형석관의 바닥은 특별한 시설이 없는 흙바닥 그대로였다.

이 바닥돌들은 대개 석관 벽석의 밑동보다 위로 들린 경우가 많은데 이는 고르지 못한 밑동 때문이기도 하겠지만 벽석이 안쪽으로 넘어지는 것을 막기 위한 구조상의 배려와도 유관한 것으로 보인다.

한편 석관을 덮는 개석蓋石으로는 대부분 벽석과 같은 재질로 판석 1매로 덮어두었지만 파괴에 의해 원래 상태를 파악할 수 없는 곳도 상당수에 이르고 있다.

이렇듯 각 1매의 판석만으로 이루어진 간단한 구조의 석관들이지만 그 규모에서는 큰 차이를 보여주고 있다. 강계江界 풍룡동豊龍洞[18]의 단판석묘에서와 같이 석관의 길이가 2m 이상 되는 것도 있으며 양평 상자포리나 춘성 대곡리 등지에서처럼 70cm 정도밖에 안 되는 작은 석관도 드물지 않게 발견되고 있다.

이 유형에 속하는 판석묘 가운데에는 강계 공귀리公貴里[19]에서와 같이 주관主棺 한쪽 장벽을 이용하여 또 다른 하나의 측관側棺이 이루어지기도 하고 북창 대평리 9호[20] 석관이나 황해도 인산麟山 주암리舟岩里[21]처럼 장축長軸 방향으로 길게 2기의 석관이 연결되어 있는 경우도 있다. 이 가운데 주암리에서는 동서로 양 석관이 가지런히 만들어지고 그 중 서쪽의 것은 다시 상하로 석관이 포개어져 이중의 묘곽이 구축되어 있었다.

단판석묘에서 출토된 유물로는 마제석검磨製石劍과 석촉류石鏃類가 주종을 이루고 있으며 관옥管玉 등 식옥류飾玉類도 적지 않게 출토되고 있다. 마제석검은 북부지방에서는 모두 날등 부분에 홈이 파여 있는 이른바 혈구식血溝式에 속하는데 이 가운데 봉산鳳山 어수구御水區[22] 출토 1점만 유단병식有段柄式이고 나머지 북창 대평리 4호, 7호와 봉산 덕암리德岩里[23] 3호묘 출토유물은 병부柄部가 없는 유경식有莖式이다. 남부지방에서 출토된 석검은 진양 대평리의 어은漁隱 2호 지석묘 남석관 등에서 나온 것이 있는데 이것은 무혈구유병식無血溝有柄式이었다.

한편 석촉은 여러 형식의 것들이 뚜렷한 지역적인 차이 없이 나타나지만 대체로 유경촉有莖鏃, 그 중에서도 경부莖部가 장대화長大化된 1단경촉이나 2단경촉[24]이 주류를 이루고 있으며 삼각형만입촉三角形彎入鏃과 유엽형촉柳葉形鏃도 함께 출토되고 있다.

이 밖에 장신구일 것으로 보이는 관옥이나 곡옥과 함께 토기류도 출토되지만 특히 몇몇 청동유물은 이 유형의 판석묘에 대한 성격을 보다 뚜렷이 부각시키는 것들이라고 할 수 있다. 강계 풍룡동에서 출토된 동포銅泡나 사리원沙里院 상매리上梅里에서의 양익식동촉兩翼式銅鏃은 모두 시베리아를 비롯하여 요녕지방 등지에서 흔히 볼 수 있는 것들로 이 유물의 유입 내지는 전래 경로를 말해주고 있다.

(1) 강계 풍룡동豊龍洞 유적[25]
독노강禿魯江 지류인 어뢰천변漁雷川邊의 둔덕진 밭 서쪽 경사면에서 발견되었다. 석관은 두께 4.5~6cm의 점판암으로서 원래 각 1매씩으로 네 벽과 바닥을 짜 맞춘 것이지만 개석의 존재는 분명치 않다. 바닥은 벽석의 하단에서 15cm 들린 상태인데 석관의 크기는 동서 길이 2.4m에 너비는 서쪽에서 60cm, 동쪽에서 45cm로 뚜렷한 두관족협의 모습을 보이고 있다.

깊이 69cm의 석관 내부는 검은 흙으로 채워져 있었고 그 안에서는 동편에서 2점의 흑도 장경호長頸壺가, 서편에서는 벽옥제碧玉製 관옥 27점, 홍마노제紅瑪瑙製 평옥平玉 7점, 동포銅泡 1점, 구형球形 석기 1점 및 석촉 파편이 출토되었다.

(2) 강계 공귀리公貴里 유적[26](도 I-12)
여기에서는 1955년과 1957년에 두 차례에 걸쳐 모두 2기의 석관묘가 발굴되었다. 전자는 점판암을 이용하여 석관시설을 하였는데 측관이 따로 이루어졌다. 주관은 동서로 길게 짠 것으로 길이 125cm, 너비는 동쪽이 75cm, 서쪽이 40cm 되는 두관족협의 모습을 갖추고 있었다.

주관의 북벽을 이용하여 만들어진 측관은 길이 80cm에 너비 30cm로 주관에서와 같이 각 벽이 모두 각 1매 판석으로 이루어져 있었다. 발굴 당시 석재의 파손과 교란이 심하여 개석도 없고 관 안에는 흙이 채워져 있었으나 원래는 바닥판석이 깔렸던 것으로 생각되었다.

주관 안에서는 토기편 2점과 흑요석편黑曜石片 1점이, 측관에서는 관옥 1점이

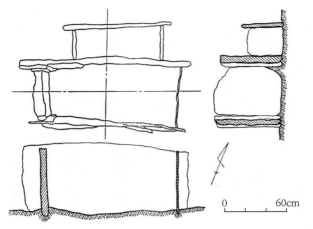

출토되었다.

　후자는 전자에서 약 6m가량 북쪽에 만들어졌는데 전자보다 더욱 심한 상태로 파괴되어있었다. 관 안에서 관옥 3점이 수습되었다.

(3) 강서 태성리台城里 유적[27]

2기의 판석묘가 1.5m의 거리를 두고 동서로 나란히 이루어져 있었다.

　모두 화강암 판석으로 조립된 장방형에 가까운 석관들로 대개 동서로 장축長軸을 두고 있었으며 바닥에는 판석이 깔려 있었다. 이 가운데 20호 석관은 두께 10~15cm의 판석으로 길이 165cm, 서쪽 너비 45cm, 동쪽 너비 57cm 되게 짜맞추었는데 깊이는 서쪽에서 47cm, 동쪽에서 50cm가 되었다.

　21호 석관도 20호와 거의 동일한 구조를 갖춘 것으로 길이 160cm, 너비 60cm 정도인데 20호보다 더 심한 파괴를 입고 있었다. 이들 석관 내부나 주위에서 아무런 유물도 출토되지 않았다.

(4) 북창 대평리大坪里 유적[28] (도 I-13)

북창읍에서 평양으로 가는 도로를 따라 약 2km 지점에 위치한 양촌강과 대동강이 합류하는 삼각주에 이루어진 유적이다. 일대에는 석관묘 외에도 지석묘와 주거지

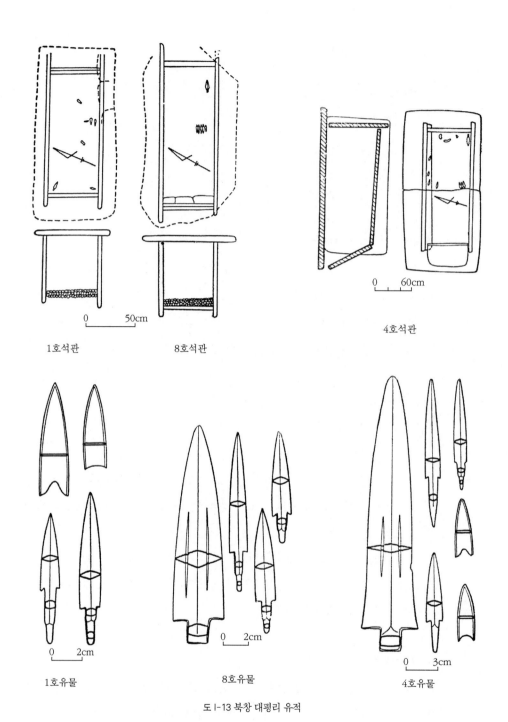

1호석관   8호석관

4호석관

1호유물   8호유물   4호유물

도 I-13 북창 대평리 유적

가 분포되어 있었으며 1967년 동시에 발굴되었다.

석관묘는 모두 7기가 조사되었는데 이 묘들은 약 30m의 구역 안에 집중되어 있었으며 각 석관 간의 거리는 10~15m가 되었다. 이 가운데 파손된 2호 석관만 불확실하고 나머지는 모두가 크기만 다를 뿐 네 벽이 각 1매 판석으로 이루어지고 단벽이 장벽 사이에 끼워 물린 전형적인 단판석묘들이었다.

석관 위에는 모두 1매 판석이 개석으로 덮였지만 바닥 처리에서는 다소 다른 모습을 보여주고 있었다. 4, 6, 7, 9호의 4기는 판석이 깔린 것들이었으나 1호는 판석 대신 자갈이 깔리고 8호는 바닥에 판석을 깔고 그 위에 다시 자갈이 펼쳐진 특이한 모습으로 나타났다. 석관의 크기는 90×48×44cm(9호)~185×65×73~82cm(4호)로 장축은 모두 동서로 이루어져 있었는데 인골과 출토유물로 보아 대부분 동침東枕이었던 것으로 생각된다. 석관 가운데 6호와 9호는 2기가 동서로 연접되어 동시에 이루어진 판석묘임을 보여준다.

출토유물로는 마제석검과 석촉 외에 관옥, 곡옥 등 여러 개의 식옥류가 발견되었고 특히 인골도 적지 않은 양이 수습되었다.

(5) 봉산 덕암리德岩里 유적[29]

1935년 아리미쓰 교이치(有光敎一)가 조사한 곳으로서 현 행정구역상으로는 황해북도 은파군銀波郡으로 개편된 곳이다. 유적은 논 가운데 이루어진 단구상段丘上에 위치해 있으며 여기에 3기의 석관이 20m의 거리를 두고 남북으로 배치되어 있었다. 석관은 모두 4매의 두께 2cm가량 되는 얇고 넓적한 점판암질의 판석을 조립하여 장방형으로 만들고 같은 판석으로 뚜껑과 바닥을 마련해둔 것이었다.

석관의 크기도 비슷하여 길이 119~135cm, 너비 46~50cm, 높이 45~50cm였는데 장축은 모두 남북으로 이루어져 있었다.

여기에서 출토된 유물은 유경식 석검 1점, 유경식 석촉 7점 등인데 검·촉 모두 경부가 비상하게 긴 것들이다. 3호 석관에서 출토된 거의 완전하게 존재한 인골과 석관의 크기로 보아 남침南枕 굴장屈葬이 이루어졌던 것으로 보인다.

(6) 사리원 상매리上梅里 유적[30]

1956년, 1958년 두 차례에 걸쳐 조사되었다. 전자는 두께 3~4cm의 얇은 점판암으로 이루어진 단판석묘로 장축은 북서~남동향으로 이루어지고 길이 136cm, 너비 42cm, 높이 58cm였다. 개석과 저석底石으로도 각 1매 판석을 사용하였는데 저석은 벽석의 밑동보다 약 7cm가량 치켜 올려졌다.

석관에서는 동촉銅鏃 1점, 유경양익석촉 4점, 장신구로 쓰였을 소라껍질 2개가 출토되었는데 특히 동촉은 길이 4.6cm 되는 유경양익식으로서 석관묘의 출토 유물로는 매우 희귀한 예일 뿐 아니라 더구나 초기단계의 청동유물이라는 점에서 매우 중요한 학술적 가치를 지니고 있다.

후자는 현 지표로부터 70cm 아래에서 석관의 개석이 나타났다. 두께 3cm의 단판석으로 짜여진 석관 내부는 길이 128~130cm, 너비 50cm, 깊이 60cm이며 장축은 서남향인데 바닥에는 큰 판석 한 장을 벽석의 밑동으로부터 5cm가량 들린 상태로 깔아두었다. 석관 안에서 부장품은 발견되지 않고 두개골과 대퇴골 등 측와굴장側臥屈葬시킨 것으로 보이는 인골만이 수습되었다.

(7) 단양 안동리安東里 유적[31]

남한강 상류의 지류 계곡에서 발견된 석관묘이다. 두께 6cm 되는 혈암頁岩의 판석으로 이루어진 단판석묘로 내부 길이 1m, 너비와 높이 모두 0.5m 되는 소형인데 장축은 동~서로 이루어졌다. 조사 당시 바닥은 일부 파손되어 있었으나 원래는 2~3매의 판석을 깔았던 것으로 보이며 개석으로는 2×1.1m의 대형판석 1매가 덮여 있었다. 개석 상부에는 적석시설이 이루어진 것으로 생각되는데 석관에서는 유경식, 무경역자식無莖逆刺式 등 점판암으로 만든 마제석촉 13점이 출토되었다.

(8) 진양 대평리大坪里 유적[32]

1975년부터 77년까지 3차년에 걸쳐 문화재연구소에 의해 조사된 유적이다. 이 유적이 위치한 곳은 진주晋州 남강南江의 상류로 퇴적토堆積土로 이루어진 하천 평야지대인데 일대에는 주거지, 지석묘, 부석묘敷石墓와 함께 이들 선사분묘와 공존관계의 것으로 보이는 석관묘가 확인되어 서로 다른 묘제 간에 이루어진 상호관계를 밝힐 수 있었던 주목할 만한 유적이었다.

이 가운데 조사된 석관묘는 모두 9기이지만 이 묘들 중 독립된 상태로 발견된 예는 없고 모두 지석묘를 중심으로 하여 그 주변에 석관이 마련되거나 부석유구敷石遺構의 공간을 이용하여 이루어졌다. 석관을 이룬 재료는 얇은 판석이거나 보다 두터운 할판석들인데 판석조의 석관이 할판석조의 석관보다 비교적 규모가 컸다.

석관은 크기가 50×40×25cm(옥방玉房 6호 지석묘 남쪽 석관)인 소형의 석관에서부터 160×48×48cm(부석 1,2호 사이 석관)에 이르기까지 다양한 크기를 보여주었다. 석관의 상면과 바닥에는 1매 또는 수 매의 판석이나 할판석으로 덮거나 깔았는데 이 재질들은 벽석의 재질과 일치됨을 보여주었다.

석관의 각 벽석은 대개 1매석들이지만 일부 대형석관의 장벽은 판석 2매를 이어 연결시키고 그 틈바구니를 메우기 위해 따로 장판석을 덧대어 이중벽이 되는 특수한 조립방식을 사용하였다. 이러한 방식은 규모가 커진 석관의 조립을 위해 취해진 불가피한 변칙적 수단으로서 각 벽 1매석이라는 전통적 관습을 고수하기 위한 배려로 보아야 할 것이다.

석관묘에서 출토된 유물은 지석묘의 유물에 비해 매우 빈약한 편으로 어은 2호 지석묘 남석관에서의 일단병식 석검 1점과 유경석촉 3점, 옥방 9호 지석묘 동편 2호 석관으로부터의 무문토기편 약간이 그 전부이다.

2) 복판석묘

이 유형에 속하는 판석묘의 특징으로는 앞서 단판석묘에서와는 달리 묘곽을 이루는 네 벽의 일부가 2매 이상의 판석이 이어져 한쪽 벽을 이루는 점을 들 수가 있지만 대개 양쪽 단벽은 1매 판석만으로 이루어진 경우가 대부분이다. 또한 같은 판석묘라 할지라도 단판석묘가 점판암 같은 비교적 얇은 판석들로 짜 맞추어진 데 반해서 이 복판석묘들에 쓰인 석재들은 그보다 비교적 두터운 할판석으로 이루어져 같은 판석묘라 할지라도 이들 두 형식 사이에는 매우 다른 구조상의 차이가 있음을 알 수 있다.

이 석관들의 바닥에는 벽석과 같은 두터운 할판석들이 깔린 곳도 있지만 석관을 덮는 개석은 부여 송국리松菊里[33] 이외에서는 그 확실한 예가 없어 앞서 단판석묘와는 달리 그 위에 목개木蓋 같은 것을 덮은 것인지도 모르겠다.

복판석묘의 분포는 단판석묘에 비해 훨씬 드물 뿐 아니라 그 대부분이 충남지방 특히 부여를 중심으로 집중되어 있음을 알 수 있으며, 지금까지 조사된 부여지방 이외의 복판석묘유적으로는 김해 회현리會峴里 석관묘[34]를 들 수가 있다. 이렇듯 제한된 유적의 분포와 함께 출토유물도 매우 빈약하여 이 유형의 석관묘에 대한 성격을 부각시키기에는 많은 문제가 있다. 출토유물의 대부분은 여기에서도 석검과 석촉이며 부여 송국리 석관묘 같은 유적은 극히 예외적인 경우로 석제의 검·촉과 함께 관옥, 곡옥 등 식옥류, 요녕식동검과 동착銅鑿 각 1점씩이 출토되어 청동유물이 출토된 판석묘로서의 드문 예를 보여주는 귀중한 자료가 된다.

(1) 부여 가증리佳增里 유적[35]

복판석묘의 대표적인 유적으로 1915년 일본인 도리이 류조(鳥居龍藏)가 조사한 이 석관묘군을 들 수 있다. 부락 남쪽 봉황산(鳳凰山, 표고 128m) 기슭에 각각 4~5m의 거리를 두고 축조된 5기의 석관은 모두 남동~북서 간에 장축을 두고 같은 방향으로 4기가 거의 일직선 되게 이루어져 있었다. 다른 1기는 거기에서 북쪽으로 15m가량 떨어져 있었으나 역시 같은 방향으로 장축이 이루어져 있었다. 조사 당시 비교적 파손이 심한 상태였지만 남아 있는 유구를 통해서 그 구조적 성격을 파악할 수 있었다. 이 석관들은 대개 장벽에 2~3매의 비교적 두꺼운 판석을 세웠으며 단벽으로는 모두 1매 판석만을 쓰고 있었다.

2호와 4호 석관의 바닥에는 판상석이 깔려 있었으나 개석에 관한 기록은 없는 점으로 보아 이미 제거되었거나 다른 별개의 뚜껑시설을 갖추었던 것으로 생각된다. 석관의 크기는 가장 큰 5호가 155×60×60cm이며, 4호 석관은 60×45×60cm에 불과한 소형으로 추정되었다.

출토유물은 모두 석검과 석촉으로 5호를 제외한 모든 석관에서 석검 1점과 석촉 수점씩이 출토되었다. 석검은 모두 검신에 혈구血溝가 이루어지지 않은 것들로 3호 석관에서 발견된 1점만 유단병식(유광有光 BIb식[36])이고 나머지는 3점 모두 무단병식(BII식)에 속하는 것들이다. 석촉은 1,2,3,4호 석관에서 각각 1, 13, 3, 10점씩이 발견되었는데 모두가 첨경尖莖을 갖춘 유경식들로 촉신의 단면은 능형菱形을 이루고 있다.

(2) 부여 중정리中井里 유적[37]

산 정상부의 대지상臺地上에서 백제시대의 화장묘와 함께 발견된 유적으로 화장묘 가운데에는 석관묘 바로 위에 이루어진 것도 있었다. 모두 4기의 석관이 확인되었으나 대부분 크게 파손된 상태였고 일부만이 반쯤 허물어진 상태에서 조사가 이루어졌다.

석관묘들은 대개 장축이 동서로 이루어진 채 2~3m 간격을 두고 떨어져 있었다. 이 중 2호 석관은 암벽을 깊게 파고 그 안에 두께 9cm가량 되는 판상板狀의 자연석을 가지고 150×50cm의 석관을 이루어 놓았다. 여기에서는 마제석검 1점과 무문토기 파편들이 출토되었다.

한편 1호 석관도 암반을 파내고 판상석을 세워 148×40cm 크기의 석관을 만들었는데 바닥도 10여 매의 판상석으로 이루어져 있었다. 바닥에서 무단병식의 석검 1점과 유경식 석촉 3점이 출토되었다.

(3) 부여 송국리松菊里 유적[38](도 I-14)

지금까지 조사된 대부분의 석관묘 유적이 거의 교란된 상태에서 긴급발굴이 이루어졌다고 할 수 있지만 이 석관묘는 여기에서 발견된 요녕식동검 등 다량의 유물과 함께 처음부터 계획된 발굴조사가 이루어졌다는 점에서 그 학술적 의의가 매우 큰 유적이다.

풍화된 암반을 파내고 작은 판석으로 구축된 이 판석묘는 정남에서 30도 가량 서쪽으로 치우쳐 장축이 이루어져 있었고 석관은 길이 195cm, 너비는 북쪽에서 84cm, 남쪽에서 78cm로 다른 석관묘에서와 같이 두관족협의 모습으로 나타

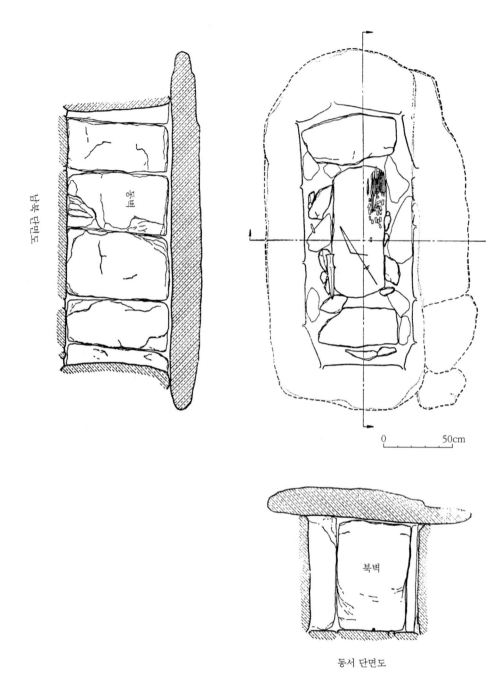

남북 단면도

묘곽

북벽

동서 단면도

0   50cm

도 I-14 부여 송국리 유적

났다. 석관을 이룬 석재는 거칠게 다듬은 두께 10~15cm의 비교적 두터운 판석을 이어 세웠다.

바닥에는 3매의 넓은 판석을 깔고 그 벌어진 틈새에 잡석으로 채웠으며 동서 장벽은 각각 5·4매, 남북 단벽은 1·2매의 판석을 이어 세웠다. 석관 위에는 길이 260cm, 너비 150cm, 두께 20cm인 1매의 대판석을 덮어두었다.

석관 안에서 요녕식동검, 동착, 무단병식석검 각 1점씩과 유경식석촉 11점, 벽옥제관옥 17점, 천하석제식옥天河石製飾玉 2점 등이 출토되었다.

(4) 김해 회현리會峴里 유적[39]

회현리 패총 D구에서 지석묘와 옹관甕棺 등 선사분묘를 비롯하여 석부수혈石敷竪穴의 노지爐址와 함께 모두 5기의 석관묘가 조사되었다.

석관들은 모두 장축을 동서로 하고 같은 방향으로 길게 배치되어 있었는데 이 가운데 복판석묘의 유형에 속하는 것은 1호와 5호 석관이다.

1호 석관은 두께 6cm가량의 판석으로 이루어진 길이 120cm, 너비와 깊이 모두 30cm가량의 복판석묘로 동서 단벽은 각 1매, 남북 장벽은 각 2매의 판석으로 이루어졌다. 저석底石과 개석蓋石은 갖추어지지 않고 부장품도 발견되지 않았다.

5호 석관은 1호 석관에 비해 훨씬 큰 규모로 길이 250cm, 너비와 깊이 모두 45cm인데 장벽에는 한쪽에 각기 4매의 판석을 세웠다. 마찬가지로 개석과 저석은 없었고 바닥면에서 홍도 1점과 석촉 2점이 출토되었는데 유물의 출토상태로 보아 동침東枕으로 추정되었다.

3. 할석묘

할석묘는 지하에 이루어진 매장부의 네 벽이 할석이나 천석 등으로 쌓아 올린 것을 그 구조상의 특징으로 들 수가 있으나 드물게나마 여기에 판석과 함께 이루어

진 혼축식混築式의 석관도 이 유형에 포함시킬 수가 있을 것이다.[40]

　이 할석묘들은 축조 방식상 판석묘보다는 한 단계 발전된 구조로 이후 역사시대에 이르러서도 가장 보편화된 묘곽시설의 주종을 이루게 되지만 석관묘 단계에서의 할석묘는 그 후기 중에서 극히 일시적인 양상에 그쳤던 것으로 보인다.

　한반도의 선사 묘제 가운데 순수 석관묘로서 할석묘의 분포는 앞서 판석묘의 분포에 비해 매우 제한되어 있으며 대부분은 지금까지 주로 금강 유역을 중심으로 발견되고 있다. 이러한 묘곽시설이 한반도에서는 오히려 남방식 지석묘의 하부구조로서 활발히 이루어졌음에도 불구하고[41] 석관묘로서 할석묘의 분포가 일부 지역에 국한되고 있음은 상호 출토유물에서 나타난 차이와 함께 주목할 만한 사실이라고 할 수 있을 것이다.

　더욱이 이 할석묘들이 도리어 금강지역과는 멀리 떨어진 요녕지방에서 성행되었고 출토유물의 성격상으로도 유독 이 두 지역에서만 매우 유사한 양상을 보이고 있음은 지역 상호간에 이루어진 청동기문화의 상관관계를 보여주는 또 하나의 중요한 사실로 지적할 수가 있을 것이다.

　지금까지 조사된 석관묘 가운데 할석묘 계통에 속하는 유적으로는 대전 괴정동槐亭洞 등 몇 군데에 불과하지만 모두가 구조상 많은 공통점을 가지고 있어 한 유형으로서의 속성을 충분히 보여주고 있다고 할 수 있다.

　우선 이 할석묘들이 발견된 지점은 예산禮山 동서리東西里[42]에서와 같이 표고 140~160m의 고지대에 위치한 특수한 경우를 빼고는 모두가 표고 50m 미만의 나지막한 구릉지대로서 공통된 입지적 상황을 보여주고 있다. 할석묘가 이루어진 주위의 토질은 부식과 풍화된 암반이 대부분이며 석관의 축조는 바로 이러한 견고한 구덩이 속에 만들어졌다. 따라서 석관은 넓적한 할석 또는 괴석을 세우거나 불규칙하게 쌓아 올려 벽면은 고르지 못한 모습을 나타내고 있다.

　석관의 윗면과 바닥에는 부여 연화리蓮花里[43]에서와 같이 할판석을 덮거나 간 곳도 있으나 나머지 유적에서는 이러한 시설이 이루어지지 않고 다만 바닥면에 회색 진흙(泥土)을 깔아두었다. 바닥에서는 적지 않은 양의 목질흔木質痕들이 검출되었는데 이것들은 바닥면에 깐 판재나 목관의 부재였던 것으로 생각된다. 이 석관들의 크기는 대개 2m 안팎이지만 연화리에서처럼 1.4m 되는 소형의 할석묘도 있다.

할석묘에서의 이러한 구조적 특성과 함께 출토유물의 성격에서도 앞서 판석묘에서와는 전혀 다른 양상을 보여주고 있다. 앞서 전체 판석묘의 출토유물 가운데 우선 청동유물은 한두 점에 불과할 뿐 옥석제품과 토기류가 주류를 이루었다.

그러나 할석묘에서는 동검류를 비롯한 각종 청동기류가 출토유물의 대부분이고 도리어 토기나 석기류는 부수적인 존재에 그치고 있음을 알 수 있다. 이러한 유물의 차이가 시간적 선후를 이야기하는 것인지 혹은 피장자被葬者의 사회적 배경의 차이인지 지금으로는 명확한 해답을 구하기가 어렵지만 이 문제는 자료의 증가와 함께 요녕지방의 청동기문화와의 긴밀한 비교검토 아래서 연구가 진행되어야 할 것으로 믿는다.

(1) 대전 괴정동槐亭洞 유적[44]

1967년 대전시 교외의 낮은 구릉지대에서 경작중에 발견되었다. 석관은 지표 아래 2.7m의 깊이를 바닥으로 하여 이루어진 2.5×0.73m인 토광 안에 두께 약 10cm가 넘는 막돌(野石)을 한 겹으로 쌓아 네 벽을 구성했다. 석관의 크기는 남북 2.2m, 동서 0.5m로 복원되었는데 토광의 깊이로 보아 석관의 높이는 약 1m가량으로 짐작되었다. 석관의 바닥과 윗면에는 따로 돌을 깔거나 덮지 않았지만 석관 안에는 위에서 무너진 석괴石塊로 메워져 있었던 것으로 보아 목개 등의 시설이 있었고 그 위에 돌을 쌓았던 것으로 여겨진다. 석관 바닥에서는 얇게 깔린 부식된 목질이 검출되어 석관 안에 만들어진 별도의 목관시설의 가능성을 시사하고 있다.

석관이 이루어진 토광 위로는 지표에 이르기까지 면적이 확대되면서 올라가 지표에서의 넓이는 2.8×3.3m의 고르지 않은 타원형을 이루었다.

석관 안에서는 앞서 판석묘에서는 지금까지 볼 수 없었던 다양한 청동기와 함께 특수한 형태의 토기류가 출토되었다.

청동제유물로는 세형동검(細形銅劍, 尹武炳I식)[45] 1점을 비롯하여 다뉴조문경多紐粗文鏡과 동탁銅鐸 각 2점, 방패형동기防牌形銅器와 원개형동기圓蓋形銅器 각 1

점, 검파형동기劍把形銅器 3점이 출토되었으며 이밖에 흑도 장경호와 점토대토기 각 1점과 천하석제식옥 2점, 삼각형 석촉 3점이 발견되었다.

(2) 부여 연화리蓮花里 유적[46]

부락의 후면에 이루어진 구릉지대(표고 41m)에서 사방공사 중 우연히 유물이 발견되어 뒤에 조사가 실시된 유적이다. 부식된 화강암반을 파서 만든 깊이 80~100cm의 묘광 안에 구축된 석관은 두께 10cm가량의 별로 인공이 가해지지 않은 석괴로서 묘광의 벽면에 한 겹으로 이어 붙인 것처럼 이루어졌다.

석관 내부의 크기는 길이 130cm, 너비 50~55cm에 남아 있는 북벽의 높이는 55cm로 비교적 소형이었으며 장축은 북북서~남남동 간에 이루어졌다. 원래 석관 위에는 5cm 두께의 넓적한 화강암 판석으로 덮었던 것 같으며 바닥에도 같은 두께의 고르지 않은 판석 5~6매가 깔려 있었던 것으로 생각되었다.

출토유물로서는 모두 I식에 속하는 세형동검 4점을 비롯해서 천하석제식옥 1점과 동경銅鏡의 파편들이 있다.

(3) 아산 남성리南城里 유적[47] (도 I-15)

과수원 우물 굴착작업 중 청동 일괄유물이 발견되어 사후에 정리조사가 이루어진 유적이다. 유적은 낮은 구릉지대에 위치하며 조사 당시 유구의 태반이 파괴되었으나 남아 있는 일부 석벽 구조를 통해 유구의 성격을 짐작할 수 있었다. 석관은 부식암반을 파내고 마련한 토광 안에 구축되었는데 토광은 앞서 괴정동 유적에서와 같이 지면으로부터 차츰 아래쪽으로 면적을 좁혀가면서 파내려 갔다.

석관은 현 지표 밑 2m 깊이를 바닥으로 하여 한 면을 고르게 다듬은 두께 10cm가량의 할석들을 한 겹으로 쌓아올려 네 벽을 만들었으며 바닥에는 두께 약 5cm가량의 부정형 판석들을 잇대어 깔아두었는데 각 판석들의 틈은 붉은 점토로 메워져 있었다. 이렇게 이루어진 석관은 동서를 장축으로 하여 길이 2.35m, 너비는 서벽 쪽에서 0.5m, 동쪽에서는 0.7m였는데 관옥 등 장신구의 출토상태로 보아 피장자는 동침이었음을 짐작케 해주었다.

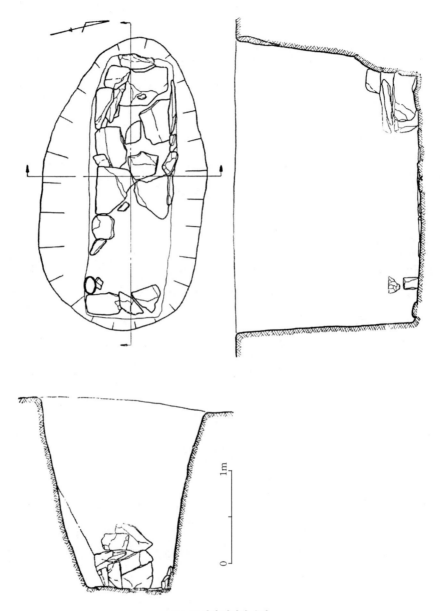

도 I-15 아산 남성리 유적

바닥돌 위에는 회청색의 진흙이 1cm 두께로 전면에 걸쳐 깔려 있었으며 석관 안 퇴적토에서는 상당량의 칠편漆片들이 출토되었는데 이 칠편들은 칠을 바른 목개木蓋의 흔적 같은 것으로 추정되었다. 묘광 안에는 40cm가량의 돌들이 꽉 차 있었다는 것으로 보아 석관 상부에 상당한 규모의 적석시설이 이루어졌던 것으로 보인다.

여기에서는 I식의 동검 1점과 함께 모두 8점의 II식 세형동검을 비롯해서 방패형동기와 동부銅斧, 동착, 곡옥 각 1점, 검파형동기 3점, 다뉴조문경 2점, 관옥103점과 점토대토기, 흑도 장경호 각 1점 등이 출토되었다.

(4) 예산 동서리東西里 유적[48]

1978년 봄, 사방공사 중 청동 일괄유물이 발견되었으나 유구와 유물이 주민들에 의해 어지럽게 흩어진 상태에서 조사가 이루어진 유적이다. 석관묘는 표고 140~160m 되는 높은 산등성이에서 발견되어 일반적으로 50m 미만의 낮은 구릉지대에서 발견되는 동류의 할석묘와는 다른 입지적 상황을 보여주었다. 조사 당시 유구의 대부분이 파괴되어 있었으나 주위에 흩어진 할석재와 묘광시설에 의해 이 석관의 구조적 성격을 추정 복원할 수 있었다.

앞서 다른 할석묘에서와 같이 부식된 화강암반을 깎아 이룬 묘광은 장축이 동~서를 향하고 있었으며 길이 180cm, 너비 90cm의 장방형이었다. 토광 안에 두께 5~8cm인 넓적한 할석으로 석관이 구성되었던 것으로 보이는데 구덩이 아래와 벽면에 회백색 진흙이 5~6cm 두께로 남아 있었다. 석관의 윗면에는 목개 같은 시설이 갖추어지고 그 위에는 돌을 쌓아 올렸던 것으로 추정되었다.

출토유물로는 I식이 주류를 이루는 동검 9점, 검파형동기 3점, 나팔형동기喇叭形銅器 2점, 각종 동경 5점 분, 원개형동기圓蓋形銅器 1점, 관옥 및 소옥 126점, 삼각형 마제석촉 7점, 흑색토기 장경호와 점토대토기 각 1점 분이 있다.

(5) 서흥瑞興 천곡리泉谷里 유적[49](도 I-16)

앞서 예시된 할석묘들이 모두 금강 유역의 충남 일원에서 발견된 유적이지만 이

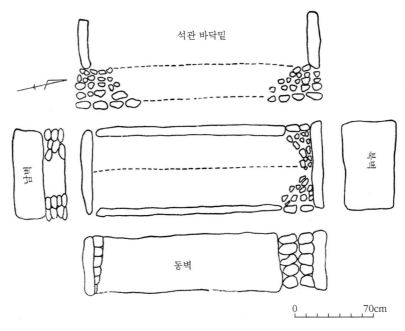

석관 바닥밑

서벽

동벽

0   70cm

도 I-16 서흥 천곡리 유적

곳은 멀리 황해도의 서흥강瑞興江 상류에서 발견되었다. 또 석관의 구조도 전자들
이 모두 할석만으로 구축되어 있으나 여기에서는 두 단벽과 장벽을 혈암 계통의
판석으로 세우고 장벽의 일부를 천석으로 쌓아 판석이 모자라는 부분을 채워두고
있다. 돌과 흙, 모래를 섞어 굳게 다진 바닥 위에 이루어진 이 석관의 내부는 길이
2.1m, 너비 0.64m, 깊이 0.5m로 장축은 대개 남~북으로 이루어졌는데 발굴시
석관 내부에는 붉은 점토와 함께 석회석이 섞인 듯한 청색 빛의 진흙으로 채워져
있었다.

유물은 석관 바닥의 동남쪽에 치우쳐 세형동검(윤무병 I식) 1점, 십자형 검파
두식十字形劍把頭飾 1점, 혈암제의 삼각형 석촉 7점 분이 출토되었다.

이러한 특이한 구조는 지금까지 판석묘로 일관해 오던 석관묘의 단계로부터
새로운 발상으로 할석식의 축조방법이 나타나면서 이 둘 사이에서 이루어진 과도
기적인 구조일 것으로 보인다. 그러나 비록 부분적이라 할지라도 이러한 할석식의
묘곽 구조가 새로이 도입된 이상은 할석묘의 범주에 포함되어야 할 것이다.

4. 맺음말

지금까지 한반도의 석관묘를 개관하고 그 구조적 성격에 따라 판석묘와 할석묘로 구분하였으며 이 가운데 판석묘는 네 벽을 이룬 석재의 특징에 따라 단판석식과 복판석식으로 분류시켰다.

특수한 예이긴 하지만 벽체가 천석·할석류와 판석으로 섞여 이루어진 경우 이 묘들은 일단 판석묘의 전통이 아직 남아 있으나 새로운 할석묘의 기법이 이미 도입된 상황이라고 생각되기 때문에 이는 할석묘의 범주에 포함시켰다.

그러면 각 유형의 석관묘에서 나타나는 기본적 성격의 차이는 무엇인가? 우선 세 가지 유형의 석관묘는 지역적 분포에서부터 그 차이가 나타나고 있다. 같은 판석묘 가운데에서도 단판석묘는 대부분 남한강을 포함한 한강 이북에서 발견되고 있으며 그 이남에서는 진양 대평리 유적을 빼고는 그 뚜렷한 실례가 매우 드물다고 할 수 있다. 이에 반해서 복판석묘의 분포는 한강이남, 그 가운데에서도 부여지방에서 특히 많은 예가 보고되고 있음을 알 수 있다. 한편 할석묘 가운데에서는 판석 재료와 혼합하여 만들어 판석묘의 요소가 강하게 남아 있는 서흥 천곡리 유적의 일례만이 한반도 북부에서 나타났을 뿐 전형적인 할석묘는 모두가 금강 유역을 중심으로 한 호서 일원에서만 발견되고 있다.

이러한 분포상의 차이와 함께 출토유물을 통해서도 각 유형 사이에 나타난 차이를 엿볼 수 있었다. 석관묘에서 출토된 유물 가운데 가장 빈도가 높은 것은 마제석검과 석촉이며 이 가운데 석검을 통해서 각 형식 사이에 나타난 성격상의 차이를 살필 수가 있었다. 단판석묘에서 출토된 석검은 지역적으로 외딴 진양 대평리를 제외하고는 모두 검신에 혈구血溝가 이루어진 유경식이나 유병식이 그 선행양식으로 제시되어온 점[50]을 감안하여 일단 단판석식과 복판석식 사이에 이루어진 시간적인 선후관계를 어림해볼 수 있었다.

석촉은 형식의 다양성과 지속성에 따라 뚜렷한 서열의 기준이 매우 모호하기 짝이 없다. 따라서 석검에서 나타난 바와 같은 일률성은 여기에서는 추출하기가 어렵고 다만 출토 상황의 대체적인 경향을 통해서 각 유형의 석관묘가 갖는 시간성의 대세를 짐작해볼 수가 있을 뿐이다. 먼저 판석묘에서 출토되는 석촉은 삼각형만입촉三角形彎入鏃, 유엽형촉柳葉形鏃, 장릉형촉長菱形鏃, 유경촉有莖鏃 등이지만 이 가운데 삼각형만입촉과 유엽형촉은 지금까지 단판석묘에서만 출토되고 있으며 장릉형촉은 복판석묘에서, 유경촉은 긴 시간 폭으로 모든 판석묘에서 출토되었음을 알 수 있다.

이 석촉들의 형식 변천[51]과 석검의 성격에 따라 일차적으로 판석묘 가운데 단판석묘가 복판석묘에 비해 한 단계 선행한다는 사실을 지적할 수가 있다.

한편 할석묘에서는 마제석검의 존재는 없어지고 석촉은 기부基部가 거의 일직선을 이루는 삼각형촉三角形鏃만이 출토될 뿐 세형동검 등 청동제품이 출토유물의 주종을 이루게 된다.

이에 반해 판석묘에서 출토된 청동유물을 수적으로 매우 제한되어 있지만 할석묘의 청동유물과는 매우 판이한 모습을 보여주고 있다. 여기에서는 할석묘에서 대량으로 출토되는 세형동검은 출토되지 않고 동포(銅泡, 강계 풍룡동), 양익식동촉(사리원 상매리)이나 요녕식동검(부여 송국리) 등 한반도 출토의 청동유물 가운데 제 I기[52]에 속하는 초기의 유물만이 발견되고 있다.

따라서 지금까지 살펴본 모든 유물의 양상을 전체적으로 볼 때 일반적으로 단판석묘 → 복판석묘 → 할석묘의 개략적인 서열의 윤곽을 잡을 수 있지만 유형에 따라서는 그 분포가 일부 지방에 국한되고 있음을 볼 때 시간적 서열 이전에 보다 강한 지역성이 개재할 수 있음을 감안해야 할 것이다.

이상 출토유물의 성격으로 보아 한반도의 석관묘는 청동기시대 초기부터 축조되기 시작하여 이후 본격적인 철기문화가 들어오기 이전, I식 세형동검이 사용되던 시기까지 계속되어 순수 청동기문화와는 그 명맥을 같이했다고 할 수 있다. 따라서 석관묘의 시기始期와 종기終期는 우리 청동기문화에 대한 체계적 편년이 수립됨과 함께 분명해질 것으로 믿는다.

(『한국사론 13 – 한국의 고고학 II』, 국사편찬위원회, 1983)

주

1   三上次男, 『滿鮮原始墳墓の硏究』, 1977(2版).

2   樋本杜人, 「朝鮮先史墳墓の變化過程とその編年」, 『考古學雜誌 43-2』, 1957

3   三宅俊成, 『東北アジア考古學の硏究』, 1975.

4   金元龍, 『韓國考古學槪說』, 1981(3版).

5   金元龍, 「丹陽安東里石壙墓報文」, 『震檀學報 31』, 1957.

6   김원용, 『한국의 고분』, 1974.

7   a. 韓炳三, 『한국사 1』, 국사편찬위원회, 1974.
    b. 李鍾宣, 「韓國石棺墓의 硏究」, 『韓國考古學報 1』, 1976.
    c. 三上次男, 앞 책(주 1).

8   趙由典, 「慶南地方의 先史文化」, 『考古學 5·6合輯』, 1979.

9   a. 석광준, 「북창유적의 돌상자무덤과 고인돌에 대하여」, 『고고민속논문집 5』, 1973.
    b. 정찬영, 「북창군 대평리 유적 발굴보고」, 『고고학자료집 4』, 1974.

10 有光敎一, 『朝鮮磨製石劍의 硏究』, 1959.

11 姜仁求, 「公州·扶餘周邊의 先史文化」, 『百濟의 考古學』, 1972.

12 韓炳三 외, 「昭陽江水沒地區遺蹟發掘調査」, 『八堂·昭陽댐 水沒地區遺蹟發掘綜合調査報告』, 文化財管理局, 1974.

13 趙由典, 앞 글(주 8).

14 韓炳三·金鍾徹, 「楊平郡上紫浦里支石墓(石棺墓)發掘報告」, 『八堂·昭陽댐 水沒地區遺蹟發掘綜合調査報告』, 文化財管理局, 1974.

15 석광준, 정찬영, 앞 책(주 9).

16 황기덕·리원근, 「황주군심촌리 청동기시대유적발굴보고」, 『고고민속 66-3』, 1966.

17 金載元·尹武炳, 『韓國支石墓硏究』, 國立博物館 古蹟調査報告 第6冊, 1967.

18 有光敎一, 「平安北道江界郡漁雷面發見의 一箱式石棺과 其副葬品」, 『考古學雜誌 31-3』, 1941.

19 김용간, 「강계시공귀리원시유적발굴보고」, 『유적발굴보고 제6집』, 1959.

20 석광준, 정찬영, 앞 책(주 9).

21 백룡규, 「인산군주암리원시유적간략보고」, 『고고민속 66-2』, 1966.

22 이영열, 「봉산군어수구석상분」, 『문화유산 59-1』, 1959.

23 有光敎一, 「黃海道鳳山郡楚臥面에 於ける 磨製石劍及石鏃副葬의 箱式石棺」, 『考古學雜誌31-9』, 1941.

24 崔盛洛, 「韓國磨製石鏃의 考察」, 『韓國考古學報 12』, 1982.

25 有光敎一, 앞 글(주 18).

26 a. 김용간, 앞 글(주 19).
    b. 김용간, 「강계시공귀리원시유적에 대하여」, 『문화유산 58-4』, 1958.

27 채희국, 「태성리고분군발굴보고」, 『유적발굴보고 5』, 고고학 및 민속학연구소, 1959.

28 석광준, 정찬영, 앞 글(주 9).

29 有光敎一, 앞 글(주 23).

30 a.(저자누락) 「황해북도 사리원시상매리 석상묘조사보고」, 『대동강 및 재령강유역 고분발굴보고』-고고학자료집2, 1958

   b. 황기덕,「1958년춘하기어지돈관개공사구역유적정리간략보고(II)」,『문화유산 59 - 2』, 1959.

31 金元龍, 앞 글(주 5).

32 趙由典, 앞 글(주 8).

33 金永培·安承周,「扶餘松菊里遼寧式銅劍出土石棺墓」,『百濟文化 7 ·8合輯』, 1975.

34 榧本杜人,「金海貝塚の甕棺と箱式石棺 - 金海貝塚の再檢討(承前)」,『考古學雜誌 43 - 1』, 1957.

35 有光敎一, 앞 책(주 10).

36 有光敎一, 위 책.

37 姜仁求, 앞 글(주 11).

38 金永培·安承周, 앞 글(주 33).

39 榧本杜人, 앞 글(주 34).

40 김원용, 앞 책(주 6).

41 池健吉,「東北아시아 支石墓의 型式學的 考察」,『韓國考古學報 12』, 1982.

42 池健吉,「禮山東西里石棺墓出土 靑銅器一括遺物」,『百濟硏究 9』, 1978.

43 金載元,「扶餘·慶州·燕岐出土 銅製遺物」,『震檀學報 25 · 26 · 27合倂號』, 1964.

44 a. 國立博物館,『靑銅遺物圖錄』, 1968.

   b. 李殷昌,「大田槐亭洞 靑銅器文化의 硏究」,『亞細亞硏究 30』, 1968.

45 尹武炳,「韓國靑銅遺物의 硏究」,『白山學報 12』, 1972.

46 a. 金載元, 앞 글(주 43).

   b. 尹武炳, 윗 글.

47 韓炳三·李健茂,「南城里石棺墓」,『國立博物館古蹟調査報告 第10冊』, 1977.

48 池健吉, 앞 글(주 42).

49 백련행,「천곡리 돌상자무덤」,『고고민속 66 - 1』, 1966.

50 a. 有光敎一, 앞 책(주 10).

   b. 金榮來,「韓國磨製石劍·石鏃에 관한 硏究」,『馬韓·百濟文化 4 ·5合輯』, 1982.

51 崔盛洛, 앞 글(주 24).

52 尹武炳, 앞 글(주 45).

예산 동서리 석관묘출토 청동일괄 유물

1. 조사 경위 및 경과

1978년 4월 8일자 「대전일보大田日報」에 보도된 청동유물 출토 관계기사는 비록 기사 내용에 불명확한 점들은 있었으나 게재된 사진으로 보아 그것들이 매우 중요한 유물들임을 직감할 수가 있었다. 우선 예산군청에 유선으로 확인 후 조사자들은 현지에 나가 먼저 군 공보실에 보관된 신고유물(동검銅劍 7점, 검파형동기劍把刑銅器 3점, 나팔형동기喇叭刑銅器 2점, 동경銅鏡 2점, 원개형동기圓蓋刑銅器 1점)을 확인하고 곧 군 당국의 협조를 빌려 출토지 현장조사를 실시하였다(4월 11일).

현장에 도착했을 때는 이미 출토유구遺構의 대부분이 파헤쳐진 후 다시 매몰되어 있었으나 목격자들의 증언을 종합해볼 때 이 유구는 판석으로 축조된 석관묘였음을 쉽게 짐작할 수 있었다.

우선 묘광 안에 채워진 매토埋土를 제거하여 잔존한 광벽과 바닥을 확인해 나가는 한편, 주위에 파헤쳐진 묘토를 체로 걸러 가며 여기에서 동검 1점을 비롯하여 3종의 동경과 나팔형동기 파편, 식옥류飾玉類, 석촉石鏃, 토기편土器片, 목편木片 등 상당량의 유물 파편을 수습할 수가 있었다.

조사 현장에 나온 땅주인(李會明, 63세)과 목격자들로부터 당시의 발견 경위를 대략 다음과 같이 들을 수가 있었다. 출토지점 주위에는 소나무들이 자라고 있었으나 그 바로 북쪽은 지형의 급경사 때문에 나무심기가 곤란하여 계단식 사방공사를 하고자 여기에 필요한 석재를 채집하기 위해 출토 지점에 두두룩이 쌓인 돌무더기(積石)를 들어내던 중 일괄유물이 출토되었다는 것이었다(4월 3일).

계속되는 유물 출토에 동원된 작업 인부 10여 사람이 다투듯 몰려들어 유물을 파냈으나 현장감독에 의해 일괄 보관되어 군청에 신고하였다고 한다(4월 6일).

그러나 유물의 파손 상태 등으로 보아 유물 가운데 그 일부가 유출되었거나 주위의 파헤쳐진 흙속에 섞여 들어갔을 가능성, 그리고 이 일대에 이와 유사한 다른 유적지의 존재 여부를 확인하기 위해 이후 2차에 걸쳐 재조사를 실시하였다(5월 10일, 5월 20일). 이 재조사를 통하여 이렇다 할 유구는 발견치 못하였으나 출토유적의 주위에 파헤쳐진 흙을 걸러내 여기에서 동검의 봉부鋒部 파편을 비롯하여 또다시 상당량의 유물을 수습할 수가 있었다.

이 조사에는 필자와 김영배金永培 공주박물관장, 그리고 부여박물관에서는 서성훈徐聲勳 학예사가 참가하였고 실측도는 이규산李揆山 연구원이 작성하였다.

2. 유적의 위치와 현장(도 I-17①)

충남 예산읍에서 남쪽으로 5km가량 떨어진 곳에 예당禮唐 저수지가 있고 남북으로 길게 펼쳐진 저수지 서쪽에 대흥면大興面사무소가 있는 동서리東西里 부락이 이루어져 있다. 부락의 서북쪽에 위치한 대흥향교大興鄕校를 지나 서쪽으로 뻗은 골짜기를 따라 오르면 비탈지 여기저기에 노암露岩들이 드러나 있었고 이 가운데는 흡사 남방식 지석묘의 형태와 크기를 갖춘 거석들도 눈에 띄었다. "향교鄕校말"에서 도보로 20분가량 올라 남쪽으로 이어진 내리막 능선 초입에 문제의 출토지가 위치해 있었다(지도 I-1).

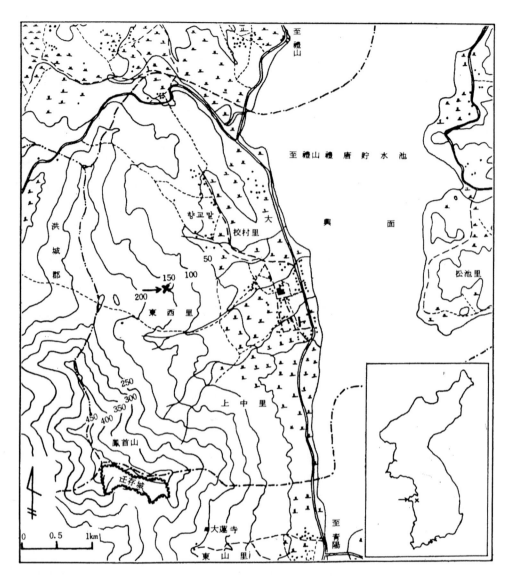

지도 I-1 예산 동서리 유적 위치도

일대는 봉수산鳳首山으로 불리고 있으며 출토지의 표고는 140~160m, 행정구역상으로는 대흥면 동서리 산 5-2에 속해 있다. 여기에서 산꼭대기(표고 484m) 쪽을 바라보면 임존산성(任存山城, 사적 90호)의 북쪽 성벽이 한눈에 들어온다. 한편 유적지 동쪽에 펼쳐진 예당저수지는 10여 년 전 담수되기 전까지만 해도 이곳은 넓은 전답을 이루고 있었다는 것으로 보아 아랫마을 동서리와 교촌리校村里 일대는 일찍부터 취락이 형성될 수 있는 입지적 조건들을 갖추고 있었던 것 같다.

유적 주위의 지형을 보면 바로 북쪽에 나지막하지만 급하게 비탈진 등성이가 있고 유적 언저리에서 남쪽으로 완만하게 뻗어가는 능선이 계속되고 있었다. 일대는 황갈색의 사질토로 이루어져 있으며 주위에는 7~8년생의 육송들이 자라고 있었다.

출토 지점의 둘레는 주위의 경사와는 달리 낮은 분구墳丘의 형태를 이루고 있었는데 산주인 이 씨에 따르면 이 분구상의 정수리 부근에 크기 20~30cm의 할석들이 대개 지름 2m의 범위에 60cm(2척)가량의 높이로 수북이 쌓여 있었다고 한다.

적석積石으로 생각되는 이 석재들의 대부분은 사방공사의 석재로 쓰기 위해 제거, 반출되었으나 조사 당시 출토지 부근에 아직 그 일부가 흩어진 상태로 남아 있었다. 목격자들의 증언으로는 이 적석을 제거하자 그 밑에서는 고운 흙이 나오고 이 흙을 30cm가량 파내려 갔을 때 다시 그 밑에 넓적한 판석들이 세워진 상태로 박혀 장방형의 석관을 이루고 있었다고 한다. 이 판석들마저 들어내기 위해 파들어 가던 중 일괄유물이 나타나고 그들이 유물을 모조리 수거하였던 것이다.

3. 구조와 유물의 배치상태(도 I-17②~④)

이와 같이 유구와 출토유물은 완전히 교란되어 현지조사는 기껏 광벽과 바닥의 부분적인 확인에 그칠 수밖에 없었으며 주위에 파헤쳐진 묘토를 다시 체로 걸러

흙 속에 섞여 들어간 유물들을 검출할 수 있었다.

　묘광은 풍화된 화강암반을 깎아 들어갔는데 바닥에서부터 지금 남아 있는 광벽의 상단까지는 20cm밖에 안 되었으나 원래는 이보다 더 높았을 것으로 생각되었다. 노출된 묘광은 장축이 정확히 동~서를 향하고 있었으며 길이 180cm, 폭 90cm의 장방형이었음이 확인되었다.

　원래의 지표는 지금 나타난 광벽의 상단보다는 더 높았을 것이며 목격자들의 증언에 따라 적석의 자락 부근이 원지표였다고 생각할 때 바닥에서 높이는 대략 60cm가량이 되었을 것으로 추정되었다. 발견 당시 여기에서 들어냈다는 벽석재壁石材는 30cm~40cm의 방형에 두께 5~8cm되는 표면이 고른 할판석들이었다. 이와 같은 판석이 광벽을 따라 장방형으로 돌려지고 위에는 개석을 따로 덮지 않고 적석이 이루어진 것으로 보아 원래의 석관 위에 목개木蓋 시설 등이 갖추어진 것으로 생각되었다.

　묘광의 생토 바닥 위에는 아직 끈적끈적한 상태의 회백색 진흙(泥土)이 깔려 있었는데 부분적으로 가장 두껍게 남아 있는 곳에서의 두께는 5~6cm가 되었다. 이 진흙은 바닥뿐 아니라 광벽면에도 군데군데 밀착된 상태로 남아 있었던 것으로 보아 벽석과 광벽 사이의 공간까지도 진흙을 채웠던 것이 아닌가 생각되었다.

　이 진흙 바닥 밑의 생토 표면은 전면이 붉은빛을 띠고 있었는데 이것은 진흙 속의 철분이 침전되어 나타난 현상으로 보였다.

　한편 제거된 일부 흙덩이 중에서는 관옥管玉과 소옥小玉이 각기 따로 연결된 상태로 남아있는 것을 확인할 수 있었는데 여기에서는 또 이 옥류들과 진흙 사이에 두께 0.4cm 내외의 얇은 목질 흔적이 나타나 있었다(도 I-30②). 이러한 상황으로 보아 여기에서는 바닥 위에 진흙을 덮고 그 위에 판재로 된 시상屍床이나 관곽棺槨 시설을 했던 것임을 알 수 있었다.

　이상과 같은 석관 안에 시신을 안치하고 부장품을 배치하였을 것이나 목격자 중에는 유물의 배치상태를 정확하게 기억하는 이가 아무도 없었다. 다만 석관의 동편에 동검들이 동서로 길게 남북으로 병렬되어 있었고 나머지 유물은 그 서쪽에서 출토되었다는 것뿐 동검의 봉부鋒部 방향조차도 알아낼 수가 없었다.

① 유적원경(X표: 남쪽에서)

② 묘광 노출(∧방향이 북향)

③ 광벽의 진흙 잔존 상태

④ 석관의 판석재

도 I-17 유적의 원경과 유구의 노출상태

현지 조사 때에 주위에 제거된 묘토 중에서 유물이 수습된 상황을 보면, 우선 발견자들이 묘토를 버린 곳은 남북으로 이어지는 능선을 피하고 주로 동,서 양쪽의 비탈진 기슭 쪽이었다. 이 중 서쪽 경사면의 제거된 흙 속에 섞여 들어간 유물은 관옥 및 소옥류 전량, 나팔형동기(I)의 원주부圓柱部 중간과 (II)의 정부편頂部片 등이었다. 나머지 동검(II)을 비롯하여 3종의 동경 조각과 석촉, 토기 조각 등은 동쪽 경사면의 파낸 흙속에서 수습되었다.

이와 같이 제거된 흙에서나마 대개 출토유물이 획일적으로 구분되었고 이러한 상황은 유물의 배치상태를 어렴풋이나마 보여주었다. 목격자들의 단편적인 증언에서 동검이 석관 동쪽에 배치되어 있었다는 것은 동검 하나가 동쪽 경사면에서 수거된 사실과도 부합되었다. 수거된 유물 가운데 특히 옥류는 120여 점이 모두 서편에서만 검출된 것으로 보아서는 혹시 유해의 머리 방향이 서향은 아니었을까 하는 추측을 갖게 하였다.

4. 출토유물

1) 동검 9점분(도 I - 18~20)

모두 9점분이지만 이 가운데 1점분은 완전한 형태를 알 수 없는 봉부의 조각이다.

(1) 동검 I

지금까지 알려진 동검들과는 달리 몇 군데에서 특이한 면을 보여주는 주목할 만한 동검이다. 이른바 보통 세형동검의 검신에 나타나는 결입부抉入部가 이루어지지 않고 양날이 봉부에서 거의 직선되게 내려오다가 일단 꺾여서 돌기부突起部를 형성하고 여기에서 S자형을 이루며 내려와 기부基部에 이르러 경부莖部와는 거의 직각으로 꺾였다. 검신에 비해 봉부가 긴데 능각稜角은 돌기 부근까지만 세워지고

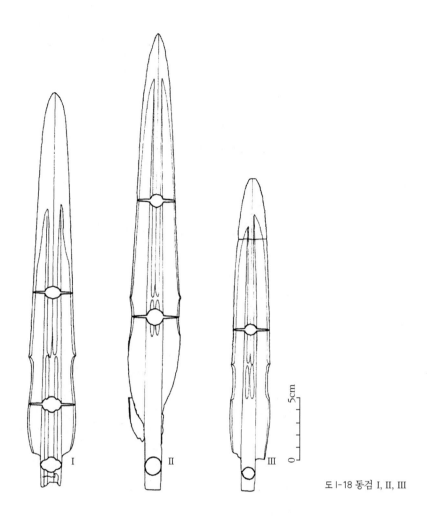

도 I-18 동검 I, II, III

그 이하로는 등대의 양쪽 가장자리를 따라 두 줄의 요구凹溝가 경부 끝까지 계속
되었다. 경부의 끝부분이 원래 상태인지 아니면 손상에 따른 것인지는 분명치 않
지만 가운데가 둥그스름하게 파여 들어갔다. 전면 칠흑색으로 검신 하단부에만 약
간의 동록銅綠이 보일 뿐 상태가 매우 좋다.

　　전체 길이 31.8cm, 최대폭 4.0cm, 봉부 길이 9.5cm.

(2) 동검 II

전면이 칠흑색이며 군데군데 동록이 나타나 있다. 봉부가 검신 길이에 비해 매우 짧고 검신 상반부의 폭이 하반부에 비해 몹시 좁아서 전체적으로 뾰족한 느낌을 준다. 등대에 세워진 능각은 결입부 아래에서 둥그렇게 밖으로 굽어 하단에 이르러 경부와는 직각으로 꺾인 짧은 기부가 이루어졌음을 알 수 있다.

전체 길이 36.8cm, 최대폭 4.3cm, 봉부 길이 3.4cm.

(3) 동검 III

전체 길이에 비해 폭이 넓어 보다 뭉툭한 느낌을 준다. 봉부가 절단된 것을 현지조사를 통해 수습한 것인데 부근에서 봉부편도 발견되었다.

전체 길이 25.1cm, 최대폭 3.3cm, 봉부 길이 2.9cm.

(4) 동검 IV

약간 푸른빛이 도는 칠흑색으로 기부 가장자리가 일부 소실되었을 뿐 거의 완전한 형태이다. 경부 밑동 가운데에 둥근 구멍이 파였다.

전체 길이 28.1cm, 최대폭 3.2cm, 봉부 길이 2.8cm.

(5) 동검 V

전면 녹청색인데 군데군데 동록이 많이 생겼으며 동질도 매우 취약해 보인다. 인부刃部의 손상이 심하지만 등대의 처리 등으로 보아 앞서 3점의 동검과 같은 형식의 것으로 보인다.

전체 길이 26.9cm, 최대폭 불명, 봉부 길이 2.6cm.

(6) 동검 VI

봉부 이하의 형태와 크기가 동검 III과 매우 비슷하지만 이 검의 봉부가 더욱 길어져서 훨씬 가늘고 길어 예리하게 보인다. 짙은 녹청색을 띠고 있으며 부분적으로 동록이 나타나 있다.

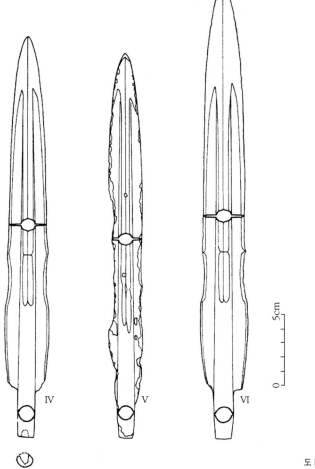

도 I-19 동검 IV, V, VI

전체 길이 31.8cm, 최대폭 3.4cm, 봉부 길이 6.8cm.

(7) 동검 VII

동검 VI과 비슷한 크기와 형태이지만 봉부가 보다 길어져서 검신劍身 전체 길이의 1/3이 넘는다. 검신의 결입부 이하에서 경부에 이르기까지 둥그스름하게 꺾여 뚜렷한 기부가 나타나 있지 않다. 제1절대節帶 이하의 등대 양쪽에 삭마면削磨面이 나타나 있으나 뚜렷한 능각은 이루어지지 않았다.

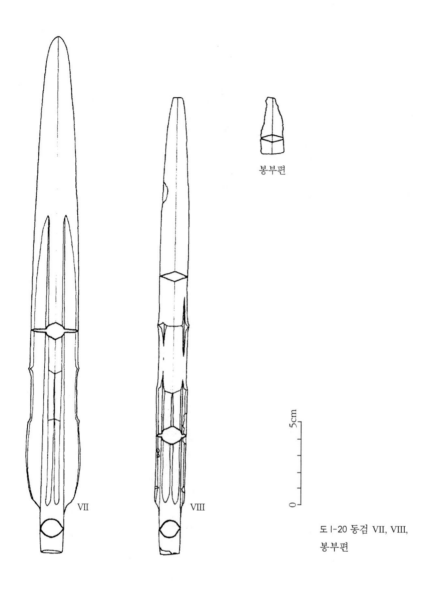

봉부편

5cm

0

도 I-20 동검 VII, VIII,
봉부편

전체 길이 31cm, 최대폭 3.4cm, 봉부 길이 10.7cm.

(8) 동검 VIII

이것은 마치 전술한 동검들의 양쪽 인부가 결실되고 봉부에서 계속되는 등대만이
남아 있는 것 같은 형태이지만 실은 인부만 축소된 채 전면에 삭마削磨가 가해진

예리한 완형검完刑劍이다. 부분적으로 요구凹溝의 흔적이 남아 있으며 결입부도 뚜 렷이 이루어졌다.

봉부에서 결입부 하단까지는 단면이 능형菱形을 이루었으며 결입부 이하의 등 대에도 삭마면이 나타나 있지만 이는 이 부위의 인부 성형에 필요한 부분에 그쳐 서인지 뚜렷한 능각은 이루어지지 않았다. 통식通式의 동검을 지나치게 삭마함으 로써 이루어진 형태인지 아니면 인부의 결실缺失에 따른 2차적 성형의 산물인지도 모르겠다. 전면 녹청색으로 하반부에만 동록이 부분적으로 보인다.

전체 길이 27.5cm, 최대폭 2.0cm.

2) 검파형 동기 3점(도 I-21~22)

(1) 동기 I

양 빗변이 내만內彎한 크기가 약간 다른 제형판梯形板 2매를 상단변끼리 맞붙인 듯 한 검파형의 동기로서 지금까지 다른 곳에서 출토된 동류의 것과 비슷한 모양이 다. 중간의 마디를 경계로 하여 양쪽에 따로 가장자리의 윤곽을 따라 내외 이중의 문양띠를 돌렸다.

각 문양띠는 또 내외 2구로 나누어 외구는 조밀한 사선문띠로 채우고 내구는 석 줄로 이루어진 양각의 점선문띠로 채웠는데 상절上節 내대內帶의 점선띠에서는 왼편의 상단부에서 3.5mm가량 시문施文이 단절되어 있다.

상하 양띠 안쪽에는 각기 중앙에서 약간 위쪽으로 치우쳐 반환형半環形의 둥근 꼭지(鈕)가 부착되어 있는데 표면에는 수평의 집선문集線文띠가 새겨졌다. 이중 상 단의 꼭지 바로 위쪽 공간에는 오른쪽으로 향한 사람의 한쪽 손이 나타나 있고, 꼭지 밑으로는 종행하는 실선과 점선으로 이루어진 상하로 긴 장방형띠가 나타나 있다.

한편 하절의 꼭지 위아래에도 위쪽 공간에는 수직집선문垂直集線文으로 이루 어진 방형띠를, 아래쪽에는 수평집선문水平集線文으로 이루어진 상하로 긴 제형梯 形띠를 모두 양각으로 나타냈다. 동기의 상하단 양쪽 마구리는 초승달 모양에 가까 운 판으로 막았는데 이중 위쪽 마구리 표면에만 안쪽에 실선과 점선으로 이루어진

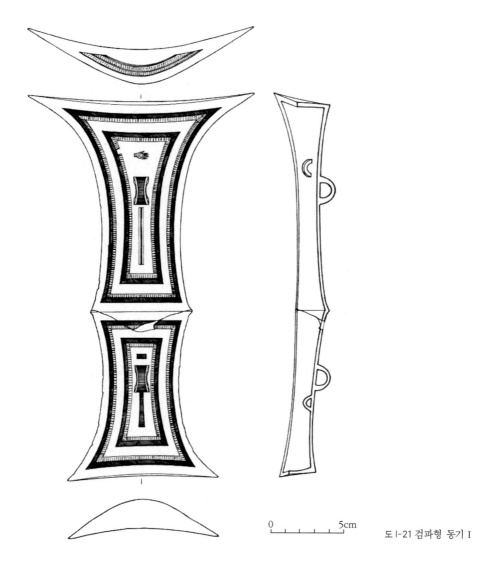

도 I-21 검파형 동기 I

궁형弓形띠를 새겼다. 뒤쪽에도 표면에서와 같은 반환형의 작은 꼭지가 상절에 2
개, 하절에 1개가 복판으로부터 마구리 쪽으로 약간 치우친 곳에 부착되어 있다.

　　중간의 마디 부분에서 반절半截되었으나 거의 완형으로 남아 있다. 하절부가
군데군데 동록으로 얼룩져 있는데 전면 칠흑색으로 특히 표면의 색상과 광택이
곱고 세선문細線文의 표출수법이 놀랄 만하다.

　　전체 높이 24.5cm, 상단 폭 15.6cm, 하단 폭 10.5cm.

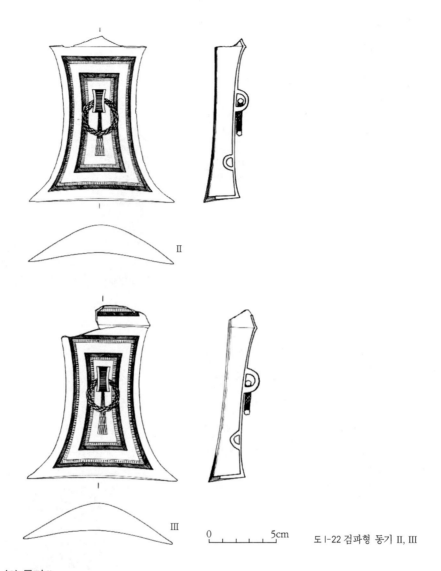

도 I-22 검파형 동기 II, III

(2) 동기 II

동기 I과는 거의 같은 크기와 형태인데 반파되어 지금 남아 있는 부분은 그 하반

부에 해당된다. 전체적인 도안의 배치와 수법이 동기 I과는 거의 일치하지만 표면

의 둥근 꼭지가 보다 위쪽으로 치우쳐 있고 따라서 꼭지 위쪽 공간에서의 시문은

생략되었다.

꼭지의 아래쪽에는 먼저 수직과 수평의 집선문대가 각 2구씩 반복해서 이어

① 표면(왼쪽부터 I, II, III)

② 뒷면(왼쪽부터 I, II, III)

③ 동기 I의 상단세부

④ 동기 I의 상측면

도 I-23 검파형 동기

지고 그 밑으로는 상하로 긴 삼각형이 위에 4개, 아래에 5개가 새겨져 전체가 상하로 길쭉한 제형의 문양대를 이루었다. 반환형의 꼭지에는 바깥지름 2.7cm의 새끼줄 모양(絡繩形)의 고리가 달려 있다.

뒷면에는 동기 I보다 약간 아래쪽으로 치우쳐 꼭지가 달려 있고 가장자리의 폭 0.5cm 되는 주연부에 평행하는 5줄의 세선이 양각으로 나타나 있다.

현재 높이 11.6cm, 하단 폭 10.8cm.

(3) 동기 III

동기 II와 마찬가지 하반부 편으로 크기와 전체적인 형태가 비슷하고 새끼줄 모양의 고리도 달려 있으나 다만 꼭지 아래의 시문 형태가 약간 다르다. 위에서부터 격문格文, 수평집선문이 차례로 시문되고 그 아래에 상하로 긴 삼각형이 차례로 4개, 5개가 새겨져 II에서와 마찬가지로 길쭉한 제형의 문양대를 이루었다. 뒷면도 동기 II와 똑같다.

현재 높이 11.0cm, 하단 폭 11.1cm.

3) 나팔형 동기 2점(도 I-24~25)

(1) 동기 I

원뿔 모양의 기대基臺에 관상管狀의 투공원주透孔圓柱가 세워진 일견 나팔 모양의 이형동기이다. 원추대圓錐臺의 표면에는 상하로 2구의 동심원대가 돌아가며 각 대에는 검파형 동기에 나타난 것과 같은 모양의 5줄로 이루어진 점선대가 나타나 있다. 양대兩帶 사이의 공간에는 점선문으로 채워진 삼각형 4개가 등간격으로 배치되었는데 삼각형의 각 변 중간끼리 실선으로 연결하여 그 안에 다시 도치倒置된 작은 삼각형을 나타냈다. 중간부에 이르며 약간 잘록해진 원주에는 상하로 길쭉한 삼각형의 투공이 3단으로 뚫렸는데 각 단에 모두 6개씩이 돌아가고 있다. 기대와 원주부는 원래 별주別鑄된 것이지만 표면에는 접합의 흔적이 전혀 나타나지 않아 놀라운 용접술의 일면을 엿볼 수 있다.

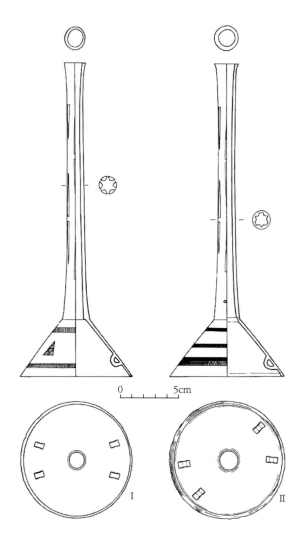

도 I-24 나팔형 동기 I, II

기대의 안쪽에는 가장자리 부근 양쪽에 검파형동기에서와 같은 반환형의 작은 꼭지 각 2개씩이 달려 있다. 표면은 윤택한 청록색을 띠고 있으며 원주부의 중간에서 부러졌으나 거의 완형의 모습을 갖추고 있다.

전체 높이 25.9cm, 밑지름 9.7cm, 꼭지지름 2.0cm.

(2) 동기 II

동기 I과 같은 형태이지만 원추형 기대의 세부 문양에서 약간 다르다. 여기에서는

① 동기 I(좌), II

② 동기의 기대부

③ 동기의 기대부 이면

도 I-25 나팔형 동기

3구의 동심원대가 돌아가지만 각 대 사이의 공간에는 문양이 가해지지 않았다. 우선 상대上帶는 섬세한 격문으로 이루어지고 중대中帶는 동기 I에서와 같은 점선대이다. 하대下帶에는 위쪽에 상대에서와 같은 격문대가 돌아가고 바로 밑으로는 검파형동기에 나타난 것 같은 길쭉한 삼각형으로 이루어진 톱날무늬를 돌렸다. 원주부의 하단 가까이에 직경 2mm의 작은 구멍이 뚫리고 기대 표면의 가장자리에 검파형동기 II, III에서와 같은 석 줄의 세선을 나타낸 것 등이 동기 I에서는 나타나지 않은 특징이다. 동기 I과 같은 크기이다.

4) 동경 5점분(도 I - 26)

(1) 동경 I : 조문경粗文鏡

소형의 쌍뉴경雙鈕鏡으로 조잡한 사선문으로 채워진 조문경이다. 약간 위쪽으로 치우쳐서 반환형의 쌍꼭지가 달렸는데 꼭지를 중심으로 아랫변이 생략된 이등변삼각형 5개를 별모양의 방사상으로 배치하고 그 내부에는 방향이 서로 어긋나게 사행집선문을 양각시켰다.

외곽의 각 간지間地는 방사상의 선으로 양분하여 여기에도 방향이 엇갈리게 사선문으로 나타냈기 때문에 전체가 흡사 삼각집선의 거치문鋸齒文을 돌린 것 같은 형상을 보이고 있다. 꼭지의 둘레와 가장자리 부근에 이르러 문양이 흐려지는 등 앞서 다른 청동기류에서 볼 수 있었던 정치精緻한 문양들과는 그 수법에서 많은 차이를 보여준다. 전면 칠흑색이지만 가장자리 부분과 경면鏡面의 군데군데가 동록으로 얼룩져 있다.

지름 8.1cm, 가장자리 높이 0.4cm, 경면 두께 0.27cm.

(2) 동경 II : 소문경素文鏡

이 동경은 뒷면에 전혀 문양장식이 가해지지 않은 특이한 것이다. 가장자리의 단면은 밋밋한 호형弧形을 이루었고 이 가장자리 쪽으로 치우쳐서 'ㄷ'자 모양에 가까운 쌍뉴雙鈕가 달렸다. 군데군데 주조 시에 생긴 요철凹凸이 심하며 부분적으로

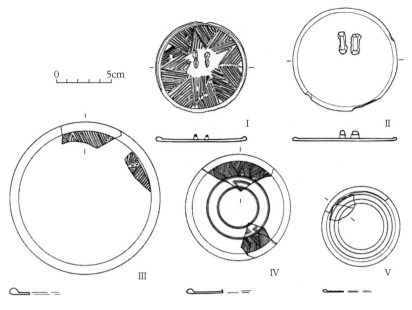

도 I-26 동경 I, II, III, IV, V

두꺼운 녹막이 생겼다. 경면의 일부가 옅은 하늘색으로 변색되었으나 나머지 전면
이 녹청색을 띠고 있다. 가장자리가 일부 파손되었을 뿐 거의 완형이다.

　　지름 9.4cm, 가장자리 높이 0.35cm, 경면 두께 0.22cm.

(3) 동경 III : 조문경 파편

현지조사에서 수습한 가장자리 부분의 파편으로 동경I과는 비슷한 성격의 문양
으로 생각되지만 동질과 색택이 훨씬 양호하고 문양도 더 정연했던 것으로 보인
다. 가장자리가 단면 반원형으로 높게 솟아 뚜렷한 윤곽을 보이고 원래의 지름도
13.5cm에 이르는 조문경 중에서는 비교적 대형에 속했던 것으로 여겨진다.

　　가장자리 높이 0.6cm, 경면 0.2cm, 복원한 지름 13.5cm

(4) 동경 IV: 세문경細文鏡 파편

세문경의 극히 일부에 해당하는 가장자리 부분의 파편이다. 볼록하게 솟은 단면

반원형의 가장자리 안쪽에 삼각집선문이 반복해서 이어져 폭 1.2cm의 거치문대鋸齒文帶를 이루었고 그 안 둘레에는 석 줄로 이루어진 둥근 계선界線이 돌아가고 있다. 계선 안쪽으로 마찬가지로 석 줄로 이루어진 을자문乙字文이 연속되고 그 안쪽으로 다시 계선이 돌아가고 있다. 이 계선 안쪽에도 집선문이 채워진 것 같으나 문양의 내용은 알아볼 수가 없다. 전면 칠흑색을 띠고 있다.

　가장자리 높이 0.43cm, 경면 두께 0.2cm, 복원한 지름 9.5cm

(5) 동경 V: 동심원문경 파편

경면 두께 0.1cm의 얇은 동경의 가장자리 부분 파편이다. 가장자리 안쪽으로 0.4~0.5cm의 간격을 두고 석 줄의 가는 동심원문이 돌아가고 있는 특이한 문양의 동경이다. 녹청색을 띠며 경면은 반질반질하게 연마되어 있다.

　가장자리 높이 0.26cm, 복원한 지름 7cm

5) 원개형圓蓋形 동기 1점(도 I-27~28①②)

움푹한 뚜껑모양의 동기로서 전면이 무문이다. 불룩한 철면凸面에는 대략 중심과 가장자리의 중간부위에 지름과 같은 방향으로 'ㄷ'자 형의 꼭지가 부착되어 있다.

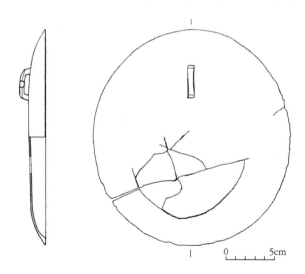

0　　　5cm　　　도 I-27 온개형 동기

① 원개형 동기 凸面

② 동 凹面

도 I-28 원개형 동기

요면凹面의 가장자리는 폭 0.7cm가량의 면을 이루었는데 안쪽 표면에는 한쪽으로 치우쳐 둥그렇게 녹청색의 녹막이 생겼다.

중심부에서는 0.24cm의 두께지만 가장자리에 이르러 0.47cm로 두꺼워졌다. 약간 푸른 기가 도는 칠흑색으로 전면이 윤택한데 특히 내면에는 부분적으로 백동의 바탕이 그대로 나타나 있다. 기면의 일부가 파손되었다.

지름 20.5cm, 외면 높이 1.2cm

6) 관옥管玉 및 소옥小玉 126점(도 I-29~30)

관옥은 벽옥제碧玉製로 모두 104점인데 길이 0.9cm~3.0cm, 지름 0.5~0.8cm의 크기가 일정하지 않은 것들이며 색깔도 담록색에서부터 짙은 녹색에 이르기까지 여러 가지이다. 구멍은 대부분 안쪽에서 약간 솟은 것으로 보아 양면천공兩面穿孔으로 보이지만 일부 소형 관옥 중에는 일면一面 천공의 것도 있다.

관옥 중 담녹색을 띠는 대옥 한 개는 길이 3.1cm, 지름 1.6cm로서 표면에 삭

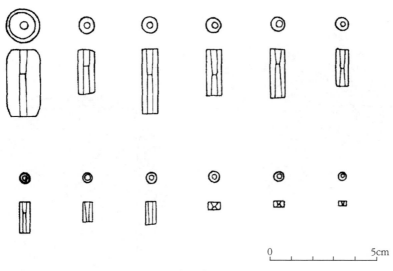

도 I-29 관옥 및 소옥

마의 흔적이 남아 있는데 다른 관옥에 비해 월등 큰 것으로 보아 수하식옥垂下飾玉
이 아닌가 생각된다.

소옥 22점은 옅은 하늘색의 바탕에 유백색으로 얼룩진 천하석제天河石製로서
모두 양면천공이다. 길이 0.25~0.3cm, 지름 0.3cm~0.5cm.

현장에서 채취된 바닥층 흙덩이로부터 바닥 진흙층에 접착되어 있는 원상대
로의 관옥과 소옥을 검출해낼 수가 있었는데 관옥은 모두 2조 또는 3조가 평행으
로 연계되어 있었음을 확인할 수 있었다. 이러한 출토상태로 보아 원래 이들 관옥
류는 2조 또는 3조일연식三條一連式으로 착장着裝하였던 것이 아닌가 생각된다.[1]

7) 마제석촉 7 점분(도 I-31)

기부基部가 직선으로 꺾이고 인부刃部는 약간 바깥으로 굽은 삼각형의 무경식석촉
無莖式石鏃이다. 인부刃部는 예리하게 갈고 양면은 편평하게 갈아 단면이 길쭉한 육
각형을 이루었다. 완형 1점은 적갈색, 2점은 흑색, 4점은 회색의 점판암제이다.

두께 0.25~0.3cm, 완형 길이 4.8cm, 폭 2.2cm

① 관옥 및 소옥(상렬)

② 관옥 및 소옥의 출토상태

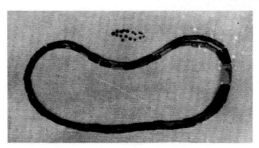

③ 관옥의 연계상태 복원

도 I-30 식옥류

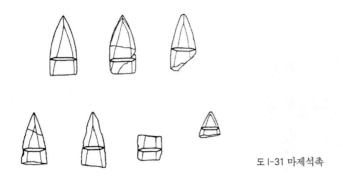

도 I-31 마제석촉

8) 흑색토기 장경호長頸壺 1점분(도 I-32)

정선된 점토로 빚어진 흑색의 장경호인데 동체의 일부가 약간 갈색으로 변했다. 목(頸部)에는 마연의 흔적이 뚜렷하며 부분적으로 흑연 빛의 광택을 나타내고 있다. 몸통에서 밋밋하게 꺾인 목은 완만한 곡선을 이루며 올라가다가 구연부에 이르러 경미하게 외반外反하였다. 몸통은 하복부에 이르러 불룩해지며 그 밑으로 급

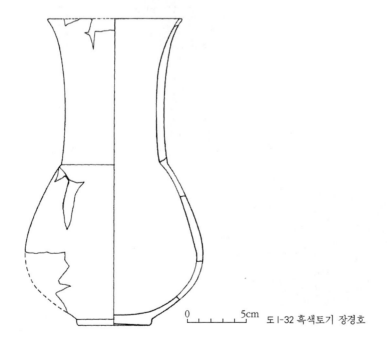

0   5cm   도 I-32 흑색토기 장경호

하게 꺾여 야트막한 굽에 이르고 있다. 기벽 내면에 손빚음 자국이 뚜렷이 나타나 있다.

전체 높이 25.5cm, 아가리 지름 11.5cm, 밑지름 6.4cm, 몸체 지름 15.2cm

9) 점토대粘土帶 토기 1점분

흑갈색의 소호小壺로 생각되지만 복원불능의 작은 조각들이어서 정확한 원형은 알 수가 없다. 다만 지름이 0.8cm 되는 단면 원형圓形의 점토대 구연부 파편과 두께 0.6cm 내외의 몸통 파편, 그리고 평저平底로 보이는 바닥 파편 등으로 보아 이것이 평저의 점토대 토기였던 것으로 추정될 뿐이다. 태토에 미세한 모래알갱이가 섞여 들어가 앞서 장경호에 비해서 태질은 조잡한 편이다.

이 밖에 몇 겹으로 겹친 두께 0.75~1mm의 얇은 나무껍질 파편과 부식된 조질粗質의 청동 파편이 출토되었으나 워낙 미세한 파편들이라서 원형은 알 수가 없었다. 또 채취된 토괴중에서 관재棺材 또는 시대편屍臺片으로 생각되는 얇은 판상의 나무 파편과 미량의 포흔布痕도 검출되었다.

5. 유적 및 유물의 성격과 고찰

이상 청동일괄유물이 출토된 이 유적은 조사 당시 이미 유구의 대부분이 파괴되었지만 부분적으로 남아 있는 잔존상태에서나마 유구 성격의 일면을 살필 수가 있었다. 이하 수습조사에서 살필 수 있었던 유구의 상태와 유물을 통해 몇 가지 생각나는 점을 요약하면 다음과 같다.

1) 이 유적은 표고 140~160m의 고지대에 위치하고 있다. 지금까지 조사된 동류의 유물이 출토出土된 분묘유적은 그 대부분이 지형적으로 평지에 가까운 표

고 50m 미만의 나지막한 구릉지대였던 점으로 보아 우선 유적의 위치에서 특이한 입지적 상황을 보여주었다.

2) 출토유구는 개석과 바닥 시설이 없는 석관묘의 구조로 석관의 상부에 적석시설이 이루어졌던 것으로 생각된다. 지금까지 한반도 내에서의 청동일괄유물의 출토유적 가운데 이와 같은 적석구조를 갖추었던 뚜렷한 예는 보고된 바 없으나 대전 괴정동槐亭洞[2]이나 아산 남성리南城里[3]의 경우 석관의 상면에 돌들이 채워졌던 것으로 보아 이 유적들에서도 원래는 석관 상부에 이루어진 적석이 목개 등의 붕괴와 함께 함몰되었던 것이 아닌가 생각된다. 이와 같은 묘곽 위의 적석 또는 즙석葺石 구조는 요녕지방의 남산근南山根[4] M10호 석관묘나 평천동남구[5]의 석관묘, 토광묘 등에서 그 예를 볼 수가 있었다.

3) 석관의 바닥과 주위의 광벽을 진흙으로 처리한 예는 서흥瑞興 천곡리泉谷里[6]를 비롯해서 아산 남성리, 화순和順 대곡리大谷里[7] 등에서 볼 수가 있었고 요녕 정가와자鄭家窪子 6512호 묘[8]에서도 목곽과 광벽의 사이에 흙을 다져 넣었다고 한다. 이와 같은 바닥과 광벽에 대한 특이한 처리방법은 당시 묘제에서 하나의 전통적 방식이었던 것으로 생각된다.

4) 석관은 동~서로 장축을 두고 있었고 그 침향은 서향이었을 것으로 추정되었다. 지금까지 보고된 동류의 석관묘 방향이 남~북이나 동~서 등 일정치 않았던 것으로 보아 당시 침향에 대한 시대적·지역적인 관념의 차이와 더불어 남~북으로 이어지는 능선상이라는 입지조건에 따르는 지세적인 요인도 가미되어졌던 것이 아닌가 생각된다.

5) 동검은 모두 등대에 세워진 능각이 결입부 이하로는 미치지 않은 형식에 속하는 것들로 볼 수 있다. 이 가운데 동검 VII·VIII은 제1절대 이하의 등대에 삭마면이 나타나 있으나 이는 이른바 제3류 동검[9]에서 나타나는 뚜렷한 능각이라기보다는 인부의 형성, 또는 검의 2차적 성형 등에 따라 부수적으로 생긴 삭마면에 지나지 않은 것으로 보아 본격적 제3류 동검의 이전 단계로 보인다.

6) 동검 I은 검신에 결입부가 이루어지지 않고 돌기부에서 기부에 이르기까지 S자형을 이루며 내려가는 것 등은 일견 요녕식동검과 흡사한 일면을 보여주고 있

다. 그러나 돌기부가 검신의 아래쪽에 치우쳐 있으며 전체의 형태가 가늘고 길다든지 기부가 직각으로 꺾인 것 등으로 보아 오히려 요녕식의 전통이 남아 있는 세형동검의 초기 형식으로 보아야 할 것이다.[10]

7) 검파형 동기 3점은 지금까지 인접지역에서 출토된 두 가지 예 가운데 대전 괴정동 출토의 동기보다는 한층 예리한 느낌이 들며 그보다는 남성리의 동기와 비슷한 형태를 보여주고 있다. 이곳 동서리에서도 위의 두 곳에서처럼 3점이 출토된 것으로 보아 이 검파형동기는 3점이 1조를 이루는 특수한 의기儀器였던 것으로 생각된다.

8) 나팔형 동기의 출토는 한반도 내에서는 처음 출토된 사실로 이와 같은 형태의 동기가 정가와자 6512호묘에서도 4개가 출토된 바 있는데 여기에서는 마두馬頭 장식으로 추정되었다.[11]

9) 동경으로서는 조문경, 세문경과 함께 소문경素文鏡, 동심원문경同心圓文鏡도 각 1개씩 출토되었다. 이 가운데 세문경은 지금까지 출토된 다른 것들에 비해서는 그 선조線條가 비교적 굵은 편에 속한다. 특히 내구에 나타나 있는 을자문은 다른 세문경에서는 나타나지 않은 문양양식이며 오히려 조양십이태영자朝陽十二台營子[12]나 정가와자[13]를 거쳐 평양 출토[14]와 충남 출토[15]의 조문경에서 나타나는 을자문과 상통되는 성격의 것으로 보인다. 더욱이 함께 출토된 2점의 조문경은 조문·세문의 공존관계, 나아가서는 세문경의 원초형식을 시사해 주는 것이라고 할 수 있을 것이다. 소문경과 동심원문경은 모두 한반도 내의 청동기유적에서는 초유의 출토 예가 되는데 일찍이 만주 봉천奉天에서 이와 같은 소문경 한 개가 수습된 바 있다.[16]

이상 몇 가지로 이 유적의 성격을 요약하였지만 이 일괄유물들의 출토로 호서 일원의 독특한 청동기문화의 양상은 보다 뚜렷이 부각되었다고 본다. 지금까지 이 일대에서 발견된 청동일괄유물의 출토유적만도 상당수에 달하지만 이 가운데 특히 괴정동이나 남성리 유적에서 일련의 특징적 유물을 통해 이곳 동서리 유적과 함께 한반도 내에서의 독자적 위치를 다시 인식하게 되었다.

그간 이곳 청동기문화권과 요녕지방과의 문화적 상관문제가 피상적으로나마 암시되어 왔으나 이번 동서리 출토의 몇몇 유물을 통해 상호 직결될 수 있는 몇 가지 배경관계를 충분히 명시할 수 있었다고 생각한다.

마지막으로 이 유적의 연대 설정에 이르게 되면 유적의 다양한 성격상 획일적으로 가늠하기 어려운 몇 가지 복잡한 문제가 뒤따른다. 우선 동검 I의 존재와 조문경 등으로 보아서는 서기전 4세기경까지 올라갈 수도 있지만 제2류 동검의 말기형식으로 볼 수 있는 동검 VII·VIII과 초기 세문경의 존재 등으로 보아서는 서기전 3세기에서 2세기 중엽 사이의 어느 시기로 보는 것이 타당할 것으로 생각된다.[17]

(『백제연구 9』, 충남대학교 백제연구소, 1978)

주

1   이러한 복조식複條式의 착장着裝 상태는 일본 후쿠오카현福岡縣의 다테이와유적立岩遺蹟에서도 그 예를 볼 수 있다.
     『立岩遺蹟 – 28号 甕棺』, 河出書房新社, 東京, 1977.

2   國立博物館, 『青銅遺物圖錄 – 8·15後 蒐集』, 國立博物館 學術資料集(1), 1968.

3   韓炳三·李健茂, 『南城里石棺墓』, 國立博物館 古蹟調査報告 第10冊, 1977.

4   中國科學院 考古硏究所, 「內蒙古工作隊, 寧城南山根遺址發掘報告」, 『考古學報 75-1』, 1975.

5   河北省博物館 文物管理處, 「河北平泉東南溝夏家店上層文化墓葬」, 『考古 77-1』, 1977 .

6   백련행, 「천곡리 돌상자무덤」, 『고고민속 66-1』, 1966.

7   尹武炳, 「青銅器文化 – 重要一括出土遺物」, 『한국사 1』 국사편찬위원회, 1973.

8   沈陽故宮博物館, 「沈陽鄭家窪子的兩座青銅時代墓葬」, 『考古學報 75-1』, 1975.
     金元龍, 「沈陽鄭家窪子 青銅時代墓와 副葬品」, 『東洋學』 6. 1976,

9   尹武炳, 「韓國青銅短劍의 型式分類」, 『震檀學報 29·30合輯』, 1966.

10   이와 같은 독특한 형태의 동검과 유사한 예로는 용인龍仁 초부리草芙里 출토의 용범鎔范을 들 수가 있다. 봉부의 형태에서 차이는 보이지만 돌기부가 아래로 처진 것이라든지 기부가 직각으로 꺾인 것 등 매우 흡사한 모양을 보여준다. 국립박물관, 앞 책(주 2) 참조.

11   앞 책들(주 8).

12   金元龍, 「十二台營子青銅短劍墓—韓國青銅器文化의 起源問題—」, 『歷史學報 16』, 1961,

13   앞 책들(주 8).

14 梅原末治·藤田亮策,『朝鮮古文化綜鑑 1』, 1947.

15 위 책(주 14).

16 駒井和愛,「滿洲出土の多鈕銅鏡について」,『考古學雜誌 28-2』, 1938.

17 金元龍,「和順出土 細文鏡」,『文化財 6』, 1972.

    尹武炳,「韓國靑銅遺物의 硏究」,『白山學報 12』, 1972.

장수 남양리 출토 청동기·철기 일괄유물

1. 머리말

1989년 1월 25일자로 국립중앙박물관에 국고수입된 장수長水 남양리南陽里 출토 일괄유물은 그 성격으로 보아 지금까지 금강 유역을 비롯한 한반도의 서남부 지방에서 출토된 몇몇 청동기 일괄유물과 비슷할 뿐만 아니라 철기류와도 반출伴出되는 매우 주목할 만한 것들임을 알 수가 있었다.

출토유물의 중요성에 따라 국립중앙박물관 고고부에서는 주말을 이용하여 현지에 내려가 발견자인 김승남金承男 씨(35세, 남양리 743 거주)에게 일괄유물의 발견 경위를 직접 들을 수가 있었다. 그러나 발견자가 별다른 주의를 기울이지 않은 상태에서 유물들을 수거하였기 때문에 그의 증언만으로는 유구의 성격이나 출토 상황에 대해 확실한 내용을 파악하기가 거의 불가능한 형편이었다. 따라서 출토 유구의 내용을 알기 위해서는 간단한 시굴을 통한 재조사가 불가피하였기 때문에 현지에 다시 내려가 수습조사를 실시하였다.

발견자와 함께 출토지점에 도착하였으나 가까운 곳에 뚜렷한 지형지물이 없을 뿐 아니라 발견 이후 상당한 시일이 경과되었기 때문에 그의 기억만으로는 정확한 위치를 찾을 수가 없었다. 따라서 발견자가 어슴푸레 기억하는 지점을 중심으로 하여 남-북으로 약간 길게 230×270cm의 방형구획을 설정하여 파들어 갔다.

현 지표로부터 약 50cm 아래부터 불규칙하게 드러나기 시작한 크고 작은 냇돌들은 아래로 내려가면서 점차 넓게 퍼져 마치 돌무지와 같은 모습으로 나타났고 그 범위는 서북쪽으로 더 계속되었다. 북쪽으로 50cm, 서쪽으로 1m를 확장시켜 파 들어가 돌무지의 구조를 노출시켰으나 대부분 발견자에 의해서 교란된 상태였기 때문에 축조 당시의 유구는 전혀 확인할 도리가 없었다. 냇돌의 사이사이에서는 썩은 짚단들이 섞여 나와 유물을 수습한 뒤 곧 주위의 짚단과 들어낸 돌을 되묻었다는 이야기와 들어맞는 상황이었다.

그에 의하면 유물이 출토된 위치의 둘레에는 냇돌이 거의 타원형을 이루며 둥그렇게 둘려져 있었다고 하며 청동검(銅劍)과 청동창(銅鉾)이 먼저 나오고 이보다 20~30cm 아래에서 청동거울(銅鏡)이 출토되었다고 하지만 이미 완전 교란된 상태여서 사실 여부를 확인할 도리가 없었다.

따라서 여기에서는 유적의 위치와 현상에 대해서 간단히 살핀 후 수습된 유물을 중심으로 그 성격과 배경을 살펴보기로 한다. 이 조사를 위해 귀중한 조언을 베풀어 준 전북대학교 윤덕향 교수와 현장작업을 도와준 곽장근, 유철 등 대학원생들, 그리고 유물실측과 촬영을 위해 애쓴 국립박물관의 안병찬, 신상효 등 여러분에게 깊은 감사를 드린다.

2. 유적의 위치와 현장

전북 장수읍에서 금강 줄기와 나란히 이어진 710번 지방도를 따라 북쪽으로 7km 가량 올라가면 금강으로 흘러드는 샛강 위에 가설된 '남양교南陽橋'에 이른다. 여

① 유적 전경(서쪽에서)

② 돌무지 노출상태(남쪽에서)

③ 검자루 끝장식 출토상태

도 I-33 유적·유물 출토상태

기에서 동쪽으로 약 500m를 더 가면 바로 장수읍에서 발원하여 북쪽으로 흘러가는 좁은 금강의 최상류에 닿는데 일대는 밭작물을 가꾸는 들판이 이루어져 있다(도 I-33①).

여기에 소개하는 일괄유물이 출토된 지점은 다리에서 남쪽으로 300m가량 떨어진 곳으로 행정구역상으로는 장수군長水郡 천천면天川面 남양리南陽里 전田 171, 토지소유는 발견자의 부인 김옥례金玉禮 앞으로 되어 있다.

소백산맥의 기슭 가장자리에 위치한 이곳은 해발 360m의 고지대에 속하는 곳으로 동, 서 양쪽으로 이어진 산맥에 에워싸여 남-북으로 긴 고원분지를 형성하고 있다. 이러한 입지적 여건에 따라 이 지역에서는 고냉지 작물이 재배되어 주민들의 주요한 소득원이 되고 있으며 출토지 주변에는 작년까지 고추를 심었으나 올해에는 아직 파종이 이루어지지 않은 상태였다.

여기에서 드러난 많은 양의 냇돌로 보아 이 유구는 냇돌 등으로 쌓아 올린 돌널무덤(石棺墓)으로 추정되었으며 그 둘레에는 상당한 규모의 돌무지시설이 이루어졌을 것으로 짐작되었다(도 I-33②).

조사 과정에서 남-북으로 길게 드러난 돌무지의 서쪽 가장자리에서는 현 지표로부터 약 80cm 아래에서 검자루끝장식(劍把頭飾) 1점이 꼭지가 동쪽을 향한 채로 출토되었으며(도 I-33③) 돌무지 사이에서는 그릇 모양을 전혀 알 수 없는 민무늬토기의 부스러기가 수습되었다.

3. 출토유물

1) 청동검과 자루끝장식 각 1점(도 I-34)

청동검은 비교적 긴 편에 속하는 전형적인 한국식 세형동검이다. 전체의 길이에 비해서 짧은 슴베(莖部)가 달리고 여기에서 뚜렷한 직각을 이루며 날의 밑동(基部)

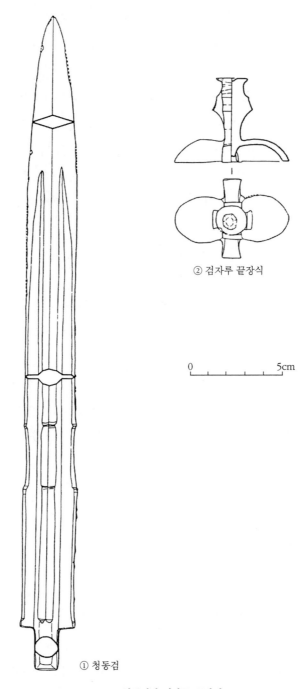

② 검자루 끝장식

0   5cm

① 청동검

도 I-34 청동검과 검자루 끝장식

이 만들어졌다. 양날은 밑동에서부터 거의 평행으로 이어져 비교적 긴 검끝(鋒部)에 이르는데 양날의 중간에서 아래쪽으로 치우쳐 가볍게 휘어든 허리(抉入部)가 형성되었다.

등대(背脊)에는 밑동에 이르기까지 곧은 등날(稜角)이 이루어졌는데 검의 허리 양끝과 같은 위치에 마디가 나타나 있다. 검끝 아래의 한쪽 날 부위에 약간의 홈이 생겼을 뿐 완전한 상태이며 표면 전체에 옅은 초록색의 녹이 곱게 슬어 있다. 검날과 등날이 모두 무딘 것으로 보아 주조한 뒤 충분한 연마가 이루어지지 못한 것으로 생각된다.

길이 35.2cm, 슴베 길이 2.3cm, 슴베 지름 1~1.3cm.

자루 끝장식은 수습조사를 통해 발견한 유일한 유물이다. 청동제품으로서 표면에는 짙은 초록색의 녹이 곱게 슬어 있다. 길게 반절半截한 누에고치 모양으로 만들어진 밑동의 잘록한 허리 부분에서 양옆으로 짧게 가지가 뻗어 十자모양을 이루고 여기에 돌출한 기둥모양의 꼭지가 달려 있다. 꼭지는 가운데가 불룩하고 윗면은 둥근 평면을 이루는데 가운데에는 원형의 작은 홈이 파여 있다. 밑동부분은 속이 비어 있으나 한가운데에 작은 꼭지가 달려 있다.

길이 6.3cm, 너비 4.3cm, 높이 4.5cm.

2) 청동창(銅鉾) 1점(도 I-35)

짧고 뭉툭한 모양이며 투겁(鉴部)은 단면 타원형의 원통모양인데 점차 좁아지면서 그대로 창끝 가까이까지 이어져 등대를 이루었다. 주조 후 날을 세울 때 등대도 함께 갈려 곧은 등날이 만들어졌다. 창끝이 매우 짧아졌지만 날카롭게 날이 갈렸다. 투겁의 가장자리에는 너비 1cm가량의 두터운 돋을띠(突帶)가 돌아가며 바로 옆에는 자루를 고착시키는 못을 박기 위한 구멍이 나 있는데 주조가 부실하여 투겁 가장자리까지 째져 있다.

길이 15.1cm, 너비 4.2cm, 자루구멍지름 2.4~3.2cm.

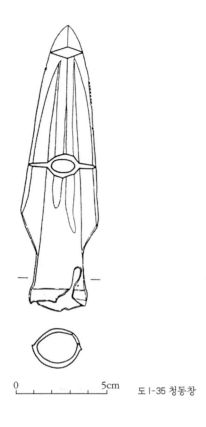

0   5cm

도 I-35 청동창

3) 청동거울(銅鏡) 1점(도 I-36)

두툼하고 넓은 단면 반원형에 가까운 테두리(周緣部)가 만들어지고 복판에서 약간
치우쳐 2개의 꼭지가 달린 잔무늬거울(精文鏡)이다. 무늬는 크게 안팎 양 구간으
로 나누어져 있는데 테두리와 거의 같은 너비로 이루어진 바깥 구간에는 길쭉한
톱니무늬(三角鋸齒文)를 방사상放射狀으로 돌렸다. 한편 안쪽에는 중심부에서 서로
직각으로 교차되는 종선과 횡선을 한 줄씩 그어 4등분한 뒤, 각 구간에는 긴 변의
방향이 서로 어긋나도록 긴 문살무늬(格子文)처럼 긋고 이것을 다시 대각선으로
나누어 톱니무늬를 이루었다.

따라서 4등분된 각 구간에 나타난 무늬의 방향은 서로 간에 직교한 모습을 나
타내고 있다. 꼭지의 구멍 언저리와 중심부에서 약간 무늬가 일그러져 있지만 전

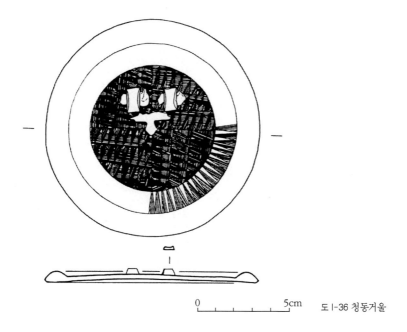

도 I-36 청동거울

면에 짙은 초록색의 녹이 곱게 슬었으며 특히 거울면의 윤택이 매우 양호하다. 10
여 조각으로 깨졌는데 간단한 접착 처리만으로 거의 완전한 복원이 가능하였다.

지름10.5cm, 테두리 두께 0.47cm, 거울면 두께 0.25cm.

4) 철제도끼(鐵斧) 1점(도 I-37)

단면 장방형의 투겁이 이루어진 주조제품이다. 날에서 직각으로 꺾여 올라가며 긴
삼각형을 이루는 양 옆면 중 한쪽은 수직으로 곧게 올라가고 다른 한쪽은 자루투
겁에 이르러 약간 벌어졌다. 투겁 아래에는 자루를 고착시키기 위한 마름모꼴에
가까운 못 구멍이 양쪽에 모두 뚫려 있다. 표면의 군데군데에 부식에 의한 기포가
생겼지만 투겁의 극히 일부가 깨져 나가고 양 가장자리가 째졌을 뿐 거의 완전한
형태를 갖추었다.

길이 12.3cm, 너비 5.3cm, 자루투겁 3.1cm×5.2cm

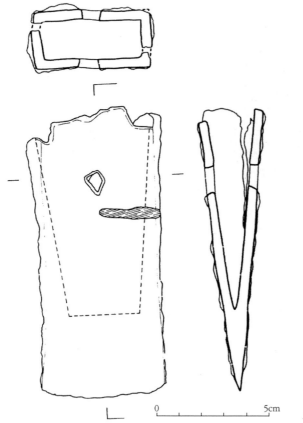

도 I-37 철제도끼

5) 철제끌(鐵鑿) 1점(도 I-38)

투겁의 단면이 거의 정방형을 이루는 주조제품이다. 투겁에서부터 점차 가늘어지
는데 끌 끝에 이르면서 납작해져 단면이 장방형을 이룬다. 투겁의 한 면 위쪽에만
둥근 못 구멍이 뚫려 있으며 바로 옆면의 중간에도 일그러진 둥근 형태의 구멍이
나 있지만 이것은 주조시의 부주의나 부식에 의한 것으로 생각된다. 투겁 속에서
썩은 나무자루의 흔적이 검출되었다. 표면은 부식에 의해 부분적으로 부풀어 있지
만 거의 완형이다.

　길이 17.5cm, 투겁 2.1cm×2.3cm

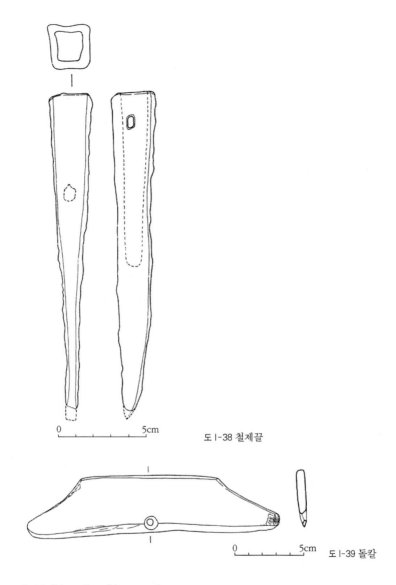

도 I-38 철제끌

0   5cm

도 I-39 돌칼

0   5cm

6) 돌칼(石刀) 1점(도 I-39)

칼등이 짧고 조갯날(蛤刃)로 이루어진 날 부분이 길게 만들어진 사다리꼴 모양의 점판암제 돌칼이다. 칼등은 곧지만 날 부분은 사용하면서 닳은 듯 약간 안쪽으로 휘고 양쪽의 어깨부위도 가볍게 오므라들었다. 날의 중간부위에 구멍 한 개가 뚫려 일반적으로 몸통의 복판, 또는 등 가까이에 둘 이상의 구멍이 뚫리는 것과는 다른 모습을 보이고 있다.

아마도 18cm에 이르는 긴 날이기 때문에 구멍에 끈을 달아서 실제 사용 시에는 반쪽은 손아귀에 쥐고 나머지 반쪽의 날을 썼던 것이 아닌가 생각된다. 표면에는 돌결이 나타나 있으며 부분적으로 쇠 녹의 흔적이 묻어 있는 것으로 보아 철제 유물의 바로 옆에 묻힌 것으로 여겨진다.

길이 18.0cm, 너비 4.2cm, 두께 7.6mm, 구멍지름 4.5mm.

7) 돌살촉(石鏃) 2점(도 I-40)

양면을 갈고 날을 세워 단면이 납작해진 육각형을 이루는 점판암제의 삼각형 화살촉이다. 크기가 다른 2점 가운데 큰 것은 옅은 회색으로 밑동이 약간 오목하게 파이고 작은 것은 짙은 회색인데 밑동은 거의 곧게 끊겼다.

길이 각 3.4, 4.2cm, 너비 1.4cm.

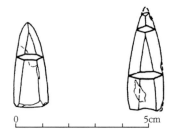

도 I-40 돌살촉

8) 토기(土器)

수습조사 과정에서 발견된 작은 부스러기들이다. 모두 몸통부위로 생각되는 것들로 밝은 적갈색을 띠며 비교적 단단한 민무늬토기(無文土器)로 생각된다. 바탕흙에는 잔 석영 알갱이가 섞여 있고 일반적인 민무늬토기에 비해서 훨씬 높은 온도에서 구워진 것이다.

두께 0.7cm~0.8cm

4. 유적·유물의 성격과 고찰

지금까지 금강 유역에서 청동기 일괄유물이 출토된 유적은 모두 10여 군데 이상이 되는데 이와 같은 분포는 대동강, 낙동강 유역과 함께 한반도 내에서 가장 밀집된 상황을 보여주는 지역 가운데 하나라고 할 수가 있다.

금강 유역에서 조사된 비슷한 성격의 유적들은 대부분 강의 중류나 하류 일대에서 확인되었으며 상류지역에서의 조사는 여기가 처음이 아닌가 생각된다.[1] 같은 금강 유역이라고 하지만 이곳 남양리와 유적이 밀집된 중, 하류 지역의 유적들과는 유구와 출토된 유물의 성격에서 상사성相似性과 상이성相異性이 동시에 나타나고 있음을 알 수가 있다. 우선 남아 있는 구조가 심히 교란되어 그 성격은 분명치 않으나 여기에서 드러난 많은 분량의 냇돌로 보아 둘레에 상당한 규모의 돌무지시설이 이루어졌던 돌널무덤이었던 것으로 생각된다.

금강 유역에서 청동기 일괄유물이 출토된 유적 가운데 매장시설의 성격이 비교적 확실히 밝혀진 곳들은 대부분 깬돌(割石)로 쌓아 올린 돌널무덤 계통의 것으로 알려지고 있다. 특히 이 가운데 학술적 조사가 이루어진 대전大田 괴정동槐亭洞, 아산牙山 남성리南城里, 예산禮山 동서리東西里 등의 돌널무덤에서는 그 위를 덮었던 것으로 생각되는 돌무지의 구조가 확인된 바 있다. 따라서 금강 유역 일대에 분포한 돌무덤에서의 이러한 돌무지시설은 여기에서 나타나는 하나의 지역적 특성으로 볼 수가 있을 것이다.

수습된 유물 가운데 청동검은 등대에 이루어진 곧은 등날이 밑동에까지 미쳐 형식 분류상 가장 후기에 속하는 것임을 알 수가 있다. 특히 등대의 방향과는 직각으로 꺾인 밑동의 형태라든지 긴 칼끝에 이르기까지 거의 평행되게 이루어진 양날 등, 이 청동검이 갖는 특징은 이 지역에서는 극히 드물고 도리어 대동강이나 낙동강 유역에서 흔히 나타나는 마지막 단계의 청동검 모습을 보여주고 있다.[2]

청동검과 같은 짝을 이루는 자루끝장식은 적지 않은 수가 남·북한에 걸쳐 고루 나오고 있으나 실제로 청동검과 함께 결합되어 출토된 경우는 그리 많지 않다고 할 수가 있다. 지금까지 몇몇 유적에서 같은 모양의 청동제 자루끝장식이 청동 검과 같이 발견된 예가 있으나 그 대다수가 이른바 II식의 세형동검과 결합되거나 함평咸平 초포리草浦里[3] 유적에서와 같이 일부 I식과 결합된 것이라 하더라도 그것 들이 II식과 반출된 것으로 보아 사용된 시기적 범위를 생각해볼 수가 있다.

청동창은 자루투겁의 가장자리에 두터운 돋을띠가 돌아가고 고리가 달리지 않은 것으로서 청동창 가운데에서는 고식古式에 속하는 것으로 볼 수가 있다.[4] 이 러한 형식의 청동창이 한반도 내에서는 많은 수량은 아니지만 남·북한 전역에 걸 쳐 출토된 바 있고 멀리 연해주沿海州의 이즈웨스토프[5]에서도 이른바 I식의 세형동 검과 함께 출토되어 그 지역에서 시기적 배경의 일단을 말해주고 있다. 금강 유역 의 출토품 가운데에서 부여扶餘 구봉리九鳳里[6] 출토의 청동창이 자루는 길지만 형 식적으로 가장 비슷하며 아산 둔포리屯浦里[7]에서 나온 청동창과는 크기와 모양에 서 가장 가까운 것이라고 할 수 있다.

청동거울은 톱니무늬와 문살무늬 등의 직선으로 이루어진 기하학적 무늬가 안팎으로 두 구간에만 이루어져 잔무늬거울 가운데에서도 가장 후기적 형식임을 보여주고 있다.[8] 한반도 내에서는 전傳 경남경慶南鏡[9]이 무늬는 성글지만 비슷한 모습을 보이며 일본 야마구치현山口縣의 가지구리하마梶栗浜[10]에서도 꼭지가 3개이 기는 하지만 무늬 구성이 매우 비슷한 거울 1점이 출토된 바 있다.

철제의 도끼는 옆면이 긴 삼각형을 이루는 것으로 한반도 일원의 초기철기 유 적에서 나타나는 전형적인 형태를 갖추고 있다. 이 유적들 가운데에서 봉산鳳山 송 산리松山里,[11] 함흥咸興 이화동梨花洞[12] 등지에서는 II식의 세형동검과 잔무늬거울이 함께 나와 이곳 남양리 유적과는 반출유물에서 서로 비슷한 양상을 보여주고 있 다.

철제끌은 영변寧邊 세죽리細竹里,[13] 강서江西 태성리台城里[14] 등 북부지방 일부 에서 약간의 청동제품들과도 함께 출토된 바 있다. 그러나 그 밖의 지역에서는 철 제 끌과 반출된 유물의 대부분이 철제품만으로 이루어져 본격적인 철기시대에 이 르러 사용된 산물임을 짐작케 해주고 있다.

돌칼은 그 형태뿐 아니라 기능상의 차이에서 생겼을지도 모르는 구멍의 위치

등에서 이 지역에서는 비슷한 예를 찾을 수 없을 만큼 종래의 돌칼과는 매우 다른 모습을 보여주고 있다. 도리어 중강군中江郡 토성리土城里[15]나 시중군時中郡 노남리 魯南里[16] 등 서북지방에서 이른바 장방형 돌칼의 한 변형으로서 사다리꼴의 것들이 나오며 세죽리 유적의 일반 문화층에서 출토된 것이 유일하게 같은 형식이므로[17] 지역적으로는 일단 서북지방과 연계시킬 수밖에 없다.

삼각형의 돌살촉은 대부분 한반도의 중부 이남에서 비교적 큰 시간 폭을 갖고 나타나는데 여기에서도 남양리의 것과 금강의 중·하류에서 나타나는 앞선 시기의 것들과 별다른 형태상의 차이를 파악하기가 어렵다.

이 일괄유물들에서 나타난 청동기와 철기류의 조합상과 각 유물에서 보이는 류형상의 특징들을 통해서 그 시기의 일단을 추정해볼 수가 있다. 출토유물의 성격으로 보아 이 유적이 해당되는 시기는 금강 유역에서 이미 청동기가 쇠퇴의 길로 접어들고 이제 막 본격적인 철기시대에 들어가는 서기 직전, 즉 기원전 2세기 말에서 1세기 전반의 어느 한 시기로 생각된다.

지금까지의 고고학적 결과만을 놓고 볼 때 이 지역에서 이루어진 금속문화의 파급은 금강이라는 천혜의 경로를 빼고는 생각하기가 어렵다고 할 수 있다. 그러나 강줄기를 거슬러 올라가 그 최상류에 이르기까지는 결코 짧지 않은 시간이 소요되었을 것임이 분명하다. 이는 금강의 중류나 하류 유역에서 이루어진 청동기의 제작시기보다는 적어도 1세기 이상 뒤진 것으로 미루어 알 수 있다.

(『고고학지 2』, 한국고고미술연구소, 1990)

주

1   10여 년 전에 요녕식 동검 2점이 이곳에서 그리 멀지 않은 무주茂朱에서 출토된 것으로 보고된 것이 있으나 최근 이런 유물들이 상주尙州에서도 출토되었다는 믿을 만한 정보가 입수된 바 있다.
     a. 金元龍, 「傳 茂朱出土 遼寧式銅劍에 대하여」, 『震檀學報 38』, 1974.
     b. 金元龍, 『韓國考古學槪說』 (3版), 1986.
2   李淸圭, 「細形銅劍의 型式分類 및 그 變遷에 對하여」, 『韓國考古學報 13』, 1982.

3 李健茂·徐聲勳,『咸平草浦里遺蹟』, 國立光州博物館, 1988.

4 尹武炳,『韓國青銅器文化研究』, 藝耕産業社, 1987.

5 坪井尙志,「沿海州新出土の多鈕細文鏡とその一括遺物について」,『考古學雜誌 46 - 3』, 1960.

6 李康承,「扶餘九鳳里出土 青銅器 一括遺物」,『三佛金元龍教授停年退任紀念論叢I』, 1987.

7 藤田亮策 外,「南朝鮮に於ける漢代の遺蹟」,『大正11年度古蹟調査報告』, 1925.

8 全榮來,「韓國青銅器文化의 系譜와 編年」,『全北遺蹟調査報告』, 1977.

9 梅原末治·藤田亮策,『朝鮮古文化綜鑑 I』, 1947.

10 三本六爾,「長門富任に於ける青銅器時代墳墓」,『考古學研究 2』, 1927.

11 황기덕,「1958년 춘하기 어지돈지구관개공사구역 유적정리 간략보고(1)」,『문화유산59 - 1』, 1959.

12 a. 안영준,「함경남도에서 새로 알려진 좁은놋단검관계 유적과 유물」,『고고민속66 - 4』, 1966.
   b. 박진욱,「함경남도 일대의 고대유적 조사보고」,『고고학자료집 4』, 1974.

13 a. 김정문,「세죽리유적 발굴중간보고(1)」,『고고민속 64 - 2』, 1964.
   b. 김영우,「세죽리유적 발굴중간보고(2)」,『고고민속 64 - 4』, 1964.

14 채희국,「태성리 고분군 발굴보고」,『유적발굴보고 5』, 1959.

15 정찬영,「압록강·독로강 유역 고구려유적 발굴보고」,『유적발굴보고 13』, 1983.

16 위 글(주 15).

17 앞 글(주 13b).

전남지방 선사문화의 흐름

1. 머리말

전남지방에서 사람이 살기 시작한 것은 고고학적으로 가장 이른 시기인 구석기시대부터 비롯되며 그 이후 시대적인 공백 없이 오늘에 이르고 있다고 여겨진다. 그러나 문자가 사용되기 이전의 선사시대는 기록이 없기 때문에 구체적인 사정은 당시 사람들이 남겨놓은 유적과 유물을 근거로 문화적 변화와 전개를 파악할 수밖에 없다.

여기에서 선사시대란 구석기시대·신석기시대·청동기시대를 거쳐 초기철기의 유입에서부터 고총高塚고분이 등장하고 중앙집권적 정치권력이 정립되는 삼국시대 이전의 시기 즉, 원삼국原三國시대까지를 말한다.

전남지방에서 지금까지 조사된 선사시대의 유적으로는 석기시대와 이후 초기 금속기시대의 유적을 들 수가 있는데 석기시대는 뗀(打製)석기와 간(磨製)석기 등 석기의 제작기법에 따라 구석기와 신석기시대로 구분할 수가 있다. 이에 반해 초기 금속기시대는 금속의 재질에 따라 청동기시대와 초기 철기시대로 나누어지는데 초기 철기시대라고는 하지만 아직까지 청동유물의 비중이 크기 때문에 이 시기는 청동기시대 II기'로 불리기도 한다.

철기가 본격적으로 쓰이기 시작한 것은 원삼국시대로 이 시대는 철기시대 II기로 불리는데 이 시기에 바로 우리의 역사시대가 그 서막을 올리게 된다.

이 글에서는 우선 전남지방의 선사문화가 성립할 수 있는 배경, 즉 인문·지리적 환경을 살펴보고, 그간에 이루어진 고고학적 연구 성과를 토대로 전반적인 문화상을 시대별로 개관해 보고자 한다. 지금은 독립 행정단위로 분리되어 있는 광주시와 전라남도의 영역은 이들이 동일한 문화적 기반 위에 이루어졌기 때문에 따로 지역을 구분하지 않았다.

2. 전남지방 선사문화의 성립배경

한반도의 서남부에 위치하고 있는 전남지방은 동쪽으로는 섬진강과 소백산맥을 경계로 경상남도와, 북쪽으로는 노령산맥을 두고 전라북도와 접하고 있으며 서쪽과 남쪽은 바다로 둘러싸여 있다. 이곳에는 드문드문 지리산(1915m), 백운산(1218m), 무등산(1187m), 월출산(809m), 추월산(720m)이 솟아 있고, 이 산맥들의 줄기는 다시 여러 갈래로 갈라져 서남부지역에 저평低平한 구릉지대와 평야지대를 형성한 뒤 서해와 남해에 이르고 있다. 따라서 전반적으로 동쪽이 높고 서쪽이 낮은(東高西低) 지세를 이루고 있다.

이렇듯 바다로 내려간 산맥의 줄기와 구릉은 크고 작은 반도를 형성하며 이른바 리아스Lias식 해안을 이루고 있으며, 바다에는 수많은 섬들이 모여 다도해多島海가 펼쳐지고 있다. 특히 도서의 인근 해역에는 얕은 바다가 넓게 발달하여 해초와 패류의 서식이 용이할 뿐 아니라 각종 어족이 풍부하여 자연경제 단계에서 뿐 아니라 오늘날까지도 중요한 식생활의 수단을 제공하고 있다.

한편, 구릉과 평야지대에는 영산강과 섬진강, 탐진강이 관류貫流하여 전남지방의 서부와 동·남부를 분할하면서 주변의 평야를 적시는 관개용수로서의 기능을 하고 있다. 특히 전남지방의 대표적인 하천인 영산강은 인근 지역을 망라하는 여러 개의 지류와 합치면서 넓은 나주羅州평야를 흐르고 섬진강은 남해의 광양만光陽灣으로 유입되는데 전남의 남동부 내륙지방을 관류하는 보성강과는 압록鴨綠에서 합류한다.

섬진강은 전남 동부의 협곡峽谷 지형을 관통하여 지류인 보성강 유역 외에는 유역평야의 발달이 미약한 편이다. 탐진강도 강진만康津灣 일대의 유역에 펼쳐진 농경지의 주요한 관개용 수원水源이 되는데 이 강들의 유역은 상류에서 운반된 하천퇴적물로 형성된 비옥한 충적층이 발달하고 있으나 그 면적은 비교적 좁은 편이라고 할 수 있다.

그러나 이 평야지대들은 온난한 기후에 힘입어 일찍부터 농경생활의 적지適地로 이용되고 있었음을 여러 유적을 통해 알 수 있다. 전남지방은 기후조건에서도 비교적 따뜻한 지역으로 연평균 기온은 13도 안팎이며, 강수량은 1100~1500mm 정도로 전체적으로는 온난다습한 편에 속한다.

이러한 지정학적 배경은 다른 한편으로 대륙으로부터 내려온 선사시대부터의 모든 문화의 물결이 이곳에 이르러 일단 정체상태에서 내적인 확산을 거듭하게 되었다. 결과적으로는 알찬 내륙문화의 성숙과 함께 활발한 도서島嶼문화를 꽃피우게 하였고 한편으로는 제주도나 멀리 일본으로까지 문화의 파급이 이루어질 수 있게 된 것이다.

그리고 바로 이러한 요소들이 역사시대에 이르러서도 이른바 남도문화 특성의 하나로서 주민들의 생활에 적합한 환경으로 작용하였던 것이다. 특히 바다를 통한 선진문물의 수용과 강을 통한 내륙으로의 진출은 전남지방 전역에 걸쳐 많은 유적을 형성케 해주는 여건을 마련해 주었다고 할 수 있다. 이는 내륙지방의 강 유역이나 바닷가, 그리고 인근의 여러 섬에서 발견되고 있는 다양하고 많은 유적과 출토된 유물을 통해 확인된다.

3. 전남지방 선사문화의 흐름

전남지방에서 형성된 선사문화를 지금까지 이루어진 고고학적 연구 성과에 기초하여 시대별로 구분하여 개관·기술하고자 하는데 여기에서 서술하는 문화상은 대부분 정식으로 발굴조사를 거친 유적을 대상으로 한다.

1) 구석기시대

구석기시대는 인류문화의 가장 오랜 단계로 지질시대의 제4기 홍적세洪績世에 해당된다. 이 시기는 인류가 유인원에서 진화하여 나무나 돌을 이용하여 간단한 도구를 만들어 사용한 때부터 신석기시대 이전까지의 문화단계이다.

따라서 구석기시대는 대체로 250만년 전후에 시작하여 1만 년 전에 이르기까지 사냥과 채집에 의존하는 자연경제 상태로 인류의 선사문화단계 중 가장 긴 기간 동안 계속되었다. 이 시기의 도구로 나무나 뼈·뿔을 이용하여 만든 것은 오랜 시간을 거치는 동안 대부분 썩어 없어져 알 수 없기 때문에 돌을 깨뜨리거나 떼어서 만든 이른바 뗀석기(打製石器)를 통하여 당시의 문화상을 추정해볼 수 있다.

전남지방에서는 1986년에 실시된 주암'댐' 수몰지역 조사[2]가 이루어지기 전까지는 구석기문화의 존재가 공백기로 남아 있었기 때문에 최초 인류의 도래시기를 정확하게 알 수가 없었다. 그러나 이 지역에서의 유적조사 결과 승주 신평리 금평·곡천, 보성 죽산, 화순 대전 유적이 확인되었으며, 그 뒤 곡성 옥과 주산리와 입면 송전리에서 새로이 발굴에 의해 유적의 존재가 확인되었고, 근래에 순천 황전 죽내리 유적과 월평리 유적 등 섬진강 지류변의 단구상段丘上에서 많은 유적들이 알려지고 있다.

특히 순천 죽내리와 월평에서 조사된 유적은 남부지방의 구석기문화 연구를 위한 중요한 자료이다. 유물은 대부분 석기들로 밀개·새기개·슴베찌르개 등 전형적인 후기 구석기시대의 것으로 연대는 1만 5천 년 전을 전후한 시기로 추정되지만, 일부 충위에서 출토된 유물들은 중기단계까지 소급될 가능성이 논의되고 있다.

이와 함께 최근에는 영산강 유역인 광주 신월동 포산 지역과 나주 동강과 산포만 일대에서 많은 유적이 알려져 있고 서해안에 면한 영광 대마 일대에서도 구석기시대 유적이 확인되어 발굴된 바 있다.

지금까지 전남지방에서 확인된 구석기 유적[3]은 다른 지방에 비해 늦게 시작된 연구에도 불구하고 한반도 전역에서 가장 분포밀도가 높은 지역 가운데 하나로서 그 비중이 더 해 가고 있다고 할 수 있다. 시기적으로도 빠르게는 중기 단계에까지 소급되고 늦게는 후기까지 계속되어 세석기細石器문화의 설정까지도 바라볼 수 있는 자료가 증가하여 그 시기 폭이 확장되고 있다.

이 지역의 구석기시대 주민들은 대개 내륙지방의 강변에 생활터전을 마련하여 한반도 내의 다른 곳과도 비슷한 입지적 여건을 갖추었다. 따라서 내륙에서의 삶을 영위하기 위해 그들은 들판에서의 사냥이나 채집과 함께 천렵川獵 등을 통해서 그들의 식생활을 꾸려갔을 것으로 생각된다.

2) 신석기시대

신석기시대가 되면 사람들의 생활터전이 대부분 바닷가로 옮겨지지만 드물게는 내륙 강변에서의 생활이 이루어지는 곳도 있다. 따라서 식생활에서도 대개는 바다에서 잡히는 생선이나 조개류가 주식이 되어 조개의 껍데기가 쌓여 이루어진 조개더미(貝塚)는 이 시대의 생활상을 연구하는 데 더없이 좋은 유적이 된다.

조개더미는 당시의 사람들이 까먹고 버린 조가비가 한데 쌓여 이루어진 쓰레기더미에 불과하지만 여기에는 토기·석기와 함께 뼈나 뿔로 만든 연장 등 그들이 쓰다가 버린 여러 유물들이 함께 섞여 있다. 더구나 조개껍질은 그 자체가 알칼리성을 띠고 있어 산성인 흙 속에서는 금방 부식되는 각종 유기물들도 여기에서는 오랫동안 그 모습을 간직하여 고고학 연구에 풍부한 자료를 제공해 주고 있다.

신석기시대의 문화적 특징으로 우선 토기와 간석기의 출현을 들 수 있다. 토기의 출현은 구석기문화와 신석기문화를 구분하는 가장 특징적인 유물로서 경제생활의 커다란 변화를 보여주는 표지물이라 할 수 있다. 아직은 미숙한 채집경제의 단계에서 벗어나지 못했지만 간석기나 뼈·뿔연장과 같은 보다 효율적인 도구의 사용에 따라 그들은 토기에 저장해둘 만큼 잉여剩餘식품의 확보가 가능했던 것으로 보인다.

전남지방에서 지금까지 알려진 신석기시대 유적은 인근 도서지역에서 발견된 조개더미 유적과 보성강 유역과 서해안의 구릉지역에 위치한 후기의 토기 산포지散布地로서 이 지방에서의 대표적인 신석기시대 유적으로 확인된 유적만도 40여 개소에 이르고 있다. 이 유적들은 여천의 남해도서에서 시작하여 서쪽으로는 흑산도 일대에 이르기까지 광범위하게 분포되어 있는데 지금까지 알려진 유적으로는 여천의 송도와 개도·금오도·안도 등 여러 섬, 신안의 대흑산도·소흑산도·하태도, 완도의 고금도, 해남의 백포리 등이 있다.

이 가운데 전남지역에서 최초로 발굴조사가 이루어진 곳은 여천 돌산의 송도松島 조개더미[4]인데, 이 유적은 전기前期에서 만기晩期에 이르는 4개의 문화층위로 나누어져 있어 전남지방 신석기시대를 연구하는데 표준 유적이 되고 있다. 이 유적에서는 돋을무늬(隆起文)토기를 비롯하여 빗살무늬토기 등 다양한 토기류와 돌도끼 및 괭이·갈판 등과 흑요석黑曜石으로 된 석기류, 뼈연모, 조가비류를 이용한 팔찌 등 장신구 등이 출토되었으며 집자리(住居址)도 조사되었다. 이 집자리는 조개더미 위를 편평하게 고르고 흙을 다진 뒤 판석재板石材의 주춧돌을 놓고 그 위에 기둥을 세운 것인데 주춧돌이 원위치에서 출토되었다.

이 유적의 연대는 방사성탄소연대 측정결과 4285±195B.C.와 4270±200B.C.로 나타나 이른 시기의 신석기시대 유적인 양양 오산리와 부산 동삼동과 같은 시기의 유적임이 밝혀졌다. 송도 유적에서는 낚시와 사냥도구 외에 돌삽 등 경작농구가 출토되었는데 이것은 이 시대에 수렵과 어로활동은 물론 원시농경에 의한 생업활동이 이루어졌을 가능성을 보여준다.

한편, 이 시대의 토기가 보성강 유역의 곡성 유정리, 보성 죽산리 등 강변의 퇴적지에서 발견되고 있고 최근에는 서해안의 함평 주포 인근의 구릉에서도 확인되고 있다. 대체로 내륙지역에서 수습되는 토기 파편들은 바탕흙에 진흙이 많이 섞여 있었다.

바탕흙만으로 보아서는 민무늬토기와 비슷한 이 토기류들은 일반적으로 남부지방의 내륙에서 나타나는 빗살무늬토기의 특징적 유형으로서 그 시기는 신석기시대 말기에 해당되는 기원전 10세기 전후쯤으로 생각된다. 이러한 자료들은 전남지방에서의 신석기시대 문화상을 파악할 수 있는 중요한 자료들로서 적어도 전기 후반에서 만기에 이르기까지 시기적 공백 없이 계속되고 있음을 보여주는 좋은 예이다.

3) 청동기시대

기원전 10세기경, 한반도에는 대륙으로부터 들어온 새로운 청동기문화의 기운이 싹트기 시작하면서 반도의 서북지방에서부터 고인돌(支石墓)이나 돌널무덤(石棺墓)과 같은 새로운 무덤들이 나타나게 된다.[5] 앞서 신석기시대에도 드물게나마 매장유구埋葬遺構가 확인되고는 있으나 이때에는 뚜렷한 구조물을 만들지 않고 주위에서 잔돌을 긁어모으는 정도의 간단한 돌무지 시설에 불과한 것들이었다.

따라서 청동기시대에는 새로운 금속기의 유입에 따른 생활문화의 변혁과 함께 그들의 정신세계에도 커다란 변화가 이루어진 것으로 생각된다. 이 밖에도 신석기시대의 마지막 단계에서 시작된 것으로 보이는 농경문화가 이 시대에 이르러 본격적으로 뿌리를 내리는 한편, 가축이 사육되고 벼농사가 이루어지면서 농업이 그들의 주된 생업으로 바뀌게 되었다.

이러한 생업의 변화에 따라 주민들의 생활 근거지도 이제까지의 바닷가나 큰 강가로부터 내륙의 구릉지대나 하천 유역의 평지로 옮겨져 지역에 따라서는 대규모의 취락聚落이 이루어지기도 하였다. 그들은 강이나 바닷가, 넓은 들 또는 야산에 땅을 파고 만든 움집을 짓고 살았는데 열 집 정도가 일반적이나 크게는 백 집 이상의 대형취락도 발견되고 있다.

이러한 움집의 형태는 바닥이 네모나거나 긴네모꼴, 또는 원형의 것이 많으며 전남지방에서는 부여 송국리松菊里 유적[6]에서 조사되어 명명된 이른바 송국리형 집자리가 이 시기의 주거형태를 대표한다. 유적으로는 승주 대곡리에서 집단적으로 조사되었고, 광주 송암동, 영암 장천리, 승주 죽내리, 보성 척령리, 광양 용강리, 무안 다산리, 함평 장년리, 영광 원홍리 등에서 조사가 이루어졌지만 수적으로 늘어나고 있는 추세이다.[7]

우리나라의 청동기시대를 대표하는 가장 상징적인 유적은 고인돌로 이 시대의 전 기간에 걸쳐 한반도의 거의 전역과 중국의 동북지방이나 일본의 일부 남부지방에서 이루어진 무덤 유적이다. 이곳 전남지방에는 기원전 5세기를 전후해서 육로와 해로를 따라 남하하여 이 지역에서 고인돌문화의 개시연대는 서북지방에 비해 4~5세기가량 늦은 것으로 생각된다.

이렇듯 이곳의 고인돌 축조가 시기적으로 늦어졌지만 한반도의 다른 지역에 비해서 훨씬 활발한 고인돌문화가 정착되어 기원 전후까지 계속된 것으로 보인다. 지금까지 전남지방에서 실지조사를 통해 확인된 고인돌만도 만여 기가 훨씬 넘어 이러한 분포밀도를 통해서 이곳 고인돌문화의 실상을 충분히 어림할 수가 있다.

이 고인돌들은 단독으로 이루어진 곳도 있으나 대개는 10여 기, 또는 수십 기, 드물게는 수백 기가 한데 무리를 이루며 주로 하천 유역이나 산기슭을 끼고 있는 들판, 또는 얕은 구릉 등지에 많은 분포를 보이고 있다.

이 지방의 고인돌들은 거의 대다수가 우람한 덮개돌을 갖춘 남방식南方式이지만 매우 드물게는 마치 책상모양의 북방식北方式도 일부 지역에서 확인된다. 나주의 만봉리萬峰里, 신풍리新楓里, 송촌리松村里 등지에서 조사된 이 북방식 고인돌들은 덮개돌 아래에 4매의 두터운 판돌을 세워 평면이 네모난 돌방을 이루는데 덮개돌은 마치 남방식의 덮개돌처럼 두터워져 지역적 특성을 보인다.

남방식 고인돌의 구조적 특징은 매장시설의 대부분이 땅 밑에 이루어졌으며 덮개돌은 작은 덩이돌 등으로 된 받침돌이나 매장시설 둘레에 쌓인 돌무지로 지탱되지만 직접 땅위에 얹히기도 한다. 전남지방의 남방식 고인돌은 매장시설의 주체가 되는 돌널 벽체의 성격에 따라 판돌, 깬돌, 또는 이것들을 섞어 쌓거나 아무런 구조물 없이 구덩이만으로 이루어진 것으로 나눌 수가 있으며 이 밖에 덮개돌

아래에 둥그렇게 열을 지어 덩이돌을 돌린 위석식圍石式 고인돌도 나타나고 있다. 위석식 가운데 둘레돌들의 모양이 높고 넓적해져 흡사 북방식과 같은 우뚝한 모습을 보여주는 것들이 있는데 이 고인돌들은 제주도로 건너가 제주형濟州形으로 정착되었던 것으로 보인다.[8]

고인돌이 만들어지는 청동기시대에 이르러서는 앞서 신석기시대에 만들어지던 빗살무늬토기 대신 새로이 민무늬토기(無文土器, 북한에서는 팽이형토기)가 나타나 이후 세부적인 변형을 거치면서 청동기시대의 전 기간에 걸쳐 토기의 주류를 이루게 된다. 석기류도 신석기시대의 뗀석기나 반만 간(半磨製) 석기에서 완전한 간석기로 제작기술이 발달하면서 종류도 간돌검, 돌살촉, 돌도끼, 반달칼 등으로 매우 다양해진다.

이 시기에 나타나는 청동유물로는 동검이 주류를 이루며 이 밖에 각종 무기와 장신구, 또는 의기류儀器類가 출토되지만 그 대다수가 돌널무덤이나 돌무지널무덤에서 나오며 고인돌에서 나온 예는 극히 드물다. 다만 해방 전에 이루어진 고흥 운대리雲垈里에서 나온 요녕식遼寧式의 동검 외에 최근에 이루어진 여천 봉계동鳳溪洞, 적량동積良洞, 평여동平呂洞과 순천 우산리牛山里, 보성 덕치리德峙里 등지에서는 요녕식의 동검, 창(銅鉾), 살촉 등 청동유물들이 발견되어 다른 지역에서와는 다른 독특한 약상을 보여주고 있다.[9]

고인돌과는 약간 다른 시대적 배경을 갖고 나타난 청동기시대의 매장유적으로는 돌널무덤과 돌무지널무덤(積石木棺墓)을 들 수가 있다. 이 유적들은 모두 땅 밑에 무덤칸이 만들어지는 매장시설로서 고인돌과는 달리 지상에 별다른 구조물이 드러나 있지 않기 때문에 지금까지 조사된 유적도 고인돌에 비해서는 극히 드문 편이다.

이 무덤들이 비교적 활발히 조사된 지역은 대동강 유역을 중심으로 한 서북지방과 금강 유역, 낙동강 유역이지만 이곳 전남지방에서도 화순 대곡리大谷里[10]와 함평 초포리草浦里[11]에서 돌무지널무덤이 확인되었다. 이 지역과 특히 금강 유역에 집중 분포된 돌무지널무덤에서 출토되는 유물로는 한국식 동검을 비롯하여 동모, 꺾창, 도끼 등 무기류 외에 거울, 방울, 끌, 새기개 등 청동유물이 주류를 이루어 고인돌과는 다른 성격을 보여준다. 영암에서는 각종 청동기들을 부어 만들었던 돌로 만든 거푸집(鎔范)이 한꺼번에 다량으로 출토되어 정교한 청동기들이 이곳에서 직접 만들어졌던 것임을 알 수 있다.

한편, 전남지방의 하천을 끼고 있는 이 시대의 대부분 유적에서 볍씨나 탄화미, 또는 볍씨자국이 박힌 토기 등이 출토되어 벼농사가 광범위하게 확산되고 있음을 보여주는데 그러한 유적으로는 집락유적인 승주 대곡리나 영암 장천리 유적이 잘 알려져 있다.

4) 원삼국시대

청동기시대의 후기에 해당되는 기원전 3세기경에는 한반도의 북부지방에 중국으로부터 새로운 철기문화가 들어와 우리나라도 초기 철기시대에 접어들게 되지만 이 지역에 철기문화가 들어온 것은 그보다 뒤인 기원전후경으로 생각된다. 이 시기는 기록상으로 이제 막 삼국이 정립하던 단계이지만 백제의 변방에 위치한 이 지역은 중앙의 통치권이 미치기에는 너무나 멀어 아직 마한馬韓이라는 지역연맹체地域聯盟體를 이루고 있었던 것으로 생각된다.

따라서 이 지역이 실질적으로 강력한 왕권 아래에서 국가로서의 체제를 갖추기 시작한 것은 4세기경에 이르러서이기 때문에 기원 이후 이 시기까지를 고고학에서는 원삼국시대原三國時代로 구분한다.

이 시대에 이르러서는 앞서 청동기시대에 활발히 만들어졌던 고인돌과 돌널무덤, 돌무지널무덤은 점차 사라지고 대신 독무덤(甕棺墓)이나 널무덤(木棺墓)이 나타나며 새로운 철기문화가 빠른 속도로 한반도 전역에 걸쳐 퍼지게 된다. 또한 신석기시대에는 활발히 이루어졌으나 청동기시대 이후 오랫동안 자취를 감췄던 조개더미가 이 시기에 이르러 다시 나타나 당시 주민들의 생활문화를 밝혀주는 많은 자료를 제공해 주고 있다.

전기에는 청동기시대 이후 거의 전 기간에 만들어졌던 민무늬토기의 영향을 계속 받아 소위 후기後期 민무늬토기가 제작되는데 손잡이와 굽이 달린 변화형식과 시루(甑) 및 덧띠(粘土帶)토기의 변화형식이 나타나며, 역시 석기도 계속 제작되어 실생활에 사용되었다. 그러나 후기가 되면 한식(漢式)토기의 영향을 받아 바탕흙이 보다 정선되고 새로운 굴가마(登窯)의 출현으로 1000℃ 안팎의 높은 온도에서 구워진 후기 민무늬토기나 두드림무늬(打捺文)가 나타나는 회색경질토기가 만들어진다.

청동기시대에 시작된 벼농사가 이때에 이르러서는 남한 전역에 걸쳐 보편화되고 철제 농기구의 보급에 따라 경작기술도 상당 수준에 달했던 것으로 보인다. 이와 함께 우리나라에서 최초로 조사된 광주 신창동新昌洞 늪지(低濕地) 유적[12]에서는 다양한 토기류, 그리고 탄화미炭化米, 볍씨, 목제 농기구, 칠기漆器 등과 함께 현악기絃樂器와 베틀부속구 등 다양한 생활유물이 출토되어 생활문화연구에서 매우 중요한 물질자료들이 출토된 바 있다.

이 밖에 남해안 지방에 많이 분포되어 있는 이 시대의 조개더미 조사를 통해서 바닷가에서는 농업과 함께 고기잡이도 중요한 생업으로 정착되었던 것임을 알 수 있게 되었다.

4. 맺음말

신석기시대 이래 청동기시대를 거쳐 원삼국시대에 이르기까지 우리나라 선사시대의 집자리는 원형, 또는 방형의 움집으로서 일반적으로 바닥의 가운데에는 화덕자리가, 벽 가장자리를 따라서는 기둥구멍이 남아 있다. 원삼국시대에 이르러 한강 이북에서는 화덕자리 대신 온돌을 갖춘 새로운 난방시설이 이루어지는 한편, 지상 가옥도 나타나지만 이 지역에서는 아직 그러한 주거 구조의 변화는 보이지 않고 원시적인 움집생활이 이후 삼국시대에 이르기까지 계속된 것으로 생각된다.

이 지방에서 조사된 원삼국시대의 생활유적으로는 광주 신창동에서 조사된 늪지 유적, 그리고 해남 군곡리[13]와 순천 대곡리, 낙수리, 함평 장년리, 영광 소명동 등에서 조사된 집자리가 있는데 그 가운데 대곡리의 도롱지구에서는 무문토기문화 단계에서부터 원삼국시대를 거쳐 삼국시대에 이르기까지 오랜 시기에 걸쳐 이루어진 대단위의 취락터가 확인되었다. 여기에서는 1700평의 좁은 범위 안에 무문토기문화와 관련되는 집터 60기와 함께 원삼국시대 이후의 집터 43기가 확인되었다.

이 시대에 이루어진 조개더미로는 해남 군곡리를 비롯하여 보성 척령리 금평에서 발굴조사가 이루어져 이 시대의 생활문화 연구에 많은 새로운 자료를 제공해 주었다.

당시 이곳에서 이루어진 무덤으로는 독무덤과 널무덤이 있고, 최근에는 널무덤 둘레에 도랑이 돌려진 이른바 주구묘周溝墓가 유행하고 있음이 확인되었으며, 드물게는 덧널무덤(木槨墓)도 나타나는데 이 무덤들은 이후 본격적으로 돌방무덤이 만들어지기까지 계속되어 이 지역의 독특한 묘제를 이루게 되었다.

기원전 1세기 대에 이루어진 것으로 생각되는 광주 신창동 독무덤[14]은 부여 송국리 독널(甕棺)과 같은 앞서 청동기시대부터 이어져 내려오던 선사시대 독널의 발전된 묘제로서 이후 이 지역에서만 활발히 이루어진 이 지역 고유의 큰독널 문화의 효시로 생각된다.

원삼국시대의 종말기에 나타나기 시작한 큰독무덤은 이후 5세기 후반경까지 근 2세기 남짓 이 지방의 주된 묘제로 쓰였다. 주로 함평, 나주, 영암으로 이어지는 좁은 범위에 집중적인 분포를 보이는 이 큰독무덤들은 한반도의 다른 지역에서는 유례가 없는 독특한 위용을 보인다.[15]

큰독무덤은 독널 자체의 크기뿐만 아니라 봉토의 규모에서도 경주지방에서 볼 수 있는 대형 봉토분과 비견될 만큼 큰 것들이어서 이곳 피장자들이 이 지역의 지배계층이었을 쉽게 알아차릴 수가 있다. 특히 나주 반남면 신촌리新村里 9호분에서 출토된 화려한 금동관金銅冠과 금동제 신발(飾履) 등의 부장품을 통해서 이곳 피장자는 적어도 이 지역을 통솔하던 수장급의 사람임을 알 수 있다.

이 독널무덤들은 흔히 한 봉토 안에 널무덤과 함께 이루어지는 경우가 많은데 영암 만수리萬壽里 4호분[16]에서와 같이 비교적 이른 시기의 무덤에서는 독널무덤이 종속적인 위치에 있다가 점차 시기가 내려오면서부터는 독널이 중심적 위치를 차지해 가는 것으로 생각된다.

이 독널무덤들은 이 지역에 백제세력의 남하와 함께 나타나기 시작한 것으로 보이는 돌방무덤의 출현과 함께 점차 쇠퇴·소멸해 가게 된다.

이러한 묘제의 변천은 이 지역에서 이루어진 정치적·사회적인 변화와도 불가분의 관계를 갖는 것으로 보이지만 그 가장 주된 요인은 무엇보다도 적극적인 백제문화의 이입 내지 수용과정과 같은 맥락에서 이해되어야 할 것이다. 백제의 변방으로서 이 지역은 토착세력에 의해서 오랫동안 지배되어 오다가 왕권의 신장에 따른 통치권의 확장에 따라 모든 문화의 양상도 점차 백제화 되어가는 것으로 생각된다.

(『박물관 여성대학』, 국립광주박물관, 2000)

주

1   金元龍, 『韓國考古學槪說』, 一志社, 1986(3版)
2   이기길, 「전남의 구석기문화」, 『全羅南道誌 2』, 全羅南道誌編纂委員會, 1993.
3   이기길, 위 책(주 2, 1993)
4   池健吉·趙現鐘, 『突山松島 I·II』, 國立光州博物館, 1989·1990.
5   지건길, 「청동기시대의 유적 - 무덤」, 『한국사 3 - 청동기문화와 철기문화』, 국사편찬위원회, 1997.
6   姜仁求 외, 『松菊里 I ~ V』, 國立中央博物館, 1979~1993.
7   李榮文, 「靑銅器時代의 遺蹟·遺物」, 『全羅南道誌 2』, 全羅南道誌編纂委員會, 1993.
8   池健吉, 「東北아시아 支石墓의 型式學的 考察」, 『韓國考古學報 12』, 韓國考古學硏究會, 1982.
9   지건길, 「청동기시대의 묘제」, 『全羅南道誌 2』, 全羅南道誌編纂委員會, 1993
10 趙由典, 「全南和順 靑銅遺物一括 出土遺蹟」, 『尹武炳博士 回甲紀念論叢』, 1984.
11 李健茂·徐聲勳, 『咸平 草浦里遺蹟』, 國立光州博物館, 1988.
12 조현종·신상효 외, 『광주신창동 저습지유적』, 국립광주박물관, 1997.
13 崔盛洛, 『海南郡谷里貝塚 I·II·III』, 木浦大學校博物館, 1987·1986·1989.
14 金元龍, 『新昌里 甕棺墓地』, 서울대학교 出版部, 1964.
15 徐聲勳·成洛俊, 『羅州 潘南古墳群 綜合調査報告書』, 國立光州博物館, 1988.
16 國立光州博物館, 「靈岩萬壽里 4號墳」, 『國立光州博物館學術叢書 20』, 1990.

전남지방의 선사시대와 청동기시대의 문화

1. 선사시대

1) 구석기시대

한반도의 서남쪽 끝에 위치한 전남지방은 그 입지적 여건에 따라 여기에서 이루어진 고대문화의 양상도 다른 지역에서와는 매우 다른 독특한 모습으로 나타난다. 이러한 지리적인 특성으로 인해 대륙으로부터 내려온 모든 문화의 물결이 이곳에 이르러 일단 정체상태에서 내적인 확산을 거듭하게 되었던 것으로 보인다. 결과적으로 알찬 내륙 문화의 성숙과 함께 활발한 도서島嶼 문화를 꽃피우게 하였고 한편으로는 제주나 멀리 일본으로까지 문화의 파급이 이루어졌다.

이 지역에 최초의 인류가 도래했던 시기를 분명히 밝혀주는 자료는 아직 확인되지 않고 있다. 다만 승주군 송광면松光面,[1] 보성군 문덕면文德面,[2] 곡성군 제월리霽月里[3]와 옥과玉果[4] 등지에서 구석기시대 후기에 해당되는 것으로 보이는 몇몇 소규모의 유적과 유물들이 조사되어 적어도 지금으로부터 대략 15,000년 전쯤에는 구석기인들의 정착이 이루어졌음을 알 수가 있다.

　　최근까지만 해도 구석기문화의 불모지처럼 생각되었던 이곳 전남지방에서 유적의 존재가 본격적으로 확인되기 시작한 것은 근년에 이루어진 주암住岩'댐' 수몰지역 발굴조사에서 비롯되었다고 할 수 있다. 따라서 향후 이루어질 보다 과학적이고 체계적인 조사 성과에 따라서는 이보다 더욱 이른 시기의 유적이 나타날 가능성도 내다볼 수 있다.

　　주암'댐' 조사의 일환으로 이루어진 승주 우산리牛山里 곡천 유적[5]의 발굴조사를 통해서 이보다 이른 시기의 중기 구석기문화와 함께 중석기문화의 존재가 예견된 바 있다. 그러나 문화층 간의 비교가 충분히 이루어지지 않았을 뿐 아니라 다른 지역과의 연계관계가 불투명하여 지금으로서는 그에 대한 성격 부여가 어려운 실정이다.

　　이 지역의 구석기시대 주민들은 대개 내륙지방의 강변에 그들의 생활터전을 마련하여 한반도 내의 다른 곳과도 비슷한 입지적 여건을 갖추고 있다. 따라서 내륙에서의 삶을 영위하기 위해 그들은 들판에서의 사냥이나 채집과 함께 천렵川獵을 통해서 식생활을 꾸려갔을 것으로 생각된다. 이러한 먹거리를 마련하기 위해 그들이 썼던 도구는 대개 나무나 돌로 만든 연장이었겠지만 오늘날 발굴을 통해서 얻은 유물은 대부분 석기류들이다. 강변에서 주운 막돌을 적당히 떼어내 날을 세운 이 뗀석기(打製石器)들은 시간이 흐르면서 차츰 정교해져 다음의 중석기시대에 이르면 보다 날카로운 잔석기(細石器)의 모습을 갖추게 된다.

2) 신석기시대

다음의 신석기시대에 이르러 그들의 생활터전은 대부분 바닷가로 옮겨지게 되지만 드물게는 내륙 강변에서의 생활이 이루어지는 곳도 있다. 따라서 식생활에서도 대개는 바다에서 잡히는 생선이나 조개류가 주식이 되어 조개의 껍데기가 쌓여 이루어진 조개더미(貝塚)는 이 시대의 생활상을 연구하는 데 더없이 좋은 유적이 된다. 조개더미는 당시의 사람들이 까먹고 버린 조가비가 한데 쌓여 이루어진 쓰레기더미에 불과하지만 여기에는 토기, 석기와 함께 뼈나 뿔로 만든 연장(骨角器) 등 그들이 쓰다가 버린 여러 유물들이 함께 섞여 있다. 더구나 조개껍질은 그 자체가 알칼리성을 띠고 있어 산성인 흙속에서는 금방 부식되는 각종 유기물도 여기에서는 오랫동안 그 모습을 간직하게 되어 고고학 연구에 풍부한 자료를 제공해주고 있다.

신석기시대의 문화적 특징으로 우선 토기와 간석기(磨製石器)의 출현을 들 수가 있다. 토기는 구석기문화와 신석기문화를 구분하는 가장 특징적인 유물로서 경제생활의 커다란 변화를 보여주는 표지물이라 할 수 있다. 아직은 미숙한 채집경제의 단계에서 벗어나지 못했지만 간석기나 뼈·뿔 연장과 같은 보다 효율적인 도구의 사용에 따라 그들은 토기에 저장해둘 만큼 잉여 식품의 확보가 가능했던 것으로 보인다.

지금까지 이 지역에서 조사된 신석기시대 유적들은 대부분 서남해안의 도서지역에 이루어져 있는 것들이지만 최근에는 보성강寶城江 유역의 몇몇 내륙 유적들이 주암댐 수몰지역 발굴조사를 통해서 알려지게 되었다. 도서지역에 분포한 유적의 확인은 대다수가 1966년부터 2년 동안에 행해진 남해도서南海島嶼에 대한 고고학적 조사사업[6]을 비롯하여 그 후의 지표조사를 통해서 발견된 것들이다.

유적으로는 신안군의 대·소 흑산도黑山島, 하태도下苔島, 우이도牛耳島, 완도군 관내의 고금도古今島[7]와 어의도於義島,[8] 돌산突山 송도松島[9] 등이 있으나 이 가운데 발굴조사를 통해 그 성격이 밝혀진 유적은 돌산 송도가 유일하다.

국립광주박물관에 의해서 1989~90년의 2차에 걸쳐 발굴조사된 이곳 송도 조개더미에서는 덧무늬(隆起文)토기가 주류를 이루는 갖가지 토기류와 석기류, 뼈 연모, 꾸미개(裝身具) 및 낚시도구들과 함께 화덕자리(爐址)를 갖춘 2채의 집자리가 나왔다.

층위조사를 통해서 아래층에서는 남해안 신석기문화에서 가장 이른 단계로 생각되는 덧무늬토기와 원시민무늬(原始無文)토기가 나오고 위층에서는 겹아가리(二重口綠)토기 등 말기의 특징을 보이는 유물이 출토됨을 알 수 있었다. 그러나 서해안 문화에서 가장 전형적일 뿐 아니라 남해안 지방에서는 중기에 나타나는 빗살무늬(櫛文)토기가 여기에서는 극히 적게 출토되고 있다. 따라서 이 유적이 신석기시대의 전기에서 후기에 이르기까지 거의 전 기간에 걸친 유적임을 알 수 있으나 중기를 전후한 시기에 상당 기간 동안에 걸쳐 생활의 공백기가 있었던 것으로 생각된다.

여하튼 그리 많지 않은 양이나마 이 빗살무늬토기들은 분명히 서해안적인 요소로 볼 수 있는데 비해 덧무늬나 원시민무늬, 또는 겹아가리토기는 동해안과 남해안 지방에서 나타나는 것들과 그릇 모양이나 무늬의 성격에서 많은 유사성을 보이고 있다. 따라서 이곳 송도 유적에서는 결과적으로 한반도 신석기시대 토기의 모든 요소가 함께 나타나고 있음을 알 수가 있다.

이곳 집자리 아래의 III-C층과 최하층인 IV층에서 채집된 숯 조각에 의한 방사성탄소연대측정의 결과 각각 4285±195, 4270±200B.C의 연대로 나타났다. 따라서 이곳 송도 유적은 같은 덧무늬계통의 토기가 출토된 동해안의 양양 오산리鰲山里[10]나 부산 동삼동東三洞[11] 유적과 함께 우리나라 신석기 유적 가운데 이른 시기부터 이루어진 생활유적임을 알 수 있었을 뿐 아니라 이 지역 신석기문화가 차지하는 상한上限 연대의 일단을 어림할 수가 있다.

이 시기에 한반도의 서북지방을 비롯한 일부지역에서는 원시농경문화가 시작되었던 것으로 보이는데 송도 유적에서도 괭이나 돌삽 등의 석기류가 출토되어 이 지역에서도 사냥이나 고기잡이와 함께 농경도 생업의 주요 수단이었음을 말해 준다.

한편 주암댐 수몰지역 발굴조사를 통해 확인된 보성강 유역의 보성 죽산리竹山里[12] 유적에서는 빗살무늬토기들이 수습되었는데 대부분 바탕흙에 진흙이 많이 섞여 있는 것들이었다. 바탕흙만으로 보아서는 민무늬토기와 비슷한 이 토기류들은 일반적으로 남부지방의 내륙에서 나타나는 빗살무늬토기의 특징적 유형으로 그 시기는 신석기시대의 말기에 해당되는 대개 기원전 10세기 전후쯤으로 생각된다.[13]

3) 청동기시대

기원전 10세기경, 한반도에는 대륙으로부터 들어온 새로운 청동기문화의 기운이 싹트기 시작하면서 반도의 서북지방에서부터 고인돌(支石墓)과 돌널무덤(石棺墓)과 같은 새로운 무덤들이 나타나게 된다. 앞서 신석기시대에서도 드물게나마 매장 埋藏 유구가 확인되고는 있으나 이때에는 뚜렷한 구조물을 만들지 않고 주위에서 잔돌을 긁어모으는 정도의 간단한 돌무지 시설에 불과한 것들이었다.

따라서 청동기시대에는 새로운 금속기의 유입에 따른 생활문화의 변혁과 함께 그들의 정신세계에도 커다란 변화가 이루어진 것으로 생각된다. 이 밖에도 신석기시대의 마지막 단계에 시작된 것으로 보이는 농경문화가 이 시대에 이르러 본격적으로 뿌리를 내리는 한편 가축이 사육되고 벼농사(稻作)가 이루어지면서 농업이 그들의 주된 생업으로 바뀌게 된다.

이러한 생업의 변화에 따라 주민들의 생활 근거지도 이제까지의 바닷가나 큰 강가로부터 내륙의 구릉지대나 하천 유역의 평지로 옮겨져 지역에 따라서는 대규모의 취락이 이루어지기도 하였다.

우리나라의 청동기시대를 대표하는 가장 상징적인 유적은 고인돌로서 이 시대의 전 기간에 걸쳐 한반도의 거의 전역과 중국의 동북지방에서 이루어진 무덤이다. 이곳 전남지방에는 기원전 5세기를 전후해서 육로와 해로를 따라 남하하여 이 지역에서 고인돌문화가 시작된연대는 서북지방에 비해서 4~5세기가량 늦은 것으로 생각된다.

이렇듯 이곳의 고인돌 축조가 시기적으로 늦어졌지만 한반도의 다른 지역에 비해서 훨씬 활발한 고인돌문화가 정착되어 기원전후까지 계속된 것으로 보인다. 지금까지 전남지방에서 실지조사를 통해 확인된 고인돌만도 만 여기가 훨씬 넘어[14] 이러한 분포밀도를 통해서 이곳 고인돌문화의 실상을 충분히 어림할 수가 있다.

이들 고인돌은 단독으로 이루어진 곳도 있으나 대개는 10여 기, 또는 수십 기가 한데 무리를 이루며 주로 하천 유역이나 산기슭을 끼고 있는 들판, 또는 야트막한 구릉 등 주로 낮은 지대에서 많은 분포를 보이고 있다.

이 지방의 고인돌들은 거의 대다수가 우람한 덮개돌을 갖춘 남방식南方式들이지만 매우 드물게는 마치 책상모양의 북방식北方式도 일부 지역에서 확인되고 있다. 나주의 만봉리萬峰里, 신풍리新楓里, 송촌리松村里[15]에서 조사된 이들 북방식 고인돌은 덮개돌 아래에 4매의 두터운 판돌을 세워 평면이 네모난 돌방을 이루는데 덮개돌은 마치 남방식의 덮개돌처럼 두터워져 지역적 특성을 보이고 있다.

남방식 고인돌의 구조적 특징은 매장시설의 대부분이 땅 밑에 이루어지는 것으로 덮개돌(上石)은 작은 덩이돌 등으로 된 받침돌(支石)이나 매장시설 둘레에 쌓인 돌무지(積石)로 지탱하지만 직접 땅위에 얹기도 한다.

이 지역의 남방식 고인돌은 매장시설의 주체가 되는 돌널 벽체의 성격에 따라 판돌(板石形), 깬돌(割石形), 또는 이것들을 섞어 쌓거나(混築形) 아무런 구조물 없이 구덩이로 이루어진(土壙形) 것 등으로 나눌 수가 있으며 이 밖에 덮개돌 아래에 둥그렇게 열을 지워 덩이돌을 돌린(圍石式) 고인돌도 나타나고 있다.[16] 위 석식 가운데에는 둘레돌들의 모양이 높고 넓적해져 흡사 북방식과 같은 우뚝한 모습을 보여주는 것들이 있는데 이것들은 제주도로 건너가 제주형濟州形으로 정착되었던 것으로 보인다.

고인돌이 만들어지는 청동기시대에 이르러서는 앞서 신석기시대에 만들어지던 빗살무늬토기 대신 새로이 민무늬토기(無文土器)—북한에서는 팽이형토기(角形土器)—가 나타나 이후 세부적인 변형을 거치면서 전 기간에 걸쳐 토기의 주류를 이루게 된다. 석기류도 신석기시대의 타제打製, 또는 반마제半磨製에서 완전한 마제로 제작기술이 발달되면서 종류도 돌검(石劍), 돌살촉(石鏃), 돌도끼(石斧), 반달돌칼(半月形石刀) 등으로 매우 다양해진다. 이 시기에 나타나는 청동유물로는 동검銅劍이 주류를 이루며 이 밖에 각종 무기와 장신구, 또는 의기(儀器)류가 출토되지만 그 대다수가 돌널무덤이나 돌무지널무덤(積石木棺墓)에서 나오며 고인돌에서 나오는 예는 극히 드물다. 다만 해방 전에 이루어진 고흥 운대리雲垈里[17] 조사에서 나온 요녕식 동검 외에 최근에 이루어진 여천 봉계동鳳溪洞, 적량동積良洞, 평여동平呂洞[18]과 승주 우산리牛山里,[19] 보성 덕치리德峙里[20] 등지에서는 요녕식 동검과 함께 창(銅鉾), 화살촉(銅鏃) 등 청동유물들이 발견되어 다른 지역에서와는 다른 독특한 양상을 보여주고 있다.

고인돌과는 약간 다른 시기적 배경을 갖고 나타나는 청동기시대의 매장유적으로 돌널무덤과 돌무지널무덤(積石木棺墓)을 들 수가 있다. 이것들은 모두 땅 밑에 무덤칸이 만들어지는 매장시설로 고인돌과는 달리 지상에 별다른 구조물이 드러나 있지 않기 때문에 지금까지 조사된 유적도 고인돌이 비해서는 극히 드문 편이다.

이 무덤들이 비교적 활발히 조사된 지역은 대동강 유역을 중심으로 한 서북지방과 금강 유역, 낙동강 유역이지만 이곳 전남지방에서도 화순 대곡리大谷里[21]와 함평 초포리草浦里[22]에서 돌무지널무덤이 확인되었다. 이 지역의 돌무지널무덤에서 출토되는 유물로는 한국식 동검을 비롯하여 창, 꺾창(戈), 도끼 등 무기류 외에 거울(細文鏡), 방울, 끌(鑿), 새기개 등 청동유물이 주류를 이루어 고인돌과는 다른 성격을 보여주었다.

영암에서는 각종 청동기를 부어 만들었던 돌로 만든 거푸집(鎔范)이 한꺼번에 다량으로 출토되어 정교한 청동기들이 이곳에서 직접 만들어졌던 것임을 알 수 있었다.[23]

4) 원삼국시대

청동기시대의 후기에 해당되는 기원전 3세기경에는 한반도의 북부지방에 중국으로부터 새로운 철기문화가 들어와 우리나라도 초기철기시대에 접어들지만 이 지역에 철기문화가 들어온 것은 그보다 훨씬 뒤인 기원전후경으로 생각된다. 이 시기가 기록상으로는 이제 막 삼국이 정립하던 단계이지만 백제의 변방에 위치한 이 지역은 중앙의 통치권이 미치기에는 너무 멀어 아직 마한馬韓이라는 지역연맹체를 이루고 있었던 것으로 생각된다. 따라서 이 지역이 실질적으로 강력한 왕권 아래에서 국가로서의 체제를 갖추기 시작한 것은 4세기경에 이르러서이기 때문에 기원 이후 이 시기까지를 고고학에서는 원삼국原三國시대로 구분하고 있다.[24]

이 시대에 이르러서는 앞서 청동기시대에 활발히 만들어졌던 고인돌과 돌널무덤, 돌무지무덤은 점차 사라지고 대신 독무덤(甕棺墓)이나 널무덤(木棺墓), 또는 덧널무덤(木槨墓)이 나타나며 새로운 철기문화가 빠른 속도로 반도 전역에 걸쳐 퍼지게 된다. 또한 신석기시대에는 활발히 이루어졌으나 청동기시대 이후 오랫동안 자취를 감췄던 조개더미가 이 시기에 이르러 다시 나타나 당시 주민들의 생활문화를 밝혀주는 많은 자료를 제공해 준다.

앞서 청동기시대의 거의 전 기간에 만들어졌던 민무늬토기가 원삼국시대에 이르러서는 한식(漢式)토기의 영향을 받아 바탕흙이 보다 정선되고 새로운 오름가마(登窯)의 출현으로 1000℃ 안팎의 높은 온도에서 구워진 후기민무늬토기後期無文土器나 두드림무늬(打捺文)가 나타나는 잿빛을 띤 단단한 토기(灰色硬質土器)가 만들어진다.

청동기시대에 시작된 벼농사가 이때에 이르러서는 남한 전역에 걸쳐 보편화되고 철제농기구의 보급에 따라 경작기술도 상당 수준에 달했던 것으로 보인다. 이 밖에 남해안지방에 많이 분포되어 있는 이 시대의 조개더미 조사를 통해서 바닷가에서는 농업과 함께 고기잡이도 중요한 생업으로서 정착되었던 것으로 생각된다.

신석기시대 이래 청동기시대를 거쳐 원삼국시대에 이르기까지 우리나라 선사시대의 집자리는 원형, 또는 방형의 움집(竪穴住居)으로 일반적으로 바닥 가운데에 화덕자리가, 벽 가장자리를 따라서는 기둥구멍이 남아 있다. 원삼국시대에 이르러 한강 이북에서는 화덕자리 대신 온돌을 갖춘 새로운 난방시설이 이루어지는 한편,[25] 지상가옥도 나타나지만[26] 이 지역에서는 아직 그러한 주거구조의 변화는 보이지 않고 원시적인 움집생활이 이후 삼국시대에 이르기까지 계속된 것으로 생각된다.[27]

이 지방에서 조사된 당시의 생활유적으로는 해남 군곡리郡谷里[28]와 승주 대곡리大谷里,[29] 낙수리洛水里[30]에서 조사된 집자리가 있는데 이 가운데 대곡리의 도롱지구에서는 무문토기문화 단계에서부터 원삼국시대를 거쳐 삼국시대에 이르기까지 오랜 시기에 걸쳐 이루어진 대단위의 취락터가 확인되었다. 여기에서는 1,700평의 좁은 범위 안에 무문토기문화와 관련되는 집터 60기와 함께 원삼국시대 이후 집터 43기가 확인되어 지금까지 우리나라에서 조사된 유적 가운데 최대의 취락터임을 확인할 수 있었다.

이 시대에 이루어진 조개더미로는 해남 군곡리郡谷里를 비롯하여 영암 나불리羅佛里와 매월리梅月里,[31] 신안 임자도荏子島와 압해도押海島[32]에서 지표 확인되었고 최근에는 벌교 금평金坪[33]에서 발굴이 이루어져 이 시대의 생활문화 연구에 많은 새로운 자료를 제공해 주었다.

당시 이곳에서 이루어진 무덤으로는 독무덤과 널무덤이 있고 드물게는 덧널무덤도 나타나는데 이것들은 이후 본격적으로 돌방무덤이 만들어지기까지 계속되어 이 지역의 독특한 묘제를 이루게 된다. 기원 전후에 이루어진 것으로 생각되는 광주光州 신창동新昌洞 독무덤[34]은 부여 송국리松菊里 독널[35]과 같은 앞서 청동기시대부터 이어져 내려오던 선사시대 독널의 발전된 묘제로 이후 이곳 전남 지방에서 활발히 이루어진 고유한 큰독널 문화의 효시로 생각되고 있다.

원삼국시대의 종말기에 나타나기 시작한 큰독무덤은 이후 5세기 후반경까지 근 2세기 남짓 동안 이 지방의 주된 묘제로 쓰였다. 주로 함평, 나주, 영암으로 이어지는 좁은 범위에 집중적인 분포를 보이는 이들 큰독무덤은 한반도의 다른 지역에서는 유례가 없는 독특한 위용을 보이고 있다.

큰독무덤은 독널 자체의 크기뿐만 아니라 봉토의 규모에서도 경주지방에서 볼 수 있는 대형 봉토분과 비견될 만큼 큰 것들이어서 무덤의 피장자들이 이 지역의 지배계층이었음을 쉽게 알아차릴 수가 있다. 특히 나주 반남면潘南面 신촌리新村里 9호 무덤[36]에서 출토된 화려한 금동관과 금동제 신발 등의 부장품들을 통해서 피장자는 적어도 이 지역을 통솔하던 왕족, 또는 그에 버금갈 만한 수장급首長級의 사람일 것으로 짐작되고 있다.

이 독널무덤들은 흔히 한 봉토 안에 널무덤과 함께 이루어지는 경우가 많은데 영암 만수리萬壽里 4호[37]에서와 같이 비교적 이른 시기의 무덤에서는 독널무덤이 종속적인 위치에 있다가 점차 시기가 내려오면서부터 독널이 중심적 위치를 차지해 가는 것으로 생각된다.[38]

이 독널무덤은 이 지역에 백제 세력의 남하와 함께 나타나기 시작한 것으로

보이는 돌방무덤의 출현과 함께 점차 쇠퇴 소멸해 가게 된다.[39]

이러한 묘제의 변천은 이 지역에서 이루어진 정치적·사회적인 변화와도 불가분의 관계를 갖는 것으로 보이지만 그 가장 주된 요인은 무엇보다도 적극적인 백제문화의 이입 내지는 수용과정과 같은 맥락에서 이해되어야 할 것이다. 백제의 변방인 이 지역은 토착세력에 의해서 오랫동안 지배되어 오다가 왕권의 신장에 따른 통치권의 확장에 따라 모든 문화의 양상도 점차 백제화百濟化 되어간다.

2. 청동기시대

1) 개관

(1) 청동기시대의 개념

앞서 신석기시대의 마지막 단계에 이르러 멀리 시베리아에서 발생한 북방의 청동기문화가 만몽滿蒙지방을 거쳐 한반도에 이르게 된다. 한반도에 처음으로 청동기가 들어온 시기에 대해서는 아직 분명한 자료가 없지만 인접한 중국 요녕遼寧지방의 초기 청동기 유입 시기[40]나 용천 신암리新岩里[41]를 비롯한 북부지방에서의 연대를 감안해 볼 때 그 시기는 대개 서기전 10세기 전후쯤으로 생각된다.

처음부터 청동기가 한반도 안에서 직접 제작되었는지에 대해서는 아직 확실한 근거가 없으나 요녕식동검을 비롯한 초기 청동기 유물들이 드물게나마 한반도의 몇몇 유적에서 출토되는 상황으로 보아 이때쯤에는 벌써 청동기시대에 접어들었다고 해야 할 것이다. 그러나 청동기를 직접 제작했던 증거로 볼 수 있는 거푸집의 본격적인 출토는 그보다 몇 세기 뒤진 한국식동검(細形銅劍)의 단계에서부터라고 할 수 있기 때문에 한반도의 청동기시대는 요녕식동검이 사용되었던 전기와 한국식동검이 만들어졌던 후기의 두 시기로 구분될 수 있다. 다만 한반도에 처음으로 철기가 나타난 시기는 후기의 시작과 거의 일치하기 때문에 학자에 따라서

는 후기를 따로 철기시대로 구분하기도 한다.[42]

앞서 신석기시대의 주민들은 주로 바닷가나 큰 강가에서 살며 그들의 식생활도 사냥(狩獵)이나 고기잡이(漁撈)에 의존하는 채집採集 경제의 단계에 머물려 있었으나 청동기시대에 이르러 인구가 늘어나면서 생활무대가 바뀌고 생업의 양상도 변하게 된다. 즉, 내륙의 나지막한 구릉지대로 옮겨 살면서 농사를 짓고 가축도 기르는 이른바 생산경제의 터전이 이루어지는 것이다. 우리가 오늘날 주식으로 삼고 있는 쌀농사도 바로 이 시대의 이른 시기에 시작되어 한반도 전역에 퍼져 나간 것으로 생각된다.

이때의 살림집은 신석기시대와 마찬가지로 움집(堅穴住居)생활이 계속 되지만 그 평면의 형태가 둥근 형태에서 점차 네모난 모습으로 바뀌면서 보다 효율적인 주거공간의 활용이 이루어진다. 또한 한 지역에 많은 집터가 한데 모여 본격적인 취락이 형성되고 곳에 따라서는 이들 취락의 방호와 경계를 나타내기 위해 만들어진 것으로 보이는 둥근 도랑(環濠)시설이 갖추어지기도 한다.[43]

청동기시대에 이르러 새로이 나타나는 매장시설로 몇몇 종류의 무덤을 들 수가 있다. 앞서 신석기시대에도 사체를 땅에 묻고 그 위를 간단한 돌무지로서 덮었던 경우가 있었지만[44] 본격적인 구조물을 만들고 그 안에 시신을 매장하기 시작한 것은 청동기시대에 이르러 비로소 나타난 새로운 풍습이라고 할 수 있다. 고인돌이나 돌무지널무덤과 같은 돌무덤은 이 시대의 초기부터 말기에 이르기까지 거의 전 기간에 걸쳐 만들어지고 중기 이후에는 독무덤과 널무덤이 차례로 나타나 앞서 돌무덤들과 함께 이루어진다. 이러한 본격적인 무덤들의 출현은 이 시대의 사람들이 갖는 새로운 정신세계의 추구로서 특히 이 지역에서 활발히 만들어진 고인돌과 같은 거석문화의 괄목할 만한 양상은 우리나라 청동기문화의 실상을 파악하는 데 결정적인 해답의 핵심을 안고 있다고 할 수 있을 것이다.

청동기시대에 해당되는 일부 유적에서 청동제의 유물이 출토되고는 있으나 그 수량은 극히 제한되어 있고 일반 주민들이 일상생활에서 실용기로 사용했던 도구는 아직까지도 석기가 주류를 이루고 있다.

이는 청동기 제작에 필요한 원료를 구하는 어려움과 함께 고도의 기술이 필요한 주조鑄造방법에 따라 청동기는 당시 사회의 지배계급이나 이곳에 새로 정착하기 시작한 유이민流移民 집단 등 특수한 계층의 사람들에게 필요한 의기儀器 등에 국한되었기 때문으로 생각된다.

(2) 전남지방의 청동기시대 문화

전남지방에서의 청동기문화의 개시가 언제부터인지 아직 확실한 자료는 없지만 북방으로부터 남하한 청동기문화가 한반도에 처음 들어와 이곳에 정착되기까지는 적어도 몇 세기가 흘렀을 것이다. 지금까지 나타난 자료를 통해서 대략 기원전 5세기를 전후해서 육로, 드물게는 해로를 거쳐 이곳에 내려왔다고 생각된다.

청동기문화의 유적으로는 집자리를 비롯한 주거유적과 고인돌이나 돌무지널무덤과 같은 매장유적이 있지만 조사된 주거유적은 고인돌이 주류를 이루는 매장유적에 비해 수적으로 적을 뿐 아니라 분포 범위에서도 극히 제한되어 있다고 할 수 있다.

1977년 이 지역에서 최초로 발굴된 광주 송암동松岩洞 유적[45]을 비롯하여 영암 장천리長川里,[46] 승주 대곡리大谷里[47] 등지에서 조사가 이루어졌는데 특히 대곡리의 도롱지구에서는 청동기시대에서부터 원삼국, 삼국시대까지의 100여 기에 이르는 국내 최대 규모의 대단위 취락유적이 조사되었다. 이 가운데 청동기시대에 해당되는 집자리는 60여 기에 이르는데 평면 형태는 네모난 것들이 주류를 이루지만 비교적 이른 시기의 것들로 생각되는 것들은 둥근 평면을 갖추고 가운데에 기둥구멍과 타원형의 구덩이가 나 있었다.

이러한 집자리는 부여 송국리松菊里[48]와 서산 해미海美[49] 유적을 비롯해 남부 각지에 나타난 바 있으며 이 지역에서의 송암동이나 장천리 등에서 보이는 남부지방에서 이루어진 특징적 평면의 모습으로 화덕자리가 갖추어진 중부 이북지방의 집자리와는 구별된다.

청동기시대의 매장유적 가운데 가장 상징적인 유적으로는 고인돌을 들 수가 있다. 한반도는 동북아시아 일원에서 활발히 이루어진 고인돌문화의 중심지라고 할 수 있지만 한반도 안에서도 가장 밀집된 지역이 바로 이곳 전남지방이다. 지금까지 이 지역에서는 영산강·보성강 유역 등 내륙뿐 아니라 서·남해안지역과 도서 각지에서 만여 기가 훨씬 넘는 고인돌이 확인된 바 있고[50] 근년에 각지에서 이루어진 대규모의 학술적인 구제救濟발굴을 통해서 이 지방 고인돌문화의 성격이 어느 정도 밝혀지게 되었다.

이 지방에 분포된 고인돌은 다른 지역에 비해 그 구조도 매우 다양해서 특정 형식에 편중된 경향은 보이지만 한반도에서 나타난 고인돌의 모든 형식들이 나타나고 있음을 알 수가 있다. 조사된 고인돌의 대부분은 남방식들로 이 가운데 이른바 할석형割石形[51]으로 분류되는 것들이 주류를 이루어 이곳의 고인돌이 갖는 지역적·시대적 성격을 보여주고 있다.

이 남방식 외에도 반도의 남부지방에서는 매우 드물게 나타나는 북방식 고인돌이 나주羅州[52] 등지에서 확인되고 있어 활발했던 고인돌문화의 실상을 보여주고 있다.

이렇듯 다양한 형식과 밀집된 분포의 상황에도 불구하고 여기에서 출토된 유물의 종류와 수량은 매우 제한되어 있다. 이는 고인돌의 구조적 특성에 따라 덮개돌 등 구조물의 대부분이 땅 위에 그대로 드러나 있으므로 해서 당하는 도굴이나 훼손 때문이기도 하겠지만 고인돌의 매장 특성상 원래부터 부장유물이 빈약했던 것이 아닌가 생각된다. 지금까지 발굴조사된 고인돌의 매장공간에서 더러는 10여 점에 이르는 풍부한 유물이 부장된 경우도 있지만 이는 극히 예외적이고 대개는 2~3점, 한 점의 유물도 나오지 않는 곳이 도리어 더 많은 형편이다. 따라서 고인돌 둘레에서 수습된 유물을 통해서 유적의 성격을 파악할 수밖에 없는 경우가 많기 때문에 이 유물로 고인돌의 성격을 파악한다는 것은 극히 한정된 작업이 될 수밖에 없다.

출토유물의 종류도 석기류나 토기류가 대부분이고 드물게 곱은옥(曲玉)이나 구슬종류 같은 장신구도 나오는데 최근에는 남해안 지방의 고인돌에서 요녕식동검과 창(鉾)을 비롯하여 적지 않은 청동유물들이 출토되어 이 지방 고인돌의 특징적 성격을 부각시켜주고 있다.

고인돌에서 출토되는 석기류로는 돌검과 돌살촉이 주종을 이루고 이밖에 반달칼이나 돌도끼(石斧), 돌끌(石鑿), 숫돌(砥石), 갈돌(碾石), 그물추(魚網錘), 가락바퀴(紡錘車) 등이 나오지만 이것들의 대다수는 매장부위의 바깥 둘레에서 나오고 있다. 토기류로는 민무늬토기가 주류를 이루며 이 밖에 붉은간토기(紅陶)와 가지무늬(彩文)토기가 드물게나마 돌널 안에서 수습되는 경우도 있다.

이 지역의 고인돌에서 출토되는 유물 가운데 특히 요녕식동검을 비롯하여 요녕식의 창, 한국식 동검, 살촉 등 몇몇 청동기들은 지금까지 한반도의 고인돌에서는 그 출토예가 극히 드문 특이한 것들이다. 이러한 청동제 유물을 통해서 이 지방 고인돌문화, 나아가서는 청동기문화의 유입경로와 원류문제를 고찰하는 데 결정적인 역할을 할 것으로 생각된다.

이 지역에서 고인돌문화가 한창 절정을 이루던 기원전 3세기경에는 금강 유역으로부터 남하해 내려온 돌무지널무덤이 만들어지기 시작하면서 현지에서의 청동기 제작과 함께 새로운 청동기문화가 활기를 띠게 된다.

그러나 이 새로운 묘제는 영산강 유역의 극히 한정된 지역에서 소수의 특수계층에서만 쓰였을 뿐 여전히 고인돌이 이 시대 묘제의 주종을 이룬다. 화순 대곡리[53]와 함평 초포리草浦里[54] 등지에서 출토된 갖가지 청동기 일괄유물들은 금강 유역에서 활발히 이루어졌던 청동기문화보다 종류가 더욱 다양하고 제작수법도 훨씬 정교해진 발달된 모습을 보여주고 있다.

영암에서 출토된 것으로 전해지는 청동기를 부어 만들었던 몇몇 거푸집[55]을 통해서 이것들이 현지에서 직접 제작되었음을 알 수 있는데 앞으로 더 많은 유적이 조사되면 보다 구체적인 문화의 실상이 밝혀질 것으로 믿는다.

한반도에서 나타난 청동기시대의 무덤으로는 이 밖에도 독무덤과 널무덤이 있지만 이 지역에서는 마지막 단계에 이루어진 광주 신창동[56]의 독무덤이 유일한 유적으로 꼽힐 수 있을 것이다. 이 독무덤은 그 뒤 역사시대에 이르러 이 지역에서 이루어진 대형 독널의 성행에 직접적인 역할을 담당하게 되었으리라고 추측한다.[57]

(3) 맺음말

지금까지 이 지역에서 이루어진 주거유적과 매장유적을 중심으로 청동기시대의 개략적인 실상을 살펴보았지만 이들 자료를 통해서 살필 수 있었던 생활문화의 실상을 요약해 보면 다음과 같다.

1) 이 지역에서 조사된 집자리 등 청동기시대의 생활유적은 아직 10여 개소에도 미치지 못하지만 영암 장천리와 승주 대곡리에서는 각각 10기, 60여기나 되는 대규모의 취락지가 확인되었다. 특히 대곡리의 도롱지구에서는 같은 지역에서 원삼국~삼국시대에 이르는 60여 기에 달하는 또 다른 집자리가 층위를 달리하며 중첩된 상태로 나타나 오랜 기간에 걸쳐 이루어진 취락 형성의 모습을 분명히 보여주었다. 생활문화의 발전과 다변화가 가져다준 인구의 증가에 따라 대규모의 취락이 이루어지면서 본격적인 계급사회가 뿌리를 내리는 한편, 점차 국가로서의 기틀을 다져가게 되는 것으로 생각된다.

2) 일부 고인돌에서와 같은 거대한 구조물을 만들기 위해서는 한 가족 내지는 작은 집단의 힘만으로는 어렵고 이웃이나 다른 집단의 인력을 동원할 수 있는 협동체제가 이루어지거나 강력한 지배력이 미칠 수 있어야 가능한 일이었을 것으로 생각된다.[58]

3) 기원전 5세기를 전후해서 남부지방도 고인돌이라는 새로운 무덤의 출현과 함께 청동기시대에 접어들지만 청동기 제작에 따르는 기술적인 어려움에 따라 대부분의 고인돌사회에서는 전 기간에 걸쳐 석기류가 도구의 주종을 이룬다. 다만 고흥 운대리雲岱里,[59] 여천 적량동積良洞, 평여동平呂洞, 봉계동鳳溪洞, 여수 오림동五林洞,[60] 승주 우산리牛山里,[61] 보성 덕치리德峙里[62]와 같은 남해안 가까이에 위치한 일부 고인돌에서는 한반도의 다른 지역에서는 극히 드물게 나타나는 요녕식동검을 비롯한 다수의 청동유물이 출토되어 해로海路를 통한 청동기문화 유입의 가능성을 보여주고 있다.

4) 고인돌이 한창 그 절정기에 이르렀을 기원전 2~3세기 무렵에 금강 유역으로부터 내려온 돌무지널무덤[63]과 같은 새로운 묘제의 출현은 고인돌을 만들어 썼던 기존의 토착사회와는 별개의 새로운 집단의 도래를 의미하는 것으로 생각된다.

여기에 부장된 다양한 청동유물은 이것들이 고인돌 출토유물과는 근본적으로 다른 성격을 갖는 것들로 이들 집단의 출자出自나 이입移入과정에 대해 다각도로 연구가 이루어져야 할 것이다.

5) 이 시대의 생업은 당연히 농업에 의존하는 비중이 컸을 것이고 벼농사가 본격적으로 이루어졌을 것이다. 벼농사의 개시와 유입경로에 대해서는 여러 학설이 있지만 벼 자체가 아열대성 식물임을 감안할 때 이 지역은 반도내의 어느 지방보다 유리한 입지적 여건을 갖춘 곳이라고 할 수 있을 것이다. 그럼에도 불구하고 이 지역에서는 아직 실물로서의 벼는 출토된 바가 없고 기껏 토기 표면에 찍힌 흔적을 통해서 간접적으로나마 벼농사의 실태를 파악할 수 있을 뿐이다. 영산강 유역인 나주 다시면多侍面 가흥리佳興里의 습지에서 채취한 시료의 꽃가루분석을 통해서 얻어진 방사성탄소연대와 퇴적속도堆積速度 측정에 따라 대략 기원전 1500년의 측청치를 얻은 바 있다.[64] 이 연대는 지금까지 우리나라에서 얻은 자료 중에서 가장 오랜 것으로 앞으로 실물로서의 오래된 벼도 이 지역에서 출토될 가능성이 매우 높다고 할 수 있을 것이다.

2) 묘제

(1) 묘제 개관

청동기시대의 유적으로는 집자리와 무덤이 가장 큰 비중을 차지한다고 할 수 있으며 이 가운데 무덤유적으로는 고인돌을 비롯해서 돌널무덤, 돌무지널무덤, 널무덤, 독무덤 등을 들 수가 있다. 이와 같은 여러 무덤들은 시기와 지역에 따라서 각기 독특한 양상을 보이며 나타나고 여기에서 출토되는 유물들도 무덤의 성격에 따라 각기 다른 모습을 보이고 있다.

고인돌은 청동기시대의 전 기간에 걸쳐 한반도의 거의 전역에 걸쳐 나타난 이 시대의 가장 대표적인 무덤이라고 할 수 있다. 사실상 한반도에서 이루어진 모든 선사문화의 양상 가운데 이 고인돌만큼 한 시대의 문화적 양태를 뚜렷하게 부각시키는 유적은 없다고 해도 과언은 아닐 것이다. 넓은 분포와 조밀한 밀집도에서

뿐만 아니라 오랜 존속기간으로 인해 청동기시대 문화의 연구에서 고인돌이 차지하는 비중은 그만큼 크다고 할 수 있다.

우리나라의 고인돌은 그 짜임새와 모양에 따라 크게 북방식과 남방식 두 가지로 나눌 수가 있다. 북방식은 넓적한 판돌 4장을 땅위에 세워 네모난 상자 모양으로 방을 짜 맞춘 뒤 그 안에 시신을 묻고 위에는 덮개돌(上石)을 덮어 마치 책상 모양으로 만든 것이다. 한편 남방식은 땅 밑에 판돌, 또는 깬돌을 짜 맞추거나 구덩이(土壙)만을 파서 시신을 묻고 그 위에 큰 덮개돌을 얹은 것인데 더러는 덮개돌 아래에 받침돌(支石)을 괴어 마치 바둑판 모양을 이룬 것도 있다.

이처럼 짜임새와 모양에 따라 북방식과 남방식으로 나누는 것은 이것들의 분포가 대개 한강을 경계로 하여 남과 북으로 갈라지기 때문이지만 이러한 구분이 개략적인 분포의 상황을 나타내줄 뿐 결코 절대적인 것은 아니다.[65] 즉 한강 이남에서도 주로 서해안을 따라 이곳 전남지방에 이르기까지 북방식들이 드문드문 확인되고 있으며 북한지방에서는 특히 황해도 일원에서 적지 않은 남방식 고인돌이 북방식과 함께 섞여 있는 곳도 있다.

고인돌에서 출토되는 유물은 석기류와 토기류가 대다수를 차지하며 청동기 등 금속유물의 출토 예는 극히 드물다고 할 수 있다. 그러나 전남지방의 남해안에 분포된 몇몇 유적에서 요녕식동검을 비롯한 이른 시기에 해당되는 적지 않은 청동유물이 출토되고 있어 이 지역의 고인돌이 갖는 독특한 양상의 일면을 보여주고 있다.

돌널무덤은 청동기시대 이후 시베리아를 비롯하여 중국의 동북지방과 한반도, 일본에 이르기까지 동북아시아 일원에 걸쳐 분포를 보이는 선사시대 묘제의 하나로, 우리나라 전역을 놓고 볼 때 고인돌과 거의 비슷한 시대적 배경을 갖고 나타나는 유적이다. 그러나 돌널무덤의 매장구조는 항상 지하에만 이루어지고 땅 위에는 고인돌에서와 같은 덮개돌이나 봉토와 같은 표지 시설물이 이루어지지 않는 구조적 성격에 따라 지금까지 학술적으로 조사가 이루어진 유적은 극히 한정되어 있는 실정이다.

돌널무덤은 땅 밑에 판돌이나 깬돌·냇돌, 또는 이것들을 한데 섞어서 하나의 매장구조를 이루는 것으로 이러한 구조적 성격에 따라 크게 판석묘板石墓와 할석묘割石墓의 두 가지로 분류할 수가 있다.[66]

판석묘에는 한 벽이 각 한 장만으로 이루어진 것(單板石式)과 여러 장으로 이어진 것(複板石式)이 있는데, 이 무덤들은 한 기 또는 여러 기가 한군데에 모여 있는 곳도 있고 드물게는 고인돌과 한 무리를 이룬 곳도 있다. 이 무덤들은 반도의 거의 전역에 걸쳐 퍼져 있으나 대체적으로 단판석식이 한강 이북에 주로 분포하는 데 비해서 복판석식은 그 이남에서 조사된 예가 많음을 알 수 있다. 한편 할석묘는 한반도 서남부의 금강과 영산강 유역에서 활발히 이루어졌던 것으로 그 구조적 특성으로 보아 돌무지널무덤에 속한다.

분포상의 성격과 함께 출토유물을 통해서도 각 유형 사이에 나타나는 차이를 엿볼 수가 있다. 판석묘에서 출토된 유물 가운데 가장 빈도가 높은 것은 간돌검(磨製石劍)과 돌살촉이며 드물게는 청동제품도 나타나는데. 요녕식동검(부여 송중리)을 비롯하여 단추(銅泡, 강계江界 풍룡동豊龍洞), 날개촉(兩翼鏃, 사리원 상매리上梅里) 등 한반도 출토의 청동유물 가운데 가장 이른 제I기[67]에 속하는 유물들임을 알 수 있다.

금강과 영산강 유역의 돌무지널무덤에서 출토되는 유물은 한국식동검(細形銅劍)을 비롯하여 한반도 청동기문화의 최성기에 현지 제작된 각종 무기나 의기儀器와 같은 것들로 이 지역에서 조사된 화순 대곡리[68]와 함평 초포리[69] 등 청동기 출토 유적도 모두 돌무지널무덤에 속하는 무덤들로 생각된다.

한반도의 청동기시대에 속하는 무덤으로서는 이밖에 널무덤과 독무덤이 있지만 대부분 서북지방과 금강 유역에서만 조사되었을 뿐 이 지역에서는 그 최말기에 나타나는 광주 신창동[70]의 독무덤 유적이 그 유일한 예라고 할 수 있을 것이다.

(2) 고인돌

지금까지 전남지방에서의 고인돌은 모두 1,200여 군데에서 11,000기가 넘는 것으로 확인되었는데 이 고인돌들은 크게 영산강, 보성강 유역과 남·서해안 지역 등 모두 4개 분포권을 이루고 있다.[71] 이 고인돌들은 대체로 하천 유역이나 산기슭을 끼고 있는 평지나 야트막한 구릉 등 주로 낮은 지대에 많이 분포된 입지적 특성을 보이는데 외따로 떨어져 있는 곳도 있으나 대부분 몇 기, 또는 몇십 기가 한데 어우러져 무리를 이루고 있다.

전남지방 고인돌은 나주 만봉리, 신풍리, 송촌리[72] 등지에서 조사된 몇 기의 북방식 고인돌을 빼고는 그 대부분이 형식상 남방식에 속하는 것들이다. 이 남방식 고인돌들은 돌로 이루어진 무덤칸 벽체의 성격에 따라 판돌을 세워 맞춘 것(板石形), 깬돌을 쌓아 올린 것(割石形), 판돌과 깬돌을 섞어 쌓는 것(混築形) 등으로 나누어지고 땅에 구덩이만을 파고 여기에 시신을 묻는 토광형土壙形도 나타나고 있다. 이 밖에 지금까지는 이 지역에서만 확인되고 있는 독특한 형식으로 이른바 '위석식圍石式' 고인돌은 그 마지막 단계에 나타나 가까운 도서지방으로 퍼져 나가는 한편, 멀리는 제주도로 건너가 제주형의 모체를 이룬 것으로 생각된다.[73]

이 지역에서 지금까지 발굴조사된 중요한 고인돌 유적은 1970년대 중반 이후부터 활발히 진척된 '댐' 건설이나 공업단지, 도로공사 등 각종 산업시설의 조성에 따른 구제발굴을 통해서 이루어졌다고 할 수 있다.

가) 영산강 유역

담양과 화순에서 발원하여 나주평야를 끼고 서해로 흘러드는 영산강 유역에는 넓고 비옥한 평야가 이루어져 고인돌과 같은 선사유적이 광범위하게 퍼져 있다. 고인돌의 분포는 영산강과 그 지류를 끼고 있는 함평, 화순, 나주, 영암 등지에서 밀집된 상황을 보이지만 지금까지의 발굴은 보성강 유역에 비해서는 다소 저조한 편이다.

대초大草댐[74] 수몰지역은 화순군 도암면道巖面과 나주군 다도면茶道面의 2개 군에 걸친 구역으로 모두 33기의 고인돌이 발굴되었다. 여기에 이루어진 고인돌의 무덤 칸은 대부분 할석식이었지만 일부 판석식도 보이고 드물게는 토광형도 있어 매우 다양한 구조적 변화를 보여주고 있었다. 몇몇 무덤 칸 위에는 돌무지시설이 이루어져 있었으며 특히 나주 판촌리[75]의 고인돌 가운데에는 주위에 네모난 둘레돌(護石)을 갖춘 것도 상당수에 이르렀다.

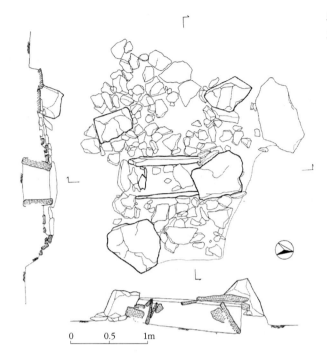

0   0.5   1m

1981년도에 조사된 화순 동복同福댐[76]의 수몰지역에는 창랑리滄浪里와 장학리
獐鶴里 등에 모두 80여 기에 이르는 고인돌이 분포되어 있었으나 조사된 19기 가
운데 무덤칸이 드러난 것은 10기뿐이었다. 장학리에서 조사된 3기의 무덤칸은 모
두 길이 190cm 안팎의 대형들로 이 가운데 1, 2호의 무덤칸 안에서 각기 가지무
늬토기 한 점씩이 출토되었다. 영암 서호면西湖面 일대에는 약 200여 기에 가까운
고인돌이 흩어져 있는데 이 가운데 장천리長川里와 청룡리靑龍里[77]에서 13기가 발
굴 되었다(도 I-41). 이 고인돌들의 무덤칸은 모두가 판돌로 짜 맞춘 것으로 앞서
화순 창랑리의 몇몇 고인돌과 함께 영산강 유역 고인돌문화의 지역성을 보여주고
있다. 특히 영암 장천리 1호에서는 한국식동검과 함께 돌로 만든 검자루끝장식(劍
把頭飾)이 출토되어 영산강 유역 고인돌에서 발견된 최초의 청동유물이 되었다.

나) 보성강 유역
보성강은 보성에서 시작되어 승주, 화순 등 이 지방의 동남지역을 관통하며

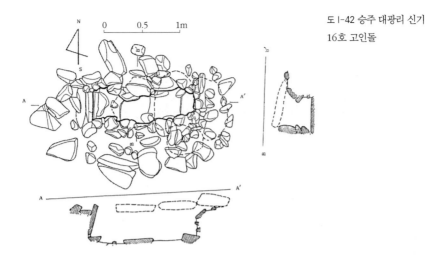

북쪽으로 흐르다가 곡성 압록鴨綠에서 섬진강과 합류하는데 영산강과는 달리 이
유역은 좁은 협곡을 이루는 곳이 많다. 따라서 고인돌의 분포도 영산강 유역에서
보다 적지만 주암住岩댐이 이루어진 주변 일대에서 비교적 밀집된 상황을 보이고
있었다.

　1986년부터 약 4년여에 걸쳐 국내의 여러 조사기관이 참가하여 실시한 주암
댐 수몰지역에 대한 발굴조사[78]에서는 지금까지 우리나라의 다른 어느 지역에서도
그 유례가 없었던 고인돌에 대한 대규모의 발굴이 이루어졌다. 구석기유적에서부
터 선사, 역사시대의 집자리(住居址)를 포함하여 가마터(陶窯址)에 이르기까지 전
시대를 망라한 이 조사에서는 모두 350여 기에 달하는 고인돌이 발굴조사되었다.[79]

　승주군 주암면住岩面, 송광면松光面, 보성군 문덕면文德面, 복내면福內面, 화순군
남면南面에 걸쳐 분포된 이 고인돌들은 대개 산기슭에 이루어진 나지막한 구릉지
대로 10여 기에서부터 많은 곳은 60여 기에 이르기까지 무리지어 있었다. 이곳 고
인돌의 돌널은 대부분 할석형이 주류를 이루며 일부 판돌과 깬돌을 섞어 쌓은 혼
축형(도 I-42)도 있지만 영산강 유역에서 나타나는 판석형은 단 한 기도 없어 지
역적인 특성을 살필 수 있었다. 여기에서는 그리 많은 수는 아니지만 별다른 돌널
시설을 갖추지 않은 토광형으로 보이는 매장유구와 함께 이 지역에서 나타나는
특수한 하부구조로서 이른바 '위석식' 고인돌(도 I-43)[80]도 상당수가 확인되었다.

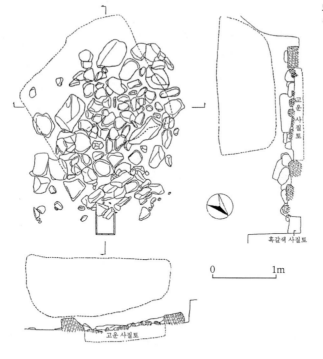

고운사질토

흑갈색 사질토

0   1m

고운 사질토

다) 남해안 지방

전남지방의 남해안에 면한 지역은 우리나라에서 고인돌이 가장 밀집된 곳 가운데 하나로 서해안뿐 아니라 영산강과 보성강 유역에 비해 훨씬 많은 고인돌이 분포되어 있다. 해남, 강진, 장흥, 보성, 고흥, 여천으로 이어지는 이 지역에서는 해방 전 고흥 운대리雲垈里[81]와 소록도小鹿島[82]에서 청동기를 포함한 일괄유물이 수습되어 일찍부터 학계의 주목을 받아온 곳이다.

그러나 그 뒤로 별다른 수확이 없다가 최근 몇 년 사이에 이루어진 여천 석유화학단지 조성에 따라 일대의 유적들에 대한 구제발굴이 이루어지면서 새로이 각광을 받기 시작한 중요한 지역이다. 지금까지 조사가 이루어진 유적으로 여천 월내동月內洞[83]과 봉계동鳳溪洞(도 I-44), 적량동積良洞, 평여동平呂洞과 여수 오림동五林洞[84] 등으로 일대에서는 우리나라의 고인돌에서는 보기 드문 요녕식동검을 비롯한 청동기 일괄유물이 출토되었다.

이 고인돌들의 하부구조는 대부분 할석형이 주류를 이루고 있었으나 드물게

0   1m

는 판석형도 나타나고 있으며 무덤 둘레에서는 일부 영산강 유역의 고인돌, 특히 나주 판촌리板村里[85]에서 보이는 둘레돌 시설도 확인되었다.

　서해안 일대에서는 남해안에 비해 그 분포가 훨씬 적고 또한 지금까지 이루어진 학술적인 성과도 일부 지역에 대한 지표조사에 그쳤을 뿐 별다른 발굴도 이루어지지 않았다. 다만 고인돌의 밀집지역인 고창[86]과 지리적으로 서로 인접되어 있을 뿐 아니라 입지조건도 서로 비슷하여 앞으로의 본격적인 조사결과가 기대된다.

　전남지방의 고인돌에서 출토되는 유물로는 갖가지 석기류와 토기류가 주류를 이루지만 남해안과 보성강 유역의 일부 지역에서는 요녕식동검을 비롯한 청동유물과 함께 각종 장신구들이 나오고 있다.

　석기로는 돌검과 돌살촉 등 무구류武具類가 대다수를 차지하며 이 밖에 돌도끼와 돌칼, 숫돌, 갈돌 등의 이기류利器類가 나오고 드물게는 장신구와 가락바퀴, 그물추(漁網錘)도 출토되고 있다. 이 유물들을 통해서 당시의 생업은 주로 농사에 의존하면서도 한편으로는 고기잡이가 이루어지고 베짜기(織造)도 실생활에서 중요한 위치를 차지했음을 알 수 있다.

돌검은 남해안 지역과 보성강 유역에서만 출토되었으며 그 밖의 유적에서는 아직 출토예가 보고된 바 없을 만큼 강한 지역성을 보이고 있다. 여기에서는 검의 밑동에 슴베가 달린 슴베식(有莖式)과 자루가 달린 자루식(有柄式)이 나오는데 자루식의 출토예가 훨씬 많고 이것들은 모두 자루에 골이 패이지 않은 민자루식(一段柄式)이다.

돌검과 함께 고인돌에서 빈번한 출토를 보이는 돌살촉은 대부분 슴베식으로 각 지역에서 골고루 출토되는 편이다. 대개 한 무덤칸에서 한두 점이 나오는 것이 보통이지만 보성 덕치리德峙里 15호 고인돌[87]에서는 모두 29점에 이르는 돌살촉이 청동촉 1점과 함께 출토되기도 하였다.

돌도끼로는 바퀴날도끼(環狀石斧)나 턱자귀(有段石斧), 홈자귀(有溝石斧)도 여기에 포함되는데 대부분 무덤칸 밖에서 출토되고 있다. 이 도끼류는 드물게나마 반도의 전역에 걸쳐 나오는 고인돌의 특징적인 유물들로 이 지역에서는 주로 남해안 일대와 보성강 유역에서 출토되며 영산강 유역에서는 매우 드물게 나오고 있다.

돌칼은 동아시아에 널리 퍼져 있는 농경생활과 밀접한 관계를 갖는 수확구收穫具의 하나이다. 다른 지역에서는 반달칼이 일반적이지만 금강 이남의 서남부 지역에서는 세모칼(三角形石刀)의 출토예가 많고 특히 이 지역의 고인돌에서의 출토예가 압도적으로 많다. 이 돌칼은 대부분 보성강 유역에서만 출토되었을 뿐이고 그 밖의 지역에서는 영암 청룡리 4호 고인돌[88]에서 나온 세모칼이 유일한 예이다.

토기류로는 민무늬토기가 대부분의 고인돌에서 출토되지만 지금까지 완형으로 나온 것은 단 한 점도 없고 대다수가 무덤칸의 밖에서 파편으로만 수습되고 있다. 이 민무늬토기 가운데에는 아가리의 가장자리를 따라 구멍이 뚫린 구멍토기(孔列土器)가 있는데 이 토기들은 주로 보성강 유역과 남해안 여천 관내의 몇몇 유적[89]에서만 출토되고 있다.

이 밖에 붉은간토기와 가지무늬토기도 무덤칸 안팎에서 더러 출토되고 있으

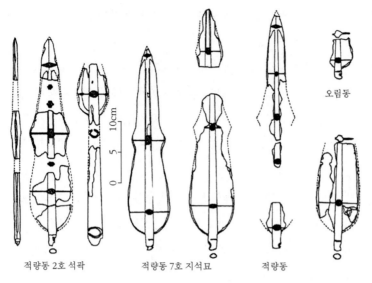

도 I-45 여천·
여수지방
고인돌 출토
요녕식 동검

오림동

적량동 2호 석곽   적량동 7호 지석묘   적량동

며 고인돌에서는 거의 출토되지 않는 검은간토기(黑陶)가 강진 영복리永福里[90] 유
적의 무덤칸 둘레에서 수습되었다.

　이 지방 고인돌에서 출토되는 특징적 유물로는 몇몇 청동제 무구류를 들 수가
있다. 지금까지 우리나라의 전역에서 이루어진 수많은 고인돌의 조사를 통해서도
청동유물의 출토예는 극히 드물었다. 게다가 무덤칸 안에서의 확실한 조사예가 거
의 없었기 때문에 최근까지만 해도 고인돌과 청동기와는 서로 무관한 것처럼 인
식되어 왔었다.

　그러나 1980년대 후반에 이르러 보성강 유역과 남해안 지역에서 이루어진 몇
몇 유적조사를 통해서 이른 시기의 청동 무구류가 다량으로 출토되었다. 주암댐
수몰지역인 승주 우산리,[91] 보성 덕치리[92]와 여천과 여수 관내의 여러 유적[93]에서
출토된 요녕식 동검(도 I-45)을 비롯해서 요녕식 창과 화살촉 등 이른 시기의 청
동유물들은 다른 지역의 고인돌에서는 그 유례가 없는 것들이었다.

　따라서 오래전에 출토된 바 있는 고흥 운대리[94]의 요녕식 동검이나 영암 장천
리[95] 출토의 한국식 동검 등과 함께 이 지역 고인돌문화가 갖는 지역적인 특수성을
엿볼 수 있게 되었다.

(3) 돌무지널무덤

고인돌과 함께 청동기시대의 대표적 묘제인 돌무지널무덤은 구조의 특수성에 따라 지금까지 조사된 예가 매우 드물어 이 지방에서의 유적은 화순 대곡리[96]와 함평 초포리[97]의 단 두 군데에 불과하다. 이렇듯 수적인 희소성에도 불구하고 여기에서 출토된 갖가지 청동기 일괄유물의 다양성에 따라 이 유물들이 청동기 연구에서 차지하는 비중은 매우 크다.

이 지방에 돌무지널무덤이 나타난 시기는 이 지역에 고인돌문화가 한창 절정기에 있던 기원전 3~2세기경으로 보이지만 앞으로 다른 자료가 나타나면 그 시기폭은 더 넓어질 수도 있을 것이다.

두 유적 모두가 처음부터 학술적인 조사가 이루어진 것은 아니고 주민들에 의해 이미 유적의 상당 부분이 훼손된 상태에서 사후 조사가 이루어져 유구의 정확한 성격이나 유물의 출토상태에 대해서는 불확실한 점이 많다. 그러나 이 출토유물들을 통해서 우리나라 청동기 제작의 최절정기에 만들어진 것임을 알 수가 있었고 앞서 고인돌에서 출토된 바 있는 초기의 청동기들과는 또 다른 의미에서 중요성을 가진다고 할 수 있다.

이 무덤들은 모두 나지막한 언덕자락 부위에 자리 잡은 공통점을 보이고 있으며 부식된 암반을 파낸 구덩이에 무덤을 쓴 것들이다.

가) 화순 대곡리 유적

이 유적은 당시까지만 해도 이 지역에서는 이렇다 할 유물의 출토예가 없었기 때문에 청동기문화의 불모지처럼 인식되던 차에 이루어진 새로운 발견으로 호남의 청동기 연구에 새로운 계기를 마련해 주었던 중요한 유적이다.

부식 암반을 파낸 구덩이는 동서로 긴 네모꼴로 벽면 중간에서 넓은 턱을 만들어 단을 이루었다. 표토 부분에서의 범위는 길이 330cm, 너비 180cm, 중간 턱까지의 깊이는 60cm이고, 턱을 경계로 다시 파들어간 아래 구덩이는 길이 210cm, 너비 80cm에 깊이는 60cm였다(도 I-46).

아래 구덩이의 밑바닥에는 진흙이 깔려 있었고 구덩이의 벽면에는 군데군데

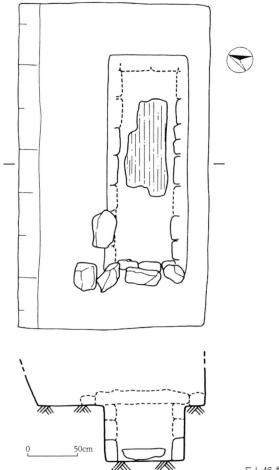

도 l-46 화순 대곡리 돌널무덤

막돌이 채워져 있었는데 바닥 동편에는 길이 90cm, 너비 45cm 되는 두꺼운 나무
조각이 비교적 부식이 덜 된 상태로 수습되었다. 이 나무조각은 한쪽이 둥그스름
한 통나무의 거죽 부분으로 흡사 의창義昌 다호리茶戶里[98]의 통나무널을 연상시킨
다.

　따라서 지금까지 금강 유역에서 조사된 청동기 출토무덤들과 함께 이들 동류
의 유구가 지금까지 단순히 추정되어 온 돌널무덤이라기보다는 이처럼 나무널을
안치한 뒤 구덩이와 나무널 사이를 막돌로 채웠던 것이 아닌가 생각한다.[99] 여기에

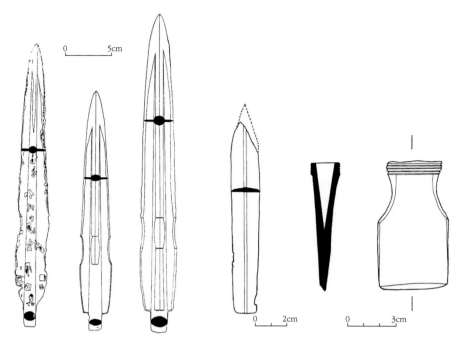

도 I-47 화순 대곡리 출토 동검 및 새기개, 도끼

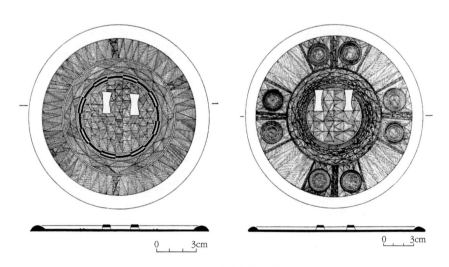

도 I-48 화순 대곡리 출토 거울

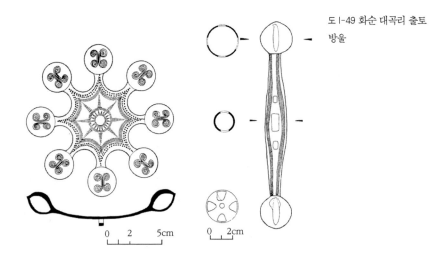

도 I-49 화순 대곡리 출토 방울

0 2 5cm

0 2cm

서 출토된 유물은 검과 거울을 비롯하여 방울, 새기개, 도끼 등 청동유물만으로 이루어져 있었다.

3점의 한국식동검 가운데 등날(稜角)이 허리(抉入部)까지만 내려온 I식과 밑동(基部)에까지 미친 II식[100]이 각 한 점씩이고 등대(背脊)에 등날이 이루어지지 않은 미완성품도 한 점이 나왔다(도 I-47 왼쪽).

거울은 2점 모두 잔무늬거울(精文鏡)로 세부적인 무늬의 형태는 다르지만 기본적으로 가는 선이 채워진 세모꼴무늬가 거울의 전면에 섬세하게 나타나 있다. 이 가운데 한 점에는 가장자리를 따라 8개의 동심원무늬가 두 개씩 같은 간격으로 돌아가 새로운 맛을 풍기고 있다(도 I-48).

방울은 여덟가지방울(八珠鈴)과 쌍가지방울(雙頭鈴)이 각 2점씩이다. 여덟가지방울의 복판에는 흡사 태양을 상징하는 듯한 방사상(放射狀)의 무늬를 겹으로 돌리고 각 방울에는 서로 마주보는 고사리무늬가 나타나 있다. 뒷면에는 한복판에 반쪽 고리모양의 꼭지가 달려 있다(도 I-49).

쌍가지방울은 몸체의 가운데가 불룩하고 양쪽 방울 쪽에 이르러 점차 가늘어지는데 가운데에는 네모난 구멍이 길게 뚫려 자루 같은 것을 끼워 흔들면 소리가 나게 만들어졌다(도 I-49).

새기개는 한쪽으로만 볼록하여 단면이 활모양을 이루었다. 끝부분은 원래 세모꼴을 이루었을 것으로 보이지만 한쪽이 닳아서 무뎌졌다(도 I-47).

도끼는 자루투겁(銎部)이 달린 것으로 투겁의 가장자리를 따라 넉 줄의 도들 띠가 나타나 있다. 전체 길이 7.8cm에 불과한 소형으로 실용기라기보다는 의기의 성격이 짙은 것으로 보인다(도 I-47).

나) 함평 초포리 유적

이 유적은 마을 주민들이 도로공사를 위한 채토작업을 하던 중 우연히 유물이 드러남으로써 매장문화재로 신고하여 국립광주박물관에 의해 긴급조사가 이루어 졌다. 구덩이는 화순 대곡리에서처럼 중간에 단이 이루어지지 않고 아래로 내려가 면서 점차 좁아지는데 지표에 나타난 평면은 대략 남-북으로 긴 불규칙한 네모를 이루고 있었다.

지표면에서의 길이는 260cm, 너비 90cm이고 바닥까지 깊이는 약 55cm인데 바닥은 길이 190cm, 평균너비 55cm로서 남쪽이 약간 넓어서 이른바 두관족협(頭 寬足狹)의 모양을 이루고 있었다(도 I-50). 구덩이 안에는 모양과 크기가 일정치 않은 많은 양의 막돌이 채워져 있었으며 바닥에는 널판 흔적으로 보이는 검은 부 식토가 깔려 있었다.

따라서 앞서 대곡리에서와 같은 널무덤의 가능성이 큰 것으로 여겨지지만 확 실한 구조적 성격은 파악하기 어렵다. 다만 대곡리의 정황 등으로 미루어보아 이 지역에서 이루어진 이 묘제가 지금까지 인식되어온 바와 같이 단순히 돌널무덤(石 棺墓)이라고 파악하기에는 많은 문제점을 안고 있다. 구덩이에서 나온 돌의 양이 돌널의 벽석으로만 보기에는 너무 많고 여기에서 검출된 널의 흔적을 통해서 이 무덤들을 돌무지널무덤과 같은 특수한 구조의 매장유구로 해석하는 것이 보다 합 리적일 것이라고 생각된다.

여기에서 출토된 유물로는 대곡리에서 수습된 바 있는 동검, 거울, 도끼, 새기 개, 쌍가지방울 외에 검자루끝장식(劍把頭飾)과 중국식동검, 투겁창(鉾), 꺾창(戈) 등 새로운 무구류와 함께 다양한 방울들이 나오고 있다.

한국식동검은 모두 4점으로 이 가운데 한 점만 II식에 속하고 나머지는 모두 I

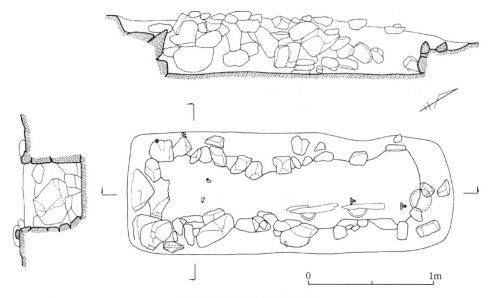

도 I-50 함평 초포리 돌무지널무덤

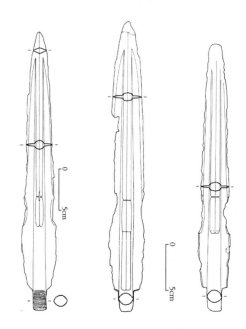

도 I-51 함평 초포리 출토 동검

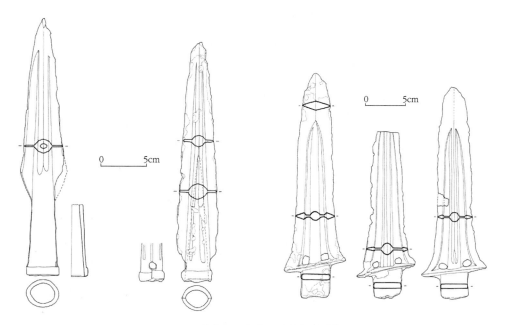

도 I-52 함평 초포리 출토 투겁창 및 꺾창

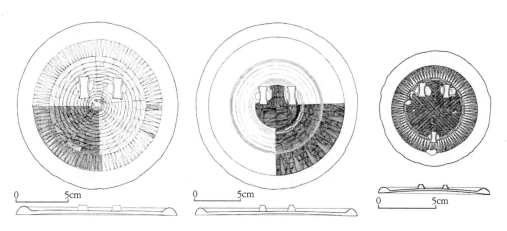

도 I-53 함평 초포리 출토 거울

식들이다(도 I-51). 이 동검들은 원래 나무로 만든 칼집과 자루를 갖추었던 것으로 보이지만 지금은 썩어 없어지고 두 개의 검자루 끝부분에서 각각 청동과 철광석으로 만든 끝장식이 출토되었다.

이 밖에 이른바 도씨검桃氏劍으로도 불리는 중국식동검 한 점이 출토되었는데 이것은 한국식동검에 비해 두께가 얇을 뿐 아니라 동질도 훨씬 거칠고 조잡하여 순전히 부장을 위해 제작된 것으로 보인다. 이것들은 우리나라의 서해안 지역에서 더러 출토되며 완주 상림리上林里[101]에서는 26점이 무더기로 나온 바 있다.

투겁창은 나무자루를 꽂게 되어 있는 투겁이 긴 것과 짧은 것 각 한 점씩이 출토되었다. 투겁의 끝부분에는 넓은 도들띠가 돌아가고 도들띠 바로 윗쪽에는 자루에 못을 박기 위한 구멍 한 개가 뚫려 있다(도 I-52 오른쪽).

꺾창은 등대에 등날이 세워진 2점과 세워지지 않은 1점 등 모두 3점이 출토되었다. 등날 양켠으로 피홈(血溝)이 파여 있고 이 피홈 아래에는 구멍이 뚫려 자루에 매도록 되어 있다(도 I-52 오른쪽).

3점의 거울은 모두 잔무늬거울로 이 가운데 1점은 지름 9.7cm에 불과한 소형이다. 거울 뒷면에는 전면에 걸쳐 동심원을 돌려 몇 개의 구간으로 나누고 여기에 세모와 네모를 기본으로 한 잔무늬를 섬세하게 나타난다(도 I-53).

방울로는 장대방울(竿頭鈴), 조합식쌍방울(組合式雙頭鈴), 자루방울(柄付銅鈴), 쌍가지방울 등 여러 가지가 나왔으나 화순 대곡리에서와 같은 여덟가지방울은 보이지 않았다. 이밖에 도끼와 새기개 등 청동유물 외에도 천하석제天河石製의 곱은옥 한 쌍과 숫돌 2점이 출토 되었다.

영암에서 출토된 것으로 전해지는 청동기 제작을 위해 만들어진 갖가지 거푸집[102]을 통해서 이 지역에서 이루어진 활발한 청동기문화의 실상을 엿볼 수 있지만 실제로 유물이 출토된 예는 매우 드물다고 할 수 있다. 출토 유구의 속성상 지하에 매몰된 것들이기 때문에 현재로서는 출현을 쉽사리 예측할 수는 없지만 앞으로 이루어질 빈번한 지역개발에 따른 조직적인 사전조사가 선행된다면 완전한 유구의 발굴도 기대할 수 있을 것이다.

(『전라남도지 2』, 전라남도지편찬위원회, 1993)

주

1 a.林炳泰 외, 「新坪里 금평 舊石器」, 『住岩댐水沒地域 文化遺蹟發掘調査報告書(Ⅴ)』, 1988.
   b.李隆助 외, 「牛山里 곡천 선사유적」, 위 책(Ⅴ, 1988).
   c.李鮮馥 외, 「新坪里 금평, 德山里 죽산 後期舊石器遺蹟」, 위 책(Ⅶ), 1990.
   d.李隆助 외, 「牛山里 곡천 舊石器遺蹟」, 위 책(Ⅶ, 1990).
2 a.黃龍渾 외, 「竹山里 '가' 地區 遺蹟」 위 책(Ⅶ, 1990).
   b.신복순, 「죽산리 구석기유적 발굴보고」, 『全國歷史學大會發表要旨』, 歷史學會, 1991
3 崔茂藏, 「전남 곡성군 입면 제월리 출토 구석기」, 『人文科學論叢 18』, 1986.
4 이선복 외, 『옥과 구석기유적』, 서울대학교박물관, 1990.
5 李隆助 외, 앞 글(주 1b), 1988.
6 金元龍·任孝宰, 『南海島嶼考古學』, 東亞文化硏究所, 1968.
7 金元龍·任孝宰, 위 책(주 6), 1968.
8 崔盛洛, 「智島의 先史遺蹟」, 『島嶼文化 5』, 1987.
9 지건길·조현종, 『突山松島Ⅰ·Ⅱ』, 국립광주박물관, 1989·1990.
10 任孝宰 외, 『繁山里遺蹟Ⅰ·Ⅱ·Ⅲ』, 서울大學校, 1984·85·88.
11 坂田邦洋, 『韓國隆起文土器의 硏究』, 1978.
12 이영문, 「寶城竹山里 遺蹟의 性格」, 『博物館紀要 4』, 檀國大學校, 1988.
13 安承模, 「新石器時代 - 韓國考古學의 回顧와 展望 -」, 『韓國考古學報 21』, 韓國考古學會, 1988.
14 李榮文, 「全南地方 支石墓 硏究」, 檀國大碩士論文, 1987.
15 이영문, 위 논문(주 14), 1987.
16 池健吉, 「湖南地方고인돌의 型式과 構造」, 『韓國考古學報 25』, 1990.
17 a.梅原末治·藤田亮策, 『朝鮮古文化綜鑑 1』, 1947.
   b.小泉顯夫, 『朝鮮古代遺蹟의 遍歷』, 1986.
18 전남대학교박물관에서 발굴했으나 보고서 미간. 이에 대한 간략한 보고는 李榮文, 「麗川市 支石墓 發掘調査」, 『13회 한국고고학 전국대회 발표요지』, 1989 참조.
19 宋正炫·李榮文, 「牛山里 내우 支石墓」, 『住岩댐水沒地域 文化遺蹟發掘調査報告書(Ⅱ)』, 1988.
20 尹德香, 「德峙里 신기 支石墓」, 위 책(주 19(Ⅲ)), 1988.
21 趙由曲, 「全南和順靑銅遺物一括出土遺蹟」, 『尹武炳博士回甲紀念論叢』, 1984.
22 李健茂·徐聲勳, 『咸平草浦里遺蹟』, 國立光州博物館, 1988.
23 林炳泰, 「靈岩出土 靑銅器鎔范에 대하여」, 『三佛金元龍敎授停年退任紀念論叢 I(考古學篇)』, 1987.
24 金元龍, 『韓國考古學槪說(第3版)』, 一志社, 1986.
25 金元龍, 위 책(주 24), 1986.
26 金元龍, 「石村洞發見 原三國時代의 家屋殘構」, 『考古美術 113·114』, 1973.
27 徐聲勳·成洛俊, 「大谷里 도롱·한실 住居址」, 앞 책(주 19(Ⅵ)), 1989.
28 崔盛洛, 『海南郡谷里貝塚Ⅱ·Ⅲ』, 木浦大博物館, 1988·1989.
29 徐聲勳·成洛俊, 앞 책(주 27), 1989.
   崔夢龍외, 「大谷里 도롱 住居址」, 앞 글(주 27), 1989.
30 崔夢龍외, 「大谷里 낙수 住居址」, 앞 책(주 27), 1989.

31 崔盛洛, 「先史遺蹟」, 『靈巖郡의 文化遺蹟』, 木浦大博物館, 1986.

32 崔盛洛, 「先史遺蹟·古墳」, 『新安郡의 文化遺蹟』, 木浦大博物館, 1987.

33 1992년 2월 초부터 약 50일간에 걸쳐 전남대학교박물관에 의해서 발굴됨. 보고서 미간.

34 金元龍, 『新昌里 甕棺墓地』, 서울대학교박물관, 1964.

35 姜仁求 외, 『松菊里I』, 國立中央博物館, 1979.

36 徐聲勳·成洛俊, 『羅州潘南古墳群』, 國立光州博物館, 1988.

37 成洛俊·金吉埴, 『靈巖萬壽里4號墳』, 國立光州博物館, 1990.

38 成洛俊·金吉埴, 위 책(주37), 1990.

39 林永珍, 「古墳文化II:石室墳의 受容過程」, 『第5回全南古文化심포지움-榮山江流域古文化의 性格과 硏究課題』, 1990.

40 許玉林·許明綱·高美琁, 「旅大地區新石器文化和靑銅時代文化槪述」, 『東北考古與歷史 第一輯』, 1982.

41 신의주력사박물관, 「1966년도 신암리유적발굴간략보고」, 『고고민속 67-2』, 31967.

42 金元龍, 『韓國考古學槪說(3판)』, 一志社, 1986.

43 근년에 조사된 울주蔚州 검단리檢丹里(1990. 2~4월, 부산대학교)와 부여 송국리(1992. 6월, 공주박물관)에서 확인되었다. 보고서 미간.

44 지금까지 조사된 신석기시대의 무덤으로는 부천 시도矢島, 부산 동삼동東三洞, 춘천 교동校洞, 울진 후포리厚浦里, 통영 연대도烟臺島 유적 등을 들 수가 있다.

45 崔夢龍, 『光州 松岩洞 住居址』, 全南大學校博物館, 1979.

46 崔盛洛, 『靈岩 長川里 住居址 I·II』, 木浦大學校博物館, 1986·1987.

47 崔夢龍 외, 「大谷里 도롱 住居址」, 徐聲勳·成洛俊, 「大谷里 도롱·한실 住居址」, 『住岩댐水沒地域 文化遺蹟發掘調査報告書(VI)』, 1989.

48 姜仁求 외, 『松菊里I』, 國立中央博物館, 1979.

49 국립중앙박물관에 의해 1967년부터 4차에 걸쳐 발굴되었으나 보고서 미간.

50 李榮文, 「全南地方 支石墓 硏究」, 檀國大碩士學位論文, 1987.

51 池健吉, 「東北아시아 支石墓의 型式學的 考察」, 『韓國考古學報 12』, 1982.

52 李榮文, 위 논문(주50), 1987.

53 趙由典, 위 글(주21), 1984.

54 李健茂·徐聲勳, 위 책(주22), 1988.

55 林炳泰, 위 글(주23), 1987.

56 金元龍, 『新昌里 甕棺墓地』, 서울大學校考古人類學叢刊第一冊, 1964.

57 金元龍, 앞 책(주42), 1986.

58 池健吉, 「支石墓社會의 復原에 관한 一考察」, 『梨花史學硏究 第13·14 合輯』, 1983.

59 ① 梅原末治·藤田亮策, 『朝鮮古文化綜鑑 第一卷』, 1947.
    ② 有光敎一, 『朝鮮磨製石劍의 硏究』, 1959.

60 1988~89년에 모두 전남대학교박물관에 의해 발굴되었으나 보고서 미간.

61 宋正炫·李榮文, 위 글(주19), 1988.

62 尹德香, 위 글(주20), 1988.

63 금강이나 영산강 유역에서 청동기 일괄유물이 출토되는 무덤유적에 대해서는 지금까지 막연히 돌널무

덤으로 불러왔다. 그러나 이 유구들에서는 대부분 부식된 상태의 목질흔木質痕이 검출되었고 특히 화순 대곡리大谷里 유적에서는 통나무로 만들어진 널조각이 출토되었다. 또한 무덤의 둘레에서는 돌널의 부재라 하기에는 너무 많은 양의 돌들이 나왔고 예산 동서리東西里*에서와 같이 원래 무덤 위에는 두두룩한 돌무지가 이루어진 곳도 있었다. 따라서 한반도 서남부에서 이루어진 이 무덤들은 돌널이라 기보다는 오히려 돌무지널무덤으로 보아야 할 것이다.(* 池健吉,「禮山東西里 石棺墓出土 靑銅一括遺物」, 『百濟硏究 9』, 忠南大百濟硏究所, 1979.

64 安田喜憲 外,「韓國における環境變遷史と農耕の起源」,『韓國における環境變遷史』, 1980.

65 池健吉,「東北아시아 支石墓의 型式學的 考察」,『韓國考古學報 12』, 1982.

66 池健吉,「墓制 II(石棺墓)」,『韓國史論 13』, 國史編纂委員會, 1983.

67 尹武炳,『韓國靑銅器文化硏究』, 藝耕産業社, 1991.

68 趙由典,「全南和順 靑銅遺物一括 出土遺蹟」,『尹武炳博士回甲紀念論叢』, 1984.

69 李健茂·徐聲勳,『咸平草浦里遺蹟』, 國立光州博物館, 1988.

70 金元龍,『新昌里 甕棺墓地』, 서울大學校考古人類學叢刊第一冊, 1964.
    이 유적은 1992년 여름 국립광주박물관에 의해 긴급 발굴되어 나무 괭이 등 많은 유물이 출토되어 다시금 그 중요성이 인식되었다. 보고서 미간.

71 李榮文,「全南地方 支石墓 硏究」, 檀國大博士學位論文, 1987.

72 李榮文, 위 논문(주 71), 1987.

73 池健吉,「湖南地方 고인돌의 型式과 構造」,『韓國考古學報 25』, 1990.

74 全羅南道,『榮山江水沒地區遺蹟發掘調査報告書』, 1976.

75 崔夢龍,「大草·潭陽댐 水沒地區遺蹟發掘調査報告」, 위 책(주 74), 1976.

76 崔夢龍·李榮文·趙現鐘,『同福댐 水沒地區 支石墓發掘調査報告書』, 1982.

77 木浦大博物館,『靈岩 靑龍里·長川里 支石墓群』, 1984.

78 全南大博物館·全羅南道,『住岩댐 水沒地區 文化遺蹟發掘調査報告書 I~Ⅶ』, 1987~1990.

79 全南大博物館 외, 위 책(주 78)I~IV, 1987~1988.1

80 池健吉, 앞 글(주 73), 1990.

81 a.梅原末治·藤田亮策,『朝鮮古文化綜鑑 第一卷』, 1947.
    b.有光敎一,『朝鮮磨製石劍の硏究』, 1959.

82 梅原末治 外, 위 책(주 81a), 1947.

83 지건길·조현종,『여천 월내동 고인돌』, 국립광주박물관, 1992.

84 1988~90년 사이에 모두 전남대학교박물관에 의해서 발굴조사되었으나 봉계동 조사분만 보고서가 나오고 나머지는 미간. 李榮文,『麗川市 鳳溪洞 支石墓』, 全南大博物館·麗川市, 1990.

85 崔夢龍, 앞 글(주 75), 1976.

86 고창은 전남과 바로 인접한 곳으로 전북지방에서 가장 많은 고인돌이 분포되어 있다. 특히 이곳 상갑리上甲里 일대에는 2km의 거리에 600여 기의 고인돌이 분포되어 한반도에서는 최대의 밀집지역으로 꼽히고 있다.
    全北大博物館,『高敞地方文化財報告書』, 1984.

87 尹德香,「德峙里 신기 支石墓」, 앞 책(주 61(III)), 1988.

88 木浦大博物館, 앞 책(주 77), 1984.

다만, 출토유구의 성격이 불확실한 세모칼의 출토 예로는 영암 월송리에서 채집된 5점분의 세모칼을 들 수가 있다.

*金元龍, 「靈岩郡 月松里의 石器文化 – 三角形石刀를 중심으로 – 」, 『震檀學報 24』, 震檀學會, 1963.

89 李榮文, 「湖南地方의 支石墓 出土遺物에 대한 考察」, 『韓國考古學報 25』, 1990.

90 徐聲勳·李榮文, 「康津永福里支石墓 發掘調査報告書」, 國立光州博物館, 1983.

91 宋正炫·李榮文, 「牛山里 내우 支石墓」, 『住岩댐 水沒地域文化遺蹟發掘調査報告書(II)』, 1988.

92 尹德香, 앞 글(주 87), 1988.

93 〈주 84〉와 같음.

94 梅原末治·藤田亮策, 有光教一, 앞 책들(주 81 a,b).

95 木浦大博物館, 앞 책(주 77), 1984.

96 趙由典, 앞 글(주 68), 1984.

97 李健茂·徐聲勳, 앞 책(주 69), 1988.

98 李健茂 외, 「義昌 茶戶里遺蹟 發掘進展報告(I)」, 『考古學誌 第1輯』, 1989.

99 청동기 일괄유물이 출토된 금강 유역의 무덤 가운데 대전 괴정동, 아산 남성리, 예산 동서리 등지에서는 널빤지로 생각되는 목질 흔적이 검출되었을 뿐 아니라 많은 양의 막돌이 나와 돌무지널무덤의 특성을 보여주었다.

100 尹武炳, 앞 책(주 67), 1991.

101 全榮來, 「完州上林里出土 中國式銅劍에 關하여」, 『全北遺蹟調査報告書 第6輯』, 全州市立博物館, 1976.

102 林炳泰, 「靈岩出土 靑銅器鎔范에 대하여」, 『三佛金元龍敎授停年退任紀念論叢 I』, 1987.

한국 청동기시대 연구의 현황과 문제점

한 세기에 가까운 한국 고고학사에서 '청동기시대' 연구의 역사가 차지하는 기간은 다른 분야에 비해서 비교적 짧다고 할 수 있다. 1960년을 전후해서 남·북한에서 각기 앞서 신석기 유적과는 층위를 달리하며 구분되어 나오는 특징적인 유물상을 통해 비로소 과거 '금석병용기金石倂用期'라는 막연한 시대 구분의 개념에서 벗어난 '새로운' 시대의 유적들이 속속 조사되기에 이르렀다. 이후 이 시기는 '청동기시대'로 설정되었고 이 시대의 고고학은 지금까지 우리 선사고고학의 모든 부문 가운데 가장 활발한 조사와 연구가 이루어지는 분야가 되었다.

청동기시대 유적의 특성을 부각시켜주는 요소로는 우선 여기에서 출토되는 유물의 성격을 들 수가 있다. 앞서 신석기시대 층위에서의 빗살무늬토기를 비롯한 이른바 '유문토기有文土器'와는 구별되는 '민무늬토기(無文土器)'의 출현과 본격적인 '간석기(磨製石器)'의 제작 등이 그것이다.

그러나 무엇보다도 이 시대의 성격을 표출시켜주는 결정적인 자료는 바로 청동제의 유물, 즉 '청동기'들이라고 할 수 있지만 초기에 해당되는 유적에서 이 유물들의 출토 예가 앞서 토기·석기류와는 비교할 수 없을 정도로 극소량에 불과하였다. 따라서 이 시대의 편년문제가 아직 뚜렷한 갈피를 잡지 못하고 있는 것은 바로 이러한 청동유물의 반출 예가 극히 제한되어 나타나는 것도 한 요인이라고 할 수 있다.

지금까지 이루어진 활발한 조사·연구의 진척과 끊임없는 자료 축적에도 불구하고 청동기시대의 연구에는 도리어 다른 어느 분야보다도 풀어야 할 많은 문제점을 안고 있다고 할 수 있다. 이것은 지금까지 이루어지고 있는 방법론의 문제에서 어떤 실마리를 찾아야겠지만 지금으로서는 몇몇 가설의 전제 아래에서 보다 논리적인 해결에의 시도가 이루어지는 것이 가장 최선의 접근방법이라고 할 것이다.

첫째, 청동기시대의 개념문제이다. 지금까지 관련학자들에 의해 거론되어온 이 시대의 개념설정은 크게 두 가지로 나눌 수 있다. 하나는 우리 청동기문화의 권역圈域문제이고 다른 하나는 청동기의 직접적인 제작과 사용 여부에 관한 문제이다.

우선 권역문제에서 과연 우리나라 청동기문화권을 한반도에 국한할 것이냐, 혹은 이웃 중국의 동북지방 일부 지역까지 확대 포함할 것이냐에 관한 것이다. 북한의 학계에서는 일찍부터 소위 고조선古朝鮮의 범위에 결부시켜 중국 동북지방까지 우리 청동기문화권에 포함해온 데 반해 남한의 학자들은 최근까지도 한반도에만 이를 국한해 왔다. 그러나 근래 이 지역의 자료 입수가 수월해지고 연구가 한층 심화되면서부터 우리 쪽에서도 과감하게 중국 동북지방과의 연계連繫가 차츰 이루어지고 있는 실정이다.

다음으로 이 시대에 처음부터 청동기가 제작·사용되었는지에 관한 문제이다. 지금까지 우리가 부여하는 초기 청동기시대의 문화요소로 이른 시기의 민무늬 계열 토기류와 석기가 출토되는 일련의 유적들이지만 적지 않은 이 유적들로부터의 청동유물의 출토 예는 극히 드물다.

따라서 이처럼 청동유물이 예외적이라 할 만큼 빈약한 상황에서 과연 시대설정이 가능할 것인가에 대한 문제에 대해서도 보다 치밀한 검토가 이루어져야 할 것이다.

둘째, 편년編年과 시대구분 문제이다. 지금까지 이루어진 청동기시대의 편년문제에서 가장 논의의 초점이 되어온 부분은 바로 그 개시開始 시기에 관한 부분이다. 처음으로 우리나라에서 청동기시대의 존재가 논의되기 시작했던 60년대만해도 그 시작을 서기전 1000년대의 중엽경으로 설정했지만 이후 그 시기가 차츰 올라가 남한에서도 학자에 따라 약간의 오르내림은 있지만 지금은 대개 서기전 1000년경까지 올려 잡고 있다.

한편 북한에서는 일찍부터 이보다 1000년 이상 더 올려보고 있는데 이는 청동기시대의 대표적 유적이라고 할 수 있는 고인돌의 형식학적 편년체계에 바탕을 둔 그들 나름의 편년관으로 보아야 할 것이다.

지금까지 이루어진 우리 편년체계의 근거자료는 대부분 유적이나 유물의 형식 분류에 따른 것들로서 연구자에 따라 기준과 근거가 달라질 수밖에 없기 때문에 다분히 주관적인 편년설정으로 일관되어 왔다고 할 수 있다.

이와 같은 편년체계를 객관화할 수 있는 과학적인 연대측정의 결과가 우리나라에서는 유난히 홀대받고 있으며 특히 이 시대의 연구에서는 적지 않은 자료의 축적에도 불구하고 편년자료서는 거의 도외시되고 있는 형편이다. 물론 시료試料 채취 때의 오염 등으로 측정결과에서 나타난 지나치게 큰 편차偏差 등, 다소의 문제점도 있지만 이러한 어려움을 극복하면서 우리나라 청동기시대의 편년체계가 과학적인 자료를 바탕으로 하루 빨리 이루어져야 할 것이다.

청동기시대의 편년문제와 관련하여 한국고고학계에서 이루어지고 있는 시대구분의 정립도 풀어나가야 할 과제 중의 하나이다. 즉, 한반도에 철기문화가 처음 유입된 이후의 3~4세기 동안은 아직도 이곳에서 청동기가 성행하고 있어 이 기간을 후기後期 청동기시대, 혹은 청동기시대 제II기로 설정하고 있는 형편이다.

물론 이 시기의 초반에는 출토되는 철기의 양보다 청동기가 월등하다고는 하지만 이미 철기가 유입되어 실용화 단계에 접어든 이상 우리는 이 시기에 초기 철기시대라는 시대구분의 명칭을 부여하는 것이 당연하리라고 생각된다.

셋째, 체계적 연계조사에 의한 연구 성과의 기대이다. 비슷한 시기에 동일 지역에서 이루어진 서로 다른 성격의 유적들에 대한 연계조사의 필요성은 한 지역의 문화를 해석하는 데 필요불가결한 요소라고 할 수 있다. 지금까지의 결과만으로 볼 때 대부분의 조사는 제반 여건의 제약에 따라 제한된 국지局地 발굴의 범위에서 크게 벗어나지 못한 것이 우리의 실정이었다. 그러나 보다 완벽한 문화 복원을 위해서는 한 지역에 이루어진 모든 생활유적과 매장유적, 혹은 제사유적 등이 종합적으로 조사 분석되어야 할 것이다.

여기에서 얻어진 조사결과를 바탕으로 하여 당시 주민들의 물질생활과 정신생활에 대한 연구가 입체적으로 이루어져야 함은 매우 당연하다. 이를 위해서는 지금까지 예산과 시간에 얽매일 수밖에 없는 발굴, 특히 구제救濟발굴의 제약 범위를 완화하여 보다 광범위하고 철저한 학술조사를 기할 수 있도록 국가적인 비호와 배려가 이루어져야 할 것이다.

마지막으로 인접 학문과의 새로운 협력체제의 구축이다. 이 분야는 비단 청동기시대뿐 아니라 고고학의 모든 분야에서도 요구되지만 특히 이 시대의 문화 복원작업에는 필요불가결한 요소라고 할 수 있다.

앞서 편년 자료의 체계화를 위한 방사성탄소 연대측정 등 각종 자연과학적 이론을 바탕으로 한 절대絶對연대측정 작업이 선행되어야 할 것이다. 이와 함께 청동기 등 금속유물에 대한 과학적 성분분석을 통한 원류와 전파문제, 주조와 합금기술의 분석을 통한 제작시기의 추정 등 그 응용 범위는 거의 무한정하다고 할 수 있다.

또한 최근에 부각되고 있는 유전인자遺傳因子에 의한 분석 작업을 통해서는 청동기시대의 농경문제 등 지금까지 고고학자들이 상상해 보지도 못한 깊고 넓은 부분까지도 그 적용범위가 가능해질 것으로 기대한다.

지금까지 제시한 몇 가지 문제점들은 청동기시대의 보다 효율적인 연구성과를 기대하기 위한 극히 부분적인 것들에 불과하다고 할 수 있다. 그러나 이러한 문제점들이 하나 둘 풀려 나가면서 이 시대의 연구는 물론 한국고고학의 전 분야에 걸친 연구의 체계화, 활성화를 향한 기틀도 마련될 것이다.

(『박물관신문 306호』, 국립중앙박물관, 1997.2)

청동기와 초기철기문화

1. 머리말

청동기시대란 인류가 이 지구상에 나타나 오랜 석기시대를 거쳐 처음으로 금속기를 쓰기 시작한 시대이다. 지역에 따라서는 청동기에 앞서 금, 은 또는 구리와 같은 순금속 제품을 만들어 사용한 곳도 있지만 이 제품들은 재질의 유연성에 따라 간단한 장신구로 국한될 수밖에 없었다. 따라서 구리에다 주석 등 소량의 다른 금속을 섞어 녹여 만든 청동 합금은 강한 재질과 독특한 색택色澤 때문에 각종 실용도구나 의기儀器로 만들어져 빠른 속도로 주변 지역에 퍼져 나간 것으로 생각된다.

이렇듯 새로운 금속기의 출현은 지금까지 오랫동안 석기문화에만 의존해오던 인류의 물질문화뿐만 아니라 사회체제에 커다란 변화를 불러일으킨 계기가 되었다. 우선 이 금속기들의 출현으로 지금까지의 석기류와는 기능면에서 비교할 수 없는 생산능력의 증가를 가져왔고 이러한 기능적 향상으로 새로운 식량의 증산체제를 갖출 수 있게 되었다.

식량문제가 보다 풍요로워짐에 따라 인구가 증가되고 이러한 인구의 증가는 지금까지의 자급자족 체계에서 벗어나 새로운 분업과 교역의 사회형태를 갖추어

나가게 되었다고 할 수 있다. 이처럼 분업과 같은 사회형태의 다변화가 이루어지면서 각 직업 간에 차별성이 나타나고 이 차별성은 곧 계급의 분화로 이어지면서 강력한 지배계급의 출현과 함께 원시국가(근동지방에서는 도시국가)의 발생이 이루어지게 되었다.

이러한 사회체제의 변화는 인류사의 발달진화에 획기적인 계기를 가져왔고 따라서 인류의 고대문명 발상지로 꼽고 있는 곳들도 바로 이들의 발달된 청동기문화에서 비롯된 곳들이라고 할 수 있다.

사회체제가 진화함에 따라 이 집단들에서는 물질문화의 변혁과 함께 지금까지와는 다른 새로운 정신세계의 산물들이 출현하게 된다. 집단의 영역이 넓어지면서 소집단 사이의 통신수단으로 이용되던 각종 부호符號가 체계화된 새로운 문자가 발생하고 거석문화巨石文化와 바위그림(岩刻畵) 등이 출현하게 되었다.

거석문화란 자연석 그대로, 또는 일부만을 가공한 거대한 덩이돌(塊石)로 이루어진 건조물로 매장이나 제사 등 의식적儀式的 행위와 관련된 문화양상을 일컫는다. 유라시아 대륙의 남반부 거의 전역에 걸쳐 주로 해안과 도서지방에서 강한 해양성을 보이며 분포하는 이 거석문화에는 선돌(立石), 열석列石, 둘림돌(環狀列石), 고인돌(支石墓) 등이 있으나 한반도를 비롯한 동북아시아 일원에서는 이 가운데 주로 선돌과 고인돌만 확인되고 있다.[1]

바위그림은 편편한 바위 면에 동물을 새기거나 이를 주제로 한 추상적 형상을 새긴 것으로 생산과 풍요를 기원하기 위한 의식적 행위의 산물로 생각되는데 이것들의 분포는 앞서 거석문화와는 달리 주로 유라시아 대륙의 북반부에 걸쳐 이루어지고 있다.[2]

한편 청동기시대에 뒤이어 나타나는 철기시대는 오늘날의 현대 문명에 직결되는 문화단계이지만 초기의 철 생산과 철기 제작이 제한되어 청동기와 함께 사용했던 시기를 따로 구분하여 초기철기시대로 부른다. 앞서 청동기에는 주로 의기나 의기적 성격을 갖춘 무기가 주류를 이루는 반면, 철기는 농기구나 무기 등 주로 실용적 성격을 갖는 것들이 대부분이다. 따라서 실생활에서 차지하는 비중은 청동기에 비해 월등하게 높고 또 생산량도 많아 짧은 시간에 생활도구로 확산되어 나갔던 것으로 보인다.

고대의 선진문화권의 일부 지역에서는 청동기시대에 이르면서 원시적인 문자가 만들어져 벌써 역사시대에 접어들지만 여타 대부분의 지역에서는 철기시대가 되어서야 비로소 문자가 나타나게 된다.

2. 청동기와 철기의 제작

청동기 제작에 앞서 순금이나 은, 또는 구리 등의 순금속 제품을 만들었던 지역에서는 이 재질들의 성격에 따라 특별히 열을 가하지 않고 두드려서 제품을 만들었던 냉연법(冷延法)이 쓰인 것으로 보인다. 이 순금속들 가운데 특히 구리는 그 생산량이 비교적 풍부할 뿐만 아니라 여기에 주석이나 미량微量의 아연, 또는 납을 섞으면 곱고 단단한 새로운 합금이 만들어지는 것을 알게 되면서 이러한 기술은 급속도로 주변 지역에 퍼져나가게 되었다.

청동의 합금기법은 지역에 따라 다소의 차이는 있을지라도 대개 70~95%의 구리에다 5~30%의 주석을 섞고 여기에 미량의 아연과 납을 섞어 가열한다. 가열에 의해 녹아 있는 상태의 청동을 만들고자 하는 도구의 모양이 새겨진 거푸집(鎔范)에 부어내려 간단한 손질을 가하게 되면 완성된 청동기가 만들어졌다.

그러나 고대사회에서는 채광採鑛 기술의 한계에 따라 합금에 필요한 재료를 구하는 일이 쉽지 않을 뿐 아니라 까다로운 합금기술로 실생활에서 이 청동기들의 사용은 극히 소수의 특수계층에 국한되었던 것으로 보인다. 따라서 대다수의 주민들이 사용했던 일상 도구들은 아직까지도 석기류가 대부분이었고 이 석기들의 사용은 철기가 보편화될 때까지 계속되었음을 알 수 있다.

한편, 철기는 청동기와는 달리 대부분 철광석鐵鑛石이나 사철砂鐵 상태로 존재하여 이를 녹여 철을 추출하는 비교적 까다로운 과정을 거쳐야 하지만 제련방법에 따라 다양한 재질의 철제품을 얻을 수 있는 이점이 있었다. 철기는 제조방법에 따라 크게 주조품鑄造品과 단조품鍛造品으로 구분된다.

3. 시대적 배경

석기시대에 뒤이은 청동기시대는 지역에 따라 그 시작(始期)과 끝(終期)이 다르게 나타나는데 인류사에서 가장 먼저 청동기문화가 출현한 곳은 근동近東 지방이라고 할 수 있다. 청동의 주조 기술이 처음으로 나타난 곳은 시리아와 메소포타미아, 이집트를 포함한 고대 오리엔트 지방으로 기원전 4000년기에 광범위한 청동기의 사용, 문자의 발명, 국가 조직의 성립과 함께 역사시대의 개시가 이루어진 것으로 생각된다.

모헨조다로Mohenjodaro와 같은 대규모 유적이 발굴된 인도 주변지역의 청동기문화 개시 시기는 기원전 3000년기 중반경, 중국에서의 청동기문화가 처음 등장한 것은 용산龍山문화 말기와 은대殷代 초로 기원전 2천년기 전반경에 해당하는 시기이다. 유럽에도 대략 이 시기쯤에 청동기술이 전해졌지만 원료의 제한에 따라 청동기는 일부 특수계층의 도구에 국한되었고 일반적으로 일상용구는 석기나 토기에 의존하는 생활이 한동안 계속되었던 것으로 보인다.

한반도의 청동기문화 성립에 결정적 역할을 담당했다고 여겨지는 시베리아의 미누신스크Minussinsk 청동기문화는 크게 안드로노보Andronovo기(1700~1200B.C.), 카라수크Karasuk기(1200~700B.C.)와 타가르Tagar기(700~200B.C.)로 나누어지는데 이 문화들의 일부가 중국의 내몽골과 동북지방을 거쳐 한반도의 청동기문화에 강한 영향을 미친 것으로 생각된다.

한편 철기문화가 가장 먼저 시작된 곳은 청동기문화를 처음 도입한 오리엔트 지방으로 이집트에서는 기원전 4000년경에 만들어진 운철제隕鐵製의 장신구가 출토되기는 하지만 처음으로 용해과정을 거쳐 제작된 것은 기원전 3000년경으로 생각된다. 그러나 철기가 실용기로서 본격적으로 보급되기는 기원전 2000년기 중반경으로 특히 히타이트Hittite 왕국은 철제무기로 무장한 새로운 전술을 바탕으로 주변 국가를 정벌하여 강력한 제국을 건설하기도 하였다.

유럽과 인도에서는 기원전 1000년대에 들어와 보급되기 시작하였는데 특히 유럽에서는 기원전 900년경 할슈타트Hallstatt 문화기에 나타나 다음의 라텐La Téne 문화에 이르러 크게 성행했던 것으로 보인다.[3]

한반도 철기문화의 모체를 이루는 중국에서의 철기 사용은 춘추·전국(春秋·戰國)시대(770~221B.C.)부터이며 특히 진秦나라에서는 무기로 성행했고 다른 북방 제국諸國에서는 농기구 등 생활도구로도 널리 사용되었다. 한반도에 철기가 들어온 것은 전국 말기로 특히 철제 일괄유물과 반출되는 명도전明刀錢의 존재를 통해 연燕나라 등 중국 동북지방의 철기문화가 한반도의 북부지방을 거쳐 남하해온 것으로 생각된다.

4. 한반도의 청동기·초기철기문화

해방 전 일본인 학자들은 한반도의 초기 금속기문화의 출현을 일본 고고학에서의 양상에 비추어 청동기와 철기가 거의 동시에 나타났다고 보았으며, 따라서 신석기시대에 이어 계속되는 이 시기를 그들은 '금속병용기金石倂用期'라는 특수한 시대구분으로 설정하였다.

그러나 해방 이후 한반도 내에서 철기문화에 앞서는 순수 청동기문화의 존재가 확인되면서 한국 고고학에서 양 문화의 뚜렷한 시대적 구분이 확립되기에 이르렀다. 다만 철기시대의 초기 단계에는 아직 청동유물의 차지하는 비중이 컸기 때문에 학자에 따라서는 이 시기를 청동기문화 II기, 혹은 후기 청동기문화로 분류하기도 하였다. 그러나 설사 출토된 유물의 수량이 미약할지라도 일단 철기가 출현한 단계인 만큼 이 시기는 당연히 초기철기시대로 구분되어야 할 것이다.

한반도에 청동기문화가 처음 출현한 시기에 대해서는 남·북한의 학계에서 각기 적지 않은 이견을 보이고 있으며 국내의 학자들 사이에서도 서로 다른 편년관의 차이가 나타나고 있다. 그러나 한반도에 인접한 요녕(遼寧) 지방에서의 초기 청동기문화⁴와 용천龍川 신암리新岩里⁵ 등 서북지방 청동기문화의 유입시기를 감안할 때 대략 기원전 10세기경으로 잡을 수 있을 것이다. 다만 처음부터 청동기가 현지에서 실제 제작되었는지에 대해서는 아직 뚜렷한 자료가 없지만 앞서 신암리 등 서북지방의 유적에서 초기 청동제품이 적지 않게 출토되는 것으로 보아 이때부터 청동기시대에 접어들었다고 보아야 할 것이다.

기원전 3~4세기에 이르러 한반도 내에서는 한국식 동검을 비롯한 다량의 청동기 일괄유물이 제작되고 비슷한 시기에 위원渭原 용연동龍淵洞에서 처음으로 철기가 나타나지만 그 이후로도 한동안 청동기는 철기와 공존된 상태를 유지해 나가다가 차츰 철기가 주류를 이루게 된다. 바로 이 시기가 초기철기시대에 해당되며 그 시기는 다음의 원삼국시대가 시작되는 기원 전후까지로 편년될 수 있다.

1) 청동기시대의 문화

우리나라 청동기문화의 원류에 대한 연구는 시베리아와 만몽滿蒙지방 등 이른바 북방문화권과 연계되어 이루어지고 있음은 앞서 언급한 바와 같다. 해안이나 하천변에서 생활하면서 주로 고기잡이(漁撈)나 사냥(狩獵)에 의존하던 이전의 신석기시대 주민들과는 달리, 이 시기의 주민들은 내륙으로 들어와 움집(竪穴住居) 생활을 하며 농경(벼·보리·피·콩·조·기장)과 목축(돼지·소·말·개)으로 생계를 유지해 나갔다.

우리가 오늘날 주식으로 삼고 있는 쌀농사도 바로 청동기시대의 이른 시기에 들어와 점차 한반도 전 지역으로 퍼져 나간 것으로 생각된다. 이처럼 주민들의 생활상이 채집경제에서 생산경제의 체제로 바뀌게 되면서 본격적인 정착생활이 이루어지고 지역에 따라서는 후기에 이르러 대규모의 취락聚落이 형성되기에 이르렀다.

민무늬토기를 사용하던 이 주민들은 앞서 신석기인들의 둥근(圓形) 집자리와

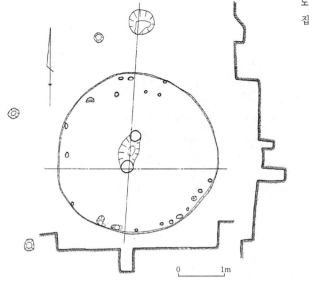

는 달리 대부분 네모난 방형, 또는 장방형의 집자리에서 생활했지만 부여 송국리
松菊里 등지에서와 같이 방형과 함께 원형의 집자리가 함께 나타나는 곳도 있다(도
I-54).[6]

　　이 시대에 이르면 한 유적지 안에서의 집자리 수가 신석기시대에 비해 훨씬
밀집된 분포를 보이는데 이는 인구의 증가에 따른 취락의 대형화를 나타내는 것
으로 보인다. 이렇듯 대규모의 취락이 형성되면서 곳에 따라서는 이 취락들의 방
호防護와 경계境界를 나타내기 위한 둥근 도랑(環濠)시설이 이루어진 곳도 있다.

　　주민들의 정착생활이 이루어지면서 본격적인 매장 풍습이 나타나고 암각화와
같은 주술적 의미의 예술활동이 나타나는 등 새로운 정신세계가 펼쳐지게 된다.
이 시대에 가장 성행했던 무덤으로는 고인돌(支石墓)을 들 수 있으며 이 밖에 돌널
무덤(石棺墓)과 독무덤(甕棺墓), 구덩무덤(土壙墓)이 시기와 지역적 분포의 밀도를
달리하면서 거의 한반도 전역에 걸쳐 나타나고 있다.

　　고인돌은 우리나라 청동기시대의 전 기간에 걸쳐 나타나는 이 시대의 가장 대
표적인 무덤으로 보통 4매의 넓적한 굄돌(支石)을 땅 위에 세워 네모난 돌방(石室)
을 만들고 그 위에 덮개돌(上石)을 씌운 북방식北方式 고인돌(도 I-55)과 지하에 무

도 I-55 북방식 고인돌(강화 부근리)

도 I-56 남방식 고인돌(고창 죽림리)

덤(墓槨)을 만들고 땅 위에는 보다 두툼한 덮개돌만 얹은 남방식南方式(도 I-56)으로 구분된다. 이것들의 각 형식은 그 구조적인 차이와 함께 이름 그대로 한반도의 북부와 남부지방에서 각기 분포의 상황을 달리하면서 나타나는데 그 경계는 대체로 북한강이 된다.[7]

고인돌에서 출토되는 유물의 종류와 수량은 매우 한정되어 적은 양의 석기와 토기류가 대부분이고 드물게는 대롱옥(管玉)과 같은 장신구도 나오는데 근년에 이르러 남해안의 일부 유적에서 요녕식동검을 비롯한 청동유물이 나와 이 지방 고인돌의 특징적 성격을 보여주고 있다.

돌널무덤(도 I-57)은 구덩이를 파내고 여기에 판돌(板石)이나 깬돌(割石)을 잇

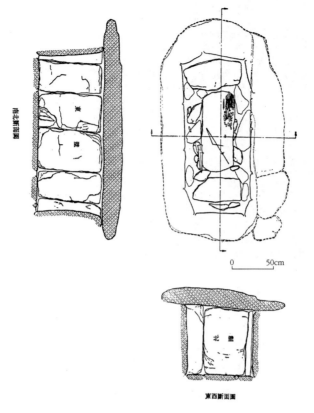

도 I-57 부여 송국리
돌널무덤

대어 널을 만든 무덤으로 대부분의 유구가 땅 속에 묻혀 있어 계획적인 학술조사
보다는 우연한 동기에서 발견되어 사후조사가 이루어지는 경우가 많다. 이 돌널무
덤은 고인돌과 함께 한반도의 청동기시대 거의 전 기간에 걸쳐 만들어진 묘제이
지만 조사된 돌널무덤의 수는 고인돌에 비해 훨씬 적고 이에 대한 학술적 성과도
매우 한정되어 있다.[8]

　　대개 판돌로 이루어진 초기의 돌널무덤에서 출토된 유물 가운데 가장 빈도가
높은 것은 간돌검(磨製石劍)과 돌살촉(石鏃) 등(도 I-58) 석기류이지만 서북지방과
금강 유역의 무덤에서는 단추(銅泡), 나래살촉(兩翼式銅鏃), 요녕식동검 등 이른 시
기의 청동유물들이 수습되고 있다. 청동기 일괄유물이 출토되기 시작한 것은 이
시대의 마지막 단계에 나타나는 깬돌로 쌓아올린 돌널무덤에서인데 이 유물들은

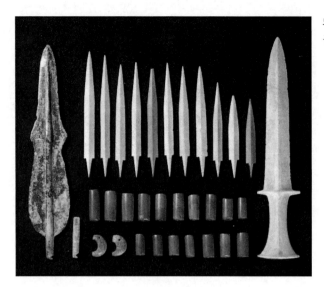

다음의 초기철기시대에 만들어지는 돌무지널무덤에 이르러 종류와 수량이 크게
증가하게 된다.

독무덤은 흙으로 빚은 독을 이용해서 묻는 매장시설로 청동기시대 이래 삼국
시대에 이르기까지 꾸준히 이루어진 묘제이다. 대개 두 개의 독을 아가리끼리 이
어 맞춘 것(合口式)이 많지만 드물게는 한 개(單甕式), 또는 세 개(三甕式)로 이어진
것도 있는데 청동기시대에 만들어진 초기의 독무덤은 한 개의 독을 세워 묻고 아
가리에 돌 덮개를 덮어 씌웠다.

초기의 독무덤이 조사된 곳은 부여 송국리와 남산리南山里⁹로 이 지역의 송국
리식 토기를 세워 묻은 독널의 바닥 가운데에 지름 3cm 안팎의 구멍이 뚫려 있었
다.

구덩무덤은 매장을 위해 구덩이를 파내고 여기에 나무널(木棺)을 안치하거나
시신을 그대로 묻는(土葬) 묘제인데 발굴 당시 널과 같은 구조물은 썩어 없어지고
구덩이만 남아 있기 때문에 초기철기시대 이후 꾸준히 나타나는 널무덤(木棺墓)과
는 구별된다. 이 무덤의 조사 예는 매우 드물어 지금까지의 청동기시대 구덩무덤
으로는 앞서 독널무덤과 함께 발굴이 이루어진 부여 남산리가 유일한 유적이라고
할 수 있다.

도 I-59 민무늬토기(부여 송국리)

도 I-60 붉은간토기(진주 출토)

　청동기시대에 이르렀다고는 하지만 이 시대의 유적에서 출토되는 청동유물은 수적으로 극히 제한되어 있고 실제 제작·사용된 유물의 대다수는 아직 토기와 석기가 주류를 이루게 된다.

　토기로는 앞서 신석기시대의 토기들과는 달리 그릇 표면에 아무런 무늬가 나타나 있지 않은 민무늬토기(도 I-59)가 널리 만들어지지만 지역과 시기에 따라 그릇의 형태와 종류가 다양하게 나타난다. 일반적으로 두께가 두텁고 형태도 아가리가 넓으며 밑바닥이 좁은 깊은 바리모양(深鉢形)이 주종을 이루는데 북한에서는 이것을 팽이토기(角形土器)라고 부른다. 이 밖에도 아가리 언저리에 구멍이 뚫린 구멍토기(孔列土器)가 비교적 이른 시기의 생활유적에서 출토되고 이 밖에 붉은간토기(紅陶)(도 I-60), 가지무늬(彩文)토기가 대부분 무덤유적에서 출토되고 있다.

석기로는 간돌검, 돌살촉 등 무기류와 도끼(石斧)나 반달칼(半月形石刀)과 같은 이기利器류 등이 주로 고인돌이나 돌널무덤과 같은 무덤유적에서 출토되고 있다.

한편 청동기는 이 시대의 늦은 시기에 이루어진 돌널무덤에서의 출토 예가 많으며 고인돌에서는 유적의 빈도에 비해 그 종류와 수량에서 극히 제한적으로 출토되고 있다. 최근 여천麗川을 비롯한 남해안의 고인돌에서는 요녕식遼寧式 청동기를 포함한 비교적 이른 시기의 유물들이 적지 않게 수습된 바 있다.

나. 초기철기시대의 문화

청동기시대의 막바지에 해당되는 서기전 4세기말~3세기 초경에 한반도의 서북지방에는 중국으로부터 새로운 철기문화가 유입되었다. 이 철기류는 각종 무기와 이기利器 등 주로 실용기에 해당하는 것들로 명도전明刀錢을 비롯해서 전국시대에 만들어진 화폐들이 함께 나와 출토유물의 시기적 배경을 나타내주고 있다.

이 시대의 집자리는 앞서 청동기시대에 비해 조사 예가 적은 편이지만 취락의 규모는 훨씬 방대해져 순천 대곡리大谷里[10]에서처럼 전후前後시기의 것들과 함께 수십 기에 이르는 집터가 좁은 구역에 밀집되어 있는 경우도 있다(도 I-61). 무덤 유적으로는 앞서 청동기시대의 고인돌과 독무덤이 계속 만들어지는 한편, 이 시대에 이르러 새로이 돌무지널무덤(積石木棺墓)이 나오고 마지막 단계에 돌무지 시설이 없어진 널무덤(木棺墓)이 나타난다.

돌무지널무덤은 한때 돌널무덤(石棺墓)으로 인식되었던 묘제이지만 근년에 이루어진 정밀조사의 결과 돌무지 아래에 따로 나무널이 이루어진 구조물임을 밝힐 수 있게 되었다. 주로 금강과 영산강 유역 일대 등 한반도의 서남지방에서 조사된 이 무덤들에서는 한국식 동검(細形銅劍)을 비롯하여 창(銅鉾)·꺾창(銅戈) 등 무기류와 거울(銅鏡)·검파형(劍把形)·방패형(防牌形) 동기나 방울(鈴具)·종방울(鐸)

도 I-61 순천 대곡리 취락지

도 I-62 청동기 일괄유물
(화순 대곡리)

등 주로 의기적 성격이 강한 청동유물이 출토되며(도 I-62) 토기로는 검은간토기(黑陶)와 덧띠토기(粘土帶土器)가 함께 출토되고 있다.

돌무지널무덤에서 철기유물의 출토 예는 매우 드물어 장수 남양리南陽里[11](도 I-63)와 부여 합송리合松里[12]에서와 같은 금강 유역의 비교적 늦은 시기의 유적에서 나오고 있음을 알 수 있다. 여기에서 출토된 철기는 주조된 도끼(鐵斧)와 끌(鐵鑿)로 늦은 시기의 한국식동검과 창·꺾창·잔무늬거울(細文鏡) 등과 함께 출토되고 있으며 특히 합송리에서는 유리제의 대롱옥(管玉)도 나왔다.

한편 널무덤 계열의 무덤은 한반도의 대동강 유역과 낙동강 유역 일원에 편중되어 나타나고 있다. 이 무덤들에서 초기에는 청동기들이 주된 부장품으로 출토되

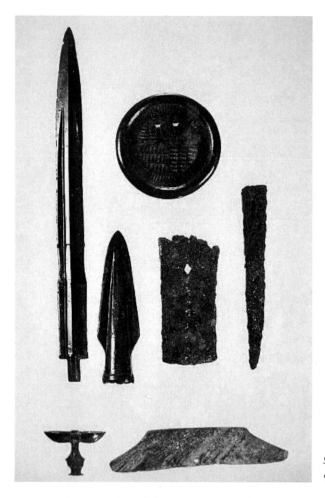

었으나 점차 철기류의 비중이 커지면서 한반도 금속문화의 변천과정을 잘 나타내
주고 있다.

이 널무덤들은 오랜 시간이 흐르면서 땅속의 널은 썩어 없어지고 구덩이만 드
러나기 때문에 구덩무덤(土壙墓)으로 불리던 묘제이다. 그러나 1970년대 이후 이
루어진 정밀조사의 결과 해방 이전부터 그때까지 출토 성격이 불분명한 상태로
수습되었던 청동기와 철기류 등 금속제 일괄유물의 대부분은 이 널무덤들 계열
의 유구에서 출토되었음을 알 수 있게 되었다. 특히 1988년부터 연차적으로 이루
어져온 창원 다호리茶戶里[13] 발굴을 통해서 이러한 널무덤의 실체가 뚜렷이 밝혀진

도 I-64 나무널(창원 다호리)

바 있다(도 I-64).

이 널무덤들은 다음 원삼국시대에 이르러 보다 대형화되면서 여기에 덧널시설이 보강되는 새로운 덧널무덤(木槨墓)의 출현을 맞게 된다.

　(『한국의 문화유산』-문화유산교육용도서①, '97문화유산의해조직위원회 한국문화재보
　호재단, 1997)

주

1　池健吉, 「巨石文化의 東과 西」, 『三佛金元龍敎授停年退任紀念論叢 1(考古與 篇)』, 1987.

2　黃龍渾, 『동북아시아의 岩刻畵』, 民音社, 1987.

3　Grahame Clark, *World prehistory in new perspective*(3rd edition), 1977.

4　許玉林 外, 「旅大地區新石器時代文化與靑銅器時代文化槪述」, 『東北考古與歷史』, 1982.

5　신의주력사박물관, 「1966년도 신암리유적 발굴간략보고」, 『고고민속 67-2』, 1967.

6　國立中央博物館, 『松菊里 I~IV』, 1978~1991.

7　池健吉, 「韓半島 고인돌 文化의 源流와 展開」, 『馬韓·百濟文化 13』, 1993.

8　池健吉, 「靑銅器時代 墓制II-石棺墓」, 『韓國史論13-韓國의 考古學II』, 國史編纂委員會, 1983.

9　尹武炳, 「公州郡 灘川面 南山里 先史墳墓群」, 『三佛金元龍敎授停年退任紀念論叢I』, 1987.

10　全南大博物館, 『住岩댐水沒地域 文化遺蹟發掘調査報告書VI』, 1989.

11　池健吉, 「長水南陽里出土 靑銅器·鐵器 一括遺物」, 『考古學誌 2』, 韓國考古美術硏究所, 1990.

12　李健茂, 「扶餘合松里遺蹟出土 一括遺物」, 『考古學誌 2』, 韓國考古美術硏究所, 1990.

13　李健茂·李榮勳 外, 「義昌茶戶里遺蹟 發掘進展報告 I」, 『考古學誌 1』, 韓國考古美術硏究所, 1989.

남해안지방 한대漢代 화폐

1. 머리말

고대사회의 경제적 발전단계는 초기의 자급자족이나 물물교환의 시대를 거쳐 고도화된 화폐경제 체제로 이어지게 된다. 고대의 화폐는 그것이 갖는 유통수단으로서의 사회경제적 의의뿐만 아니라 그 분포에 따른 경제권의 범위까지를 파악하는 중요한 자료가 되고 있다. 또한 화폐가 갖는 연대적 배경에 따라 고고학에서는 유적의 절대연대를 밝혀주는 일급자료로 그 유물로서의 중요성은 매우 크다고 할 것이다.

한반도에서 출토된 중국 고대의 화폐는 초기 철기문화의 유입이나 낙랑문화의 생성과 그 궤를 같이한다고 할 수 있다. 따라서 그 출토 지역도 대부분 중국문화의 직접적인 영향을 받았던 것으로 생각되는 한반도의 북부지방에 집중된 양상을 보인다. 그러나 한편으로는 이 지역과는 거리가 먼 한반도의 남해안 지방에서도 적지 않은 곳에서 한대漢代의 화폐가 출토되었다. 이 화폐는 그 출토 빈도에서 북부지방과 비교할 수 없을 만큼 미약하지만 주로 도서지방과 해안지역을 따라 출토하는 특이한 분포상을 보여주고 있다.

여기에서는 남해안 지방에서 출토된 한대 화폐의 성격을 알아보고 이것이 갖는 이 지역에서의 고고학적 의의를 살펴보기로 한다.

2. 한대 화폐의 성격

우리나라에서 출토된 한대를 전후하여 제작된 고대 중국의 금속화폐는 종류가 다양하고 분량도 적지 않다. 이 가운데 남해안에서 출토된 한대의 화폐는 오수전五銖錢과 화천貨泉이 주류를 이루지만 제주도 삼지항山地港에서는 이것들 외에도 대천오십大泉五十과 화포貨布가 일괄로 출토되었다.[1]

오수전은 한漢 무제武帝 원수元狩 5년(118 B.C.)에 처음 만들어진 뒤 위魏, 진晉과 남·북조南·北朝를 거쳐 수隋, 당대唐代에 이르기까지 계속적으로 통용되었다. 그 사이 후한後漢 광무제光武帝 건무建武 6년(30)에는 오수전을 버리고 철전鐵錢을 만들었다가 10년 뒤에는 다시 오수전을 썼으며 양梁 무제武帝 보통普通 4년(523)에는 처음으로 철제의 오수전을 주조하였다.[2]

이 오수전은 당 고조高祖 무덕武德 4년(621)에 폐지될 때까지 700여 년에 걸쳐 사용되는 동안 여러 차례 개주改鑄되어 모양과 크기, 그리고 글자체에 많은 변화가 있었다. 이 가운데 한대에 만들어진 오수전은 글자의 형태와 앞면에 나타난 특징적인 무늬의 성격에 따라 구별되는데 낙양소구한묘洛陽燒溝漢墓에서 출토된 오수전은 글자체의 형태를 기준으로 모두 5형식으로 분류되고 각 형식은 다시 무늬의 성격에 따라 몇 가지로 분류된다. 또한 무늬는 그 위치에 따라 천상穿上, 천하穿下, 또는 천방穿傍으로 나누고 무늬의 형태를 나타내는 유곽有郭(橫文), 유월아有月牙(半星), 일성一星, 사각결문四角決文 등으로 분류되며 이 밖에 무특징전無特徵錢, 마곽전磨郭錢 등으로 나뉜다.[3]

오수전은 한반도에서 출토된 한대의 화폐 가운데에서는 가장 그 빈도와 수량이 많은 것으로 남해안 지방에서는 마산 성산城山의 조개더미 1점, 의창義昌 다호리茶戶里의 널무덤에서 3점, 제주 산지항에서는 4점이 화천, 대천오십, 화포 등과 함께 수습되었고, 여천麗川 거문도巨文島에서는 오수전 980점이 한꺼번에 무더기로 출토되었다.

화천은 신新의 왕망王莽이 천봉天鳳 1년(14년)에 화포 등과 함께 주조한 이른바 왕망전王莽錢 가운데 하나로 네모난 구멍의 오른쪽에 "貨", 왼쪽에 "泉"자가 나타나 있으나 극히 드물게는 좌우가 반대로 찍힌 것들도 있다. 대개 지름 1촌寸(약 2.25cm)에 무게 5수銖(약 3.19g)의 이 화천은 후한 광무제 건무 16년(40)에 왕망의 화폐를 일률적으로 폐지하고 오수전을 부활시킬 때까지 활발히 제작되었으나 관사官私에서 다량으로 제작하여 크기와 무게 등이 일정치 않다.

이 화천에 대해서도 앞면의 천곽穿郭 유무와 그 형태, 뒷면의 천곽에 나타난 사각결문四角決文의 유무를 기준으로 하여 모두 세 가지로 분류가 이루어졌다.[4] 지금까지 발견된 유적의 분포는 신강성新疆省의 위구르 자치구에서부터 동쪽으로는 한반도와 일본에까지 미치고 있다.[5] 한반도에서는 앞서 오수전에 비해서는 출토량이 매우 적은 것으로 주로 평양 부근의 낙랑고분이나 토성, 그리고 남해안 지방에서는 김해 회현리會峴里와 해남 군곡리郡谷里의 조개더미에서 각 1점씩, 제주 산지항에서는 11점이 출토되었다.

한편 화포는 화천과 동시에 주조되어 통용된 화폐로 화포와 화천의 액면 가치는 대략 25:1정도였던 것으로 생각된다.[6]

대천오십은 왕망 직전인 거섭居攝 2년(7)에 당시까지 통용되던 오수전을 버리고 새로 주조한 화폐로 천봉天鳳 1년(14)에 화포와 화천을 주조하기 시작하면서 폐지되었다.[7]

이 왕망전은 그 제작기간이 매우 한정되어 있어(서기 7~40년) 출토된 유적의 절대연대를 추정하는 데 매우 긴요한 자료로 활용되고 있다.

여기에서는 한대의 화폐가 출토된 유적의 성격을 살펴보고 여기에서 나타난 형식상의 특징을 통해서 남해안 지역의 출토유적에 대한 연대의 일단을 살피기로 한다. 특히 오수전에 대해서는 낙양소구한묘에서 이루어진 형식분류를 바탕으로 한반도의 남한 일대에서 출토된 오수전을 검토함으로써 이 지역에서 나타난 한대의 화폐에 대한 전반적 성격을 알아보고자 한다. 따라서 여기에서 언급하는 각 오수전에 대한 형식분류는 이 낙양소구한묘를 기준으로 하여 이루어진 것임을 밝혀둔다.[8]

3. 출토유적

우리나라에서 출토된 대부분의 한대 화폐는 당시 지역 간의 교류나 낙랑문화의 영향으로 이 땅에 들어온 것들로 여러 곳에서 상당량이 출토되고 있다.

우선 북부지방에서는 평안도와 황해도 등 주로 서북지방에서 각종 철제품을 수반한 초기철기시대에 해당되는 널무덤(土壙墓)과 낙랑고분을 비롯하여 토성지에서도 출토되고 있다. 한편 남부지방에서는 제주도를 포함한 남해안에 국한되어 나올 뿐 중부지방과 남부 내륙에서는 아직 그 출토 예가 알려지지 않았다.[9]

이렇듯 한대 화폐가 편중된 지역에서만 출토되는 것은 각기 육로와 해로를 통한 교역 루트와도 관련지을 수 있겠으나 그렇다 하더라도 중·남부지역의 서해안에서는 아직 출토 예가 없음은 앞으로 보다 신중한 연구를 거쳐 해석해야 할 문제로 생각된다.

지금까지 남해안 지방에서 출토된 한대 화폐는 그 출토배경이 비교적 분명한 것들로 그 내용은 다음과 같다.

1) 마산 성산 조개더미(경남 마산시 외동 성산)(도 I-65)[10]

이 유적은 성산부락에 위치한 해발 49m의 작은 언덕에 이루어진 조개더미로 1973년에 문화재연구소에 의해서 발굴조사되었다. 조개더미는 언덕의 사방에 넓게 이루어져 있었으며 이 가운데 서남구의 C트렌치에서 오수전 1점이 출토되었다.

도 I-65 마산 성산 오수전

이것이 나온 위치는 표토층 아래에 이루어진 조개껍질층의 맨 아래층으로 이 층 위에서는 적갈색 연질토기와 회청색 경질토기 등의 원삼국기에 해당되는 이른바 김해토기가 함께 출토되었다.

오수전은 출토 당시 부식이 심한 상태였으나 환원처리에 의해서 거의 완전한 모습이 드러났다. 지름 2.4cm로 앞면에는 네모난 구멍의 윗변에 2개의 점이 있고 뒷면은 구멍의 둘레에 도드라진 내곽內廓이 이루어진 천상반성오수전穿上半星五銖錢이다. 글자가 비교적 굵은 편이며 글자체도 큰 편에 속한다.

"五"자의 가운데에서 X자 모양으로 교차하는 양 획이 구부러지고 위아래의 획은 양 획의 밖으로 약간 뻗쳤는데 아래 획은 구멍의 밑변에서 조금 치켜올랐다. "銖"자의 "金"부분 꼭지가 삼각형을 이루며 네 개의 점은 위아래로 같다. "朱"부분은 머리 쪽이 분명치 않지만 각 지게 꺾인(方折) 듯하고 아랫도리는 둥글게 휜 (圓折) 모양이다. 뒷면에는 구멍과 둘레의 내외주곽內外周郭만 뚜렷할 뿐 별다른 특징은 나타나 있지 않다. 이러한 몇 가지 특징으로 보아 이 오수전의 제II형식에 가까운 것으로 보인다.

보고자는 오수전의 연대를 감안하여 조개더미의 상한을 기원전 1세기경으로 추정하였다.

2) 의창 다호리 널무덤(경남 의창군 다호리)(도 I-66)[11]

해발 433m의 구룡산九龍山 줄기와 이어지는 표고 20m의 나지막한 야산과 논밭

① ② ③ 도 I-66 창원 다호리 오수전

에 이루어진 널무덤떼로 1988년부터 연차적인 조사가 계속되고 있다. 이 가운데 오수전이 출토된 1호 무덤은 구덩이 안에 깊이 240cm, 너비 85cm, 높이 65cm의 큰 통나무를 반으로 켜서 각각 속을 구유처럼 파낸 뒤 널의 몸체와 뚜껑을 만들었다.

널 밑의 구덩이 바닥 중앙에 다시 작은 구덩이를 파고 대나무로 짠 부장품 바구니가 들어 있었는데 여기에서 청동, 혹은 철제의 검, 창과 철제 도끼, 청동제의 거울(星雲鏡), 띠고리(帶鉤), 종방울(銅鐸), 나무로 깎아 만든 붓 등 많은 부장품과 함께 오수전 3점이 출토되었다.

3점의 오수전 가운데 천상횡문전穿上橫文錢과 사각결문오수전四角決文五銖錢이 각 1점씩이며 1점은 별다른 특징이 나타나 있지 않은 무특징전無特徵錢이다.

천상횡문전(도 I-66①)은 상태가 거의 완전한데 지름 2.5cm, 구멍 너비 0.96cm, 무게 2.9g으로 완전한 상태에 비해서는 가벼운 편에 속한다. 앞면의 글자체는 비교적 굵고 뚜렷하지만 뒷면은 내외 주곽마저 갈려서 없어졌다. 앞면에 나타난 "五"자 가운데 부분의 휜 정도가 앞서 성산 조개더미에서 출토된 것에 비해서 비교적 작고 위아래의 양 획은 모두 구멍의 가장자리에 못 미친다.

"銖"자의 "金" 부분 꼭지는 큰 삼각형을 이루었으며 가운데의 네 점은 작은 방점으로 처리하였다. "朱" 부분의 대가리는 각 지게 깎이고 아랫도리는 약간 둥글게 휘었다. 이러한 몇 가지 특징으로 보아 제II형식에 속한다고 할 수 있다.

사각결문전(도 I-66②)은 구멍의 위쪽에 제작 당시에 생긴 것으로 보이는 홈이 있고 글자체도 희미하다. 지름 2.55cm, 구멍 너비 1.3cm, 무게 3.25g으로 사각결문은 구멍의 아래쪽 양 귀퉁이에서만 보이고 위쪽에는 나타나 있지 않다. 글자체는 굵고 크기도 앞의 천상횡문전보다 커서 "五"자의 위아래 획이 구멍의 주곽에 거의 일치하며 가운데 양 획의 휜 정도도 덜하다. "銖"자는 "金"부분의 삼각형 꼭지가 약간 크게 나타날 뿐 나머지는 주조가 부실하여 분명치 않지만 천상횡문과 거의 비슷한 모양으로 생각된다.

유적의 연대는 함께 출토된 성운경星雲鏡 등과 함께 대략 기원전 1세기 후반쯤으로 추정된다.

무특징전(도 I-66③)은 지름 2.5cm, 구멍 너비 0.93cm, 무게 3.8g으로 3점 가운데 가장 무겁고 테두리도 제일 넓다. 완전한 모습을 갖추었지만 주조가 부실하여 전체적으로 글자체의 윤곽이 희미하다.

"五"의 크기와 모양은 사각결문전과 비슷하지만 글자체는 더 굵다. "銖"자 "金"부분의 삼각형과 "朱"부분의 머리 쪽이 각지게 꺾인 것 등으로 보아서는 천상횡문전과 비슷한 것으로 생각된다.

유적의 연대는 함께 출토된 성운경 등과 함께 대략 기원전 1세기 후반쯤으로 추정된다.

3) 제주도 산지항 유적(제주시 건입동 산지항)(도 I-67)[12]

이 유적은 1928년 산지항의 축조공사 시 암벽의 폭파 작업 중에 우연히 발견된 곳으로 출토유구의 성격이 불확실하지만 여기에서 오수전을 비롯한 각종 금속화폐와 청동제의 거울, 검코(鐳金具) 등 일괄유물이 수습되었다.

발견된 금속화폐는 오수전 4점, 화천 11점, 대천오십 2점, 화포 1점 등 대부분 신 왕망 시대에 제작된 것들로 유적의 하한연대를 분명히 해줄 뿐 아니라 시대 폭이 긴 오수전에서 이 형식이 갖는 연대적 성격을 가늠해 주는 중요한 자료가 되고 있다.

오수전 4점(도 I-67①~④) 가운데 1점은 녹이 많이 슬었지만(도 I-67④) 나머지 3점은 상태가 비교적 좋은 것들로 지름 2.51~2.62cm, 구멍 크기 0.92~0.99cm, 두께 0.12cm, 무게 2.71~3.0g이다. 상태가 좋은 3점 가운데 2점은 주곽이 뚜렷하고 1점은 흐릿하다. 모두 앞면에는 천곽이 없고 뚜렷한 기호 같

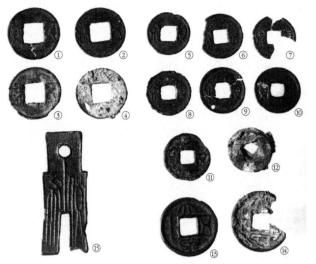

도 I-67 제주 산지항 오수전·
화천·대천오십·화포

은 것도 없는 무특징전들인데 도리어 뒷면에는 천곽이 뚜렷이 나타나 있다.

글자체는 비교적 굵은 편에 속하며 윤곽도 뚜렷하다. "五" 자의 위아래 획은 모두가 거의 구멍 가장자리까지 미쳐 있으며 가운데의 양 획은 너비와 휜 정도가 서로 다르다. "銖" 자의 "金" 부분은 꼭지의 삼각형이 작지만 뾰족하고 그 아래의 네 점은 위아래로 길다. "朱" 부분의 머리 쪽과 아랫도리는 모두 둥글게 휘었는데 1점의 "朱" 부분 밑동이 "金" 부분의 밑동보다 아래로 많이 처져 있다(도 I-67②).

글자체의 모양으로 보아 모두 제III형식에 속하는 것들인데 이와 같은 종류의 오수전은 여기에서 발견된 다른 종류 화폐의 축약된 연대와 부합시켜볼 때 한층 그 시대 폭이 좁아짐을 알 수 있다.

화천(도 I-67⑤~⑫) 가운데 형태가 분명한 것은 모두 7점으로 이중 6점은 오른쪽에 "貨", 왼쪽에 "泉" 자가 찍혀 있으나 1점(도 I-67⑩)은 그 반대로 찍혀 있고 글자도 좌서左書로 나타나 있는 것으로 보아 앞의 것으로 틀을 만들어 부었으리라고 생각된다.

지름 2.14~2.29cm, 구멍 크기 0.63~0.78cm, 두께 0.12~0.2cm, 무게 2.11~2.72g으로 각기 크기와 모양이 조금씩 다르다.

앞면에서는 모두 주곽이 비교적 뚜렷하지만 천곽은 3점에서만 보이고 뒷면에는 주곽과 천곽이 모두 나타나 있다. 글자의 굵기나 선명도에서 약간의 차이가 보일 뿐 뚜렷한 특징은 없는데 1점의 구멍 위에 오수전에서와 같은 반성문半星文이 나타나 있다(도 I-67⑥).

2점의 대천오십(도 I-67⑬⑭)은 각각 지름 2.73cm, 2.83cm, 두께 0.22, 0.23cm, 완형의 무게 5.76g으로 앞서 오수전이나 화천에 비해 크고 무겁지만 구멍은 0.77, 0.78cm로서 도리어 작다. 주곽과 천곽은 앞뒷면에 모두 나타나 있는데 너비도 다른 것에 비해서 훨씬 넓다. 2점 가운데 하나는 거의 완전한 상태이며 다른 하나는 오른쪽의 일부가 깨져 나갔다.

화포(도 I-67⑮)는 전체 높이 5.77cm, 다리 높이 3.87cm, 머리 너비 1.82cm, 어깨 너비 2.19cm, 한쪽 다리 너비 0.89cm, 두께 0.22cm로 머리의 가운데에 지름 0.53cm의 구멍이 뚫렸으며 무게는 12.83g이다. 구멍 가장자리를 따라 공곽孔郭이 이루어지고 구멍에서 요凹부의 가운데까지 이어진 세로줄로 양분되어 오른쪽에 "貨", 왼쪽에 "布" 자가 전체篆體로 도드라져 있는데 글자가 있는 양 가장자리가 가볍게 휘어들었다. 뒷면에는 글자 없이 세로줄만 나타나 있다.

4) 거문도 유적(전남 여천군 삼산면 사도리)(도 I-68, 69)

1977년 7월 11일 주민 임행래 씨(당시 41세)가 가옥을 신축하기 위해 바닷가에서 모래를 채취하던 중 우연히 수습한 것이다. 발견자의 증언에 의하면 그 둘레에서 오래된 목선의 부재로 생각되는 나무조각들과 함께 수습되었다는 것으로 보아 혹시 난파선에 적재되었던 것이 아닐까 하는 추정도 가능하지만 정확한 상황은 확인할 수가 없다.

이 일괄유물은 신고 후 광주시립박물관에서 보관해 오던 것을 1980년 8월 30일 국립광주박물관에서 인수받았다. 처음 시립박물관에 신고된 것은 모두 980점으로 되어 있으나 인수 시에는 일괄로 처리되었을 뿐 분명한 숫자가 기록되어 있지 않고 현재는 336점만 보관되어 그 사이에 상당량이 유출되거나 분실된 것으로 생각된다.

도 I-68
여천 거문도
오수전(일괄)

이 오수전들은 대부분 녹이 슬고 부식으로 손상된 것들도 많지만 상태 확인이 가능한 것도 상당수에 이른다. 크기와 두께, 글자의 형태 등에서 약간의 변화가 보이지만 대체적으로 비슷한 모양의 것들이다. 각 오수전에 나타난 특징을 통해서 대개 3종으로 구분할 수가 있는데 그 수량과 특징은 다음과 같다.

(1) 천상횡문오수전 74점

　　　지름 : 최대 2.66cm, 최소 2.48cm

　　　두께 : 최대 0.22cm, 최소 0.13cm

　　　무게 : 2.48~4.36g

동전 앞면에는 모두 주곽이 이루어졌지만 천곽은 없고 구멍 위에 가는 횡문橫文이 나타나 있다. 뒷면에는 대부분 천곽과 주곽이 보이는데 일부 도드라지지 않고 흔적만 남은 것도 있다. 이것들의 주곽, 천곽과 횡문의 굵기나 도드라진 정도가 일정치 않으며 이는 글자에서도 마찬가지이다.

도 I-69 여천 거문도 오수전

　"五"자의 위아래 획은 구멍의 귀퉁이에서부터 주곽에까지 미치고 대부분 구멍의 위아래 변과 평행하지만 일부 위 획이 약간 아래쪽으로 치우친 것들도 있다(도 I-69①). 가운데의 양 획은 대개 'S'자 모양으로 휜 상태에서 교차하지만 일부는 거의 직선을 이루면서 교차하는데(도 I-69②) 글자 전체의 너비는 전자에 비해서 후자가 좁은 편이다.

　"銖"자 "金"부분의 꼭지는 삼각형을 이루지만 뾰족한 정도가 다르며 가운데의 네 점이 작은 점으로 이루어진 1개(도 I-69③)를 빼고는 모두 위아래로 길다. "朱"부분의 머리 쪽은 대개 직각으로 꺾였으나 아랫도리는 꺾인 것과(도 I-69④) 둥글게 휜 것이(도 I-69⑤) 대략 반반이다.

(2) 천상반성문전 52점

　　지름 : 최대 2.69cm, 최소 1.96cm

　　두께 : 최대 0.23cm, 최소 0.13cm

　　무게 : 2.89~4.28g

주곽만 이루어지고 천곽은 없는데 구멍의 아랫변 한가운데에 지름 0.33~0.44cm의 길쭉한 반원 모양의 반성문이 도드라져 있다. 뒷면에는 대부분 주곽과 천곽이 나타나 있지만 일부는 그 흔적만 보이거나 흔적조차 없는 것도 있다.

　"五"자의 특징은 앞서 천상횡문전의 특징과 비슷하지만 여기에서만 가운데 양 획의 대부분이 휘어진 상태에서 교차하며 극히 일부 직선으로 뻗은 것들도 있다(도 I-69⑥). "銖"자에 나타난 특징은 천상횡문전에서 나타난 특징과 비슷한

데 "金" 부분의 가운데 네 점이 작은 점으로 이루어진 것이(도 I-69⑦) 여기에서는 2점이고 "朱" 부분의 아랫도리가 직각으로 꺾인 것도 드물게나마 보인다(도 I-69⑧).

(3) 무특징전 106점

지름 : 최대 2.71cm, 최소 2.52cm

두께 : 최대 0.19cm, 최소 0.11cm

무게 : 2.18~3.34g

동전의 앞면에는 주곽만 보이고 천곽은 없으며 그 밖에 다른 특징도 나타나 있지 않다. 뒷면에는 대부분 주곽과 천곽이 나타나 있으나 일부 흔적만 보이는 것도 있다.

앞면의 "五"자는 가운데 양 획이 휜 것이 많지만(도 I-69⑨) 거의 직선으로 이루어진 것도 상당수에 이른다(도 I-69⑩). "銖"자에서는 앞서 두 종류에서와 같은 특징들이 나타나고 있다. 크기와 두께에서도 두 종류의 오수전과 별다른 차이가 보이지 않는다.

이 밖에 형태 불명의 오수전 104점은 크기와 모양이 앞서 다른 것들과 비슷하지만 부식이 심하여 그 특징을 알 수 없는 것들이다.

이상 거문도에서 출토된 많은 양의 오수전은 대개 세 가지로 분류할 수 있는데 글자에 나타난 특징을 통해서 그 성격을 다음과 같이 요약할 수 있다.

• 글자 획의 굵기는 일정치 않으나 이 지역의 다른 곳에서 출토된 예와 비교해볼 때 전체적으로 굵은 편에 속하는 것들이 많다.

• "五"자의 위아래 양 획은 구멍의 귀퉁이에서 시작하여 주곽까지 미치며 대부분 구멍의 위아래 변과 일직선을 이루지만 일부는 위 획이 약간 아래쪽으로 치우친 것도 있다.

• 가운데 양 획은 정도의 차이는 있을지라도 대부분 휘어진 상태로 교차하며 일부는 휜 정도가 매우 완만하거나 거의 직선에 가까운 것도 있다.

• 너비는 각기 차이가 보이는데 일반적으로 가운데 양 획의 휜 정도가 큰 것

이 작은 것에 비해서 넓다.

　•"銖" 자의 "金" 부분 머리 쪽은 거의 정삼각형에 가까운 모양이고 밑변의 너비는 글자체의 너비와 거의 같다.

　•가운데 4개의 점은 극히 일부가 작은 점으로 이루어져 있으며 나머지는 정도의 차이는 있을지라도 대부분 위아래로 길다. "朱" 부분의 머리 쪽은 대부분 각지게 꺾였고 아랫도리는 꺾인 것도 있고 둥글게 휜 것도 있다.

　이상에서 살펴보았듯이 종류별로 글자체에 나타나는 차이는 없으며 그러한 차이는 모든 종류의 오수전에서 일률적으로 나타남을 알 수 있다.

　이러한 몇 가지 특징을 통해서 이 오수전들은 일부 III형식도 보이지만 대부분 II형식이 주류를 이루고 있음을 알 수 있고 "五" 자에 나타난 특징으로 보아서는 I 형식의 범주에 속하는 것도 있다.

5) 김해 회현리 조개더미(경남 김해시 봉황동)[13]

이 조개더미가 위치한 곳은 낙동강 하류구역의 봉황대鳳凰臺로 불리는 높은 언덕의 동쪽 기슭으로 동서가 긴 표주박 모양의 작은 언덕에 이루어졌다. 조개더미가 형성된 언덕은 길이 117m, 너비 27m, 높이 6m 정도이며 조가비층은 언덕의 남쪽과 서쪽에 집중적으로 두텁게 쌓여 있었고 동쪽과 북쪽에는 비교적 얇게 쌓여 있었다.

　이 조개더미는 1907년 이마니시 류(今西龍)가 처음 발견 조사한 이래 도리이 류조(鳥居龍藏)와 구로이타 가쓰미(黑板勝美)에 의해 몇 차례에 걸친 부분적인 발굴조사가 이루어졌다. 그 후 1920년에는 하마다 고사쿠(濱田耕作)와 우메하라 스에지(梅原末治), 1934~5년에는 가야모토 모리토(榧本杜人)에 의한 본격적인 발굴조사가 이루어져 그 성격이 더욱 명확하게 되었다.

　화천은 바로 1920년의 하마다와 우메하라에 의한 발굴에서 출토된 것으로 VIa층의 현 지표 아래 45cm에서 발견되었다. 출토된 위치는 전혀 교란되지 않은 조가비층으로 이 유적의 연대를 추정하는 데 결정적인 자료를 제공해 주었다.

화천은 지름 2.25cm, 두께 0.12cm로 같은 종류에 비해서 큰 편에 속하는데 발견 당시 이미 위편 왼쪽 귀퉁이가 깨져나갔다.

표면에는 파란 녹이 슬고 드문드문 수은색이 나타나 있었으며 조개껍질에서 나온 석회 가루가 묻어 있었다. 무게에 눌려 모양도 뒤틀려 있었고 글자도 희미하였으며 "貨" 자만 확인이 가능하였다.

6) 해남 군곡리 조개더미(전남 해남군 군곡리)(도 I-70)[14]

바다에 면한 해발 334m의 가공산駕空山 서쪽 기슭에 위치한 높이 20m의 언덕을 중심으로 이루어진 조개더미로 그 범위는 200×300m의 약 2만 평에 이른다. 모두 14개 층위로 이루어진 조가비층 가운데 화천은 바로 B2피트의 맨 아래층에 해당되는 11층(II기층)에서 출토되었다. 지름 2.5cm, 두께 0.2cm, 무게 2.77g으로 앞뒷면 모두에 두터운 천곽과 주곽이 도드라져 있고 글자의 너비도 다른 것에 비해 매우 두터운 편에 속한다.

도 I-70 해남 군곡리 화천

4. 유적의 연대

남해안 지방에서 한대의 화폐가 출토된 유적은 모두 6개소에 이르는데 이 가운데 조개더미가 3개소, 널무덤이 1개소, 나머지 두 군데는 출토 유적의 성격이 불확실한 곳이다. 따라서 앞서 4개소에서 출토된 동전들은 모두 정식발굴을 통해서 출토된 것들이기 때문에 반출유물의 성격과 함께 그 연대 추정에 비교적 합리적인 방법으로 접근이 가능하다고 할 수 있다.

그러나 그렇지 않은 곳에서는 순전히 화폐 자체에 나타난 형식상의 특징에만 의존해야 하기 때문에 자연 그 방법에서 제한될 수밖에 없다. 다만 매우 다행스럽게도 이 유구들의 성격이 불확실한 곳에서는 거문도에서와 같이 한꺼번에 많은 수량이 나오거나 산지항 유적에서와 같이 다른 종류의 동전이 함께 출토되어 출토 배경에 나타난 약점을 보완해 주었다고 할 수 있다.

우선 오수전 출토유적 가운데 마산 성산 조개더미에서의 출토 위치는 조가비층의 최하층에 해당되는 곳으로서 여기에서는 소량의 청회색 경질토기와 함께 많은 적갈색 연질토기 등 이른바 김해식토기들이 출토되었다.

그 바로 아래층인 황갈색 점토층에서는 간석기류와 함께 민무늬토기가 나와 그 상대적 연대추정을 가능케 해주고 있다. 출토된 오수전은 그 특징으로 보아 II 형식에 속하는 것으로 보이며 보고자는 그 연대를 대략 기원전 1세기경으로 추정하였다.

의창 다호리 유적에서는 모두 3점의 오수전이 출토되었지만 이 가운데 글자체가 분명한 2점은 모두 II식에 속하는 것들로 반출된 많은 유물들 가운데 비교적 그 성격이 분명한 것들과 함께 이 유적의 연대는 대략 기원전 1세기 후반경으로 추정되고 있다.

거문도에서 대량으로 수습된 오수전 가운데에는 상당량의 천상횡문전이 포함되어 있다. 한때 이 오수전은 신작神爵 2년(서기전 60)에 주조되었다고 믿어왔으나[15] 그뒤 니시타니 다다시(西谷正)에 의해서 그것이 신작 연간에만 만들어진 것이 아니라 후한대까지도 계속 주조되었음이 지적되었다.[16] 따라서 이곳 거문도에서 출토된 적지 않은 천상횡문전들이 오수전 II, III형식과 반출되는 것으로 보아 그러한 가능성이 한층 짙어졌다고 보아야 할 것이다.

제주 산지항에서 출토된 모두 4종의 한 대 화폐 중 오수전을 제외한 화천, 화포, 대천오십 등은 기록상으로 그 통용기간이 한정되어 있어 비교적 가까운 절대연대를 상정할 수 있다. 이와 같은 연대 추정은 화천이 출토된 김해 회현리와 해남 군곡리에서도 마찬가지로서 그 시기는 대개 서기 1세기 후반쯤으로 생각된다.

5. 맺음말

지금까지 남해안 지역 일대에서 출토된 한대의 화폐를 중심으로 출토유적의 성격과 연대문제를 알아보았다. 우선 오수전은 극히 드물게나마 I형식과 III형식도 나오지만 II식이 주류를 이루고 있음을 알 수 있었다. II형식은 대략 전한前漢의 선제대宣帝代부터 평제平帝에 이르기까지, 서기전 74년에서 서기 5년까지 만들어지고 그후 왕망시대의 공백기를 거쳐서 III형식은 후한의 광무제光武帝 16년(40)부터 질제質帝(145)까지 통용되었던 것으로 보인다.[17]

한편 화천을 비롯한 화포와 대천오십 등 이른바 왕망전은 그 제작시기가 한정되어 있어 앞서 오수전에 비해서는 그 연대의 폭이 훨씬 좁다.

이와 같은 형식상의 연대문제를 놓고 볼 때 한반도의 남해안 지역에서 출토된 한대의 화폐들은 대략 기원전 1세기에서 서기 1세기에 걸치는, 넓게 잡아 약 2세기 사이에 들어온 유물들로 생각된다. 대개 이 시기는 한반도 내에 낙랑군 등 한사군이 설치되어 한漢문화의 확산이 가장 잦았던 시기로 그 세력이 우리나라의 남쪽에까지 미쳤음을 알 수 있다.

기원전 28년(혁거세 30)에는 낙랑인들이 신라를 침입하였고 기원전 15년(온조왕 4)에는 백제가 낙랑과 수호하였다는 기록이 보이고 있다. 기원전 11년(온조왕 8년)에는 백제가 낙랑과의 '화和'를 깨뜨리고, 기원전 2년(온조왕 17년)에는 낙랑이 위례성을 침범했다는 것을 보면[18] 낙랑의 한반도 남쪽에 대한 세력 확장의 기도가 매우 빈번했었음을 알 수 있다.

또한 이 시기는 한반도 남부지방에서 초기철기문화가 본격적으로 정착되어 나가는 단계로서 한대漢代 화폐가 갖는 고고학적 의의는 매우 크다고 할 수 있다.

다만 앞에서 지적했듯이 한대의 화폐들이 한반도의 중부지방은 물론 남부 내륙지방에서는 출토되지 않고 남해안 지역에서만 출토되는 사실은 앞으로 이 지역에서 일어난 당시의 역사적 상황과 함께 보다 깊이 있는 연구의 진척에 따라 해결해 나가야 할 문제로 생각된다.

여기에서 제시할 수 있는 하나의 가설로서 우리는 해로를 통한 낙랑문화 내지는 대륙문화의 유입을 들 수가 있다. 이러한 가설은 비록 시기적인 배경에서 얼마간 차이가 있다고 할지라도 지금까지 나타난 몇몇 고고학적 결과로써 어느 정도 뒷받침할 수 있을 것으로 생각된다.

우선 최근에 여천 등 남해안 지방의 유적에서 집중적으로 출토된 요녕식 동검과 동모의 존재이다. 지금까지 이 지역에서 출토된 요녕식 동검은 한반도 초출初出로 여겨지는 요녕식 동모 1점과 함께 여천 적량동積良洞 유적에서 모두 7점, 봉계동鳳溪洞 월앙지구 10호 고인돌에서 봉부편鋒部片 1점이 발굴되었고[19] 이 밖에 승주 우산리牛山里 내우,[20] 보성 덕치리德峙里 신기[21] 등지에서도 출토된 바 있다.

지금까지 한반도 내에서의 출토지가 분명한 요녕식 동검은 모두 10여 점에 불과하지만[22] 이 지역에서 이렇듯 한꺼번에 많은 수량이 출토된 사실은 다시 한 번 대륙문화와의 해로를 통한 교류문제를 암시해준다고 할 수 있을 것이다.

과거 금강유역의 청동기문화에 대해서도 요녕지방과의 상호 직결될 수 있었던 가능성들이 몇 가지 유물들을 통해 예시된 바 있지만[23] 앞서 열거한 한대 화폐들의 유입문제도 같은 맥락에서 문제의 실마리를 찾아야 할 것으로 믿는다.

(『창산昌山 김정기金正基 박사 화갑기념논총』, 1990)

주

1 a.梅原末治·藤田亮策,『朝鮮古文化綜鑑 I』, 1947.

   b.李清圭,『濟州道遺蹟』, 濟州大學校博物館, 1986.

2 彭信威,『中國貨幣史』, 上海, 1988(3版).

3 洛陽區考古發掘隊,『洛陽燒溝漢墓』, 1959.

   여기에서 조사된 225기의 무덤 가운데 162기에서 많은 금속화폐가 출토되었다. 출토된 동전銅錢은 모두 11,265점으로 오수전은 8,446점에 이르렀으며 이 가운데에는 철전鐵錢과 연전鉛錢도 각 1점씩이 포함되어 있다. 오수전은 크기와 모양, 글자체를 기준으로 하여 모두 5형식으로 분류가 이루어졌다. 이들은 크기, 무게, 주곽, 제작기술, 문자의 서법에 따라 우선 상대연대를 결정하고, 다시 문헌이나 기년명 紀年銘 전범錢范 등과의 비교로 절대연대가 제시되었다.

4 高倉洋彰,「王莽錢の流入と流通」,『九州歷史資料館研究論集 14』, 1989.

5 일본에서는 야요이(彌生)시대뿐 아니라 이보다 훨씬 후대인 중세의 유적에서도 적지 않은 화천들이 출토되고 있다. 또한 신안해저유물 가운데에도 이것이 포함되어 있는 것으로 보아 이 왕망전들이 실제 통용은 되지 않았더라도 오랫동안 전세傳世되어 내려온 것으로 생각된다.

   a.高倉洋彰, 위 책(주 4), 1989.

   b.文化財管理局,『新安海底遺物 (綜合篇)』, 1988.

6 高倉洋彰, 앞 책(주 4), 1989.

7 高倉洋彰, 앞 책(주 4), 1989.

8 오카우키 미치자네(岡內三眞)는 이러한 형식분류에 새로운 이견을 제시했으나 여기에서는『洛陽燒溝漢墓』의 分類와 編年에 따르기로 한다.

   岡內三眞,「漢代五銖錢の研究」,『朝鮮學報 102』, 1982.

9 공주 무령왕릉에서 출토된 약 90개분에 이르는 철제 오수전은 양梁 무제武帝 때에 만들어진 것으로 생각된다.

   文化財管理局,『武寧王陵 發掘調查報告書』, 1973.

10 文化財管理局,『馬山城山外洞貝塚發掘調查報告』, 1976.

11 李健茂·李榮勳·尹光鎭·申大坤,「義昌茶戶里遺蹟發掘進展報告I」,『考古學誌 1』, 韓國考古美術研究所, 1989.

12 梅原末治·藤田亮策·李清圭, 앞 책(주 1), 1947, 1986.

13 梅原末治·濱田耕作,「金海貝塚發掘調查報告」,『大正9年度古蹟調查報告I』, 1923.

14 崔盛洛,『海南 郡谷里貝塚 I』, 木浦大學校博物館, 1987,

15 高橋健自,「銅矛銅劍考(10)」,『考古學雜誌 13-5』, 1923.

16 西谷正,「黃海南道 雲城里 土壙墓について」,『帝塚山考古學 I』, 1968.

17 「洛陽區考古發掘隊」, 앞 책 (주 3), 1959.

18 이상, 金富軾,『三國史記』參照.

19 全南大學校博物館,『發掘遺蹟特別展』, 1989.

20 宋正炫 李榮文,「牛山里 내우 支石墓」,『住岩댐水沒地域 文化遺蹟發掘調查報告書(II)』, 1988.

21 尹德香,「德峙里 신기 支石墓」,『住岩댐水沒地域 文化遺蹟發掘調查報告書(III)』, 1988.

22 사회과학원 고고학연구소 력사고고학연구실,『비파형단검문화에 관한 연구』, 1987.

23   池健吉,「禮山東西里 石棺墓出土 靑銅一括遺物」,『百濟硏究 9』, 1978.

한국제철사 – 철 사용의 개시

한반도에서 철 사용의 개시문제는 철기의 출현이나 전개에 대한 연구는 물론이려니와 우리나라 고고학에서의 시대구분과도 직결되는 중요한 과제이다.

한반도에서 사용된 최초의 금속기는 물론 청동기이며 그 후 몇 세기를 지나 철기문화가 북방으로부터 들어온 것으로 보이지만 그 정확한 시기나 유입 배경에 대해서는 아직 모호한 점이 많다. 우리나라에서 초기철기시대의 시작은 당연히 철 사용의 개시와 일치되어야겠으나 그 시기에 대해서는 학자들 간에 다소 엇갈린 견해가 나타나고 있다.

해방 전, 일본인 학자들은 한반도에서 철기의 출현이 한漢 무제武帝의 낙랑군 설치(104 B.C.) 이후부터라고 주장하였으나 북부지방에서 낙랑 이전의 유적에서 철제유물이 출토됨에 따라 그 시기도 더욱 올려 잡게 되었다. 초기단계에 해당되는 유적으로는 두만·압록의 두 강과 청천강 유역에서 조사된 몇몇 유적을 들 수가 있다.

우선 두만강 유역의 회령會寧 오동五洞과 무산茂山 호곡동虎谷洞의 주거지유적은 모두 앞서 청동기시대의 주거지와 같은 지역에 이루어져 있었다.

회령 오동 유적[1]은 수만 평에 이르는 대규모의 주거유적으로 7기의 청동기시대 주거지와 1기의 초기철기시대 주거지(6호)가 조사되었다. 이 가운데 6호 주거지는 평면 장방형으로 여기에서는 무문토기無文土器와 회색경질토기灰色硬質土器가 함께 나왔으며 철기로는 주조철부鑄造鐵斧와 철재鐵滓가 출토되었다.

무산 호곡동[2]에서는 모두 40여 기의 시기를 달리하는 주거지가 조사되었다. 초기철기시대에 속하는 유적은 5~6기에 해당되는 주거지들로서 5기의 주거지에서는 4기에서는 보이지 않던 철기가 드물게 출토되었다. 6기의 주거지에서는 비교적 많은 양의 철기가 출토되었는데 반출伴出되는 토기는 모두 경질의 무문토기들이었다.

압록강 유역의 위원渭原 용연동龍淵洞 유적[3]은 많은 명도전明刀錢과 함께 철제의 일괄유물이 다량으로 수습된 중요한 곳이다. 도로공사 중에 우연히 발견된 이 유적에서는 살촉(鏃), 띠고리(帶鉤) 등 청동제품과 함께 창(鉾), 살촉, 도끼(斧), 낫(鎌), 괭이(鍬), 호미(鋤), 반달칼(庖丁) 등 철제의 무기, 농기구, 공구 등 다른 유적에서는 보기 드문 많은 생활도구들이 출토되었다.

청천강 유역의 영변寧邊 세죽리細竹里 유적[4]은 신석기시대부터 초기철기시대에 이르기까지 여러 시기의 유적이 층위를 이루는 곳으로 맨 위층에서 초기철기시대의 주거지 3기가 조사되었다. 이 가운데 1호 주거지에서는 무문토기, 김해식토기金海式土器와 함께 철제의 도끼, 손칼(刀子), 끌(鑿) 등이 출토되었으며 주거지밖의 포함층包含層에서는 낫, 칼, 끌, 낚시 바늘(釣針), 창, 살촉 등의 철기류와 함께 명도전, 포전布錢 등의 청동제품도 발견되었다.

이상의 초기철기 유적 가운데 용연동과 세죽리 등 서북지방의 유적에서 출토되는 특징적인 유물로는 명도전을 들 수가 있다. 이것은 중국 전국시대戰國時代 연燕나라(323~222 B.C.)에서 만들어진 청동제의 화폐로 흡사 손칼 모양의 납작한 표면에 "明"자 비슷한 문양이 양주陽鑄되어 있어 붙여진 이름이다.

명도전이 출토된 유적은 대개 청천강 이북의 서북지방으로 기원전 3세기경 전국시대의 전란을 피해서 이곳으로 건너온 유민들에 의해 그들이 사용하던 명도전과 함께 이 땅에 새로운 철기문화가 이식된 것으로 추측된다. 이 명도전들과 공반共伴된 철기유적의 조사를 통해서 중국의 철기문화가 한반도에 파급된 경로와 유입시기를 밝히는 데 매우 중요한 자료가 되고 있다.

한반도에서 초기철기문화의 개시로 볼 수 있는 이상의 유적에서 층위의 상대적 편년과 명도전 등 출토유물을 통해서 그 시기는 대략 기원전 4세기 후반에서 3세기에 해당되는 것으로 추정된다.

오랫동안 사용되어 오던 청동기보다 훨씬 실용성이 뛰어난 철기는 빠른 속도로 주위에 보급되는 한편, 점차 남쪽으로 그 범위를 넓혀가게 되었다. 그러나 철기의 급속한 확산에도 불구하고 처음 얼마 동안은 청동기가 그들의 일상생활에서 적지 않은 비중을 차지했던 것으로 보인다.

대동강 유역의 강서 태성리台城里,[5] 평양 정백동貞栢洞[6]·석암동石巖洞[7]과 황해도의 봉산 송산리松山里,[8] 은파銀波 갈현리葛峴里,[9] 은률 운성리雲城里[10] 등지에서 발굴된 토광목곽묘土壙木槨墓가 주류를 이루는 분묘에서는 철제의 각종 무기나 이기利器가 출토되며 여기에 세형동검細形銅劍을 비롯한 각종 청동제품도 다량으로 반출되었다.

한반도의 중부지방에서는 주로 한강 유역을 따라 초기의 철제유물들이 출토되고 있다. 가평 마장리馬場里 유적[11]은 6·25동란 당시 미군병사에 의해서 발견조사된 주거지로 전체의 윤곽은 분명치 않으나 대강의 규모는 파악되었다. 말각장방형抹角長方形의 주거지(6.3×5.1m) 안에는 납작한 냇돌을 펴서 이룬 둥근 노지爐址가 만들어지고 주거지 바닥면에서는 무문토기, 김해식토기와 함께 용도를 알 수 없는 네모난 모양의 작은 철판이 출토되었다.

춘천 중도中島 유적[12] 가운데 1호, 2호 주거지는 앞서 마장리 유적과 비슷한 규모의 방형方形 주거지로서 노지의 짜임새와 크기도 매우 흡사하였다. 여기에서도 무문토기와 김해식토기가 함께 반출되고 철기가 출토되는 등 북한강 유역 일대에서 비슷한 시기의 주민 집단에 의해 이루어진 문화양상을 파악할 수 있는 중요한 유적이었다.

다만 중도에서 출토된 도끼날형 살촉(鐵鏃), 손칼(小刀子), 끌(鑿), 낫(鎌) 등 철제품은 종류가 다양할 뿐 아니라 수량도 훨씬 많아져 이 단계에 이르러 철기문화가 더욱 보편화된 것으로 여겨진다. 이 밖에 중부지방에서 초기철기시대에 해당되는 유적으로는 가평 이곡리梨谷里,[13] 수원 서둔동西屯洞,[14] 강릉 포남동浦南洞[15] 등으로 이 가운데 몇몇 유적에서는 철재鐵滓가 출토되어 철기류가 현지 제작되었음을 알 수 있었다.

　이 시기에 중부와 북부지방에서 철기의 사용과 함께 이루어진 토기문화의 특징은 후기 무문토기에 이어 새로이 나타난 이른바 김해식토기의 출현이다. 지금까지 만들어진 무문토기에 비해 더욱 단단하고 실용적인 회색경질의 김해식토기의 사용은 철기의 유입과 함께 이 지역에서의 토기제작에도 새로운 기술이 유입되었음을 말해주고 있다.

　중부지방에서 철기가 처음 나타난 시기는 북부지방보다 2~3세기 뒤진 기원전 1세기경으로 보이지만 그후 주변지역과 남부지방으로의 파급은 매우 빠른 속도로 이루어져 간 것으로 생각된다. 남부지방에서 철기의 보급은 일부 내륙에서도 보이지만 주로 해안지방에서 활발하게 이루어진 것 같다.

　광주光州 신창리新昌里 옹관유적甕棺遺蹟[16]에서 출토된 용도를 알 수 없는 철편은 반출된 무문토기 등의 성격으로 보아 기원 전후에 해당되는 시기의 것임을 알 수 있다. 해남 군곡리郡谷里 유적[17]은 모두 5기의 층위로 이루어진 패총으로 이 가운데 제II기층으로부터 철제의 낚싯바늘(釣針)이 화천貨泉(14 A.D.)과 함께 출토되어 이 유적에서의 철기 출현연대를 짐작케 해주었다.

　한편 동남해안지방에서는 앞서 서남지방에 비해 보다 밀집된 분포를 보이고 있다. 삼천포三千浦 늑도勒島 유적[18]은 이 시기의 주거지와 분묘가 같은 지역에 이루어진 곳이다. 출토된 납작도끼(板狀鐵斧), 철검편(鐵劍片), 손칼(鐵刀子) 등은 지금까지 남부지방에서 조사된 철기 가운데 가장 오랜 기원전 1세기경의 것들로 보인다. 반출된 토기들은 모두 종말기에 속하는 경질의 무문토기들로서 이 지역에서 무문토기의 하한을 설정해 주는 중요한 유적으로 평가되고 있다.

　의창義昌 다호리茶戶里 유적[19]은 완전한 목관 구조와 다양한 출토유물을 통해 이 지역에서 이루어진 풍부한 물질문화의 실상과 더불어 본격적인 국가발생 문제를 거론케 해주었던 중요한 유적이었다. 여기에서는 갖가지 목기·철기류가 거의 완형의 모습으로 수습되었으며 특히 동모銅鉾·동검銅劍·동경銅鏡 등 청동유물과 함께 출토된 철제의 도끼, 검, 창 등은 청동에서 철로 넘어가는 금속기문화의 과도기적인 변천양상을 생생하게 보여주었다.

이 밖에 이 지역에서 조사된 기원 전후의 시기에 해당되는 초기철기문화의 유적으로는 부산 조도朝島,[20] 김해 회현리會峴里,[21] 마산 성산城山,[22] 동래 낙민동樂民洞,[23] 양산梁山 다방리多芳里[24] 등 주로 패총들로 여기에서 출토된 실생활 도구와 함께 남부지방에서 철기문화의 출현과 파급을 뚜렷이 부각시켜주고 있다고 할 수 있다. 특히 성산 패총에서 발굴된 대규모의 야철지冶鐵址는 여기에서 이루어진 활발한 철기 생산의 실상을 입증해 주는 중요한 자료이다.

이렇듯 철기문화의 적극적인 수용은 여기에서 생산된 철이 일찍부터 이웃 일본(倭)과 중국(漢)에까지 수출될 정도에 이르렀으며 풍부한 철 생산에 따라 가야·신라 등 강력한 고대국가가 이 지역에서 성립될 수 있는 기반을 구축했다고 할 수 있을 것이다.

(『철강문명발달사 연구보고서』, 포항종합제철주식회사, 1987)

주

1   도유호, 「회령오동 원시유적 발굴보고」, 『유적발굴보고 7』, 1960.

2   황기덕, 무산 범의구석 유적 발굴보고, 『고고민속논문집 6』, 1975.

3   梅原末治·藤田亮策, 『朝鮮古文化綜鑑 1』, 養德社, 1947.

4   김정문·김영우, 「세죽리유적 발굴중간보고 1·2」, 『고고민속 64-2·4』, 1964.

5   채희국, 「태성리고분군 발굴보고」, 『유적발굴보고 5』, 고고학 및 민속학연구소, 1959.

6   사회과학원 고고학연구소, 「락랑구역 정백동 무덤떼 발굴보고」, 『고고학자료집 5』, 1978.

7   사회과학원 고고학연구소, 「락랑구역일대의 고분발굴보고」, 『고고학자료집 6』, 1983.

8   황기덕, 「1958년춘하기 어지돈지구 관개공사구역 유적정리간략보고 1·2」, 『문화유산59-1·2』, 1959.

9   과학원 고고학 및 민속학연구소, 「황해북도 은파군 갈현리 하석동 토광묘유적 조사보고」, 『대동강 및 재령강류역 고분발굴보고-고고학자료집 2』, 과학원출판사, 1959.

10 리규태, 「은률군운성리 나무곽무덤과 귀틀무덤」, 『각지 고대유적 조사보고-고고학자료집 6』, 1983.

11 金元龍, 「馬場里 冶鐵住居址」, 『歷史學報 50·51合輯』, 歷史學會, 1971.

12 池健吉·李健茂 외, 『中島-進展報告I·III』, 國立中央博物館, 1980·1982.

13   崔茂藏,「梨谷里 鐵器時代住居址 發掘報告」,『人文科學論叢 12』, 建國大學校, 1979.

14   林炳泰,「水原西屯洞住居址 發掘槪報」,『81韓國考古學年報 9』, 서울大學校博物館, 1982.

15   李蘭暎,「江陵市 浦南洞 出土 先史時代 遺物」,『歷史學報 24』, 歷史學會, 1964.

16   金元龍,『新昌里 甕棺墓地』, 서울大學校出版部, 1964.

17   崔盛洛,『海南 郡谷里貝塚Ⅰ·Ⅱ·Ⅲ』, 木浦大學校博物館, 1987~89.

18   釜山大學校博物館,『勒島住居址』, 1989.

19   李健茂·李榮勳 외,「義昌 茶戶里遺蹟 發掘進展報告Ⅰ」,『考古學誌 1』, 韓國考古美術硏究所, 1989.

20   韓炳三·李健茂,『朝島貝塚』, 國立中央博物館, 1976.

21   榧本杜人,「金海貝塚甕棺と箱式石棺」,『考古學雜誌 43-1』, 1957.

22   文化財管理局,『馬山外洞城山貝塚發掘調査報告』, 1976.

23   國立中央博物館,『東萊樂民洞貝塚』, 1998.

24   國立中央博物館,「梁山 多芳里貝塚 發掘調査報告」,『淸堂洞』, 1993.

II

고인돌사회와 지역적 특성

동북아시아 지석묘의 형식학적 고찰

1. 머리말

동북아시아에서 지석묘의 분포는 한반도가 그 중심지가 되지만 인접한 중국의 동북지방 일원과 일본의 규슈지방에서도 분포의 밀도에 차이는 있을지라도 적지 않은 수의 지석묘가 확인되고 있다. 이 지역에 분포된 이 지석묘들은 그 분포의 상황뿐 아니라 구조적 성격이나 시대적 문화상의 배경 등으로 보아 결코 따로 분리되어 연구될 수 없는 친연親緣관계에 있는 동일 문화권의 소산임은 두 말할 여지가없다.

　그럼에도 불구하고 이 지역에서의 정치적인 사정과 이에 따른 학술교류의 정체에 따라 그 연구는 오랫동안 서로 괴리된 상태를 벗어나지 못하고 있는 실정이었다. 따라서 이 분야의 연구가 안고 있는 많은 문제점들을 극복하기 위해서는 당연히 같은 문화권의 테두리 안에서 일련의 작업이 이루어져야 할 것이다.

　이 지역에서의 지석묘 연구가 거의 한 세기에 가까운 연구사를 기록하면서도그에 대한 철저한 성격규명을 위해서는 아직도 풀어야 할 많은 과제들이 가로 놓여 있다. 그 근본적인 이유는 거기에서 출토되는 유물의 수량이 매우 적을 뿐 아니라 종류도 극히 제한되어 있다는 것 이외에도—특히 남방식 지석묘의 경우—외형의 단조로움에 비해서는 하부구조가 너무 다양하여 일정한 규격적 형식분류가 매우 어렵기 때문이다.

지금까지 이루어진 이 분야에 대한 연구의 많은 부분이 구조에 따르는 형식고찰에 치중되어 왔으며 이러한 시도는 연구자들의 대다수가 세분화된 분류에 이르기까지 각기 나름대로의 이론을 전개시켜 왔기 때문에 아직은 모두가 납득할 만한 일관된 분류가 이루어지지 못하고 있다.

이와 같은 숱한 이론의 배경은 개개 연구자들이 쌓은 많은 자료의 축적 위에 이루어졌기 때문에 각기 충분한 설득력도 가지고 있다. 그러나 이러한 복잡한 형식분류에 사소한 용어상의 차이는 있을지라도 따지고 보면 모두가 일차적으로 지상에 노출된 구조의 외형에 따라 분류한 뒤 이차적으로 이를 세분하되 그것이 지하구조의 구조적 성격의 차이에 따른 분류들이라는 점에서는 모두가 일치된 공통점을 갖추고 있다.

다만 일차분류의 외형적 기준을 지역상 분포의 차이에 따라 북방식北方式과 남南方式방식으로 구분하는 경우[1]와 그 외형 자체의 유형을 기준으로 하여 탁자식卓子式, 개석식蓋石式, 기반식碁盤式 등으로 분류[2]하기도 하고 혹은 따로 후자의 두 가지를 특징적 구분요소인 지석支石의 유무에 따라 남방식 지석묘를 무지석식無支石式과 유지석식有支石式으로 구별[3]하기도 한다. 그 밖에 변형식變形式 등의 용어를 사용하여 남방식 지석묘를 북방식과 구분[4]하는 경우도 있으나 기술상 구체성의 차이는 있을지라도 모두 일차분류의 기준을 외형적 구조의 특징에 두고 있음을 알 수가 있다.

다음 이차분류로는 대부분 그 하부구조가 복잡한 남방식에 국한되어 있다. 분류의 기준으로 우선 상석上石을 받치고 있는 지석, 묘곽의 윗면을 따로 덮는 개석, 묘곽의 주위에 이루어진 적석積石시설 등의 유무에 따르는 경우[5]와 묘곽의 구조적 성격[6]이 제시되기도 하였다.

그러나 이러한 이차분류의 기준으로 지석은 무거운 상석이 직접 지상에 얹힘에 따라 지하의 묘곽 구조가 붕괴되는 것을 막기 위해 나타난 부수시설로서 일반적으로 상석이 크지 않은 한반도 북부지방의 초기 남방식 지석묘에서는 전혀 보이지 않으며 상석이 대형화되는 한반도의 중부지방에서부터 나타나기 시작하고 있다. 이러한 구조적 이유에서 발생한 것으로 보이는 지석은 남부지방에서 본격적으로 성행되며 일본의 규슈지방에서도 흔히 나타나 여기에서는 상석의 크기와 관계없이 강한 지역성을 보이며 나타날 뿐 지석의 유무에 따라 지석묘의 성격을 구분할 만한 뚜렷한 형식분류의 근거를 찾기는 힘들다.

묘곽을 덮는 개석의 경우도 시신을 안치하는 묘곽 자체의 성격에 따라 항상 외부로부터의 밀폐상태를 유지해야 되는데 상석의 고르지 못한 표면 때문에 묘곽의 바로 위에는 당연히 돌이든 나무든 별도의 복개覆蓋시설이 갖추어져야 할 것이다.

그러나 목개의 경우 쉽게 부식되기 때문에 우리는 오직 석개의 존재만을 확인할 수밖에 없지만 복개시설로서의 성격은 모두 공통된 점이라 할 수 있다. 따라서 지금 남아 있는 개석의 존재 여부만으로 지석묘의 형식을 분류하는 데 하나의 기준으로 삼을 만한 뚜렷한 근거 또한 매우 박약하다.

이와 같이 남방식에서 지석이나 개석의 유무는 그것이 지역성과 잔존상태의 여하에 따라 달라질 수 있는 것으로 형식분류의 기준으로서 뚜렷한 특징이 될 수 없으리라 생각된다.

이러한 외적인 부수 시설보다는 도리어 매장埋葬의 주체가 되는 묘곽 자체의 구조적 성격과 이를 보강시키기 위한 묘곽 주위의 적석시설의 유무, 적석식의 경우 여기에 이루어진 묘곽의 수에 따라 단곽식과 다곽식으로 그 분류가 가능할 것으로 보인다. 그러나 마지막 분류에서의 다곽식, 특히 서로 다른 유형의 묘곽이 동일 적석 내에 이루어진 복합형의 경우 이 묘곽들 간에 이루어진 형식 변천의 추이과정을 어렴풋이나마 생각할 수가 있다. 그러나 지금으로서는 자료가 너무 불충분할 뿐 아니라 단곽식과 다곽식에서 나타나는 성격상의 차이를 뚜렷이 부각시킬 수 없는 형편이다.

따라서 여기에서는 지금까지 가장 일반적으로 통용되고 있는 북방식과 남방식의 전통적 분류방식에 기준을 두고 묘곽구조墓槨構造의 성격과 적석시설의 유무에 따라 재분류를 해 나가기로 한다.

2. 북방식 지석묘

용어 자체가 의미하듯이 이 유형의 지석묘는 주로 한반도의 중부 이북지방과 중국의 요녕성遼寧省, 길림성吉林省 등 동북지방에 분포를 보이지만 한반도 남부 특히 서해안지방에서도 드물게나마 확인되고 있다. 이 북방식 지석묘들 보통 4매의 판석형板石形 지석을 지상에 세워서 평면이 장방형, 드물게는 방형이 되도록 석실을 구성한다. 그 위에는 석실의 면적보다 넓은 상석이 석실의 장축 방향과 나란히 얹히는데 상석 무게의 전부가 석실을 이루는 두꺼운 지석에 의해서 지탱되는 것이 바로 이 형식의 특징이라고 할 수 있다. 이때 장지석長支石 사이에 단지석短支石을 끼워 넣는데 두께는 장지석에 비해 얇은 것이 보통이다.

　　이 북방식은 그 구조의 대부분이 지상에 노출되기 때문에 남방식에 비해 외형상으로는 보다 다양한 모습을 보이지만 항상 판석형의 지석에 의해 이루어지는 석실구조이기 때문에 평면 구성에서는 비교적 단조로운 변화를 보이고 있다. 이와 같은 석실구조 자체의 단조로움에도 불구하고 석실을 이루는 석재의 크기와 가공방법이랄지 석재로 이루어진 석실의 크기가 달라짐을 볼 수가 있고, 또한 석실의 주위에 이루어진 적석시설에서도 점차 변화가 이루어짐을 알 수 있다. 이러한 변화는 지석에 의해 상석이 지탱되는 구조적인 원인 등 여러 가지 복합적인 요인에 의해서 이루어진 것으로 생각되지만 가장 뚜렷한 차이로 적석시설의 유무를 들수가 있다.

1) 적석식

여기에 속하는 지석묘의 석실은 원래 지표상에 구축되지만 석실의 하부가 적석시

0   1m

설에 의해 덮이게 되면서 석실의 바닥은 적석 표면에 비해 깊은 것이 보통이다. 이러한 주위시설에 따라 상대적으로 석실이 당초부터 원래 지표보다 깊숙이 구축된 것 같은 인상을 받게 되는 경우가 많다.

지석묘에 쓰인 석재들은 일반적으로 조잡한 가공만이 이루어지며 상석은 석실을 이루는 지석에 비해 두텁기 때문에 전체적으로 둔중한 모습을 보이고 이러한 상석의 무게에 따라 석실 주위에 이루어진 보강책으로서의 적석시설에도 불구하고 무너진 상태로 발견되는 경우가 많다. 일부 이 형식의 지석묘 가운데에는 석실의 바닥에도 역석礫石이나 할석割石 등을 깔아둔 것도 있다.

한반도의 서북지방과 중부지방, 특히 한강 유역에 많은 분포를 보이며 남부지방에서는 논산 신기리新基里 지석묘[7] 가운데 일부가 이 유형의 지석묘에 속하는 것으로 보인다.

적석 내에는 1기의 지석묘만 구축된 경우가 보통이지만 서북지방에서는 같은 유형의 것끼리, 혹은 천진동天眞洞[8]이나 극성동棘城洞[9]에서와 같이 다른 형식의 지석묘, 특히 남방식 가운데 판석형과 동일 묘역 내에 이루어진 경우도 볼 수 있다.

적석의 범위는 다실형의 경우보다 넓을 뿐 아니라 적석상태도 뚜렷이 나타나지만 단실형에서는 석실 바로 주위에만 국한되고 대개는 발굴에 의해서 적석부가 확인되는 경우가 많다.

- 주요유적

황해 황주 천진동 1, 4호, 신대동 2, 3, 4, 8, 9, 10, 11호, 극성동 8호.[10] 용연 석교리 남묘.[11]

강원 춘성春城 천전리泉田里 1, 2호.[12]

경기 파주坡州 옥석리玉石里 A, BI, BII, BIII호.[13] 양평楊平 문호리汶湖里 1호.[14] 강화江華 삼거리三巨里 지석묘군[15](도 II-1). 양평 상자포리上紫浦里 1, 3호(이화여대), III구 1호(국립중앙박물관), 양수리兩水里 1호.[16]

충남 논산 신기리 지석묘.[17]

2) 무적석식

지석의 밑동 부분만이 묻혀있을 뿐 구조의 대부분이 지상에 노출되어 독특한 모습을 드러내 항상 식별이 용이하며 극동에서의 지석묘 존재가 처음 인식된 것도 초기에는 대부분 이 유형에 의한 확인이었던 것으로 보인다.

석실을 구축할 수 있도록 먼저 주변의 지표면을 편편하게 고른 뒤 지석을 세우는 데 필요한 부분을 마련하기 위해 대개 양쪽 장지석과 단지석 1개가 세워지는 3면을 ㄷ자 모양으로 파서 기초 홈을 이루었다. 여기에 3개의 지석을 받아 세우고 상석을 얹어 묘실을 구축한 뒤 시신을 안치하고 출입구로 사용한 한쪽 단벽短壁을 마지막으로 막았는데 송신동 지석묘에서와 같이 여기에 2매의 판석을 위아래로 막아 출입 시의 개폐를 용이하도록 배려한 곳도 있다. 석실의 바닥은 별다른 시설이 없는 맨바닥 그대로인 경우—이때 바닥 위에는 원래 시신을 안치하기 위한 부식되기 쉬운 목판 등 특수한 시설의 가능성도 있음—가 많지만 바닥에 판석 등을 깔아둔 곳도 있다. 석실 바닥면의 높이는 원래 지표와 거의 같거나 약간 낮으며 석실의 안팎에 지석을 지탱하기 위한 특별한 보강시설은 없다. 이러한 구조적 상태

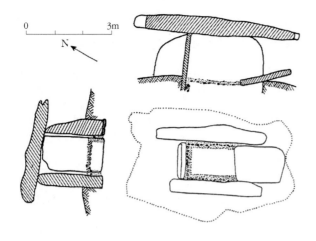

도 II-2 연탄 송신동 4호
지석묘

에 따라 지석 위에 올려진 상석은 전체 크기에 비해 매우 얇은 것이 보통이다.

　－ 주요유적

　평남 용강 석천산 10, 12호.[18]

　황해 은률 관산리 1호.[19] 황해 연탄 송신동 고인돌 떼[20](도 II-2). 평촌 10, 11호,
석장골 고인돌 떼.[21]

　중국 길림성, 요녕성에 분포하는 지석묘.[22]

3. 남방식 지석묘

북방식 지석묘의 분포가 주로 한반도 내의 중부·북부지방을 비롯해서 중국의 동
북지방에까지 계속되는 데 비해 이 형식은 한반도의 남부지방과 일본 규슈 일원
에서 조밀한 분포와 함께 형식상 다양함을 보이지만 한반도의 중부와 북부지방에
서도 적지 않은 수가 확인되고 있다.

　이 지석묘들이 갖는 특징으로는 매장의 주체부가 특수한 경우를 제외하고는
대개 지하에 이루어지며 그 위에 올려진 상석은 매장부 주위의 적석시설이나 작

은 괴석형塊石形의 지석에, 이러한 시설이 이루어지지 않은 경우 직접 지표에 얹어 지반地盤에 의해서 상석의 무게를 지탱하게 된다. 따라서 지상에 나타나는 것은 특별한 가공이 이루어지지 않은 상석과 일부 낮은 지석뿐이기 때문에 북방식에 비해서는 매우 단조로움을 보이지만 이러한 외형의 단순함에 비해 그 밑에 이루어진 매장부의 구조는 매우 복잡한 양상을 띠고 있다. 이렇듯 다양한 하부구조에 따라서 남방식 지석묘에 대한 형식분류가 지금까지 지석묘 연구에서 가장 활발한 논의의 대상이 되어 왔다.

매장부는 우선 묘실의 벽을 이루는 석재의 성격에 따라 판석형板石形, 할석형割石形, 혼축형混築形 등으로 구분되고 이 밖에 땅을 파고 직접 시신을 묻은 토광형土壙形, 일부지역에서만 이루어진 옹관형甕棺形 등 매장구조만으로도 무척 다양한 모습을 보이고 있다. 이 밖에 각 유형에서 나타나는 지석이나 적석시설의 유무 또는 상석과는 별도로 묘실 자체를 덮는 개석의 유무에 따라 또 다른 변화를 수반할 수도 있지만 이러한 모든 수반시설의 유무에 따라 형식을 세분한다는 것은 매우 복잡하기 이를 데 없는 작업이 된다.

따라서 여기에서는 남방식 지석묘를 우선 하부구조의 성격에 따라 앞서 제시한 다섯 가지 형식으로 구분하고 이것과는 별도로 남방식의 한 유형이면서도 구조상 독특한 양상을 보여주는 지방형식으로 제주형濟州形을 추가하여 모두 여섯 가지 유형으로 구분해 보았다.

앞서 다섯 가지 형식은 각기 묘곽의 주위에 이루어진 적석시설의 유무에 따라 북방식에서와 같이 적석식積石式과 무적석식無積石式으로 구분하여 구조의 특성을 중심으로 설명해 나가기로 한다.

1) 판석형

상석 아래에 구축된 지하의 묘곽이 대개 얇은 판석만으로 이루어져 그 기본적인 배치에서 북방식 지석묘와 얼마간 흡사한 모습을 보여주고 있다. 즉 양쪽에 세워진 장벽의 사이에 단벽석이 끼워져 들어가 전체적으로 표자 모양의 평면을 이루는데 이때 각 단벽으로는 대개 1매 판석이 쓰이지만 장벽은 1매로만 이루어지는 경우도 있고 몇 개의 판석을 겹쳐 이어 벽면을 짜맞추기도 한다.

묘곽의 바닥도 넓적한 판석 한 장 또는 몇 장을 이어 맞추어 깔아둔 것들이 대부분이지만 잔자갈만 깔린 것, 또는 흙바닥 그대로인 것도 있다. 이 형식의 지석묘는 한반도 전역과 규슈지방까지 퍼져 있는 남방식 중 가장 보편화된 유형으로 볼 수 있다. 이것들은 다시 묘곽 주위에 이루어진 적석시설의 유무에 따라 분류할 수가 있는데 특히 한반도의 북부지방에서는 적석식만 보이고 규슈에서는 뚜렷한 적석시설이 없고 대신 상석 아래에 지석을 갖춘 것들이 대부분이다.

남한에서는 적석식과 무적석식이 모두 나타나지만 적석식의 경우 한강 유역을 벗어나면서 적석시설의 규모가 작아질 뿐 아니라 둘레의 윤곽도 희미해짐을 볼 수 있다. 한반도 내에서 이 판석형 지석묘의 상석은 대개 지석 없이 적석 위에 놓이거나 지표 위에 그대로 얹는 것이 보통이다.

(1) 적석식

이 유형은 한반도 전역에 걸쳐 고루 분포되고 있지만 일본에서는 아직 그 존재가 알려지지 않고 있다. 이 지석묘의 상석 아래에 따로 지석이 받혀진 예가 드문 것으로 보아 상석은 묘곽 주위에 이루어진 적석에 의해서만 지탱되었던 것임을 보여주고 있다.

북부지방에서는 대개 적석으로 이루어진 한 묘역 내에 몇 개의 묘곽이 이루어진 다곽형多槨形들이 이 형식의 주류를 이루고 있는데 이것들은 황주黃州 긴동 3,4,5,6호 지석묘에서와 같이 모두 같은 판석형으로만 이루어진 단순형과 다른 유형이 것과 함께 구축된 복합형 등으로 구분할 수가 있다. 특히 북부지방에서의 복합형 가운데에는 대개가 북방식과 공존하는 예가 많은 것으로 보아 이 지역에서의 양 형식 사이에 이루어진 상호 연관관계를 생각해 볼 수가 있다.

 – 주요유적

평남 북창 대평리 5호.[23]

황해 황주 천진동 2, 5, 6호, 극성동 6, 7, 9호.[24] 긴동 3, 4, 5, 6, 7호.[25] 용연

석교리 북묘.[26]

    강원 춘성 천전리 A호.[27]

    경기 양평 상자포리 III 구석관묘(국립중앙박물관).[28]

    충북 제천 황석리黃石里 C호.[29]

    충남 논산 원봉리圓峰里.[30]

    전북 고창 상갑리上甲里 C호.[31]

    대구 대봉동大鳳洞 II구 9호, III구 5, 7호, IV구 1호 제1, 2, 3석관[32](도 II-3).

    경남 창원 성문리城門里 지석묘.[33]

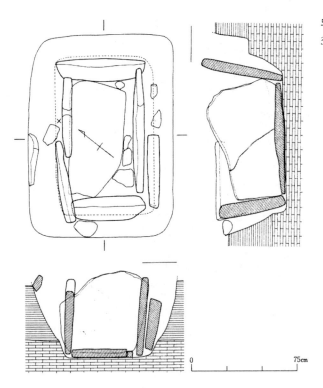

도 II-4 나가사키 고가와치
3호 지석묘

75cm

(2) 무적석식

판석형 가운데 무적석식의 분포는 한반도에서는 남반부에 국한되지만 일본에서는 서북규슈의 전역에 걸쳐 그 빈도가 높은 유형에 속한다. 한반도 내에 분포하는 이 형식의 지석묘 가운데 지석을 갖춘 예가 극히 드물지만 일본에 그 빈도가 높은 것은 하나의 지역적인 특성으로 볼 수가 있다.

이 지석묘의 하부구조 주위에는 적석시설이 이루어지지 않았을 뿐 아니라 지석마저 갖추지 못한 예가 많기 때문에 상석은 지표 위에 얹혀 대개의 경우 상석의 무게를 석관 자체가 받아야 한다. 따라서 앞서 적석식에서는 대개 얇은 판석으로 이루어졌던 석관시설이 이 유형에 이르러 보다 거친 상태로 두꺼워지고 각 장벽은 일반적으로 여러 매의 판석으로 이어지는 경우가 많다.

- 주요유적

충북 제천 황석리 3, 6, 7, 9, 13, A호.[34]

전남 영암 장산리長山里, 강진 지석리支石里 지석묘.[35]

일본 나가사키현長崎縣 후칸다케風觀岳 1, 5, 6, 7, 17호.[36] 사토타바루里田原 1, 2호.[37] 하라야마原山 C지구 1, 2, 4, 5호.[38]

고가와치小川內 1, 2, 3, 5, 6, 7, 8, 10호[39](도 II-4). 오노다이大野台 6호.[40] 다누키야마狸山 5호.[41]

이자키井崎 지석묘.[42]

2) 할석형

이 형식의 지석묘는 상석 아래에 이루어진 묘곽의 벽면이 모두 할석이나 천석川石 등으로 쌓아올려지고 묘곽의 바닥에는 할석들이 깔리거나 맨바닥 그대로인 경우가 대부분이다. 창녕 유리幽里에서와 같이 반듯한 판석들을 써서 벽돌을 쌓아올린 것처럼 벽면이 정연한 것도 이 유형의 지석묘에 포함될 수 있다.

주로 한반도의 남부지방에서 많은 분포를 보이지만 일본과 북한지역에서도 드물게 확인되고 있다.

앞서 판석형에서와 같이 묘곽의 주위에 이루어진 적석시설의 유무에 따라 구분되지만 적석식에서 적석시설의 절위節圍가 적석형에 비해 현저하게 줄어들고 두께도 얇아져서 부석敷石하는 정도에 그치게 된다.

(1) 적석식

할석 등으로 쌓아올린 묘곽이 주위의 적석에 의해서 보강되지만 그 규모가 줄어든 것은 할석 같은 석괴로 이루어진 묘곽의 구조가 판석재로 이루어진 경우에 비해서 비교적 견고하기 때문에 상대적으로 보강시설이 그만큼 약화된 것으로 보아야 할 것이다.

판석형 중 적석식에서 흔히 나타나던 다곽형이 이 할석형에서는 드물고 대개는 적석 내에 한 묘곽만 이루어지는 것이 보통이다.

- 주요유적

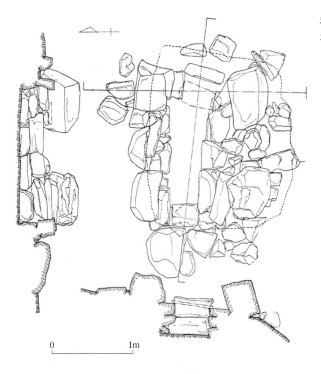

0 ____ 1m

강원 춘성 천전리 B호 중앙묘곽.[43]

경기 강화 황촌리黃村里 지석묘.[44]

충북 제천 황석리 1, 2호.[45]

전북 고창 상갑리 B호[46](도 II-5).

전남 곡성 공북리拱北里 B, C호.[47] 나주 보산리寶山里 1호.[48]

광주 충효동忠孝洞 2, 3, 4, 5, 6, 7호.[49]

대구 대봉동 III구 6호, IV구 1호 제4석관,[50] V구 1호.[51]

경남 창녕 유리 A, B호.[52] 진양 옥방동玉房洞 1, 2호.[53] 창원 곡안리谷安里 1호.[54]
김해 무계리茂溪里 지석묘.[55]

일본 후쿠오카현福岡縣 이시가사키石ヶ崎 지석묘.[56]

(2) 무적석식

묘곽이 할석이나 천석 등으로 이루어진 기본구조에서는 앞서 적석식과 마찬가지

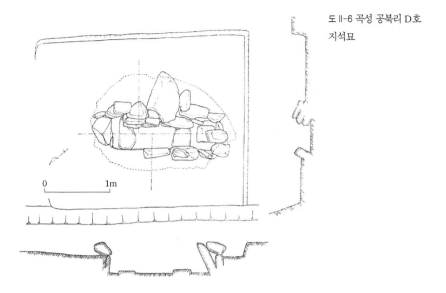

도 II-6 곡성 공북리 D호
지석묘

이나 묘곽의 주위에 따로 보강시설이 이루어지지 않기 때문에 상석은 묘곽의 바로 위에 얹히거나 따로 지석으로 받치기도 한다. 이와 같이 보강책이 소홀해짐에 따라 이 유형의 지석묘에 속하는 묘곽들은 대부분 심한 붕괴로 인해 벽면에 윤곽이 정연하지 못한 상태로 나타나는 경우가 있다.

  - 주요유적
  평남 북창 대평리 3호.[57]
  전북 고창 상갑리上甲里 A호.[58]
  전남 곡성 공북리 D호[59](도 II-6). 승주 광천리 A호.[60]
  대구 대봉동 II구 2, 3호.[61]
  경남 진양 어은동漁隱洞 1, 2호.[62]

3) 혼축형

묘곽의 축조에서 일부 벽면은 앞서 할석형에서와 같이 할석이나 천석을 사용하면서 동시에 다른 벽면은 판석으로 세워 판석형과 할석형의 절충식이라 할 수 있다. 이러한 형식의 묘곽은 구조상 비교적 얇은 판석으로만 이루어진 판석형의 취약성을 보완하기 위한 것으로 생각되는데 대개 판석으로 이루어진 부분은 묘곽의 단벽에 해당하는 경우가 많지만 규슈지방의 오가와내 유적에서와 같이 장벽까지 판석으로 세워지는 곳도 있고, 묵방리 지석묘에서과 같이 양 단벽 가운데 한쪽만을 판석으로 세워둔 곳도 있다.

지금까지 조사된 지석묘 가운데 이 유형에 속하는 것은 그리 많지 않지만 한반도의 남·북부와 일본에서 뚜렷한 분포상의 차이를 보이지 않고 고루 퍼져 있음을 알 수 있다.

(1) 적석식

한반도 내에서 지금까지 조사된 혼축형의 대부분이 이 유형에 속한다. 남한에 분포된 이 지석묘의 묘곽 주위에 이루어진 적석의 규모는 앞서 할석형에서처럼 그리 넓지 못하며 특히 단곽형의 경우 대개 상석 직하直下의 절위에 그치게 되는 것이 보통이다.

묵방리에서 조사된 20여 기의 지석묘 가운데 구조가 확실한 묘곽들은 모두가 묘곽의 한쪽 단벽만을 1~2매의 판석으로 막고 나머지 3벽은 판석조각으로 쌓아 올렸으나 간혹 냇돌과 섞어 쌓은 것도 있었다. 이 가운데 몇 기는 묘곽이 지상에

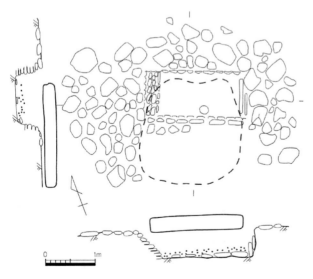

도 II-7 개천 묵방리 24호
지석묘

구축되어 남방식으로는 매우 이례적인 모습을 보이는 것도 있다.

- 주요유적

평남 개천 묵방리 2, 4, 17, 20, 24, 25, 27호[63](도 II-7).

강원 춘성 천전리 B호 북측 묘곽.[64]

대구 대봉동 I구 2호.[65] II구 8, 10, 11호, 대구사범대학 앞 지석묘.[66]

(2) 무적석식

앞서 적석식의 분포가 수적으로는 많지 않지만 거의 한반도 전역에서 드문드문 확인되었던 데 비해 이 무적석식은 극히 드물어 대구 대봉동 I구 1호 지석묘 부근의 석곽이 지석묘의 하부구조라면 한반도 내에서의 유일한 예에 속할 것이다.

- 주요유적

대구 대봉동 I구 1호 부근 묘곽.[67]

일본 나가사키현 다누키야마 6호.[68] 고가와치 4, 9호.[69]

4) 토광형

이 형식의 지석묘에서는 상석의 아래에 간단한 토광시설만이 이루어질 뿐 앞서 몇몇 형식에서와 같은 석재로 이루어진 뚜렷한 묘곽이 나타나지 않기 때문에 하부구조는 보다 정밀한 조사를 통해 그 확인이 가능하다. 토광 내에는 그대로 토장이 이루어지거나 목관 같은 간단한 시설이 마련될 수도 있으나 그러한 구조상의 취약성에 따라 때로는 그 하부구조의 소홀한 조사로 간과되어 버리는 경우도 생각할 수가 있다.[70]

이 토광형에서도 앞서 다른 형식에서처럼 상석의 아래에 이루어진 적석시설의 유무에 따라 구분될 수 있다.

한반도 내에서는 그 예가 흔치 않지만 도리어 규슈지방에서는 옹관형과 함께 자주 사용되었던 지석묘의 하부구조로서 이 지역에서의 재래식 묘제에 새로이 도입된 지석묘의 상부구조가 결합되어 이루어진 새로운 유형의 묘제라 할 수 있다.

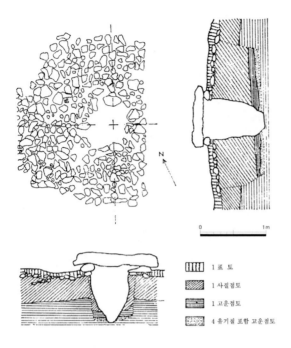

도 II-8 양주 금남리 5호
지석묘

IIII 1 표 토

1 사질점토

1 고운점토

4 유기질 포함 고운점토

앞서 석축 묘곽으로 이루어진 매장 주체의 평면은 거의 모두가 방형 또는 장방형으로 이루어졌지만 이 형식에 이르러서는 토광의 평면이 원형 또는 타원형을 이루는 경우가 대부분이고 드물게 방형을 이룰지라도 항상 모서리는 둥그렇게 돌아간 말각방형抹角方形을 이루었다.

이때 토광의 벽면은 대개 바닥으로 내려가면서 점차 안쪽으로 경사를 이루기 때문에 단면은 위가 넓은 사다리꼴이 되는데 이러한 구조는 붕괴되기 쉬운 토벽을 지탱시키기 위한 축조상의 배려에 기인하는 것으로 생각된다.

(1) 적석식

여기에 이루어진 적석의 범위는 양주 금남리琴南里 5호 지석묘에서와 같이 상석의 주위에 꽤 넓게 퍼져 있는 경우도 있지만 일반적으로 토광의 상단 둘레에만 국한되는 곳이 많다. 앞서 금남리 5호에서는 적석 위에 따로 지석이 놓여 상석을 받치고 있었지만 그 밖에는 별도의 지석이 확인되지 않았다.

이 지석묘는 일본 학자들이 배석토광配石土壙[71] 등으로 일컫는 유형들인데 규슈에서의 분포는 무적석식에 비해 드문 것으로 보인다.

석축 묘곽으로 이루어진 지석묘 가운데 적석식에서는 한 적석 내에 몇 개의 묘곽이 만들어진 다곽형들이 흔히 나타나지만 토광형에서는 항상 하나의 묘광만이 이루어지고 있다.

- 주요유적

평남 강서 태성리 27, 28호.[72]

경기 시흥 양상리楊上里 1, 2호.[73] 월피리月陂里 1, 2호.[74] 양주 금남리 5호[75](도 II-8). 진중리鎭中里 1호.[76]

전남 곡성 공북리 E호.[77]

일본 구마모토현熊本縣 도시노가미年ノ神 1호.[78] 도우노모토塔ノ本 지석묘.[79] 후지오藤尾 지석묘군.[80] 다테이시바루立石原 1호.[81]

(2) 무적석식

지금까지 일본 규슈지방에서 조사된 많은 토광형 지석묘가 이 유형에 속하지만 대개 상석은 지석들이 받치고 있다. 영동永同 유전리楡田里의 지석묘에서는 토광 위에 네 겹의 판석층이 이루어져 개석을 이루고 있었는데 이와 같은 별도의 개석 시설은 규슈의 하라야마 34호나 와리이시 1호 지석묘 등에서도 확인되었다.

- 주요유적

충북 영동 유전리 지석묘.[82]

전남 담양 문학리文學里 지석묘.[83]

대구 동산(월견산月見山) 지석묘.[84]

일본 나가사키현 후칸다케 3, 8호[85](도 II-9). 마쓰바라松原 2호.[86] 하라야먀 C구 3, 34호.[87]

사가현佐賀縣 하야마지리葉山尻 2, 3, 4호.[88] 고탄다五反田 1, 2, 3, 6호.[89] 와리이시割石 1, 2, 3, 4호.[90]

사코가시라迫頭 지석묘.[91] 모리타森田 지석묘.[92]

후쿠오카현福岡縣 시토志登 6호.[93]

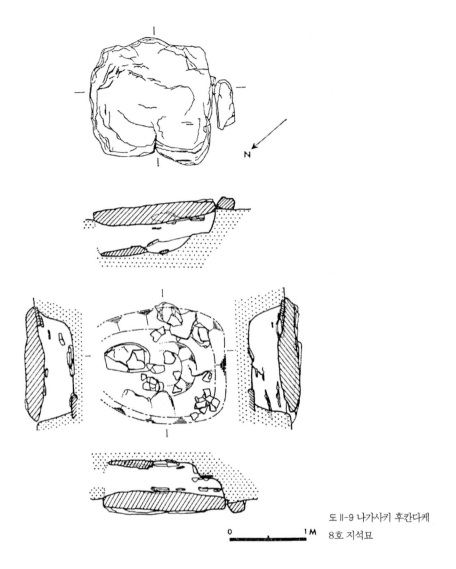

도 II-9 나가사키 후칸다케
8호 지석묘

0   1M

5) 옹관형

옹관형 지석묘는 지하에 토광을 판 후 여기에 매장주체로서 옹관을 묻고 그 위에
상석을 얹게 되는데 지하에 묻힌 옹관의 취약함에 따라 상석은 지석으로 받치거
나 적석시설에 의해 지탱되는 경우가 많다.

　　이것들은 주로 일본 규슈지방에서 활발히 이루어졌던 것으로 보이지만 한반도 내에서는 일반 옹관묘들의 존재에도 불구하고 아직은 뚜렷한 지석묘의 하부구조로서 옹관장은 확인된 바가 없다.

대개 하나의 상석 아래에는 한 개의 옹관이 매장되는 것이 보통이지만 규슈의 하야마지리 1호 지석묘에서와 같이 한 개의 상석 밑과 주위에 6개의 옹관이 한꺼번에 집장集葬된 예도 있다.

각 옹관은 한 개의 옹만으로 이루어진 단옹식도 보이지만, 대개는 옹끼리 혹은 옹과 항아리 등 서로 다른 모양의 것으로 두 개의 구연부口緣部를 맞물린 합구식合口式이 보다 일반적이다. 옹관은 수직으로 직립하거나 드물게는 수평이 되게 묻기도 하는데 대부분 한쪽이 들린 채 약간의 경사를 이루며 지하에 묻는 것이 보통이다. 이때 오다小田 1호 지석묘에서처럼 시신의 두부는 들린 쪽에 두는 것이 통례인 것으로 보인다.

(1) 적석식

이 유형의 옹관형에서도 앞서 몇몇 형식에서처럼 상석의 무게는 적석에 의해서 지탱되는데 적석의 범위는 그리 넓지 못하다.

규슈의 아사다朝田 지석묘에서는 옹관이 묻힌 토광의 벽면 한쪽에 대판석이

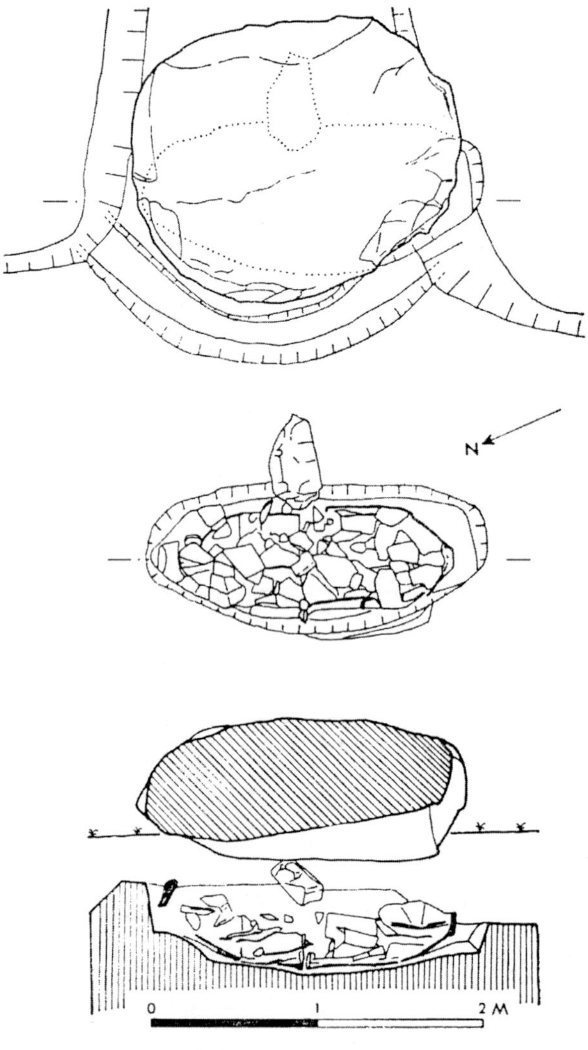

도 Ⅱ-11 후쿠오카
하야마다이 지석묘

세워져 있었으며 나머지 벽면은 할석과 천석으로 보강되어 다른 곳에서와는 다른
특이한 구조를 보였지만 옹관을 보호하는 시설로서의 기본적인 배려에서는 동일
한 성격의 것으로 보인다.

　– 주요유적

　일본 나가사키현 하라야마 D군 1호.[94]

　후쿠오카현 아사다朝田 지석묘.[95]

구마모토현 후지오藤尾 1호[96](도 II-10).

B. 무적석식

대부분의 옹관형 지석묘는 옹관이 묻힌 토광의 상부에 적석시설이 이루어지지 않았으며 대개는 지석으로만 받치는 것이 보통이다. 이 유형에 속하는 지석묘 가운데 오다 1호묘는 비록 교란된 뒤에야 현지조사가 이루어진 유구이긴 하지만 가가미야마 다케시鏡山猛의 추정복원도를 보면 매우 특이한 모습을 갖추었다. 상석은 5매의 지석들을 세워서 받쳐 외관만으로는 규슈지방의 여느 지석묘와는 매우 다른 모습을 보여준다.

한 개의 상석 밑에 6개의 옹관이 집장된 앞서 하야마지리 1호묘도 이 형식의 지석묘에 속한다.

– 주요유적

일본 후쿠오카현 고다小田 1호.[97] 스쿠須玖 지석묘.[98] 하야마다이羽山台 지석묘[99] (도 II-11).

사가현 하야마지리葉山尻 1호.[100] 도쿠스에德須惠 지석묘.[101] 기시다카岸高 지석묘.[102]

6) 제주형

지금까지 북방식에 이어 남방식의 모든 지석묘를 상석 아래에 이루어진 매장주체의 구조적 성격에 따라 분류해 보았지만 이 밖에 유구가 확실하면서도 앞서 몇몇 기본 유형의 어느 것에도 분명히 포함시킬 수 없는 독특한 유형의 것들이 있다. 주로 제주도 일원에서 확인된 이 형식의 지석묘들은 지상에 세워진 다수의 판상 지석들이나 대형 괴석들로 상석을 받치기 때문에 지상에는 마치 북방식에서와 같은 넓은 공간이 이루어진다.

지석들은 대개 상석의 가장자리를 따라 세워지고 따라서 여기에 이루어진 석실은 상석의 형태에 따라 평면은 타원형 또는 말각방형이 되는데 장방형을 이루

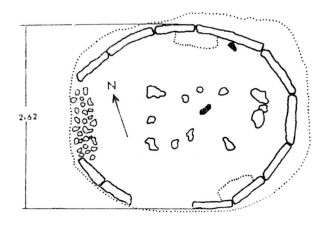

도 II-12 제주 오라리 4호
지석묘

는 경우도 지석은 상석의 가장자리까지 받치기 때문에 한정된 크기의 상석으로
이루어질 수 있는 최대의 면적을 확보하게 된다.

　　이처럼 앞서 제시된 남방식 지석묘의 특징적 성격이라고 할 수 있는 매장주체
가 지하에 이루어지는 경우와는 다른 양상을 보이지만 판석 외에도 괴석으로 상
석을 받치는 것이랄지 오라리吾羅里 2호묘에서와 같이 석실의 바닥 밑에 따로 토
광시설이 이루어진 것 등은 남방식지석묘의 구조적 성격에 더욱 근사한 양상을
띠고 있음을 알 수 있다.

　　- 주요유적

　　제주 오라리 1, 2, 4호[103](도 II-12). 용담리龍潭里 1, 2, 4호.[104]

일본 후쿠오카현 고다小田 2호.[105]

4. 맺음말

한반도를 중심으로 중국의 동북지방과 일본의 규슈지방 등 동북아시아 일원에 분
포한 거석문화연구에 대한 단편적 작업의 일환으로 우선 지금까지 학술적 발굴조
사를 거쳐 극히 부분적이긴 하지만 그 성격의 윤곽이 어느 정도 잡혀가고 있는 지
석묘에 대해 형식분류를 시도해 보았다.

1차 분류의 기준으로 지석묘에 나타난 기본구조의 차이와 그에 따르는 지리
적 분포의 일반적인 성격을 가지고 전통적 개념에 좇아 북방식과 남방식의 2대 유
형으로 구분하였다. 이러한 2대 구분방식은 해방 이후 이 지역에서 활발히 진행된
조사의 결과에 따라 한때 그 용어 자체가 논란의 대상이 되기도 하였다.

종래에는 남한지역에만 분포한다고 믿던 남방식 지석묘가 북한, 특히 서북지
방에서 다수 확인되었을 뿐 아니라 반대로 북방식 지석묘가 남한의 일부 서해안
지방에서 드물게나마 발견되면서 글머리에서 제시한 몇몇 새로운 용어가 대두되
기도 하였다. 그러나 이러한 현상은 전체적인 분포의 차이에 비하면 극히 예외적
인 숫자에 지나지 않으며 따라서 남·북방식의 2대 구분이 절대적으로 부합되는
것은 아닐지라도 어디까지나 분포의 주류를 이야기해 준다는 점에서 구조의 특징
에 따르는 분포상의 차이를 가장 타당성 있게 나타내는 것으로 생각된다.

이와 같이 1차 분류로서 이루어진 2대 형식은 석실이나 묘곽의 주위에 이루어
진 보강시설로서의 적석의 유무에 따라 다시 구분할 수가 있었다. 이러한 적석의
유무가 시대적으로 혹은 지역적으로 어떤 특징적 배경을 가지고 나타났는지에 대
한 뚜렷한 근거를 찾기에는 아직 조사된 유적의 수가 극히 제한된 형편이라고 할
수 있다. 그러나 일반적으로 적석의 소멸은 상석을 받치는 지석의 발생이랄지 석
실이나 묘곽구조의 변천 등 역학적 요소와는 상대적인 함수관계를 갖는 것이 아

닌가 생각된다.

남방식의 경우 적석시설의 유무에 앞서 상석 아래에 이루어진 매장주체의 구조적 성격에 따라 판석형, 할석형, 혼축형, 토광형, 옹관형의 5대 기본유형으로 분류하고 마지막으로 특수한 구조의 지방 형식으로 나타난 제주형을 따로 남방식의 한 유형으로 포함시켰다. 이 남방식의 각 유형을 통해 우리는 분포의 차이에서 일반적으로 나타나는 강한 지역성을 엿볼 수가 있었다.

한반도 내에서는 석재로 이루어진 묘곽구조가 주류를 이루지만 특히 북부지방에서는 판석형, 그 중에서도 적석식이 남방식 지석묘의 대부분을 차지하고 있다. 이에 반해 할석형이나 여기에 판석을 섞어 이루어진 혼축형들은 북부지방이나 중부지방에서도 일부 나타나지만 주로 남부지방에서 많은 분포를 보여주었다.

한편 일본의 지석묘는 모두 남방식뿐이지만 한반도 내에서 주류를 이루던 석곽구조의 지석묘들은 여기에 와서는 아류적인 존재가 되고 그보다는 오히려 토광형이나 한반도 내에서는 아직 그 뚜렷한 예가 알려지지 않은 옹관형이 그 대종을 이루게 된다. 이러한 현상은 앞서 말한 바와 같이 이 지역에서 재래식 묘제로서 순수 토광묘나 옹관묘가 한반도에서 새로이 유입된 지석묘의 상부 구조와 결합된 것으로 보이지만 이 관계는 일본에서의 지석묘 발생문제와 함께 보다 더 깊은 연구가 이루어져야 할 것이다.

마지막으로 동북아시아에서 지석묘의 기원 및 편년문제, 그리고 각 형식 사이에 나타날 수 있는 변천이나 이행문제도 당연히 다루어져야겠지만 이는 지금까지 제시된 구조적 성격에 따른 형식학적 고찰방법만으로는 간단히 이야기할 수 없고 여기에 따르는 복합적인 문제들이 해결됨으로써 가능한 실마리를 잡을 수 있을 것으로 믿는다. 우선 지석묘에 대한 과학적인 정밀조사는 물론이려니와 이와 직접 혹은 간접으로 상관관계에 있는 인접 유적에 대한 연대적 조사, 여기에서 출토된 유물의 종합적인 고찰이 이루어져야 할 것이다.

고고학적 조사를 거쳐서 얻어진 결과를 바탕으로 하여 우리는 인접 과학, 이를테면 건축토목학적인 관점에서 그 축조기술을 고찰할 필요가 있으며 민속신앙적 입장에서 당시의 거석신앙문제를 추구하는 등 지석묘 사회의 철저한 복원을

아울러 시도하여야 할 것이다.[106]

본 고찰은 이러한 지석묘 사회의 복원에 접근하기 위한 그 첫 단계의 작업에 불과하지만 보다 실증적 고찰에 필요한 개개 유적의 구조설명이 전면 생략될 수 밖에 없었던 지면 사정 등으로 너무 소략한 글이 되고 말았다. 동학 여러분들의 질정을 바라며 기회가 주어지는 대로 검토보완해 나갈 것이다. 게재한 삽도들은 원보고문原報告文을 바탕으로 하여 원도原圖 그대로를 복제했지만 체제를 맞추기 위해 부분적인 수정, 가필이 불가피했던 점 보고자들의 양해를 바란다.

(『한국고고학보 12』, 한국고고학연구회, 1982)

주

1   a. 韓興洙, 「朝鮮의 巨石文化硏究」, 『震壇學報 3』, 1935.
    b. 金載元·尹武炳, 『韓國支石墓硏究』, 國立博物館, 1967.
    c. 三上次男, 『滿鮮原始古墳의 硏究』, 1977(2版).
2   a. 藤田亮策, 「支石墓雜記」, 『考古學雜誌 38-4』, 1948.
    b. 林炳泰, 「韓國支石墓의 形式 및 年代問題」, 『史叢 9』, 1964.
3   金載元·尹武炳, 앞 책(주 1b).
4   a. 도유호, 「조선거석문화연구」, 『문화유산 59-2』, 1959.
    b. 韓炳三, 「靑銅器文化 - 墓制」, 『한국사 1』, 국사편찬위원회, 1973.
5   a. 金載元·尹武炳, 앞 책(주 1b).
    b. 韓炳三, 위 책(주 4b).
    c. 任世權, 「韓半島고인돌의 綜合的 檢討」, 『白山學報 20』, 1976.
6   a. 林炳泰, 앞 책(주 2b).
    b. 崔夢龍, 「全南地方所在支石墓의 型式과 分類, 『歷史學報 78』, 1978.
    c. 규슈지방의 지석묘에 관해서는 甲元眞之, 「西北九州支石墓의 一考察」, 『法文論叢 41』, 1978.
7   a. 金元龍, 「論山 陽村面의 支石墓群」, 『考古美術 1-3』, 1960.
    b. 金載元·尹武炳, 앞 책(주 1b).
8   황기덕·리원균, 「황주군 심촌리 청동기시대유적 발굴보고」, 『고고민속 66-3』, 1966.
9   황기덕·리원균, 위 책.
10 황기덕·리원균, 앞 책(주 8).
11 황기덕, a. 「황해남도 룡연군 석교리 원시유적 간략보고」, 『문화유산 60-5』, 1960.
    b. 「황해남도 룡연군 석교리 원시유적 발굴보고」, 『고고학자료집 3』, 1963.

12 金載元·尹武炳, 앞 책(주1b).

13 金載元·尹武炳, 위 책.

14 文化財管理局,『八堂·昭陽댐水沒地區遺蹟發掘綜合調査報告』, 1974.

15 金載元·尹武炳, 앞 책(주1b).

16 文化財管理局, 앞 책(주14).

17 金元龍, 金載元·尹武炳, 앞 책(주7).

18 전주농,「평안남도 룡강군 석천산 동록의 고인돌」,『고고학자료집 3』, 1963.

19 석광준,「우리나라 서북지방 고인돌에 관한 연구」,『고고민속론문집 7』, 1979.

20 석광준,「오덕리 고인돌 발굴보고」,『고고학자료집 4』, 1974.

21 석광준, 위 책.

22 a. 三上次男, 앞 책(주1c).
    b. 許玉林·許明綱,「遼東半島石棚綜述」,『遼寧大學學報 81-1』, 1981.

23 a. 석광준,「북창유적의 돌상자무덤과 고인돌에 대하여」,『고고민속논문집 5』, 1973.
    b. 정찬영,「북창군 대평리유적 발굴보고」,『고고학자료집 4』, 1974.

24 황기덕·리원균, 앞 책(주8).

25 황기덕, a.「황해북도 황주군 긴동 고인돌 발굴보고 (1)」,『문화유산 61-3』, 1961.
    b.「황해북도 황주군 심촌리 긴동 고인돌」,『고고학자료집 3』, 1963.

26 황기덕, 앞 책(주11).

27 金載元·尹武炳, 앞 책(주1b).

28 文化財管理局, 앞 책(주14).

29 金載元·尹武炳, 앞 책(주1b).

30 池健吉,「論山圓峰里支石墓와 出土遺物」,『考古美術 136·137 合輯』, 1978.

31 金載元·尹武炳, 앞 책(주1b).

32 a. 藤田亮策,「大邱大鳳町支石墓調査報告」,『昭和11年度古蹟調査報告』, 1937.
    b. 梶本杜人,「大邱大鳳町支石墓について」,『考古學雜誌 38-4』, 1952.

33 朴敬源,「昌原郡鎭東面城門里支石墓調査略報告」,『歷史學報 10』, 1958.

34 金載元·尹武炳, 앞 책(주1b).

35 金載元·尹武炳, 위 책.

36 諫早市敎育委員會,『風觀岳支石墓群調査報告書』, 1976.

37 長崎縣敎育委員會,『里田原遺跡』, 1976.

38 a. 松尾禎作,『北九州支石墓の硏究』, 1957.
    b. 森貞次郎,「日本における初期支石墓」,『金載元博士回甲記念論叢』, 1969.

39 坂田邦洋,「長崎縣小川內支石墓發掘調査報告」,『古文化談叢 5』, 1978.

40 小田富士雄,「大野台遺跡」,『古文化談叢 1』, 1974.

41 森貞次郎, 앞 책(주38b).

42 正林護,「小長井町の先史·古代」,『小長井町郷土誌』, 1976.

43 金載元·尹武炳, 앞 책(주1b).

44 위 책.

45 위 책.

46 위 책.

47 위 책.

48 崔夢龍,「羅州寶山里支石墓發掘調査報告書」,『韓國文化人類學 9』, 1977.

49 崔夢龍,『光州忠孝洞支石墓發掘調査報告書』, 全南大博物館, 1978.

50 榧本杜人, 앞 책(주 32b).

51 藤田亮策,「大邱大鳳町支石墓調査(第二回)」,『昭和13年度古蹟調査報告』, 1940.

52 金載元·尹武炳, 앞 책(주 1b).

53 趙由典,「慶南地方의 先史文化研究」,『考古學 5·6 合輯』, 1979.

54 金載元·尹武炳, 앞 책(주 1b).

55 金元龍,「金海茂溪里支石墓의 出土品」,『東亞文化 1』, 1963.

56 a. 松尾楨作, 앞 책(주 38a).

　　b. 原田大六,「福岡縣石ケ崎의 支石墓을 含한 原始墓地」,『考古學雜誌 38-4』, 1952.

57 석광준, 정찬영, 앞 책(주 23).

58 金載元·尹武炳, 앞 책(주 1b).

59 金載元 외, 위 책.

60 金載元 외, 위 책.

61 榧本杜人, 앞 책(주 32b).

62 趙由典, 앞 책(주 53).

63 김기웅, a.「평안남도 개천군 묵방리 고인돌발굴 중간보고」,『문화유산 61-2』, 1961.

　　b.「평안북도 개천군 묵방리 고인돌 발굴중간보고」,『고고학자료집 3』, 1963.

64 金載元·尹武炳, 앞 책(주 1b).

65 藤田亮策, 앞 책(주 51).

66 a. 榧本杜人, 앞 책(주 32b).

　　b. 三上次男, 앞 책(주 1c).

67 藤田亮策, 앞 책(주 51).

68 森貞次郎, 앞 책(주 38b).

69 坂田邦洋, 앞 책(주 39).

70 지석묘의 상석 밑에서 매장시설로서 뚜렷한 유구가 나타나지 않았을 때 과거에는 이것을 묘표식墓標式 지석묘라 하여 애매한 성격을 부여하거나 상석이 원위치에서 벗어난 것으로 판단하였으나 최근에는 원래부터 매장시설이 이루어지지 않은 '무묘거석無墓巨石'의 존재가능성이 시사되기도 하였다.
　　尹容鎭,「大邱七星洞 支石墓調査」,『大邱史學 12·13 合輯』, 1977.

71 甲元眞之, 앞 책(주 6c).

72 채희국,「태성리 고분군 발굴보고」,『유적발굴보고 5』, 고고학 및 민속학연구소, 1959.

73 黃龍渾,「楊上里·月陂里遺蹟發掘調査報告」,『半月地區遺蹟發掘調査報告』, 1978.

74 黃龍渾, 위 책,

75 黃龍渾,「楊州琴南里支石墓調査報告」,『慶熙史學 3』, 1972.

76 文化財管理局, 앞 책(주 14).

77 金載元·尹武炳, 앞 책(주 1b).

78 a. 松尾楨作, 앞 책(주 38a).

    b. 田添夏喜, 「年ノ神遺蹟調査報告」, 『熊本縣岱明』, 1969.

79 玉名女高社會部, 『塔ノ本遺蹟發掘調査報告』, 1972.

80 坂本經堯, 「藤尾支石墓群」, 『熊本縣旭志』, 1959.

81 松尾楨作, 앞 책(주 38a).

82 金元龍, 「永同楡田里支石墓의 特異構造와 副葬品」, 『歷史學報 12』, 1960.

83 金元龍, 「金海土器片을 내는 潭陽文學里의 一支石墓」, 『美術資料 3』, 1961.

84 a. 三上次男, 앞 책(주 1c).

    b. 齋藤忠, 「昭和14年度に於ける朝鮮古蹟調査の槪要」, 『考古學雜誌 30 - 1』, 1940.

85 諫早市敎育委員會, 앞 책(주 36).

86 小田富士雄, 「五島列島の彌生文化 - 總說篇」, 『人類學考古學硏究報告 2』, 1970.

87 a. 松尾楨作, 앞 책(주 38a).

    b. 森貞次郞, 앞 책(주 38b).

88 위 책.

89 위 책.

90 위 책.

91 위 책.

92 a. 松尾楨作, 앞 책(주 38a).

    b. 松岡史, 「第二篇 古代」, 『唐津市史』, 1962.

93 文化財保護委員會, 『志登支石墓群』, 1956.

94 森貞次郞, 앞 책(주 38b).

95 松尾楨作, 앞 책(주 38a).

96 坂本經堯, 앞 책(주 80).

97 a. 鏡山猛, 「原始箱式棺の委相」, 『九州考古學論攷』, 1972.

    b. 松尾楨作, 앞 책(주 38a).

98 松尾楨作, 앞 책(주 38a).

99 大牟田市敎育委員會, 『羽山台遺跡 - 大牟田市所在羽山台C地點遺跡の調査』, 1975.

100 松尾楨作, 앞 책(주 38a).

101 위 책.

102 a. 松岡史, 앞 책(주 92b)

    b. 森貞次郞, 앞 책(주 38b)

103 金哲埈, 「濟州道支石墓調査報告」, 『서울大學校論文集 9』, 1959.

104 위 책.

105 a. 鏡山猛, 앞 책(주 97a).

    b. 松尾楨作, 앞 책(주 38a).

106 池健吉, 「巨石墳墓硏究의 問題點과 方向」, 『박물관신문 126』, 1982.2.

한반도 고인돌 문화의 편년적 성격
-원류와 전개문제 제기를 위한 초록-

1

고인돌 연구에서 가장 근본적이고 핵심이라 할 수 있는 원류와 전개문제를 다룰 때에 여러 각도에서 충분한 검토가 이루어져야겠지만 여기에는 복잡하고 미묘한 내적 혹은 외적인 어려움들이 가로놓여 있다. 이는 고인돌에서 출토되는 유물이 실제 발굴된 유적에 비해서 너무 빈약할 뿐 아니라 구조적인 측면에서는 오히려 그 변화가 너무 다양하여 일정한 규격적 형식분류가 어렵기 때문이다. 여기에 지금까지 이루어진 연구결과, 특히 편년관編年觀에서 나타난 남·북한 학계의 현격한 견해 차이도 고인돌 문화의 체계적 연구에 결정적 장애 요인이 되고 있다.

본고에서는 고인돌에 나타나는 구조적 형식과 분포 상황을 개략적으로 살핀 후 각 형식에서 나타난 관련 유물에 대한 지금까지의 연구결과를 바탕으로 문제점에 접근해 나갈 것이다. 다만 그 연구들이 아직은 특정분야에 치중된 현 시점에서는 극히 제한된 가설의 범주에서 벗어나기 어려울 것임은 당연하지만 장차 성숙된 체계 정립을 위한 지극히 단편적인 시론에 불과한 것임을 밝혀둔다.

2

한반도를 중심으로 중국의 동북지방과 일본의 '규슈(九州)' 지방 등 동북아시아 일
원에 분포된 고인돌은 일차적으로 북방식과 남방식의 두 가지로 나뉘고 이것들은
각기 무덤칸 둘레에 이루어진 보강시설로서의 돌무지(積石) 시설의 유무에 따라
적석식積石式과 무적석식無積石式으로 분류될 수 있다. 하부구조가 복잡한 남방식
고인돌은 매장주체인 무덤칸의 구조적 성격에 따라 다시 판석형板石形, 할석형割石
形, 혼축형混築形, 토광형土壙形, 옹관형甕棺形과 지방형식으로서의 제주형濟州形으
로 분류한 바 있다.[1]

　각 유형들은 대체로 그 분포에서 어떤 지역성을 보이며 나타남을 살필 수가
있는데 북부지방에서는 당연히 북방식이 주류를 이루지만 남방식 가운데 판석형
도 서북지방을 중심으로 적지 않게 분포하고 있음을 알 수 있다. 한편 한강 유역
에서는 북방식과 함께 남방식 중 판석형이 계속 만들어지고 남쪽으로 내려가면서
점차 할석형의 빈도가 높아지며 서해안의 일부 지역에서는 드물게나마 북방식도
확인되고 있다.

　특히 서북지방에서는 황해도와 평안남도의 일부지역에 걸쳐 밀집된 분포를
보이며 갖가지 다양한 형식의 고인돌들이 나타나고 있어 한반도 고인돌 문화의
뿌리는 바로 이곳에서 찾을 수 있다는 개연성을 심어주기에 충분한 배경을 갖추
었다고 할 수 있다. 따라서 우리나라 고인돌의 원류 문제를 논하기 위해서는 먼저
이 지역 유적의 성격과 여기에서 출토된 유물상을 살핌으로써 그 실마리를 잡을
수 있으리라 생각된다.

3

고인돌 관련유물 가운데 가장 빈번하게 출토되는 것은 토기류土器類로 서북지방에서 주류를 이루는 것은 이 지역 특유의 유형인 팽이토기(角形土器)이다. 이곳 고인돌 가운데 기형器形의 특징을 어느 정도 알아볼 수 있는 토기그릇의 출토유적으로 남방식에서는 황주 천진동 6호[2]를 들 수가 있다. 판석형에 속하는 이 유적에서 출토된 토기의 접혀진 아가리에는 촘촘한 빗금이 그어져 팽이토기에서도 이른 시기의 것임을 알 수 있었다.

한편 북방식 중 적석식에 속하는 연탄 평촌 10호[3]에서 나온 팽이토기의 아가리에 새겨진 빗금은 앞서 천진동 토기의 빗금보다 다소 성글어 보다 늦은 시기의 토기로 보인다.[4]

서북지방의 고인돌에서 출토된 돌검은 모두 10여 점에 불과하지만 2점의 민자루식(一段柄式)을 빼고는 모두 슴베식(有莖式)이다. 선행 양식으로 볼 수 있는 슴베식이 출토된 천진동 1호, 4호와 송신동 31호는 북방식 가운데 적석식에 속하는 것들이고 남방식인 황주 긴동 3호와 5호는 한 돌무지 안에 이루어진 판석식이었다. 이에 반해 북부지방에서는 예외적이고 오히려 남부지방에서 보편화된[5] 2점의 민자루식이 출토된 송신동 10호[6]는 북방식으로 무적석식에 속한다.

이상 토기와 돌검의 출토상황으로 보아 우선 남방식 중 판석형과 북방식 중 적석형이 서북지방 고인돌 가운데 초기의 형식임을 알 수가 있다. 실제 이 두 형식의 고인돌은 무덤칸을 이루는 판석의 크기나 두께의 차이는 있을지라도 그 기본적인 축조방법이나 평면구조는 물론 둘레에 이루어진 돌무지시설에서도 매우 비슷한 모습을 보이고 있다.

황주 극성동 고인돌에서는 같은 돌무지 안에 판석형에 속하는 9호와 북방식인 8호가 바로 인접해 있으며 특히 서쪽 끝의 6호에서는 판석으로 이루어진 구조적 변이과정을 확실하게 보여준다. 그 뒤를 이어 나타나는 북방식 중 무적석식들이 이 지역에서는 고인돌의 마지막 단계까지 계속되는 것으로 보인다.

4

서북지방의 남방식 고인돌로는 이 밖에도 개천 묵방리에서 보이는 혼축형과 북창 대평리에서의 할석형, 강서 태성리의 토광형에 속하는 것들이 있다.

개천 묵방리 고인돌[7]은 서북지방의 남방식 가운데 유일한 혼축형의 예로 여기에서 반달칼, 돌화살촉 각 2점과 함께 출토된 목항아리 1점은 토기 형식상 팽이토기의 후기에 나타나는 것으로서[8] 일단 판석형과 혼축형 사이에 이루어진 선후관계를 어림해볼 수 있다.

북창 대평리 3호 고인돌[9]의 하부구조는 큰 강돌을 두 겹으로 포개 쌓은 할석형으로 팽이토기 조각과 반달칼이 출토되었다. 서북지방의 고인돌에서는 극히 드물게 나오는 반달칼이 앞서 묵방리에서도 출토된 것으로 보아 두 형식의 고인돌이 비슷한 단계의 것이 아닌가 생각되지만 이 지역에서의 조사 예가 드물기 때문에 유물상을 통해서는 그 선후관계를 파악하기가 어렵다. 다만 그 구조적 특징을 통해서 이 혼축형이 판석형과 할석형의 과도기적 형식이 아닌가 생각될 뿐이다.

태성리[10]에서 확인된 토광형에서는 출토유물은 없지만 일대에 대단위로 이루어진 '토광묘에 선행한 묘제'로서 이 지역에서는 고인돌 문화 마지막 단계의 것으로 보인다.

지금까지 한반도 서북지방에서의 고인돌에 대해서 출토유물과 구조적 성격을 통해 각 형식 간에 이루어진 편년적 서열 정립을 시도해 보았지만 대략 다음과 같이 요약될 수 있다.

1) 북방식에서는 적석식이 무적석식에 선행하며,

2) 남방식에서는 판석형 이 먼저 이루어지고 혼축형과 할석형이 다음 단계에 차례로 나타나는데,

3) 마지막 단계의 토광형은 그 다음 시기에 출현하는 토광묘의 조형祖形이 된다.

5

서북지방에서 남방식 가운데 판석형이 처음으로 나타나 북방식과 함께 주변지역
으로 확산되는데 한강 유역 등 중부지방에서도 북방식과 함께 무리를 이루는 남
방식은 대부분 이 형식으로 일관되고 있다. 남한강 상류의 충청지방에 이르면 처
음에는 판석형이 주류를 이루지만 때림무늬(打捺文)토기가 나타나는 중원中原 하
천리荷川里[11] 단계에 이르러 할석형이 본격적으로 만들어진다. 그러나 영·호남의
북도에까지도 아직 판석형이 수적으로 우세하며 대구 대봉동大鳳洞[12] 같은 곳에서
는 혼축형도 함께 만들어진다.

　　할석형은 전남과 경남지방 등 한반도의 최남단에 이르러서야 비로소 이 지역
고인돌의 주류를 이루면서 집중적으로 만들어져 그 마지막 단계까지 존속되는 것
으로 여겨진다.

　　이 남방식 고인돌들은 남쪽으로 내려오면서 덮개들이 커지고 이에 따라 받침
돌이 새로운 보강시설로서 등장하며 돌무지시설은 형식적인 구조물로 남거나 없
어지는 구조적인 변화가 뒤따른다.

　　남부지방의 토광형은 조사된 수도 극히 드물 뿐만 아니라 유구의 내용도 확실
한 것이 드물지만 승주昇州 신평리新坪里[13]와 보성寶城 죽산리竹山里[14]에서는 한 개
의 덮개돌 아래 할석형과 토광형이 나란히 이루어져 남부지방에서 두 형식이 갖
는 성격의 한 면을 보여주고 있다. 일부 남부지방에서는 이 밖에 할석형의 변형으
로 생각되는 위석식圍石式[15]과 지방형식인 제주형이 나타나면서 청동기시대의 거
의 전 기간에 걸쳐 오랜 세월 동안 한반도 전역을 풍미하던 고인돌문화도 그 막을
내리게 된다.

6

마지막으로 이 고인돌들이 이루어진 시기의 설정 문제에 이르면 더욱 복잡한 문제에 부닥치지만 한반도 고인돌의 축조가 이 지역 무문토기시대의 소산임을 감안할 때 토기문화와의 연계 아래 추정하는 것이 가장 근접된 방법일 것이다. 물론 이 토기의 양상에서도 지역에 따라 많은 변화가 이루어지고 있지만 분포의 범위나 출토 상황으로 보아 북부지방에서는 팽이토기,[16] 중부 이남에서는 순수민무늬토기[17]와 궤를 함께한 것으로 보아야 할 것이다. 그러나 이것은 어디까지나 제한된 범위의 설정일 뿐, 앞으로의 자료 증가에 따라 보다 명확한 편년체계가 수립되리라 믿는다.

(「동북아 고대문화의 원류와 전개」, 제11회 마한·백제문화 국제학술회의, 원광대학교 마한·백제문화연구소, 1992. 11)

주

1   池健吉, 「東北아시아 支石墓의 型式學的 考察」, 『韓國考古學報 12』, 1982.
2   황기덕·리원균, 「황주군심촌리 청동기시대유적 발굴보고」, 『고고민속 66-3』, 1966.
3   석광준, 「오덕리고인돌 발굴보고」, 『고고학자료집 4』, 1974.
4   韓永熙, 「角形土器考」, 『韓國考古學報 14·15합집』, 1983.
5   a. 有光敎一, 『朝鮮磨製石劍의 硏究』, 1959.
    b. 金元龍, 「韓國 磨製石劍起源에 관한 一考察」, 『白山學報 10』, 1971.
    c. 全榮來, 「韓國磨製石劍·石鏃에 關한 硏究」, 『馬韓·百濟文化 4·5합집』, 1982.
6   석광준, 앞 글(주 3)
7   김기웅, 「평안남도 개천군 묵방리고인돌 발굴중간보고」, 『문화유산 61-2』, 1961.
8   尹武炳, 「無文土器 型式分類 試攷」, 『震檀學報 39』, 1975.
9   정찬영, 「북창군 대평리 유적발굴보고」, 『고고학자료집 4』, 1974.
10 채희국, 「태성리고분군 발굴보고」, 『유적발굴보고 5집』, 고고학 및 민속학연구소, 1959.
11 金秉模 외, 「中原荷川里D地區遺蹟發掘調査報告」, 『忠州댐 水沒地區 文化遺蹟 發掘調査報告 -考古·古

墳分野II)』, 1984.

12 a. 藤田亮策,「大邱大鳳町支石墓調査報告」,『昭和11年度古蹟調査報告』, 1937.

    b. 藤田亮策,「大邱大鳳町支石墓調査(第二回)」,『昭和13年度古蹟調査報告』, 1940.

    c. 梶本杜人,「大邱大鳳町支石墓について」,『考古學雜誌 38-4』, 1952.

13 林柄泰·崔恩珠,「新坪里 금평 支石墓」,『住岩댐水沒地域文化遺蹟發掘調査報告書(I)』, 1987.

14 宋正炫·李榮文,「竹山里 '다'群 支石墓」,『住岩댐水沒地域文化遺蹟發掘調査報告書(III)』, 1988.

15 池健吉,「湖南地方 고인돌의 型式과 構造」,『韓國考古學報 25』, 1990.

16 팽이토기에 관해서는 북한 학자들에 의해서 거의 획일적인 편년이 이루어지고 있지만 아직은 우리 학계가 이것을 받아들이기에는 너무 심한 격차를 보이고 있다. 우리 학자들의 팽이토기에 관한 몇 편의 논문들이 있으나 대부분이 형식분류나 이에 따른 상대편년에 그친 것들이고 절대편년이 제시된 것으로 한영희韓永熙의 앞 글(주 4)이 있다. 그는 각 시기의 유물과 유적의 비교를 통해서 조기(B.C. 10~9세기), 전기(B.C. 8~7세기), 중기(B.C. 6~5세기), 후기(B.C. 4~3C세기)의 4기로 편년하였다.

17 파주坡州 옥석리玉石里 유적발굴을 통해서 얻어진 B.C. 7세기(B.C. 640년)란 연대는 남한 지방 고인돌의 상한으로 이해되고 있으며 일반적으로 남부지방에서 민무늬토기와 고인돌문화의 존속 기간은 B.C. 5~1세기경으로 잡혀가고 있다.

    ① 金載元·尹武炳,『韓國支石墓硏究』, 國立博物館, 1967.

    ② 李榮文,『全南地方 支石墓 硏究』, 檀國大碩士論文, 1987.

    ③ 崔盛洛,「全南地方 無文土器文化의 性格」,『三佛金元龍敎授停年退任紀念論叢I』, 1987.

한반도 고인돌문화의 원류와 전개
-서북지방 고인돌의 구조와 출토유물을 중심으로-

1. 머리말

금세기에 이르러 일본인 학자들에 의한 우리나라에서의 고적조사가 시작되면서 고인돌에도 새로운 관심을 갖게 되었으며, 도리이 류조(鳥居龍藏)는 처음으로 고인돌에 대한 형식구분을 시도하는 등 학술적인 의미를 부여했다. 그는 한반도의 고인돌을 외형에 따라 북방식과 남방식으로 나누고 북방식도 원래는 돌방 둘레가 깬돌이나 봉토로 덮여 있었다고 주장하였다. 또한 그는 고인돌을 '석기시대'에 속하는 유적으로 추정했는데 보다 원시적인 모습을 갖춘 남방식이 북방식에 비해 선행하는 것으로 보았다.[1]

　그 뒤로 제한된 몇몇 지역에 대한 현지조사가 이루어지면서 고인돌로부터 출토된 유물의 성격에 따라 그 시대적 성격이 '금속기사용초기金屬器使用初期'[2] 또는 '금석병용기金石倂用期'[3] 등으로 보다 구체화되기도 하였다. 한편 동북아시아의 고인돌 문화를 집대성한 미카미 쓰기오(三上次男)는 '서기전 3~2세기, 또는 그 이전'[4] 이라는 편년안까지도 제시하였다. 이들에 의해 도리이의 남방식 선행설에 대한 반론이 제기되고 북방식이 남방식에 비해 앞선다는 이론이 자리 잡기 시작하였다.

그러나 이것도 학술적인 발굴조사가 충분히 이루어지지 않은 상황에서 단순히 산발적인 지표조사의 결과에 따른 추론적 가설의 범주에서 벗어나지 못한 것이었다. 그것은 한반도에서 이루어진 고대문화의 원류는 북으로부터 내려온 대륙문화의 흐름에서 찾아야 한다는 선입견적 전제 아래에서 이루어진 당위론에 바탕을 둔 것이라고 할 수 있었다.

1960년대에 이르러 남·북한 각지에서 고인돌 발굴이 활발히 이루어지고 그 결과 같은 북방식이나 남방식 안에서도 매장시설인 하부구조에서 많은 다양성이 나타나고 있음을 밝힐 수 있게 되었다. 이 발굴성과들에 따라 지금까지 여러 학자들에 의해 각기 나름대로의 형식분류가 이루어지고 각 형식에서 나타나는 특징적 성격도 여러 각도에서 부각되었다.

그러나 막상 이들 고인돌의 원류문제나 각 형식 간에 이루어진 편년적 서열 등 전개과정에 관한 본질적인 사항에 대해서는 아직 이렇다 할 성과가 이루어지지 못하고 있는 실정이다. 그 까닭은 고인돌에서 출토되는 유물의 수량이 실제 발굴된 유적에 비해서 너무 빈약할 뿐 아니라 그 종류도 한정되어 유물상을 파악하는 데 극히 제한된 추론만이 가능하기 때문이다. 또한 구조적인 측면에서도 외형의 단조로움에 비해서는 하부구조의 변화가 너무 다양하여 일정한 규격적 형식분류가 매우 어려운 점도 문제해결에 큰 장애요인이 되고 있음이 사실이다.

본고에서는 형식과 분포 문제를 개략적으로 살핀 후 각 형식에서 나타나는 관련유물에 대한 연구성과를 바탕으로 문제점에 접근해 나갈 것이다. 다만 그 성과라는 것이 아직은 특정유물에 치중된 현 시점에서는 극히 제한된 시론의 단계에서 크게 벗어나기 어렵다고 할 수 있지만 장차 성숙된 연구결과를 위한 밑거름이라도 되었으면 하는 바람이다.

2. 분포와 형식

한반도에서 고인돌의 분포는 지역에 따라 밀도의 차이는 있을지라도 거의 한반도 전역에 걸쳐 고루 퍼져 있다고 할 수 있다. 지금까지 고인돌 유적에 대한 전국적인 분포조사가 집중적으로 이루어진 적이 없기 때문에 아직 그 정확한 실태를 파악하기는 어렵다. 다만 그 동안에 이루어진 행정적·학술적인 지표조사를 통해서 개괄적인 분포상황만을 파악할 수 있었고 계획, 또는 긴급 발굴의 결과에 따라 제한된 지역에서나마 고인돌 성격의 일단을 밝힐 수 있었다.

한반도에서 고인돌이 가장 밀집된 분포를 보이는 곳은 평안남도, 황해도 등 서북지방 일원과 서남부의 전라남·북도 등 주로 서해안지역 일대라고 할 수 있다. 이는 동해안에 비해 서해안 쪽이 지형적으로 비교적 완만하고 산악이 적어 선사인先史人들의 생활환경에 보다 유리한 입지적 여건이 갖추어졌기 때문이며 오늘날의 인구밀도나 대도시의 형성에서도 그러한 정황을 엿볼 수 있다.

이렇듯 편중된 분포의 양상을 보이는 고인돌은 그 외형적인 구조의 특징에 따라 크게 북방식과 남방식의 두 가지 형식으로 구분되고 있다. 각 형식들은 구조적인 차이와 함께 명칭 그대로 반도의 북부와 남부지방에서 각기 분포의 상황을 달리하면서 나타나는데 그 경계는 대체로 북한강인 것으로 보인다. 그러나 이 경계를 기준으로 양 지역에서 절대적인 형식상의 차이를 보이는 것은 아니고 다만 개략적인 분포의 주류를 이루게 되는 것이다.

북방식은 북한강을 건너 남쪽으로 내려오면서 그 수가 현저히 줄어들어 북방식만으로 무리를 이루는 유적은 거의 찾아볼 수 없게 된다. 호서 이남에서 북방식의 분포는 주로 서해안지역과 금강 유역에서 남방식의 무리 속에 한데 섞여 있거나 드물게는 단독으로 이루어진 곳도 있다.

서해안 지방에서는 아산牙山,[5] 홍성洪城,[6] 보령保寧,[7] 서산舒山,[8] 고창高敞,[9] 나주羅州[10] 등지에서 조사되었고 금강 유역에서의 분포는 부여扶餘,[11] 논산論山,[12] 대덕大德,[13] 장수長水[14]에서 확인되고 있다. 최근에는 거창居昌[15] 등 영남지방에서도 북방식의 존재가 밝혀지고 있어 구체적인 조사의 결과에 따라서는 그 분포의 범위가 더욱 넓어질 것으로 생각된다.

한편, 한강 이북에서 남방식의 분포는 더욱 현저해져 황해도와 평안남도에서는 남·북방식이 섞여 있는 한 무리 안에서 오히려 남방식의 수가 더 많은 곳도 있고 남방식만으로 무리를 이루는 곳도 적지 않음을 알 수 있다.

북한의 고인돌 유적 가운데 부분적인 발굴과 함께 현지조사가 이루어진 황해도의 연탄燕灘과 황주黃州지역에서는 조사된 약 850기의 고인돌 가운데 남방식이 230기에 이르렀다. 특히 황주의 심촌리 일대에서는 백여 기의 남방식 고인돌이 불과 십여 기의 북방식과 함께 무리를 이루고 있었다.[16]

남방식은 이 밖에도 평안남도의 강서江西 태성리[17] 등 용강龍岡 석천산石泉山 주변 일대[18]와 평안북도 개천价川 묵방리[19]까지 미치고 있는 것으로 보인다.

지금까지 북방식만이 분포된 지역으로 알려진 중국의 동북지방에서도 최근 요동반도遼東半島 일원에서 이른바 '대석개묘大石蓋墓'로 불리는 남방식 고인돌이 상당수 확인되고 있다.[20]

이렇듯 한반도와 그 주변에서의 다양한 고인돌의 분포양상으로 보아 일부 학자들이 주장하는 바와 같이 북방식과 남방식의 용어 자체가 결코 분포의 실상에 절대적으로 부합된다고는 할 수 없다. 그러나 두 가지 형식의 고인돌이 양 지역에서 각기 분포의 주류를 이룬다는 점에서 오랫동안 전통적으로 쓰인 이 분류 방식에 별다른 무리는 없을 것으로 생각된다.[21]

이 북방식과 남방식은 다시 무덤칸 둘레에 이루어진 보강시설로서의 돌무지 (적석積石 또는 부석敷石)의 유무에 따라 구분될 수 있다. 이 돌무지 시설들은 취약한 무덤칸을 그 위에 얹힌 무거운 덮개돌의 무게에서 보호해주는 역학적 기능에서 이루어진 것임은 분명하다고 할 수 있다. 그러나 이 시설의 유무가 시기적으로, 또는 지역적으로 어떤 상황에서 나타나는지에 대해서는 아직 뚜렷한 요인을 찾을 수 없다.

한반도에서의 남방식 고인돌은 다시 매장주체인 무덤칸(墓槨)의 구조적 성격에 따라 판석형, 할석형, 혼축형, 토광형, 제주형 등으로 분류할 수 있는데[22] 이 가운데 몇몇 유형에서는 개략적인 지역성을 살필 수가 있다.

북부지방에는 당연히 북방식이 주류를 이루지만 남방식 가운데 돌무지로 보강된 판석형도 서북지방을 중심으로 적지 않게 분포되고 있음을 알 수가 있다. 이러한 분포상황은 한강 유역에 이르기까지 계속되다가 남쪽으로 내려가면서 남방식의 분포가 월등해지는데 이 가운데 판석형과 할석형의 빈도가 단연 높아질 뿐 다른 유형의 고인돌은 몇몇 지역에서만 산발적으로 나타나고 있다.

3. 출토유물을 통해본 각 형식 간의 상관관계

한반도 북부지방에서의 고인돌 분포는 지역에 따라 그 밀도에서 커다란 차이가 나타나는데 특히 황해도 일원과 평안남도의 일부지역에서 가장 밀집된 분포를 보이고 있다. 뿐만 아니라 지금까지 이루어진 발굴조사 결과, 이 지역에서는 다른 곳과는 달리 비교적 다양한 구조의 고인돌들이 나타나고 있음을 알 수가 있다. 이러한 여러 상황에 따라 한반도 고인돌문화의 뿌리는 바로 이곳에서 찾을 수 있다는 개연성을 심어주기에 충분한 입지적 배경을 갖추었다고 할 수 있을 것이다.

따라서 우리나라 고인돌들의 원류와 전개 문제를 논하기 위해서는 우선 이 지역 유적의 성격과 여기에서 출토된 유물상을 살핌으로써 그 실마리를 잡을 수 있을 것으로 생각된다.

고인돌 관계 유물 중 가장 빈번하게 출토되는 것은 토기류와 돌검, 돌살촉 등 석기류이다. 이 가운데 토기의 주류를 이루는 것은 서북지방의 특징적 유형이라 할 수 있는 팽이토기(角形土器)로 주로 청천강 이남과 한강 이북에서 출토되고 있다.

팽이토기는 청동기시대에 한반도의 전역에 걸쳐 만들어진 민무늬토기(無文土器)의 한 지방형식으로서 아가리가 겹으로 이루어지고 여기어 빗금무늬(短斜線文)가 나타나 있는 것을 전형적인 것으로 보고 있다.[23] 이 토기들은 시기와 지역에 따

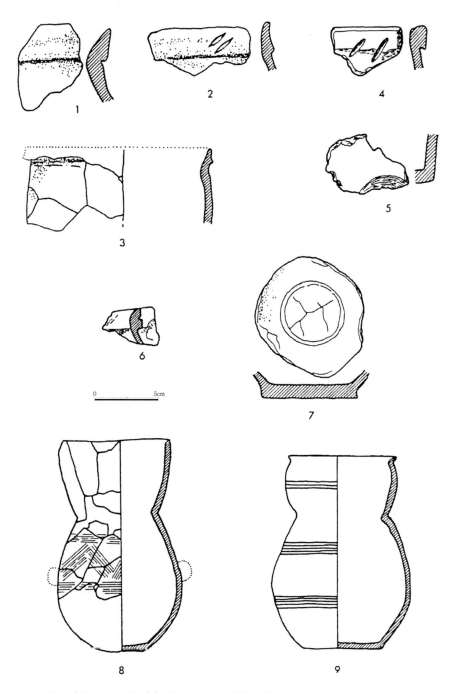

도 II-13 ①②③ 황주 천진동 6호. ④⑤ 연탄 평촌 10호 ⑥⑦ 연탄 송신동 5호. ⑧ 개천 묵방리 24호. ⑨ 북창 대평리 5호.

라 변화를 수반하고 잇는데 그 변형으로 볼 수 있는 겹아가리(二重口緣)토기가 매우 드물기는 하지만 함경북도에서부터 영·호남에 이르기까지 거의 한반도 전역에서 출토되고 있다.[24]

이 팽이토기들의 각 형식에 대한 편년의 설정은 학자들에 따라 약간의 차이를 보이고 있으나 대개 '금탄리–심촌리(신흥동)–석탄리–입석리'[25]로 이어지는 상대적 서열에서는 별다른 이견이 없는 것으로 생각된다.

서북지방의 고인돌 가운데 기형器形의 특징을 어느 정도 알아볼 수 있는 팽이토기의 출토유적으로 남방식에서는 황주 천진동 6호 고인돌[26]을 들 수가 있다. 돌무지로 보강된 판석형에 속하는 이 유적에서 출토된 토기의 접혀진 아가리에는 촘촘한 빗금이 그어져 팽이토기 가운데 비교적 이른 시기의 것임을 알 수 있다(도 II-13①②③).

한편, 북방식 가운데에서는 적석식에 속하는 연탄 평촌 10호[27] 출토 토기의 아가리에 새겨진 빗금이 앞서 천진동 6호 토기의 빗금에 비해 다소 성글어(도 II-13④⑤), 보다 늦은 시기의 것으로 보인다.[28]

같은 북방식 중 적석식에 속하는 북창北倉 대평리 5호[29]에서는 목항아리(도 II-13⑨)가 수습되었다. 이 항아리는 학자에 따라 '묵방리형墨房里形', 또는 '미송리형美松里形'으로 불리는 기형器形으로 형식상 팽이토기 가운데 후기의 형식으로 분류되고 있다.[30]

한편, 서북지방의 고인돌에서 출토된 돌검은 모두 10여 점에 불과하지만 2점의 민자루식(一段柄式)을 빼고는 나머지는 모두가 슴베식(有莖式)들이다. 선행 양식으로 볼 수 있는 이 슴베식[31](도 II-14①~⑤)이 출토된 천진동 1호, 4호[32]와 송신동 31호[33]는 북방식 가운데 적석식에 속하고 남방식인 황주 긴동 3호와 5호[34]는 한 돌무지 안에 이루어진 판석식이다. 이에 반해 북부지방에서는 예외적이라 할 수 있고 오히려 남부지방에서 보편화된 민자루식(도 II-14⑥) 2점이 출토된 송신동 10호[35]는 북방식으로 무적석식에 속한다.

이상 토기와 돌검의 출토상황을 통해 우선 남방식 중 판석형과 북방식 중 적석식이 서북지방 고인돌 가운데 이른 시기의 형식들임을 알 수가 있다.

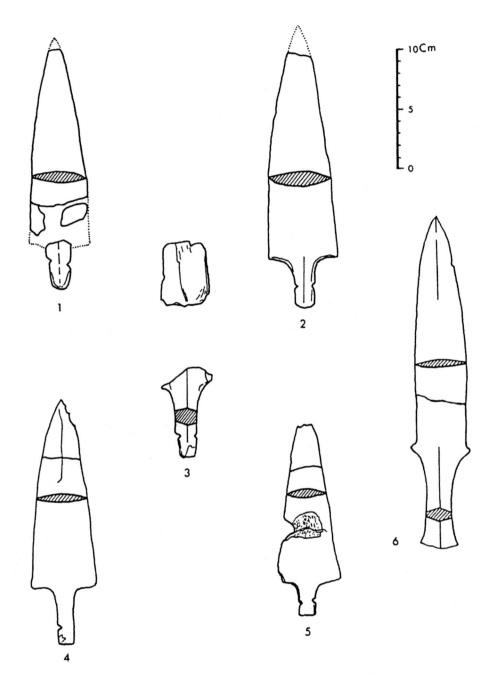

도 II-14 ① 황주 천진동 4호. ② 황주 천진동 1호. ③ 연탄 송신동 31호. ④ 황주 긴동 3호. ⑤ 황주 긴동 5호.
⑥ 연탄 송신동 10호.

실제로 이 두 형식의 고인돌은 무덤칸을 이루는 판석의 크기나 두께에 차이는 있을지라도 그 기본적인 축조방식이나 평면구조는 물론 둘레에 이루어진 돌무지 시설에서도 매우 비슷한 모습을 보이고 있다.

황주 극성동 고인돌[36](도 II-15)에서는 같은 돌무지 안에 판석형에 속하는 9호와 북방식인 8호가 바로 인접해 있었으며 서쪽 끝의 6호에서는 얇은 판석으로 이루어진 돌널의 양 간벽 바깥쪽으로 또 다른 두터운 굄돌이 세워져 있었다. 이는 취약한 돌널을 거대한 덮개돌의 무게를 지탱하기 위해 나타난 새로운 보강시설로서 두 형식 사이에 이루어진 변이과정을 보여주는 실증적인 자료로 생각된다.

이러한 구조적인 양상과 더불어 앞서 팽이토기와 돌검의 출토상황을 통해서 우선 남방식중 판석형이 먼저 나타나고 그 뒤를 이어 북방식 중 적석식, 무적석식이 차례로 나타났을 것으로 생각된다.

한편, 돌살촉은 고인돌에서 출토되는 유물 가운데 가장 많은 수를 차지하는 유물이다. 지금까지 이 돌살촉들에 관한 연구[37]가 비교적 활발히 이루어져 왔음에도 불구하고 각 형식 간에 이루어진 절대편년은 물론이고 상대편년의 설정에서도 아직 보완할 여지가 많은 실정이다.

이 형식분류의 공통적인 기준은 슴베(莖)의 유무와 슴베 뿌리의 형태이지만 세부적인 분류에서는 각기 나름대로의 관점에서 추출한 특징을 그 기준으로 삼는다. 그러나 각 유형 간에 이루어진 뚜렷한 형식상의 전개과정에 일률적인 획을 긋기는 어렵다. 한 고인돌 안에 서로 형식이 다른 돌살촉이 함께 공존하는 예가 많고 더구나 구조적 성격이 서로 판이한 고인돌에서 같은 형식의 살촉이 나오는 예도 적지 않기 때문이다.

서북지방의 고인돌에서 출토되는 돌살촉은 모두 슴베가 이루어진 유경식有莖式들로 긴동 3호에서 출토된 1점을 빼고는 뿌리가 뾰족한 첨근식尖根式들이다. 이것들은 크게 날개의 유무에 따라 유익식有翼式과 무익식(無翼式, 유엽형柳葉形)으로 나누는데 유익식에서는 슴베의 길이에 차이는 있지만 형식상으로는 거의 같은 범주에 속한다.

우선 무익식(도 II-16①~⑥)이 출토된 곳으로는 송신동 10호와 긴동 5호가

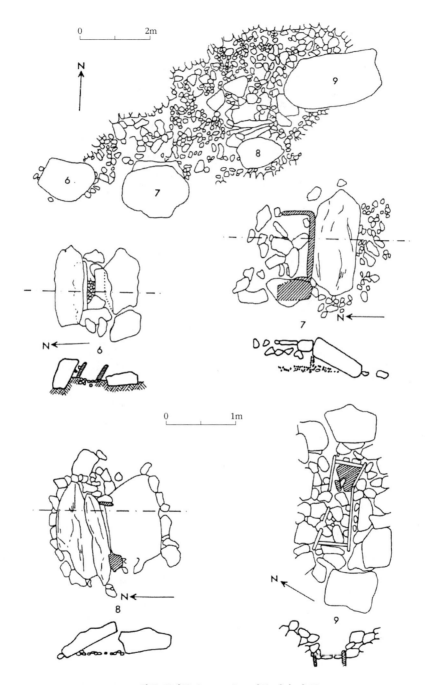

도 II-15 황주 극성동 6, 7, 8, 9호 고인돌 배치 및 구조

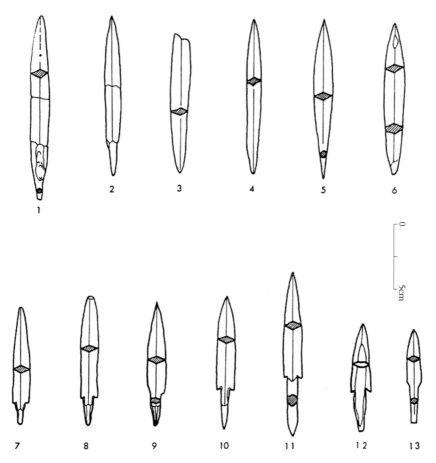

도 II-16 ①②⑨⑩ 연탄 송신동 31호. ③④ 송신동 10호. ⑤⑥ 황주 긴동 5호. ⑦⑧ 석천산 12호. ⑪ 긴동 6호. ⑫ 묵방리 4호. ⑬ 긴동 3호.

있고 유익식(도 II-16⑦~⑬)은 석천산 12호와 긴동 6호, 3호, 묵방리 4호에서 나왔으며 송산리 31호에서는 두 가지 모두 합쳐 9점이나 수습되었다. 이것들은 대부분 몸체의 중간에 등날이 이루어져 단면이 마름모꼴인데 묵방리 4호의 것만(도 II-16⑫) 등날 없이 단면이 납작한 육각형으로 서북지방 고인돌 출토의 돌살촉 가운데 늦은 시기의 것임을 보여준다.[38]

　　이처럼 돌살촉의 출토상태에서 보이는 양식상의 획일성에 따라 그러한 형식의 변화가 어떤 시기적인 성격의 차이라기보다는 오히려 지역성을 강하게 보여주고 있다고 생각된다. 따라서 이러한 형식분류의 의미가 지금으로서는 고인돌의 편년관계 수립에 별다른 도움이 되지 못하는 것으로 보아야 할 것이다.

4. 북부지방에서의 전개

서북지방의 남방식 고인돌로는 이 밖에도 매우 드물기는 하지만 개천 묵방리에서 보이는 혼축형과 북창 대평리에서의 할석형, 강서 태성리의 토광형에 속하는 것들이 있다.

개천 묵방리 고인돌[39]은 서북지방의 남방식 가운데 유일한 혼축형의 예로 여기에서 반달칼, 돌살촉 각 2점과 함께 출토된 목항아리 1점(도 II-13⑧)은 앞서 북창 대평리 5호 출토 토기와 같은 형식으로 분류되며 일단 판석형과 혼축형 사이에 이루어진 선후관계를 어림해 볼 수 있다. 구조적인 특징으로 보더라도 네 벽이 모두 얇은 판돌만으로 이루어진 판석형이 갖는 취약성을 부분적으로나마 보강시켜 주는 수단으로 생각된다.

북창 대평리 3호 고인돌[40]의 하부구조는 큰 강돌을 두 겹으로 포개 쌓은 할석형으로 형태를 알 수 없는 팽이토기 조각과 반달칼이 출토되었다. 서북지방의 고인돌에서는 드물게 나오는 반달칼이 앞서 묵방리에서도 출토된 것으로 보아 두 형식의 고인돌이 비슷한 단계의 것이 아닌가 생각되지만 유물상을 통해서는 그 선후관계를 파악하기는 어렵다.

다만 그 구조적 특징을 통해서 초기의 판석형에서 과도기적 형식인 혼축형의 단계를 거쳐 이후 남부지방에서 남방식의 주종을 이루는 할석형으로 발전해 간 것이 아닌가 추측된다. 한편, 강서 태성리 고인돌 유적[41]은 모두 토광형에 속하는데 출토유물은 없지만 일대에 대단위로 이루어진 '토광묘에 선행한 묘제'로서 서북지방 고인돌 문화의 마지막 단계의 것으로 보인다.

지금까지 한반도 서북지방에서의 고인돌에 대해서 출토유물의 성격과 구조적 특징을 통해서 각 형식 간에 이루어진 편년적 전개과정을 살폈는데 이것을 도식화하면 다음과 같다.

◎ 남방식 : 판석형 → 혼축형 → 할석형 → 토광형
         ↓
◎ 북방식 : 적석식 → 무적석식

5. 남부지방에서의 전개

서북지방에서 나타난 초기의 남방식과 함께 북방식들이 주변지역으로 확산되는데 중부지방에 이르면 한강 유역 일원에서 할석형을 비롯하여 혼축형, 토광형 등 판석식 이외의 다른 유형의 남방식도 차츰 활발히 만들어진다.

남한강 상류의 충청지방에 이르면 북방식은 거의 자취를 감추고 판석형과 함께 할석형이 활발히 만들어지며 특히 중원 하천리荷川里[42]와 같은 할석형 단계에서는 때림무늬(打捺文)토기까지도 나타난다. 그러나 영·호남의 북도에 이르기까지도 아직 판석형이 할석형 등 다른 남방식에 비해 수적으로 우세함을 보이고 있다.

할석형은 전남과 경남지방 등 한반도의 최남단에 이르러서야 비로소 집중적으로 만들어져 그 마지막 단계까지 존속되는 것으로 여겨진다.

이 남방식 고인돌들은 남쪽으로 내려오면서 덮개돌이 더욱 커지게 되고 이에 따라 받침돌이 새로운 보강시설로서 등장한다. 따라서 지금까지 덮개돌의 무게로부터 무덤칸을 보호하던 돌무지 시설은 규모가 작아지면서 묘역과 같은 상징적이고 형식적인 시설물로 남거나 아예 없어지는 구조적인 변화를 수반하게 된다.

남부지방의 남방식 고인돌 가운데 토광형은 조사된 수도 극히 적을 뿐 아니라 유구의 내용도 확실한 것이 드물어 그 구체적인 성격을 파악하기가 어렵다. 다만 주암댐 발굴에서 조사된 승주昇州 신평리新坪里[43] 보성寶城 죽산리竹山里[44]에서는 각기 한 개의 덮개돌 아래에 할석형과 토광형이 나란히 이루어져 이 지역에서 두 형식이 갖는 시기적 배경의 일단을 보여주고 있다.

일부 남부지방에서는 할석형의 변형으로 생각되는 위석식圍石式[45]과 지방형식으로서의 제주형이 나타나면서 오랜 세월에 걸쳐 한반도 전역을 풍미하던 고인돌문화는 서서히 그 막을 내린다.

6. 편년적 성격

마지막으로 이 고인돌들이 이루어진 시기의 설정단계에 이르면 더욱 복잡한 문제에 맞닥뜨리게 된다. 그것은 고인돌이 갖는 구조적 다양성에 따라 각 형식에서 나타나는 일관된 전개과정의 수립이 어렵고 반면에 출토유물은 종류와 수량에서 극히 제한되어 일정한 속성의 추출이 어렵기 때문이다.

앞서 출토유물 가운데 팽이토기와 돌검 등 석기의 편년관을 기준으로 고인돌의 각 형식 사이에 이루어진 전개과정을 살펴보았지만 이 유물들에 대한 연구는 아직 형식분류와 개괄적 편년의 시도단계에서 벗어나지 못하고 있다.

따라서 지금으로서는 비교적 여러 학자들에 의해서 작업이 이루어져 대강 그 줄거리가 잡혀가고 있는 토기를 바탕으로 피상적이나마 편년문제에 접근해 나갈 수밖에 없는 형편이다. 한반도 고인돌의 축조가 이 지역 민무늬토기문화의 소산임을 감안할 때 토기문화와의 연계 아래에서의 문제 추구가 가장 근접한 방법일 것이다.

넓은 의미에서의 민무늬토기는 우리나라 청동기시대를 대표하는 유물이라고 할 수 있다. 물론 지역에 따라 적지 않은 변화가 수반되고 있지만 분포의 범위나 출토 상황으로 보아 고인돌문화는 서북지방에서 팽이토기, 중·남부지방에서는 순수민무늬토기와 궤를 함께한 것으로 보아야 할 것이다.

팽이토기에 관해서는 국내·외의 몇몇 학자들에 의해서 각기 다른 편년적 고찰이 이루어진 바 있으나 아직은 우리 학계가 이것을 그대로 받아들이기에는 서로 간에 너무 심한 격차를 보이고 있다. 일반적으로는 팽이토기의 존속기간을 황기덕[46]을 비롯한 북한학자들은 서기전 2천년기 후반기 초~8,7세기로, 고토 다다시(後藤直)[47]와 후지구치 겐지(藤口健二)[48] 등 일본학자들은 서기전 7,6~4,3세기로 보고 있어 심한 견해 차이가 나타나고 있다.

우리 학자들에 의해서 이루어진 팽이토기에 관한 몇 편의 논문들이 있으나 대부분 형식분류나 이에 따른 상대편년에 그친 것들이고 절대편년이 제시된 것으로는 한영희[49]의 논문이 있다. 그는 각 시기의 유물과 유적의 비교를 통해서 팽이토기 유적의 연대를 서기전 10,9~4,3세기로 보고 대략 2세기를 터울로 하여 모두 4기로 구분하고 있다.

한편, 중·남부지방에서는 파주坡州 옥석리玉石里 유적 발굴을 통해서 얻어진 서기전 7세기(640 B.C.)의 연대가 이 지역에서 고인돌문화의 상한으로 이해되고 있으며[50] 남부지방에서의 민무늬토기와 고인돌의 존속은 서기전 5~1세기경으로 잡혀가고 있다.[51]

이러한 연대의 테두리에서 볼 때 한반도에서 고인돌의 축조는 서기전 10세기 경부터 서기 전후에 이르기까지, 즉 서기전 1천년기의 전 기간에 걸쳐 이루어졌다고 생각된다. 물론 지역에 따라 발생과 소멸의 시기가 다르겠지만 큰 줄거리로 볼 때 남쪽으로 내려오면서 시대가 떨어지는 것은 문화의 전개과정에서 나타난 당연한 양상으로 파악되어야 할 것이다.

7. 맺음말

지금까지 한반도에서 이루어진 고인돌문화의 원류와 전개문제를 알아보기 위해 서북지방을 중심으로 그 구조적 특성과 주요 출토유물의 상관관계를 중심으로 편년적 성격을 살펴보았다. 제한된 발굴성과와 출토유물을 통해서 한 문화의 뿌리와 줄기를 가려내는 작업이란 매우 한정될 수밖에 없으며 앞으로 자료가 더욱 증가하게 되면 보다 구체적인 실상들이 밝혀질 것이다.

더구나 동북아시아 거석문화권의 주류를 차지하는 한반도 고인돌의 성격을 제대로 파악하기 위해서는 그 주변문화에 대한 이해가 선결되어야 할 과제임은 매우 당연하다. 이를테면 중국 동북지방의 '석붕石硼'이나 '대석개묘大石蓋墓', 일본의 '지석묘'에 대한 성격규명도 아울러 이루어짐으로써 비로소 구체적 원류문제가 제기될 수 있고, 또한 그 전개과정도 풀어나갈 수 있을 것으로 믿는다. 다만 인접문화의 연구성과가 오랫동안 별다른 진전을 보지 못한데다가 그나마 지역 상호간의 교류마저 침체되어 있는 현 단계에서는 이러한 본질적인 문제점들이 우선 극복되어야 할 것이다.

(『마한·백제문화 제13집』, 원광대학교 마한·백제문화연구소. 1993)

주

1   鳥居龍藏, a.「平安南道黃海道古蹟調查報告書」,『大正五年古蹟調查報告書』, 1917.

    b. ドルメンとメンヒル,『滿蒙の探査』, 1928.

    c. 中國石棚之研究,『燕京學報 31期』, 1946.

2   梅原末治,『朝鮮古代の墓制』, 1946.

3   藤田亮策,「朝鮮の石器時代」,『朝鮮考古學研究』, 1948.

4   三上次男,『滿鮮原始墳墓の研究』, 1977(二版),

5   百濟文化開發研究院,『忠南地域의 文化遺蹟 - 第5輯』, 1991.

6   李殷昌,「湖西地方의 先史遺蹟調查」,『考古美術 4 - 8』, 1963.

7   이융조·하문식,「보령지역의 고인돌문화연구(I)」,『考古美術史論 1』, 忠北大學校, 1990.

8   三上次男, 앞 책(주 4).

9   全榮來,『高敞竹林里一帶支石墓群 地表調查報告書』, 高敞郡·馬韓百濟文化研究所, 1992.

10 李榮文,『全南地方支石墓研究』, 檀國大碩士論文, 1987.

11 a. 三上次男, 앞 책(주 4).

    b. 百濟文化開發研究院,『忠南地域의 文化遺蹟 - 第3輯』, 1983.

    「支石里 고인돌 1」을 보고서에서는 '남방식 중 개석식의 형태를 지닌 것'으로 보고 있으나 필자가 실견한 3기 중 하부구조가 드러난 2기는 두터운 판돌로 돌방을 짜 맞춘 북방식으로 확인되었다.

12 a. 金元龍,「論山陽村面의 支石墓群」,『考古美術 1-3』, 1960.

    b. 金載元·尹武炳,『韓國支石墓研究』, 1967.

13 a. 金武龍,「忠南大德郡杞城面의 支石墓」,『考古美術 2-6』, 1961.

    b. 池健吉,「大德內洞里 支石墓遺蹟 發掘概報」,『百濟研究 8』, 1977.

14 全榮來,「長水三峰里北方式支石墓」,『全北遺蹟調査報告 10』, 1979.

15 河仁秀,「居昌內五里支石墓 地表調査報告」,『伽倻通信 18』, 1988.

16 석광준, 우리나라 서북지방 고인돌에 관한 연구,『고고민속논문집 7』, 1979.

17 채희국,「태성리 고분군 발굴보고」,『유적발굴보고 제5집』, 고고학 및 민속학연구소, 1959.

18 전주농,「평안남도룡강군 석천산동록의 고인돌」,『고고학자료집 3』, 1963.

19 a. 김기웅,「평안남도개천군묵방리 고인돌발굴중간보고」,『문화유산 61-2』, 1961.

    b. 리정남,「묵방리고인돌에 관한 몇 가지 고찰」,『력사과학 85-1』, 1985.

20 a. 許玉林·許明綱,「遼東半島石棚綜述」,『遼寧大學學報 81-1』, 1981.

    b. 旅順博物館,「遼寧大連新金縣碧流河大石蓋墓」,『考古 203』, 1984.

    c. 許玉林·崔玉寬,「鳳城東山大石蓋墓發掘簡報」,『遼海文物學刊 2』, 1990.

21 池健吉,「東北아시아 支石墓의 型式學的 考察」,『韓國考古學報 12』, 1982.

22 池健吉,「湖南地方 고인돌의 型式과 構造」,『韓國考古學報 25』, 1990.

23 韓永熙,「角刑土器考」,『韓國考古學報 14·15合輯』, 1983.

24 尹武炳,「無文土器型式分類試攷」,『震壇學報 39』, 1975.

25 황기덕,「서북지방 팽이그릇유적의 연대에 대하여」,『고고민속 66-4』, 1966.

26 황기덕·리원균,「황주군심촌리 청동기시대유적 발굴보고」,『고고민속 66-3』, 1966.

27 석광준,「오덕리고인돌 발굴보고」,『고고학자료집 4』, 1974.

28 韓永熙, 앞 글(주 23).

29 정찬영,「북창군 대평리 유적발굴보고」,『고고학자료집 4』, 1974.

30 尹武炳, 앞 글(주 24).

31 a. 有光敎一,『韓國磨製石劍의 研究』, 1959.

    b. 金元龍,「韓國磨製石劍起源에 관한 一考察」,『白山學報 10』, 1971.

    c. 全榮來,「韓國磨製石劍·石鏃에 關한 研究」,『馬韓·百濟文化 4·5合輯』, 1982.

32 황기덕·리원균, 앞 글(주 26).

33 석광준, 앞 글(주 27).

34 황기덕, a.「황해북도 황주군 긴동 고인돌 발굴보고(1)」,『문화유산 61-3』, 1961.

    b.「황해북도 황주군 심촌리 긴동 고인돌」,『고고학자료집 3』, 1963.

35 석광준, 앞 글(주 27).

36 황기덕·리원균, 앞 글(주 26).

37 a. 全榮來, 앞 글(주 31c).

    b. 崔盛洛,「韓國 磨製石鏃의 考察」,『韓國考古學報 12』, 1982.

38 이 돌살촉은 서북지방의 다른 고인돌에서 출토된 것과는 다른 형태로 전영래 'IId2'식, 최성락의 'A3' 식인데 등날이 이루어진 앞서 다른 형식의 변형으로 보고 있다(주 37참조).

39 김기웅, 리정남, 앞 글(주 19a,b).

40 정찬영, 앞 글(주 29).

41 채희국, 앞 글(주 17).

42 金秉模 외, 「中原荷川里D地區遺蹟發掘調查報告」, 『忠州댐水沒地區文化遺蹟發掘調查報告(考古·古墳 分野II)』, 1984.

43 林炳泰·崔恩珠, 「新坪里 금평 支石墓」, 『住岩댐水沒地區文化遺蹟發掘調查報告書(I)』, 1987.

44 宋正炫·李榮文, 「竹山里 하죽'다'群 支石墓」, 『住岩댐水沒地區文化遺蹟發掘調查報告書(III)』, 1988.

45 池健吉, 앞 글(주 22).

46 황기덕, 앞 글(주 25).

47 後藤直, 「西朝鮮の無文土器について」, 『考古學硏究 17-4』, 1971.

48 藤口健二, 「朝鮮コマ形土器の再檢討」, 『森貞次郎博士古稀記念古文化論集』, 1982.

49 韓永熙, 앞 글(주 23).

50 金載元·尹武炳, 앞책(주 12b).

51 a. 李榮文, 앞 책(주 10).
    b. 崔盛洛, 「全南地方 無文土器文化의 性格」, 『三佛金元龍敎授停年紀念退任論叢I』, 1987.

지석묘사회의 주거생활
-중도中島 유적을 중심으로-

1. 머리말

우리나라의 지석묘문화는 한반도의 거의 전역에서 나타나는 밀집된 분포양상에서 뿐만 아니라 청동기시대의 전 기간에 걸쳐 이루어진 시간적 상황에 따라 한 시대의 문화상을 가장 포괄적으로 보여주는 유형적有形的 요소라고 할 수 있다. 따라서 지금까지 이루어진 선사문화의 조사와 연구에서 이 지석묘 분야가 차지하는 부분이 적지 않은 비중을 차지하고 있다.

근대 고고학사의 초창기라고 할 수 있는 지난 세기말, 이 땅에 건너 온 유럽의 선교사, 외교관 들이나 일본의 식민사학자들이 처음으로 관심을 갖게 되었던 고고학적 대상물도 바로 이 지석묘에서 비롯되었다고 할 수 있다. 이렇듯 오랜 시간에 걸쳐 적지 않은 유적들이 여러 학자들에 의해 조사, 연구되어 왔음에도 불구하고 우리가 지금까지 풀어낼 수 있었던 지석묘문화의 실체는 극히 일부에 불과했다고 밖에 할 수 없는 실정이다.

지금까지 이 분야에서 이루어진 성과의 대부분이 구조적인 측면과 출토유물을 중심으로 한 형식분류와 편년적 성격이었고 근년에 이르러 일부 학자들에 의해 시도된 지석묘 사회의 복원문제에 대한 접근이 그 전부였다고 할 수 있다.

지석묘 사회의 복원문제는 이 분야의 연구에서 얻어낼 수 있는 가장 핵심적 명제 가운데 하나임에는 틀림없지만 이 유적이 갖는 고고학적 자료로서의 한계성에 따라 그 성과는 항상 제한된 테두리에서 벗어나기가 어려웠다. 이를테면 지석묘 사회의 주민들이 영위했던 실생활유적과는 괴리된 채 오직 '무덤'이라는 기능의 전제로서만 복원문제가 거론되어 왔다고 할 수 있다.

그것은 지금까지 이루어진 지석묘유적에 대한 발굴이 지상에 드러난 상석上石을 중심으로 한 국지적 발굴에 그쳤고 여러 지석묘가 군집된 경우라 할지라도 제한된 여건에 따라 미처 주변지역까지는 손 쓸 겨를이 없었기 때문이다. 이러한 국지적 발굴이 결과적으로는 생활유적과의 연계성은 단절된 채 지석묘 발굴 그 자체의 성과만으로 마무리되기에 이르렀던 것이다. 따라서 지석묘 축조집단의 주거생활에 대한 실태연구는 지금까지 거의 이루어지지 못한 채 오늘에 이르렀다고 할 수 있다.

지금까지 이루어진 결과로는 지석묘에 인접한 주거유적의 조사 예가 그 수에서는 결코 적다고만 할 수는 없다. 특히 구제발굴救濟發掘 등에 따른 대규모 발굴에서 지석묘와 주거지가 한 지역에 이루어진 경우도 몇 군데에서 확인된 바 있다. 그러나 이 상이한 성격의 유적들을 같은 생활권으로 묶어 연계하려는 시도는 거의 없었다고 할 수 있다.

이 글은 지석묘 사회에서 이루어진 생활문화의 실태에 접근하고자 하는 작업의 하나로서 이 집단들이 영위한 주거생활과 묘제의 실상을 파악하기 위한 것이다. 하지만 지석묘와 주거지가 한데 어우러진 복합유적의 조사가 제한되어 있을 뿐 아니라 이것들에 대한 대부분의 발굴조사가 서로 분리된 상황에서 이루어져 전반적인 실태를 다루는 것은 어려운 형편이다.

따라서 여기에서는 국립중앙박물관과 현지 대학을 중심으로 한 조사단에 의해 1980년대 전반의 몇 해에 걸쳐 집중조사가 이루어진 바 있는 춘천 중도中島 유적을 모델로 하여 지석묘인들의 주거생활을 개괄적으로 살펴볼 것이다. 다만 여러 해에 걸쳐 집중조사가 행해졌지만 서로 다른 기관에 의해 이루어져 유적 상호 간의 유기적인 관계를 효과적으로 표출하는 데에는 한계가 있을 수밖에 없었다. 이점은 앞으로 연구가 심도 있게 진행되면서 해소되길 바란다.

2. 중도의 입지와 고고학적 배경

춘천시 서쪽의 북한강과 소양강이 합류되는 곳에 남북으로 길게 의암호가 펼쳐지고 이 호수의 북쪽에 치우쳐서 중도가 상·하 두 개의 섬으로 이루어져 있다. 1967년에 의암'댐'이 만들어져 이곳이 섬으로 되기 이전에는 섬의 북쪽은 춘천시 사농동司農洞 일대와 연륙連陸된 채 북한강의 좁은 샛강이 흘렀다.

북한강의 본류는 호수의 서쪽으로, 소양강은 그 동쪽으로 흘러 원래 두 강의 합류가 지금의 중도 남단에서 이루어졌다. 따라서 지금의 중도와 주변지역은 강줄기에 둘러싸인 비옥한 충적지대를 이루어 선사시대 이래 오랫동안 주민들의 활발한 농경생활이 이루어졌던 것으로 생각된다.

주변이 산악으로 둘러싸인 이 일대에서 주민이 생활을 영위할 수 있는 낮고 평평한 곳은 두 강을 끼고 있는 이 일대로, 여기에서 일찍부터 고대인의 생활터전이 마련되어 왔던 것으로 생각된다. 이러한 지리적 환경에 따라 한강 상류의 연변에서 가장 넓은 평지를 이루는 춘천 일대에는 신석기시대 이래에서 역사시대에 이르기까지 다양한 유적들이 지역에 따라 소밀疏密의 정도는 다를지라도 비교적 광범위하게 형성될 수가 있었던 것이다.

이 일대에서 조사된 신석기시대 유적으로는 교동校洞 동굴[1]과 내평리內坪里의 부석주거지敷石住居地 유적[2]을 들 수가 있고 중도 일원에서도 일부 빗살무늬(櫛文)토기가 수습된 바 있다. 여기에서 출토된 석기와 토기류의 유물상을 통해 이 지역의 신석기문화에는 한반도의 중·서부지방뿐 아니라 동북지방으로부터의 영향도 적잖게 나타나고 있음을 알 수 있었다.

이렇듯 신석기시대부터 나타나기 시작한 이원적인 문화요소는 양 지역을 이어주는 한강이라는 천혜의 '루트'를 따라 이후 역사시대에 이르기까지 이 지역에서 나타난 문화적 특성으로 보아야 할 것이다.

청동기시대에 이르면 이 지역에는 앞서 신석기시대에 비해 훨씬 활발한 주민들의 활동이 이루어졌던 것으로 생각된다. 지금까지 발굴조사와 지표조사를 통해 확인된 유적은 주로 지석묘와 주거지들로 지석묘는 지표조사만으로 그 존재를 알 수가 있으나 주거지는 발굴조사에 의해서만 그 실상을 파악할 수가 있었다. 다만 이지역의 지형적 특성에 따라 호수 가장자리나 강 기슭을 따라 깎여나간 단면에서 발굴을 거치지 않고도 일찍부터 생활유적의 상황을 어느 정도는 확인할 수가 있었다.

그 대표적인 유적이 바로 중도와 여기에 인접해 있는 신매리新梅里 유적이며 가까운 금산리錦山里와 현암리玄岩里를 포함하여 이 일대에서 모두 20기가 훨씬 넘는 지석묘와 함께 수많은 주거지의 흔적이 포락면浦落面으로부터 확인되었다.[3] 중도에서 소양강 상류 쪽으로 6km가량 거슬러 올라간 곳에 있는 천전리泉田里[4]에도 강변을 따라 10기 가량의 지석묘와 적석총積石冢이 분포되어 있고 둘레의 발산리鉢山里, 산천리山泉里, 지내리池內里[5] 등지에서도 10기 안팎의 지석묘가 확인된 바 있다.

이후 원삼국시대原三國時代의 유적으로는 주로 중도의 동쪽 기슭을 따라 이루어진 주거지[6]와 함께 그 남쪽에 이루어진 대형 적석총[7]이 있는데 이 적석총은 앞서 천전리의 적석총[8]과는 구조와 시대적인 배경이 서로 다른 성격을 갖는 유적이다.

삼국시대의 유적으로 신매리와 여기에 인접한 방동리芳洞里의 석실고분石室古墳[9]은 천장이 말각조정抹角藻井의 구조로 보이는 고구려계의 무덤으로서 당시 고구려의 강역문제와 함께 매우 중요한 자료를 제공해 주었다. 이 밖에 춘천 봉의산鳳儀山 기슭에서는 통일신라기의 석곽분石槨墳[10]이 조사되어 통일기에 이르기까지도 면면히 문화의 맥이 이어져 간 것으로 생각된다.

이와 같이 선사, 역사시대에 걸친 생활유적과 매장유적의 다양한 분포는 이

지역이 생활문화의 형성에 유리한 입지적 여건을 갖추고 있음을 보여주는 것이라고 할 수 있다. 이렇듯 오랜 기간에 걸쳐 주민들이 계속 생활해 왔지만 유적의 분포상으로 보았을 때 다른 어느 시대보다 청동기시대에 보다 활발한 활동이 이루어졌음을 알 수가 있다. 이러한 유적의 빈도만큼 발굴된 유적의 대다수도 이 시대에 해당하는 것들이고 따라서 이것들에 대한 고고학적 성격도 어느 정도는 밝혀졌다고 보아야 할 것이다.

이곳 중도 유적에 대해서는 1977년 이 일대에 대한 지표조사[11]를 통해 처음으로 선사유적지로서의 중요성이 인식된 이래로 1980년부터 1984년에 이르기까지 모두 5년에 걸쳐 연차적인 발굴이 이루어졌다. 국립중앙박물관[12]과 강원대,[13] 한림대[14] 등 현지의 대학박물관에 의해 수행된 중도와 인근 신매리 지역에서 주거지 7기와 지석묘 13기, 적석총 1기 등 모두 20여 개소에 이르는 유적이 발굴조사되었다. 그러나 여기에 남아 있는 흔적만으로도 일대에 훨씬 많은 유구들이 지하에 묻히거나 무너져 내려 호수에 잠겼을 것으로 생각되었다.

지석묘의 경우, 지표조사를 통해 확인된 것만도 인접된 금산리, 현암리를 포함해서 모두 25기에 이르고 있다. 주거지는 이보다 훨씬 더 해서 호수 기슭의 무너진 곳에 단면을 드러낸 채 촘촘히 이어지는 흔적으로 보아 일대에는 적게는 수십 기, 많으면 수백 기에 이르는 생활유적이 밀집된 대규모의 취락이 이루어졌을 것으로 보인다. 이는 두 강의 합류지에 형성된 광활한 충적사질토沖積砂質土의 비옥한 평야가 그들의 농경생활에 천혜의 여건을 마련해 주었기 때문일 것으로 생각된다.

3. 중도지역의 지석묘

원래 중도에는 섬 한가운데 남-북으로 약 1km가량 떨어져 각 2기와 1기, 그리고 섬의 북서쪽 호수 기슭에 3기 등 '하중도下中島'에만 세 군데에 모두 6기의 지석묘가 드러나 있었다. 이 밖에 서쪽 호수 기슭에서는 호수 밑바닥에 잠겨 있는 상석들을 육안으로 식별할 수가 있었고 섬의 곳곳에는 적지 않은 '바윗돌'이 땅속에 묻혀 있다는 주민들의 이야기를 통해서도 원래는 훨씬 많은 지석묘가 분포되었던 것임을 짐작할 수 있었다.

그러나 섬의 동쪽 호수 기슭에서는 단 한 기의 지석묘도 확인할 수 없었던 것은 여기에 이루어진 주거지들의 시대적 성격과도 무관치 않음을 보여주었다.

6기의 중도 지석묘 가운데 발굴이 이루어진 곳은 섬의 북서쪽 호수 기슭에 있는 3기[15]와 섬 복판의 북쪽에 있는 1기[16]였으나 호수 기슭에서부터 200m가량 떨어진 곳에서 주민의 제보로 찾아낸 소형의 1기[17]를 국립중앙박물관에서 추가로 발굴하여 결국 중도에서 발굴된 지석묘는 모두 5기가 되는 셈이었다.

발굴 결과, 이 지석묘들의 하부구조 가운데 상태가 완전한 3기는 모두 두터운 판석으로 양 장벽을 세우고 그 사이에 얇은 단벽을 끼워 맞추어 석관을 만들었는데 소형의 1기를 제외하고는 둘레에 지름 10m 안팎의 대규모 적석시설이 이루어져 있었다.

적석시설은 하부구조의 성격이 불분명한 나머지 지석묘에도 나타나 지반이 약한 사질충적토의 취약성을 보완하기 위한 구조적 배려로 생각되었다. 이러한 배려는 석관의 크기에 비해 두터운 판석재의 사용에서도 나타나 이와 같은 구조상의 특징이 주위의 지질적 여건과도 깊은 관계가 있음을 보여주었다.

이렇듯 대규모의 적석과 상석을 갖추었으면서도 매장주체인 석관의 크기는 모두가 길이 1m 안팎이었고 소형의 1기는 겨우 30cm에 불과하였다. 소형 석관의 내부는 밖에서 스며들어간 사질토로 채워져 있었고 여기에서부터 바닥면 아래쪽에 이르기까지 화장시킨 어린이의 유골 1구가 불규칙한 상태로 흩어져 나왔다. 이러한 특수한 매장방식은 우리나라에서는 아직 조사된 예가 없고 요동지방의 몇몇 석묘나 토광묘에서 더러 나타나는 특수한 장법의 하나로 생각된다.[18]

이와 같은 석관 아래에 이루어진 특수 매장이라면 이곳의 다른 지석묘에서와 같은 소규모 석관에서는 성인매장도 충분히 가능하리라 생각된다. 그렇다면 10m가 넘는 대규모의 적석시설과 상석을 갖춘 지석묘들에서 석관의 크기만으로 이들이 아동매장을 위한 것이라고 보기는 어렵고 성인, 그것도 상당한 위치의 주인공이었을 것으로 추측된다. 강원대에서 발굴한 섬 복판 지석묘[19]의 석관 안팎에서 출토된 성인의 것으로 보이는 유골을 통해 그러한 추측을 한층 가능케 해 주었다.

중도의 지석묘에서 출토된 유물 가운데 다른 지역에서와 마찬가지로 석관 내부에서 나온 것들은 관옥과 같은 장신구 등 극히 일부에 지나지 않았고 대부분의 석기와 토기류는 적석부 등 무덤 바깥쪽에서 수습된 것들이었다.

석기류로는 석검石劍, 석촉石鏃, 석부石斧, 석착石鑿이 출토되었고 이 밖에 미완성품도 5점이 나왔다. 토기류는 주로 묘곽의 둘레에서 나온 자잘한 파편들로 무문토기가 주류를 이루는데 여기에는 공렬토기孔列土器, 홍도紅陶, 흑도黑陶와 함께 점토대토기粘土帶土器도 포함되어 있었다. 이것들은 매장부위의 외곽에서 출토되었을지라도 축조 당시의 층위에서 나온 것들은 지석묘와 같은 시간성을 보이는 것으로 보아 지석묘 축조와 동시에 부장된 것들로 보인다.

이렇듯 매장부위의 주위에서 이루어진 부장의 예는 지석묘사회뿐 아니라 이후 역사시대에 이르기까지 면면히 이루어져 온 일반화된 장엄의식으로 생각된다.[20]

한편 중도 건너편 기슭의 신매리, 금산리, 현암리 일대에서도 20여 기에 이르는 지석묘가 지표조사를 통해 그 분포가 확인되었고 이 가운데 북쪽의 신매리에서만 모두 8기의 지석묘가 발굴조사되었다. 호수 기슭을 따라 남-북 간에 걸쳐 각기 1km 안팎의 거리를 두고 모두 4개의 무리를 이루는 이 지석묘들은 국립중앙박물관[21]과 한림대학[22]에 의해 발굴되었다.

북쪽에 위치한 2군 5기의 지석묘 가운데 비교적 상태가 좋은 2기의 매장유구는 장벽長壁이 두텁고 넓은 판석으로 짜여진 북방식으로 매장시설 둘레에는 작은 규모의 적석시설이 남아 있었다. 한편 남쪽 2군에서 북쪽의 2기는 할석형, 남쪽의 1기는 판석형으로 보이는 남방식[23]들로 여기에서는 적석의 흔적이 전혀 남아 있지 않았다.

이렇듯 일대에서 남방식과 북방식이 한 지역에 혼재하는 상황은 이곳뿐 아니라 천전리와 소양'댐', 팔당'댐' 등 주로 북한강 류역에서 그 예가 알려진 바 있다. 따라서 바로 북한강 유역 일대가 두 형식의 지석묘 분포 추이과정을 살필 수 있는 분기分岐지역으로 꼽을 수 있을 것으로 보인다.

신매리 지석묘에서 출토된 유물은 중도 지석묘에서 출토된 유물과 비슷한 성격이었지만 유물의 수량도 적고 종류도 제한된 편이었다. 토기류는 무문토기만 묘곽의 주위에서 수습되었고 석기류로는 석검, 석촉, 석부, 석착과 미완성품 등이 나왔으며 북방식 가운데 비교적 상태가 잘 남아 있는 석실 안에서 사람의 뼛조각도 출토되었다.

4. 중도 일대의 주거유적

의암호 가운데에 이루어진 중도와 그 서쪽에 면해 있는 신매리, 금산리의 호수 기슭에는 포락면을 따라 주거지를 포함한 많은 생활유구의 단면들이 드러나 있었다. 중도의 경우, 아래섬의 동·서 양 기슭에 걸쳐 남쪽의 일부를 제외한 전면에 걸쳐 이러한 흔적들이 나타났는데 지표조사에서 수습된 유물을 통해 이 양 기슭에서 이루어진 유적의 성격이 서로 다름을 알 수가 있었다.

즉 중도 동쪽 기슭에서 채집된 토기류는 경질무문토기硬質無文土器[24]와 함께 승문繩文이나 격자문格子文 등 타날문打捺文이 나타난 '김해식토기'[25]가 주류를 이루고 있었다. 반면에 서쪽 기슭에서는 약간의 김해식토기와 어골문魚骨文 계통의 즐문토기편도 수습되었지만 공렬토기, 홍도와 함께 무문토기가 많은 양을 차지하였다. 이렇듯 중도의 동·서 양 기슭은 1km 안팎의 근거리임에도 불구하고 서로 다른 토기의 양상을 보이고 있었다.

한편 신매리에서의 지표조사를 통해서 수습된 유물도 즐문토기편 1점을 빼고는 대부분 공렬토기 등 무문토기편들로 중도 서쪽 기슭에서의 유물과 대략 비슷한 성격의 것들임을 알 수가 있었다.

이러한 지표조사를 토대로 하여 이루어진 중도와 신매리 지역에서의 주거지 발굴을 통해서는 그러한 차이가 보다 뚜렷이 부각되었다. 중도에서 조밀한 분포를 보이고 주거지 가운데 실제 발굴은 동쪽 호수 기슭의 북쪽과 남쪽에서만 각 1기씩 이루어졌는데[26] 1km 이상 서로 떨어져 있음에도 불구하고 구조와 출토유물에서 서로 유사한 모습을 보여주었다.

길이 5～6m에 이르는 말각장방형의 평면을 보이는 이 수혈竪穴 주거지들의 바닥에는 모두 한쪽에 치우쳐 타원형의 화덕자리(爐址)가 만들어져 있었고 화덕자리 둘레의 바닥은 진흙으로 다져져 있었다. 주거지 안에서는 구연부口緣部가 외반外反하거나 내경內傾한 호형토기壺形土器를 비롯하여 발형鉢形, 완형塊形, 개형토기蓋形土器 등 경질무문토기와 함께 각종 타날문의 김해식토기가 출토되었다. 이 밖에 철도자鐵刀子, 철겸鐵鎌, 철촉鐵鏃, 철착鐵鑿 등 상당수의 철기가 출토됨으로써 이 지역의 주거유적들이 적어도 서기 2세기경까지는 존속했던 것으로 생각되었다.

따라서 중도 동쪽 기슭 주거유적들이 이 지역의 지석묘사회와는 시간적으로 상당한 격차를 보임으로써 동쪽 기슭의 주민들이 이룩한 매장유적은 오히려 그 남쪽에 만들어진 적석총이었을 것으로 생각된다.

한편 신매리에서는 국립중앙박물관에 의해 모두 3기의 주거지[27]가 발굴되었고 한림대학에서도 두 군데에서 생활유적[28]을 조사하였으나 여기에서는 뚜렷한 주거지의 흔적이 확인되지 않았다. 발굴된 주거지는 한 변 5m 안팎의 장방형들로 바닥은 앞서 중도에서와는 달리 부분적으로 불 먹은 모래바닥 그대로였다.

주거지의 내부에서는 무문토기와 함께 공렬토기, 홍도, 구순각목토기口脣刻目土器, 갈색마연토기褐色磨硏土器 등 중도 주거지에서의 출토유적과는 다른 양상을 보여주었다. 이러한 유물의 성격은 오히려 중도와 신매리 일원에 분포하는 지석묘의 출토유적과 같은 시기적 배경을 나타낸 것들로 상이한 두 종류의 유적이 동일 집단에 의해 이루어졌음을 보여주었다.

5. 지석묘와 주거유적의 관계

지금까지 이루어진 중도 일대에서 지표조사와 유적발굴을 통해 수습된 유물의 성격을 바탕으로 이 지역에는 크게 두 시대의 주민들이 이루어낸 생활유적과 매장유적이 분포되어 있음을 살필 수가 있었다. 우선 무문토기를 제작하고 지석묘를 구축했던 주민들은 중도 서반부를 포함해서 신매리 등 주로 이 지역의 서쪽 일대가 그들의 생활무대였던 것으로 생각된다.

그 뒤를 이어 소성도燒成度가 높은 보다 경질의 무문토기를 개발하고 새로이 김해식토기를 받아들였던 주민들은 이 지역의 동쪽을 주거 근거지로 하면서 매장시설로 써오던 지석묘를 버리고 적석총을 채택했던 것으로 보인다.

지석묘 집단의 유적에서 출토된 유물은 대부분 토기와 석기들로서 토기의 성격은 두 종류의 유적에서 대략 비슷한 양상을 보였으며 석기류는 주거지보다 오히려 지석묘에서 훨씬 다양하게 나타났다.

지석묘에서 출토된 토기는 순수 무문토기들이 주류를 이루지만 이 밖에 공렬토기, 홍도와 함께 드물게는 흑도와 점토대토기도 출토되었다. 무문토기의 대부분은 기형器形을 알 수 없는 파편들인데 복원이 가능한 것들로는 호형과 완형埦形이 대부분이었다.

한편 주거지에서는 순수 무문토기와 공렬토기, 홍도, 갈색마연토기 외에 구순각목토기와 변형각형토기變形角形土器 등도 출토되었다.

석기류는 주거지에서는 반월형석도 1점과 미완성품 몇 점만 출토되었으나 지석묘에서는 석검, 석촉, 석부, 석착 등 비교적 다양한 종류의 완제품을 비롯하여 여러 개의 미완성품도 함께 나왔다. 이 밖에 중도 안에 이루어진 2기의 지석묘에서는 관옥管玉과 같은 장신구류도 출토되었다.

이렇듯 지석묘와 주거지에서 출토된 유물을 통해 상사성과 상이성을 동시에 살필 수가 있었지만 이는 유적 자체의 성격에서 나타난 차이일 뿐 개개 유물에서는 오히려 훨씬 많은 유사점을 찾아낼 수 있었다.

6. 맺음말

지금까지 중도 일대에서 이루어진 선사시대의 유적을 중심으로 그 분포상황을 개관하고 이 가운데 특히 지석묘 집단에서 이루어진 주거생활과 매장 실태에 대해 발굴 결과를 중심으로 살펴보았다. 북한강과 소양강의 합류지점에 위치한 이 일대는 두 강에서 흘러내린 토사가 쌓여 넓고 비옥한 충적평야를 이루고 있다.

따라서 여기에서는 일찍부터 선사인들의 정착이 이루어지고 농경을 위주로 한 생활문화가 형성된 것으로 생각된다. 이곳 춘천지방은 입지적으로 한반도의 허리를 동-서로 가로지르는 한강의 중간 지점에 위치하고 있기 때문에 주변의 문화를 끊임없이 받아들였던 복잡한 양상을 보이고 있는 곳이라고 할 수 있다.

우선 이 지역의 신석기시대 문화에서부터 그러한 상황이 나타나고 있음을 알 수 있다. 지표조사를 통해 중도의 서쪽 기슭에서 채집된 즐문토기편은 이 지역의 천전리, 내평리 등지에서 채집된 것들과 함께 태토胎土의 질과 문양의 형태로 보아 암사동과 같은 한반도 중서부지방 신석기시대의 퇴화된 양식으로 보인다.

한편 인접한 교동 유적에서는 동북지방 즐문토기문화의 특징인 평저平底가 나타나고 있으며 외반한 구연부의 형태와 세부적인 문양에서도 동북지방으로부터의 영향을 보여주고 있다. 이 유적들은 한반도 신석기시대의 문화에서는 그 마지막 단계의 것으로 한반도의 다른 곳에서는 이미 무문토기가 활발히 만들어지고 있던 서기전 6~5세기경에 이루어진 것으로 보인다. 이는 내륙 깊숙이 위치한 이 지역의 입지적 여건과도 무관하지 않을 것으로 생각된다.

지석묘를 구축한 청동기시대에 이르러서도 이러한 주변으로부터의 문화접촉은 끊임없이 계속되었던 것으로 보인다. 우선 출토유물상을 통해 보면, 무문토기 가운데 공렬토기와 구순각목토기는 제작수법으로 보아 동북지방의 영향으로 생각되고 점토대토기와 흑도 등은 얼마간의 시차를 두고 한강 중·하류 등 중서부지방에서 거슬러 온 문화요소로 여겨진다.

이처럼 복잡한 문화양상에 따라 이 지역 지석묘 집단의 출자문제를 한마디로 잘라 말하기는 어렵지만 최초로 이 지역에 주민들이 도래한 시기가 신석기시대의 마지막 단계임은 분명하다고 할 수 있다. 먼저 한강 하류에서 거슬러 올라온 즐문토기인들이 이곳에 들어왔고 얼마 뒤에는 동북지방에서 새로운 유이민의 도래나 문화의 전파가 있었던 것으로 보인다.

이후 이 지역에서는 주민들의 정착이 이루어지고 서기전 4세기경부터는 일대에 취락이 형성되면서 본격적으로 지석묘사회가 이루어지고 외부로부터의 부단한 문화의 이입에 적응해 나간 것으로 생각된다.

(『동아시아의 청동기문화-묘제와 주거-』, 제4회 문화재연구 국제학술대회 발표논문집, 문화재연구소, 1995)

주

1 金元龍, 「春川校洞 穴居遺蹟과 遺物」, 『歷史學報 20』, 1963.
2 韓炳三 외, 「昭陽江水沒地區 遺蹟發掘調査」, 『八堂·昭陽댐水沒地區遺蹟 發掘綜合調査報告』, 文化財管理局, 1974.
3 a. 李健茂 외, 「漢江流域地表調査報告」, 『中島 I』, 國立中央博物館, 1980.
   b. 최복규, 『중도유적 지표조사보고』, 강원대학교박물관, 1984.
4 金載元·尹武炳, 「韓國支石墓研究」, 『國立博物館 古蹟調査報告 4』, 1967.
5 최복규, 앞 책(주 3b).
6 a. 李健茂 외, 앞 책(주 3a).
   b. 池健吉·韓永熙, 『中島 III』, 國立中央博物館. 1982.
7 朴漢卨·崔福奎, 「中島積石塚發掘報告」, 『中島發掘調査報告書』, 中島先史遺蹟發掘調査團, 1982.
8 金載元·尹武炳, 앞 책(주4).
9 金元龍, 「春城郡芳洞里의 高句麗式石室墳二基」, 『考古美術 149』, 韓國美術史學會, 1981.
10 盧爀眞 외, 『江原道의 先史文化』, 翰林大學 아시아文化研究所, 1986.
11 李健茂 외, 앞 책(주 3a).
12 a. 李健茂 외, 앞 책(주 3a).
   b. 李健茂 외, 『中島 II』, 國立中央博物館, 1981.
   c. 池健吉·韓永熙, 앞 책(주 6b).
   d. 지건길·이영훈, 『中島 IV』, 國立中央博物館, 1983.
   e. 지건길·이영훈, 『中島 V』, 國立中央博物館, 1984.

13　a. 朴漢高 외, 앞 책(주 7).

　　b. 최복규, 앞 책(주 3b).

　　c. 최복규, 『중도고인돌 발굴조사보고』, 강원대학교박물관, 1984.

14　崔永禧·盧爀眞, 『新梅里 支石墓·住居址 發掘報告書』, 翰林大學校博物館, 1986.

15　a. 朴漢高 외, 앞 책(주 7).

　　b. 지건길·이영훈, 앞 책(주 12d).

16　최복규, 앞 책(주 3b).

17　지건길·이영훈, 앞 책(주 12d).

18　조중공동고고학발굴대, 『중국동북지방의 유적발굴보고 1963~1965』, 사회과학원출판사, 1966.

19　최복규, 『중도 고인돌 발굴조사보고』, 강원대학교박물관, 1984.

20　삼국시대의 고분, 특히 신라고분 가운데에는 묘곽의 둘레와 호석護石의 주변, 또는 봉토의 내부에 이르기까지 축조 당시에 이루어진 장엄의식의 흔적을 얼마든지 볼 수 있다.

21　지건길·이영훈, 앞 책(주 12e).

22　崔永禧·盧爀眞, 앞 책(주 14).

23　池健吉, 「東北아시아 支石墓의 型式學的 考察」, 『韓國考古學報 12』, 韓國考古學硏究會, 1982.

24　청동기시대의 전형적인 무문토기의 태토에 비해 점토의 함유량이 많고 소성온도燒成溫度가 높으며 대부분 윤적법輪積法으로 제작되어 있다. 이 밖에 빗질 정면整面이 이루어지고 물손질과 점토막을 입히는 등 전형적인 무문토기와는 제작과 소성방법에서 다른 점이 나타나고 있다.

25　앞서 경질무문토기에 비해 기질器質이 다양해져 와질계瓦質系, 경질계토기로 구분되고 있으나 연질계軟質系가 많은 양을 차지하고 있다. 토기 표면에는 승문, 격자문, 집선문集線文 등의 타날문이 나타나 있다.

　　池健吉·韓永熙, 앞 책(주 6b).

26　a. 李健茂 외, 앞 책(주 3a).

　　b. 池健吉·韓永熙, 앞 책(주 6b).

27　a. 李健茂 외, 앞 책(주 12b).

　　b. 지건길·이영훈, 앞 책(주 12d).

28　崔永禧·盧爀眞, 앞 책(주 14).

호남지방 고인돌의 형식과 구조

1. 머리말

한반도의 고인돌은 그 분포 밀도에서 동북아시아의 다른 어느 지역보다 밀집된 상황을 보여줄 뿐 아니라 그 구조적 특징에 따라 나타나는 형식에서도 매우 복잡한 변화를 인식할 수 있다. 특히 한반도에서 가장 조밀한 분포가 이루어진 서남부 지역, 즉 호남지방에서는 다른 지방에서보다 그 형식과 구조에서 변화의 다양성을 보여주고 있다. 그러한 상황은 이 지역이 갖는 지리적 특수성에 따른 유입과 전개의 맥락에서 고찰이 이루어져야 할 것이다.

　우선 북쪽으로부터 내려온 고인돌문화가 한반도의 남쪽 끝에 이르러서 더 이상 외부로 확산되지 못하고 이 지역에서만 오랫동안 정체된 상태로 그 범위를 넓혀 나갔음을 미루어볼 수 있다. 따라서 이곳에서의 고인돌 축조가 다른 곳에 비해서 훨씬 활발히 이루어지고 그 존속기간도 상대적으로 오랜 것으로 생각할 수가 있다. 이렇듯 한 문화가 오랜 기간에 걸쳐 같은 지역에서만 전개되어 나갈 경우 우리는 여기에 필연적으로 뒤따르는 내적 변화의 요인들을 고려해야 할 것이다.

이 지방에 분포하는 고인돌은 그 형식상 몇 가지 유형에 치우쳐 있기는 하지만 한반도에서 나타난 고인돌의 거의 모든 형식들이 빠짐없이 퍼져 있음을 알 수가 있다. 여기에서 조사된 고인돌은 남방식의 각 유형은 물론 한반도의 남부지방에서는 매우 드물게 나타나는 북방식들도 확인되었다. 이 밖에 다른 지역에서는 아직 그 존재가 분명하지 않은 이른바 '위석식圍石式'으로 불리는 특징적 구조를 갖춘 고인돌이 이 지역에서는 하나의 형식으로 분류될 만큼 적지 않은 수가 조사되었다.

지금까지 각종 발굴조사를 통해서 하부구조의 성격이 밝혀진 남방식 고인돌 가운데에서 그 대다수는 무덤칸의 구조가 냇돌이나 깬돌로 이루어진 이른바 할석형割石形들이 주류를 이루고 있음을 알 수 있었다. 이러한 편중된 현상은 이곳의 고인돌이 갖는 지역적 특성으로서 한편으로는 이 유형의 고인돌이 갖는 한반도 내에서의 시대적 배경설정과도 전혀 무관하지는 않을 것으로 생각된다.

여기에서는 호남지방에 분포된 고인돌의 분포상황을 살피고 그 구조적 특징에 따른 각 형식의 성격을 알아본 뒤 거기에 나타난 몇 가지 문제를 제시할 것이다. 이 지역에서 이루어진 고인돌문화의 성격 규명은 구조상으로 나타나는 형식 분류만으로 얻어질 수 있는 것이 아니고 출토유물상이나 지역성 등을 복합적으로 고려함으로써 비로소 가능한 문제임은 두말할 나위가 없다.

그러나 출토유물의 종류와 수량이 극히 제한된 고인돌 문화의 연구에서는 지역성을 바탕으로 한 형식학적 입장에서의 고찰이 문제의 접근에 하나의 단서를 마련해줄 수도 있으리라 믿는다.

2. 분포 및 입지

한반도에서 고인돌이 밀집된 분포를 보이는 곳은 서북지방의 평안남도, 황해도 일원과 서남 지방인 전라남·북도로서 주로 해안지역을 따라 현저한 밀도를 보이고 있다. 이는 서·남해안이 동해안 지방에 비해 지형이 비교적 완만하고 산악이 적어 보다 유리한 입지적 여건이 갖춰져 있기 때문이며 오늘날의 인구 밀도나 대도시의 형성에서도 그러한 상황을 엿볼 수가 있다. 호남지방은 서·남해안을 끼고 있을 뿐 아니라 영산강과 섬진강, 보성강 등 내륙을 관통해 흐르는 크고 작은 하천들이 발달되어 고인돌의 밀집된 분포를 이루는 데 주요한 지리적 여건을 갖추었다고 할 것이다.

이 지방의 고인돌에 대해서는 최근 십여 년 동안 다른 지역에 비해서 비교적 꾸준하고 활발한 지표조사와 발굴작업이 행해져 왔다. 더구나 근년에 이르러 잦아진 대규모의 '댐' 건설 등 각종 산업시설의 시공에 따른 구제발굴의 전개는 이 분야의 연구 진전에 적지 않은 이바지를 했다고 할 수 있다. 물론 지금까지의 조사나 발굴이 다소 특정지역에 치우친 감도 없지는 않으나 이렇듯 활발한 조사와 연구는 비단 이 지역뿐 아니라 한반도 고인돌 연구의 활성화에도 매우 고무적인 사실로 받아들여야 할 것이다.

전남지방에서의 고인돌은 모두 1,200여 군데에서 11,000기가 넘는 것으로 파악되었고[1] 전라북도에서는 지금까지 266 군데에서 1,800여 기가 확인되었다고 한다.[2] 이 고인돌들의 입지적 상황을 보면 하천 유역이나 산기슭을 끼고 있는 평지, 또는 야트막한 구릉 등 주로 낮은 지대에서 많은 분포를 보이고 있다. 이러한 입지적 특성은 그들의 생활권과 인접한 지역이라는 측면도 있었겠지만 무엇보다도 고인돌의 축조에 따른 거석의 운반문제와도 밀접한 관계가 있었던 것으로 생각된다.

수톤 또는 수십 톤에 이르는 무거운 돌을 옮기기 위해서는 육로보다는 강류나 해로를 따라 뗏목 등에 실어 운반하는 방법이 훨씬 쉬웠을 것이기 때문이다. 또한 산기슭 같은 곳에서는 그 위쪽에 돌을 떼어낼 수 있는 채석장이 있으면 그 만큼 운반에 소요되는 인력을 줄일 수 있었을 것이다.[3]

이 고인돌들은 단독으로 만들어진 곳도 있으나 대개는 몇 기가 한 곳에 무리를 이루고 있다. 무리를 이루는 경우, 10여 기 안팎이 가장 많지만 수십 기가 한데 모여 있는 곳도 적지 않다. 특히 고창 상갑리上甲里 일대에는 산기슭을 따라 약 2.5km의 거리에 400~500여 기가 한데 모여 한반도 최대의 고인돌 무리를 이루

고 있다.[4]

　많은 수의 고인돌이 무리를 이루는 경우, 그 분포는 주위의 지형에 따라 제약을 받기도 하지만 일반적으로 평지에서는 대개 강류의 방향이나 산맥의 방향과 나란히 일렬, 또는 수열을 이루는 곳이 많다. 이때 여기에 만들어진 각 고인돌의 덮개돌(上石)과 무덤칸(墓槨)의 건축도 무리의 분포 방향과 대부분 일치되는 것이 그 일반적인 특성이라고 할 수 있다.[5] 이러한 입지적 특성들이 비단 이 지역에서만 나타나는 것은 아니지만 지금까지 집중적으로 조사된 주암댐 수몰지역에서는 그러한 성격들이 특히 강하게 나타나고 있다.

3. 형식과 구조적 특징

한반도에서 고인돌의 존재가 처음으로 외국인 학자나 외교관, 또는 선교사들에 의해 관심의 대상이 된 이래 지금까지 벌써 백여 년 가까운 세월이 흘렀다. 그 뒤로 해방 이전까지는 일본인들에 의해서 전국에 흩어져 있는 많은 유적들이 발굴되었지만 그 대상은 주로 낙랑이나 삼국시대의 고분 등에 치중되었고 고인돌에 대한 본격적인 학술조사로는 대구 대봉동大鳳洞 고인돌 발굴[6]이 유일했다고 할 수 있을 것이다.

　더구나 호남지방에서의 고인돌에 대해서는 기껏 지표조사의 수준에서 벗어나지 못했고 해방 이후에도 한동안 이 지역에서의 조사는 다른 지방에서와 마찬가지 침체상태에서 벗어나지 못했다. 그러다가 1960년대 중반에 이르러서야 이 지역의 고인돌에 대한 최초의 발굴조사가 이루어졌다.[7]

　그동안 이루어진 국내·외 학자들의 한반도 고인돌에 대한 연구의 결과에 따라 학술적인 성과에 상당한 진전이 있었다고는 하지만 아직도 풀어나가야 할 많은 문제점들이 남아 있다고 해야 할 것이다. 이는 원래 고인돌에서 출토되는 유물의 수량이라는 것이 다른 유적에 비해서 매우 빈약할 뿐 아니라 종류도 극히 제한되어 있기 때문이다. 또한 구조상 외형의 단조로움에 비해 하부구조가 매우 다양하여 형식분류에서 매우 복잡한 양상을 보여주는 것도 그러한 요인의 하나로 볼 수가 있다.

따라서 지금까지 고인돌 연구의 많은 부분이 구조적 특징에 따른 형식분류에 치중되어 왔기 때문에 막상 출토유물상이나 당시의 사회상의 복원문제 등 풀어나가야 할 중요한 과제들은 뒷전으로 밀려난 것 같은 느낌을 받아온 것이 사실이다. 다행히도 이번에 그러한 제반 문제들이 한꺼번에 이 자리에서 다루어지는 것을 계기로 비단 이 지역뿐 아니라 한반도의 고인돌 연구에 뚜렷한 발자취를 남길 수 있기를 바란다.

주지하다시피 한반도를 비롯하여 중국의 동북 지방과 일본의 규슈지방에 분포된 동북아시아의 고인돌은 1차적으로 지상에 드러난 구조의 외형에 따라 크게 '북방식'과 '남방식'으로 분류될 수 있다. 2차 분류로 이들 각 고인돌은 매장시설의 주체라고 할 수 있는 무덤칸에 나타난 축조방식의 특징에 따라 나누어지는데 이는 하부구조의 성격이 복잡한 남방식에 치중되고 있다. 다음 3차 분류의 기준으로는 1차, 또는 2차 분류된 각 고인돌의 무덤칸 둘레에 이루어진 돌무지(積石) 시설의 유무에 따라 '적석식'과 '무적석식'으로 다음과 같이 분류할 수 있다.[8]

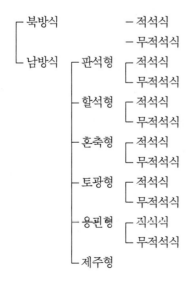

이 고인돌들의 각 형식 가운데 남방식 중 옹관형甕棺形은 선사시대 이래 활발히 이루어진 일반 독무덤(甕棺墓)의 성행에도 불구하고 지금까지 한반도에서는 고인돌의 하부구조로서 아직 확인된 바가 없다. 제주형濟州形은 특정지역에서 주된 분포를 보이는 형식이지만 이 지방 고인돌과의 관계도 전혀 배제할 수 없는 것으로 이 문제는 다시 뒤에서 언급하기로 한다.

이 지역에서 조사된 고인돌을 각 형식별로 분류하여 그 성격을 살펴보면 다음과 같다.

1) 북방식 고인돌

이 유형의 고인돌은 주로 한반도의 중부 이북 지방과 랴오닝(遼寧)과 지린(吉林)성 등 중국의 동북지방에서 많은 분포를 보이지만 한반도의 남부 지방에서도 드물게나마 확인되고 있다. 남부지방에서의 분포상황은 한강 유역을 지나 남쪽으로 내려가면서 점차 희박해지다가 호남지방에 이르러서는 극히 드문 존재가 되고 만다.

이 형식의 특징은 대개 4매의 두터운 판돌로 이루어진 굄돌(支石)을 땅 위에 세워서 평면이 네모난 돌방(石室)을 구성하게 되는데 대부분 긴벽(長支石)의 사이에 마구리벽(短支石)이 끼어들어가 'ㅍ'자 모양의 평면을 이룬다. 그 위에는 돌방보다 넓은 덮개돌(上石)이 얹히는데 덮개돌 무게의 전부가 돌방을 이루는 굄돌로 받쳐지는 것이 이 형식의 구조적 특징이라고 할 수 있다.

이 북방식 고인돌은 구조의 대부분이 항상 땅 위에 드러나 있기 때문에 외형상으로는 보다 다양한 듯 보이지만 평면구성에서는 도리어 남방식에 비해 훨씬 단조로운 편이다. 따라서 이 북방식 고인돌은 돌방의 둘레에 이루어진 돌무지 시설의 유무에 따라서 적석식과 무적석식으로 구분할 수가 있다.

호남지방에서 확인된 북방식 고인돌은 전라남·북도에서 거의 비슷하게 나타나고 있다. 그러나 아직까지 이에 대해서는 지표조사에 의한 외형의 확인에 그쳤을 뿐 정식발굴을 거친 예가 없기 때문에 현재로서는 돌무지 시설의 유무에 따른 분류가 불가능한 형편이다.

이 지역의 북방식 고인돌은 북부 지방의 고인돌에 비해서 일반적으로 덮개돌이 매우 두터운 편으로 상대적으로 얇은 굄돌과 함께 매우 부안정한 모습을 보여주고 있다. 이 가운데에는 네 벽이 온전하게 남은 것들보다 마구리벽은 이미 없어지고 긴 벽만 남아 있는 것들이 더 많다.

전북지방에서는 그 대부분이 고창 지역을 중심으로 나타나 지금까지 도산리道山里, 매산리梅山里(도 II-17), 부곡리茇谷里,[9] 상갑리上甲里[10]와 함께 장수長水 삼봉리三峰里[11]에서도 1기가 확인되었다. 한편 전남에서는 나주 지방에서만 만봉리萬峰里, 신풍리新楓里, 송촌리松村里[12]에서 각 1기씩 확인되었으나 함평 등지에서도 그 분포가 알려지고 있다.

2) 남방식 고인돌

북방식 고인돌의 주된 분포가 대개 한반도의 중부 이북 지방과 중국의 동북지방에까지 미치는 데 비해 이 남방식은 주로 한반도의 남부지방과 일본의 규슈지방에서 많은 분포를 보이지만 중부와 북부지방에서도 적지 않은 수가 확인되고 있다.

남방식 고인돌의 특징은 매장시설의 대부분이 특수한 경우를 빼고는 대개 지하에 이루어지는 것이다. 이때 덮개돌은 작은 덩이돌(塊石) 등으로 된 받침돌(支

石)이나 매장시설 둘레의 돌무지들에 의해서 지탱되기도 하지만 이러한 시설이 없을 때는 직접 땅 위에 얹는다. 따라서 땅 위에는 특별한 가공이 이루어지지 않은 거대한 덮개돌만 놓이기도 하고 어떤 것들은 그 밑의 받침돌만 나타나기 때문에 북방식에 비해서는 상대적으로 매우 단조로운 모습을 보여준다.

그러나 이렇듯 외형의 단순함에 비해서는 땅 밑에 만들어진 매장시설에서는 매우 복잡한 변화를 보여주고 있다. 이처럼 다양한 하부구조 때문에 남방식 고인돌은 그 형식분류의 문제에서 지금까지 학자들 사이에 활발한 쟁점의 대상이 되어 왔던 것이다.

이 지역에 분포하는 남방식 고인돌은 1차적으로 돌로 짜 맞춘 무덤칸 벽체의 성격에 따라 판석형, 할석형, 혼축형 등으로 나누고 이 밖에 땅에 구덩이만을 파고 여기에 시신을 묻는 토광형으로 나눌 수 있다. 각 유형은 다시 앞서 북방식에서와 같이 무덤칸의 둘레에 이루어진 돌무지 시설의 유무에 따라 적석식과 무적석식으로 분류될 수 있다.

남방식 고인돌의 형식분류에서는 이 밖에도 덮개돌을 받치고 있는 받침돌(支石)이나 무덤칸의 윗면을 따로 덮어씌운 뚜껑돌(蓋石)의 유무에 따라 구분되기도 한다.[13] 그러나 분류기준으로 제시한 구조물 가운데 받침돌은 무거운 덮개돌을 직접 땅 위에 앉힘에 따라 그 아래의 무덤칸 시설이 무너지는 것을 막기 위해 나타난 필연적인 구조물로서의 성격을 갖추었다고 보아야 할 것이다. 따라서 덮개돌이 대형화되는 한반도의 중부지방에서부터 나타나기 시작한다는 사실에 주의할 필요가 있다.

이렇듯 역학적인 이유에서 자연발생적으로 나타난 것으로 생각되는 받침돌은 남부지방에서 본격적으로 성행되는데 일반적으로 대형의 덮개돌에서는 거의 반드시 나타나고 있다. 그러나 일부 무리 가운데에는 덮개돌의 크기에 관계없이 강한 지역성을 보일 뿐 받침돌의 유무에 따라 고인돌의 성격을 구분할 만한 뚜렷한 형식분류의 근거를 찾기는 힘들다고 할 수 있다. 이 받침돌들 가운데 고창 아산지구 雅山地區[14]나 영암 장천리長川里[15] 등지에서와 같이 마치 기둥모양(柱狀)으로 높게 받치는 것들이 있다.

이 것들은 무덤칸을 더욱 안전하게 보호하기 위한 보강시설이라는 측면 외에도 이른바 위석식으로 불리는 새로운 구조의 출현과도 밀접한 관계가 있는 것으로 생각된다.

또한 무덤칸을 덮어씌우는 뚜껑 시설도 매장공간으로서의 기능상 당초부터 외부와 단절된 밀폐상태를 유지하기 위한 구조물로 볼 수 있다. 따라서 여기에는 당연히 돌이나 나무로 된 별도의 뚜껑 시설이 갖추어야 한다. 그러나 나무의 경우에는 쉽게 썩어버리기 때문에 우리는 돌뚜껑(石蓋)의 존재만 확인할 수밖에 없으나 돌이건 나무건 간에 무덤칸 바로 위에 반드시 이루어지는 뚜껑 시설의 존재는 어렵지 않게 미루어볼 수가 있다.

따라서 지금 남아 있는 뚜껑돌의 잔존 여부만을 가지고 형식분류의 기준으로 삼을 만한 뚜렷한 근거도 매우 희박하다고 할 수밖에 없다. 이렇듯 남방식에서 받침돌이나 뚜껑돌의 유무는 다만 어떤 지역성이나 구조적인 이유, 또는 잔존상태에 따라 달라질 수 있는 것으로 형식분류의 기준으로는 그 객관성이 매우 빈약하다고 할 수 있다.

따라서 여기에서는 남방식 고인돌이라는 가장 전통적인 분류 아래 무덤칸 구조의 성격과 돌무지 시설의 유무에 따라 재분류를 하고 각 형식별로 그 특성과 유적의 상황을 살피기로 한다.

(1) 판석형

이 형식의 특징은 덮개돌 아래에 만들어진 무덤칸이 넓적한 판돌만으로 이루어지는 것이다. 그 구성은 양쪽에 세워진 긴 벽 사이에 마구리벽이 끼어들어가 전체적으로 'ㅍ'자 모양의 평면을 이루어 기본적인 구성에서는 북방식 고인돌과 얼마간 흡사한 모습을 보여주고 있다.

벽체의 구성에서 마구리벽은 대개 한 장의 판돌이 끼어들어가게 되지만 긴 벽은 한 장만으로 세워지기도 하고 몇 장의 판돌을 이어 맞추기도 하는데 보성 시천리詩川里 살치 나군 3호,[16] 영암 청룡리靑龍里 4-1호와 장천리 1호[17]에서처럼 네 벽에 모두 판돌을 안팎 이중으로 짜 맞춘 곳도 있다.

무덤칸의 바닥으로 판돌을 한 장, 또는 여러 장을 이어 맞춘 곳이 많고 이 밖에 자갈·모래·깬돌을 섞어 깔기도 하며, 흙바닥 그대로인 곳도 있다. 무덤칸을 덮은 뚜껑돌이 남아 있는 경우는 보통 3~4매가량의 판돌을 덮는 것이 보통이나 무덤칸의 일부만 덮인 곳도 있다. 특히 뚜껑돌 시설 가운데에는 드물게나마 장성 덕재리德在里 A5호나 B7호[18]에서와 같이 두 겹, 또는 세 겹으로 덮인 곳도 있다.

이것들은 다시 무덤칸 둘레에 냇돌, 또는 판돌 등을 쌓거나 깔아둔 돌무지 시설의 유무에 따라 구분할 수가 있다. 이 가운데 적석식은 중부 이북 지방에 비해 돌무지의 규모나 범위가 비교적 작아지는 경향을 보인다. 이 형식의 고인돌이 전북지방에서는 고창 아산지구[19]와 상갑리[20] 등지에서 확인되었는데 여기에서는 할석형과 거의 비슷한 수로 나타난다.

한편 전남의 경우에는 발굴조사가 이루어진 수많은 남방식 고인돌에 비해서 이 형식의 것들은 매우 드문데 주로 영산강 유역에 국한된 분포를 보이고 있다.

영암 청룡리와 장천리 고인돌[21]에서는 하부구조가 남아 있는 7기의 무덤칸 모두가 판석형으로 이루어지고 장성 덕재리[22]에서도 1기를 제외한 6기가 이 형식에 속하는 것들이었다. 이 밖에 과거에 조사된 유적 가운데에는 영암 장산리長山里,[23] 강진 지석리支石里,[24] 고흥 운대리雲坮里[25] 등이 있고 근년에는 나주 마산리馬山里·판촌리板村里[26]와 화순 창랑리滄浪里[27] 등지에서 몇 기가 조사되었을 뿐이다.

가) 적석식

이 형식의 고인돌은 한반도의 거의 전역에 분포하고 있으며, 일반적으로 덮개돌 아래에 따로 받침돌이 받쳐진 예가 드문 것으로 보아 덮개돌 무게의 대부분이 무덤칸 둘레의 돌무지에 의해서 지탱되었음을 보여주고 있다.

호남지방에서는 고창 아산지구[28]에서 3기, 영암 청룡리(도 II-18)·장천리長川里[29]와 장성 덕재리德在里[30]에서는 발굴된 대부분의 고인돌이 이 형식에 속하며 여기에서는 상당수의 고인돌이 둘레에 돌무지와 받침돌을 함께 갖추어 이 지역의 한 특색임을 나타내 주고 있다.

황주 침촌리 일대의 긴동[31]이나 천진동[32] 유적을 비롯한 우리나라 서북지방에

서 조사된 이 유형의 유적 가운데에는 같은 돌무지 안에 여러 개의 무덤칸이 만들
어진 곳도 있으나 이 지역에서는 모두 단독으로만 이루어진다.

나) 무적석식

이 형식의 고인돌에서는 받침돌을 갖춘 예가 거의 없어 그러한 구조적인 이유
에서인지는 몰라도 일반적으로 앞서 적석식에 비해 무덤칸을 이루는 판돌들이 매
우 두텁고 거친 편이다. 따라서 영암 장산리[33]에서처럼 둘레의 흙무지가 씻겨 나감
으로써 무덤칸을 이루는 두터운 판돌이 드러나 마치 북방식 고인돌과 같은 모습
으로 나타나는 것도 있다.

적석식에 비해서 분포가 훨씬 드물어 앞서 장산리 외에 고창 아산지구,[34] 영암
청룡리,[35] 강진 지석리,[36] 고흥 운대리,[37] 장성 덕재리[38] 등지에서 단독으로, 혹은 무
리에서 한두 기가 확인되는 정도이다.

(2) 할석형

이 형식의 고인돌은 덮개돌 아래에 깬돌(割石)이나 냇돌(川石) 등을 몇 겹으로 쌓아올려 무덤칸을 이룬 것이다. 바닥도 앞서 판석형에서는 부분적으로, 혹은 전체적으로 판돌로 이루어진 것들이 많았으나 여기에서는 깬돌이나 자갈을 깐 곳이 많고 흙바닥 그대로인 곳도 있다.

　　이 할석형은 한강 이남에서부터 남쪽으로 내려가면서 점차 그 분포가 늘어나 호남 지방에서는 고창에서부터 여천 일대에 이르기까지 폭넓게 퍼져 있지만 특히 주암댐 발굴조사를 통해서 많은 유적이 확인되었다. 이 할석형도 무덤칸 둘레에 이루어진 돌무지 시설의 유무에 따라 구분될 수 있다.

가) 적석식

　　깬돌이나 냇돌로 쌓아올린 무덤칸이 둘레에 이루어진 돌무지에 의해서 그 위에 얹힌 덮개돌의 무게가 보호를 받는다. 원형, 방형, 또는 타원형의 돌무지 가운데에는 가장자리를 따라 큼직한 돌을 세워서 흔히 고분에서 보이는 둘림돌(護石) 같은 모습을 갖춘 것들도 있다. 나주 마산리와 판촌리,[39] 담양 산성리山城里,[40] 여천 월내동月內洞[41] 등지에서 확인된 이 둘림돌에는 2기 이상이 서로 붙어 있는 경우도 있다. 이와 같은 둘림돌 시설은 남쪽으로 내려오면서 돌무지와 같은 고인돌이 갖는 묘역의 의미가 한층 부각된 구조물로 보아야 할 것이다.

　　광주 충효동忠孝洞,[42] 보성 시천리 살치 나군,[43] 고흥 장수제長水堤[44] 등지에서는 2~3기의 무덤칸들이 한 개의 덮개돌 아래, 또는 같은 돌무지 안에 이루어져 부부합장이나 혈연관계의 무덤임을 보여준다.[45]

　　승주 대광리大光里 신기[46]에서는 이 할석형과 함께 혼축형, 위석식이 섞여 한 무리를 이루고 있었는데 특히 위석식으로 보이는 것들의 위석 안에 할석형 무덤칸이 이루어져 있었다.

나) 무적석식

　　무덤칸이 깬돌이나 냇돌로 만들어졌을 뿐 둘레에 적석식에서와 같은 보강시

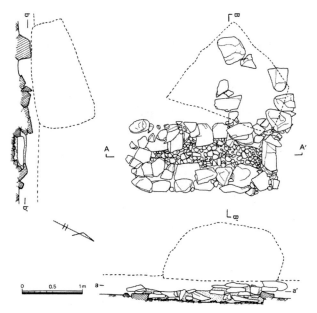

설이 이루어지지 않았기 때문에 덮개돌은 무덤칸 바로 위에 얹히거나 따로 받침
돌로 받쳐 있다. 이처럼 둘레의 보강이 소홀하기 때문에 이 유형의 고인돌 가운데
에는 무덤칸이 대부분 무너진 상태로 나타나는 경우가 많다.

　　강진 영복리永福里(도 II-19)[47]와 화순 사수리泗洙里 대전[48]·대초리大草里 조치
鳥峙[49] 유적 등지에 분포된 대부분의 고인돌이 이 형식에 속하는 것들이고 승주 대
곡리大谷里 도롱[50] 등 주암댐 수몰지역에서 발굴된 여러 유적에서는 적석식들과 함
께 같은 무리를 이루고 있다.

(3) 혼축형

일반적으로 무덤칸을 만들 때 판돌, 또는 깬돌이나 냇돌로 이루어지는 것이 보통
이지만 이것들을 한데 섞어 쌓는 경우도 그리 드물지 않게 확인되고 있다. 구조상
앞서 판석형이 갖는 취약성을 보강하기 위한 수단으로 보이지만,[51] 한편으로는 판
석형에서 할석형으로 넘어가는 과도기적 형식으로도 생각할 수가 있다. 일반적으
로 판돌로 이루어진 부분은 양쪽, 또는 한쪽 마구리벽이고 긴 벽은 대부분 깬돌이

도 II-20 승주 대광리 신기
16호 고인돌(이청규, 1987)

나 냇돌을 쌓아올렸으나 보성 시천리 살치 나군 6-1호 고인돌[52]에서와 같이 그 반대된 축조 방법이 나타나는 곳도 있다.

이 유형의 고인돌은 대부분 무덤칸 위에 따로 뚜껑돌이 씌워졌을 뿐 아니라 바닥에도 판돌, 깬돌, 또는 자갈 등을 깔아 고인돌에서 부수되는 시설을 모두 구비하였음을 알 수 있다.

전남 지역에서 이것들의 분포는 대부분 승주군 관내의 보성강 유역에서만 확인되었는데 특히 대광리 신기(도 II-20)[53]와 대곡리 도롱[54] 등지에서는 이것들이 한 지역에서 군집된 상황을 보여준다.

가) 적석식

혼축형의 대부분이 돌무지에 의해서 보강되었는데 돌무지의 규모는 덮개돌의 범위에서 크게 벗어나지 않아 앞서 판석형이나 할석형의 규모에 비해 왜소해지는 경향을 보인다. 승주 대광리 신기 유적의 경우, 19기의 고인돌 가운데 12기가 이 형식의 것들이고 무덤칸이 파괴된 2기를 제외한 나머지 5기는 이른바 위석묘로 분류되는 것들로 그 분포도 무리의 동남쪽으로 치우쳐서 이루어졌다.

출토유물에서도 혼축형에서 나오는 토기류는 모두 민무늬토기이거나 붉은간토기들인 데 비해 위석묘에서는 일부 민무늬토기와 함께 경질硬質에 속하는 때린

무늬(打捺文)의 토기들이 출토됨으로써 이 토기들의 형식과 고인돌 사이에 이루어진 시기적 선후관계의 일단을 살필 수가 있다.

나) 무적석식

앞서 적석식에 비해서 그 분포가 극히 드물어 승주 대곡리 도롱 유적 같은 데에서는 모두 8기의 적석식 가운데 2기가 섞인 정도이다. 이 밖에 우산리牛山里 곡천[55]과 장성 쌍웅리雙熊里[56]에서 1기씩이 확인되었다.

(4) 토광형

남방식 고인돌 가운데 가장 드물게 나타나는 형식이다. 이 형식은 덮개돌 아래에 간단한 구덩이만 이루어질 뿐 앞서 다른 형식에서와 같이 돌로 만들어진 무덤칸이 나타나지 않기 때문에 정밀한 발굴에 의해서만 그 확인이 가능하다. 구덩이 안에는 토장土葬이 이루어지거나 나무널 같은 간단한 매장시설이 마련되는 경우도 생각할 수 있지만 이 구조물들의 취약성 때문에 때로는 소홀한 조사로 지나쳐 버리는 경우도 있을 것이다. 이러한 하부구조의 특수성 때문인지 모두 받침돌로 덮개돌을 받치고 그 둘레에는 돌무지 시설이 이루어지며 이 지방에서는 아직 무적석식으로 분류될 만한 것은 확인된 바 없다. 이 돌무지들의 범위는 덮개돌의 범위를 크게 벗어나지 못하는 정도이다.

승주 신평리新坪里 금평의 7-B호는 할석식인 7-A호와 함께 그리고 보성 죽산리竹山里 다군 6호(도 II-21)에서도[57] 마찬가지 한 덮개돌 아래에 이루어진 같은 돌무지 안에 만들어져 이것들이 한 시기에 이루어졌음을 알 수 있었다. 이 지방에서는 지금까지 주암댐 수몰지역에서만 몇 기가 확인된 정도이고 우리나라의 다른 지역에서도 그 예가 흔치 않으나 도리어 일본에서는 옹관형과 함께 매우 성행되었던 형식이다.

남방식에는 이 밖에 제주형과 그 조형祖形으로 생각되는 위석식의 존재도 점차 증가하고 있으나 이에 대해서는 다음 장에서 설명하기로 한다.

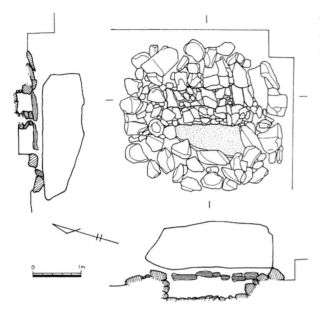

3) '위석식' 고인돌에 대한 문제

남방식 고인돌 가운데에는 덮개돌 아래에 크고 작은 덩이돌을 둥그렇게, 또는 방
형으로 돌려 흡사 여러 개의 받침돌을 괴어 놓은 것 같은 모습을 보이는 것들이
있다. 일반적으로 남방식에서의 받침돌로는 덮개돌 아래에 3~5개가량의 나지막
한 덩이돌을 배치하고 그 위에 덮개돌을 얹는 것과는 다른 모습을 갖추고 있다.

　이 가운데 보성 시천리 살치 나군(도 II-22)[58]이나 죽산리 다군[59] 등지에서와
같이 12~14개의 받침돌을 괴어둔 곳도 있고, 큼직한 받침돌 몇 개를 세우고 그 사
이사이를 잔돌로 채워 둔 곳도 있다. 이것들은 덮개돌을 괴는 받침돌의 기능과 함
께 덮개돌 아래에 일정한 공간을 마련하기 위한 구조물로 보아야 할 것이다.

　위석식에서는 덮개돌 아래에 돌로 쌓은 무덤칸이 이루어진 곳도 있으나 이보
다는 따로 무덤칸이 이루어지지 않은 흙바닥 그대로인 데가 더 많다. 이 경우 덮개
돌 아래에 이루어진 토광형 같은 매장시설의 존재 가능성도 생각할 수 있겠으나
지금까지 여기에서 분명한 구덩이의 흔적 같은 것이 확인된 바가 없었다. 따라서

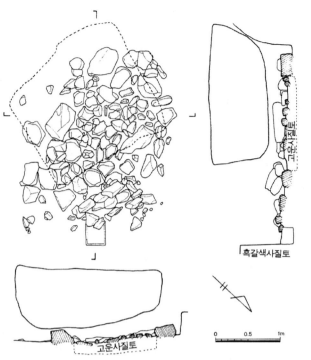

흑갈색사질토

고운사질토

0   0.5   1m

이 특이한 구조의 고인돌에 대해 그 성격상 서로 상반된 두 가지 가능성을 생각할 수 있을 것이다.

그 하나는 덮개돌 아래의 공간 그 자체를 매장시설의 주체로 보았을 때의 관점이다. 지금까지 지하에 시신을 매장해 오던 그들이 받침돌들로 얼마간 밀폐된 공간을 마련할 수 있었다고는 하지만 지표와의 사이에 이루어진 비좁은 틈바구니에 그대로 시신을 안치한다는 것은 매장 본래의 속성상 매우 불합리한 일이 아닐 수 없다. 따라서 이런 경우 우리는 2차 매장 외에는 다른 방법을 생각하기가 어렵다.

다른 하나는 이 고인돌이 원래부터 매장시설이었을까 하는 의문이다. 지금까지 조사된 남방식 고인돌 가운데 받침돌 등의 위치로 보아 분명 원위치를 유지한 것임이 분명하지만 정밀한 발굴작업을 통해서도 덮개돌 아래에서는 별다른 유구 遺構의 흔적이 나타나지 않는 곳들이 있었다.

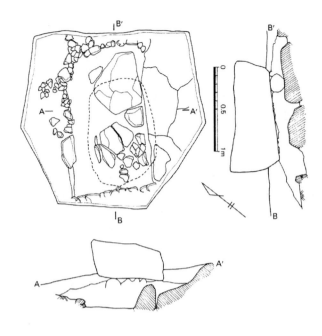

도 II-23 제주 외도동 고인돌
(이청규, 1986)

　　과거에 이러한 유형의 고인돌은 묘표식墓標式,[60] 또는 무묘거석無墓巨石[61]으로 일컬었는데 원래부터 매장시설이 이루어지지 않은 고인돌의 존재 가능성을 시사하기도 하였다. 여하튼 그 본래의 기능은 그만두고라도 남방식 고인돌로서는 다소 이질적이라 할 위석식의 존재는 분명해졌다고 할 수 있다.

　　그러면 여기에서 위석묘의 유입과 전개문제에 대해서 살필 필요가 있다.

　　우선 호남지방 이외의 지역에서는 아직 위석묘가 보고된 바 없기 때문에 그 유입문제에 대해서는 다소 애매한 점이 많다. 그러나 지금까지 조사된 유적 가운데 대덕大德 사성리莎城里 고인돌[62]이나 제원堤原 황석리黃石理 E호 고인돌[63]은 그 구조상 위석식과는 매우 유사한 모습을 보이는 것들로 앞으로의 조사 결과에 따라 다른 지역에서의 확인 가능성이 매우 크다고 할 수 있다.

　　이 '위석식' 고인돌들 가운데 위석으로서의 받침돌 높이가 다른 남방식 받침돌에 비해서 훨씬 크고 높은 것들이 있다. 고창 아산지구,[64] 나주 만봉리, 담양 궁산리弓山里, 화순 벽송리碧松里[65]나 영암 장천리[66]에서처럼 기둥모양(柱狀)의 받침돌을 갖춘 이 고인돌들은 우뚝한 모습 때문에 따로 발굴을 하지 않고도 그 구조를 알아차릴 수 있는 것들이다. 오래전에 조사된 진도珍島 분토리粉土里 1호 고인돌이나 상가리 1호 고인돌[67]도 바로 그런 형태이며 제주 외도동外都洞(도 II-23)·광령리光 令里·귀일리貴日里 등지[68]에서도 이와 비슷한 것이 조사된 것으로 보아 도서지방으로의 확산이 활발히 이루어진 것으로 생각된다.

이처럼 도서지방으로 퍼져나간 위석식들이 제주도에 정착되면서 받침돌의 형태가 지금까지의 덩이돌에서 판돌로 바뀌어 흡사 북방식과 비슷한 모습을 보여주는 제주형[69]으로 변형되어갔던 것으로 생각된다.

그러나 앞서 담양 궁산리나 화순 벽송리에서와 같이 덮개돌 아래의 가장자리를 따라 판돌로 된 받침돌을 두르는 경우도 있어 어쩌면 이와 같은 제주형 고인돌은 일찍이 이 지역에서 발생하여 근해의 도서지방이나 제주도에까지 미쳤을 가능성도 생각할 수 있다.

4. 맺음말

지금까지 호남지방에서 발굴조사된 고인돌 가운데 남방식을 중심으로 그 분포 및 입지상황과 함께 무덤칸의 형식분류에 따른 구조적 특징을 알아보았다. 여기에서 나타난 형식상의 분류기준은 한반도의 다른 지역에서와 별다른 차이가 나타나지 않으나 고인돌문화가 이 지방에 정착되어 오랜 기간 지속되면서 이루어진 내적인 변화의 모습을 어느 정도 간파할 수 있었다.

그러면 이와 같은 형식분류에서 나타난 각 형식간의 차이점에 대해서 살필 필요가 있다. 앞에서 살펴보았듯이 이 형식분류들에서 나타난 상이성에 획을 그을 수 있는 분명한 속성을 추출해내기는 어렵다고 할 수 있다. 시기적인 차이랄지 분포에 따른 지역성을 뚜렷하게 구분하기에는 아직도 자료에서 한계가 드러나기 때문이다. 다만 지금까지 한반도 내에서 이루어진 조사 결과를 통해 각 형식의 분포상황을 살펴보면 그 문화의 흐름을 어느 정도 파악할 수 있고 이 지역에서의 실상을 이해하는 데 어떤 실마리를 찾을 수 있을 것이다.

우선 판석형 가운데 적석식이 서북지방에서 맨 먼저 출현하여 한반도의 전역에 걸쳐 분포된 남·북방식을 포함한 모든 고인돌의 효시를 이룬 형식으로 이해되고 있다.[70] 또한 중부 지방의 양평楊平 상자포리지구上紫浦里地區,[71] 춘성春城 천전리泉田里[72] 춘천 중도中島,[73] 양양襄陽 범부리凡阜里[74] 등지에서 북방식과 혼재해 있는 남방식도 대부분 이 형식이 주류를 이루고 있다.

충청지방에 이르러서는 일부 할석형도 나타나지만 여기에서도 제원 황석리[75] 등지에서는 여전히 판석형이 주류를 이루며 때린무늬(打捺文) 토기가 출토된 중원中原 하천리荷川里[76] 등지에서 비로소 일부 판석형과 함께 할석형이 무리를 이루며 나타난다. 그러나 앞서 중부 이북 지방에서는 판석형 고인돌이 모두 돌무지에 의해서 무덤칸이 보강된 적석식으로 일관된 양상을 보였으나 충청지방에 이르러서는 적석식은 드물어지고 도리어 무적석식들이 주류를 이루게 된다.

이러한 변화는 고인돌이 남하하면서 이루어진 돌무지의 퇴화 과정으로도 생각할 수 있겠으나 남부지방에 이르러 적석식이 다시 성행되어 가는 추세에 대해서 현재로서는 명확한 해석의 자료가 부족한 형편이다.

한편 할석형은 호남과 영남에 이르러 본격적으로 나타난다고 할 수 있지만 아직 여기에서도 고창 아산지구[77]나 대구 대봉동大鳳洞[78] 등지에서와 같이 판석형과 혼축형에 비해서 순수 할석형은 수적으로 열세를 면치 못한 형편이다. 할석형이 본격적으로 성행한 것은 전남과 경남 등 한반도 최남단에 이르러서이며 이러한 상황은 지금까지의 조사 결과나 최근에 이 지역에서 이루어진 대규모의 구제발굴에서도 분명히 나타나고 있다.

이와 같은 분포상황과 함께 이 고인돌들에서 출토되는 유물상을 통해 볼 때[79] 할석형은 여러 형식들 가운데 한반도 내에서 가장 늦게 발생하여 고인돌의 마지막 단계까지 존속한 것으로 생각된다.

토광형에 대해서는 지금까지 조사된 유구의 성격이 대부분 불분명할 뿐 아니라 조사된 고인돌도 매우 적어 그 위치를 설정하기가 매우 어려운 형편이다. 다만 이 지역에서 조사된 유적 가운데 승주 신평리 금평과 보성 죽산리 다군 고인돌에서는 한 개의 덮개돌 아래에 이루어진 같은 돌무지 안에 할석형과 토광형이 함께 만들어져 이 두 형식이 거의 같은 시기에 축조되었을 가능성도 보여주었으나[80] 더 많은 자료의 뒷받침이 있어야 할 것이다.

할석형의 마지막 단계에 나타난 것으로 생각되는 위석식과 여기에서 변형되는 제주형과의 관계는 앞서 위석식의 문제와 함께 살펴보았지만 이상 정리해본 형식상의 전개과정을 도식화하면 다음과 같다.

판석형 → 혼축형 → 할석형 → 위석식 → 제주형
   ↓   ‖
북방식   토광형

그러나 이러한 전개과정에 대한 일률적인 도식화는 어디까지나 분포상황에 의존한 가설에 불과하며 이 지방에서 그것을 본격적으로 적용시키기에는 아직 풀어나가야 할 많은 문제점들이 가로놓여 있다. 더구나 절대연대의 자료가 거의 전무한 이 지역 사정으로는 고인돌 사회에 대한 편년설정 그 자체마저 아직까지는 가설의 범주에서 크게 벗어나지 못한 형편이라고 할 수 있을 것이다. 양적인 발굴에서 탈피하여 보다 신중하고 적극적인 자료의 정리와 분석을 거쳐서 얻은 결과의 축적 위에서 그러한 가설들이 수정되기도 하고 한편으로는 정설로서 체계화되어 갈 것이다.

(『한국고고학보 25집』, 한국고고학회, 1990)

주

1 李榮文, 『全南地方 支石墓 硏究』, 1987.

2 尹德香 교수의 서신에 의함.

3 池健吉, 「支石墓社會이 復原에 관한 考察」, 『梨花史學 13·14合冊』, 1903.

4 李健茂 외, 「忠南·全北地域 地表調査報告」, 『中島 II』, 1981.

5 池健吉, 앞 글(주 3).

6　藤田亮策, a.「大邱大鳳町支石墓調査報告」,『昭和11年度古蹟調査報告』, 1937.
　　　　b.「大邱大鳳町支石墓調査報告 二」,『昭和13年度古蹟調査報告』, 1940.

7　金載元·尹武炳,『韓國支石墓研究』, 國立博物館, 1967.

8　池健吉,「東北아시아 支石墓의 型式學的 考察」,『韓國考古學報 12』, 1982.

9　　全榮來,『高敞·雅山地區 支石墓 發掘調査報告書』, 1984.

10　金載元 외, 앞 책(주7).

11　全榮來, 앞 책(주9).

12　李榮文, 앞 책(주1).

13　a. 金載元 외, 앞 책(주7).
　　　b. 韓炳三,「靑銅器文化 – 墓制」, 한국사 1, 국사편찬위원회, 1973.
　　　c. 任世權,「韓半島 고인돌의 綜合的 檢討」,『白山學報 20』, 1976.

14　全榮來, 앞 책(주9).

15　崔盛洛,『靈岩 靑龍里·長川里 支石墓群』, 木浦大學校博物館, 1984.

16　崔盛洛,「詩川里 살치 '나'群 고인돌」,『住岩댐 水沒地域 文化遺蹟 發掘調査報告書 IV』, 1988.

17　崔盛洛, 앞 책(주15).

18　李浩官 외,「長城'댐'水沒地區遺蹟 發掘調査報告」,『榮山江水沒地區遺蹟 發掘報告書』, 1976.

19　全榮來, 앞 책(주9).

20　金載元 외, 앞 책(주7).

21　崔盛洛 앞 책(주15).

22　李浩官 외, 앞 책(주18).

23　金載元 외, 앞 책(주7).

24　金載元 외, 위 책.

25　梅原末治·藤田亮策,『朝鮮古文化綜鑑』, 1947.

26　崔夢龍,「大草·潭陽'댐'水沒地區遺蹟 發掘調査報告」,『榮山江水沒地區遺蹟 發掘調査報告書』, 1976.

27　崔夢龍 외,『同福댐 水沒地區 支石墓 發掘調査報告書』, 1982.

28　全榮來, 앞 책(주9).

29　崔盛洛, 앞 책(주15).

30　李浩官 외, 앞 책(주18).

31　황기덕, a.「황해북도 황주군 긴동고인돌 발굴보고(1)」,『문화유산 61-3』, 1963.
　　　b.「황해북도 황주군 심촌리 긴동 고인돌」,『고고학자료집 3』, 1963.

32　황기덕·리원근,「황주군 심촌리 청동기시대유적 발굴보고」,『고고민속 66-3』, 1966.

33　金載元 외, 앞 책(주7).

34　全榮來, 앞 책(주9).

35　崔盛洛, 앞 책(주15).

36　金載元 외, 앞 책(주7).

37　梅原末治 外, 앞 책(주25).

38　李浩官 외, 앞 책(주18).

39　崔夢龍, 앞 책(주26).

40　崔夢龍, 위 책.

41　1990년 8월에 국립광주박물관에서 발굴. 보고서 미간.

42　崔夢龍, 『光州 忠孝洞 支石墓 發掘調査報告書』, 全南大學校博物館, 1978.

43　崔盛洛, 앞 글(주 16).

44　徐聲勳·成洛俊, 『高興 長水堤 支石墓調査』, 國立光州博物館, 1984.

45　崔夢龍, 「全南地方 所在 支石墓의 型式과 分類」, 『歷史學報 78』, 1978.

46　李淸圭, 「大光里 신기 고인돌」, 『住岩댐 水沒地域 文化遺蹟發掘調査報告書(I)』, 1987.

47　徐聲勳·李榮文, 『康津 永福里 支石墓 發掘調査報告書』, 國立光州博物館, 1983.

48　李隆助·河文植 외, 泗洙里 대전 고인돌, 『住岩댐 水沒地域 文化遺蹟 發掘調査報告書 IV』, 1988.

49　崔夢龍, 앞 책(주 26).

50　鄭永鎬, 大谷里 도롱 支石墓, 앞 책(주 46).

51　池健吉, 앞 책(주 8).

52　崔盛洛, 앞 책(주 16).

53　李淸圭, 앞 책(주 46).

54　鄭永鎬, 앞 글(주 50).

55　李隆助·河文植 외, 「牛山里 곡천 고인돌」, 『住岩댐水沒地域 文化遺蹟發掘調査報告書(II)』, 1988.

56　李浩官 외, 앞 책(주 18).

57　a. 林炳泰·崔恩珠, 「新坪里 금평 支石墓」, 앞 책(주 46).

　　b. 宋正炫·李榮文, 「竹山里 '다'群 支石墓」, 『住岩댐 水沒地域 文化遺蹟發掘調査報告書(III)』, 1988.

58　崔盛洛, 앞 책(주 16).

59　宋正炫 외, 앞 책(주 57b).

60　金載元 외, 앞 책(주 7).

61　尹容鎮, 「大邱 七星洞 支石墓調査」, 『大丘史學 12·13合輯』, 1977.

62　尹武炳, 『大淸댐 水沒地區遺蹟 發掘報告書(忠淸南道篇)』, 1978.

63　金載元 외, 앞 책(주 7).

64　全榮來, 앞 책(주 9).

65　李榮文, 앞 책(주 1).

66　崔盛洛, 앞 책(주15).

67　金元龍·任孝宰, 『南海島嶼考古學』, 1968.

68　a. 金哲埈, 「濟州道 支石墓 調査報告」, 『서울大學校論文集 9』, 1959.

　　b. 李淸圭, 『濟州道遺蹟』, 1986.

69　池健吉, 앞 책(주 8).

70　석광준, 「우리나라 서북지방 고인돌에 관한 연구」, 『고고민속논문집 7』, 1979.

71　文化財管理局, 『八堂·昭陽댐 水沒地區遺蹟 發掘綜合調査報告』, 1974.

72　金載元 외, 앞 책(주 7).

73　지건길·이영훈, 『中島 IV』, 국립중앙박물관, 1983.

74　白弘基, 「江原道 東海岸地方의 支石墓」, 『考古美術 156』, 1982.

75　a. 金載元 외, 앞 책(주 7).

b. 李隆助·申淑靜·禹鍾允, 「堤原黃石里B地區 遺蹟發掘調査報告」, 『忠州댐水沒地區 文化遺蹟發掘調査綜合報告書(考古·古墳分野I)』, 1984.

76　金秉模 외, 「中原 荷川里D地區 遺蹟發掘調査報告」, 『忠州댐水沒地區 文化遺蹟 發掘調査綜合報告書(考古·古墳分野II)』, 1984.

77　全榮來, 앞 책(주 9).

78　藤田亮策, 앞 책(주 6a,b).

79　고인돌에서 출토된 유물 가운데 편년자료로서 비교적 체계화된 것으로는 돌검과 돌살촉을 들 수가 있다. 형식상 가장 후기에 속하는 것들 중 대다수가 할석형 고인돌에서 출토됨을 알 수 있다.

a. 金榮來, 「韓國 磨製石劍·石鏃 編年에 關한 研究」, 『馬韓·百濟文化』, 1982.

b. 崔盛洛, 「韓國磨製石鏃의 考察」, 『韓國考古學報 12』, 1982.

80　앞 책(주 57a,b).

동북아시아의 거석문화에서 경기도 지방 고인돌의 위치

1. 머리말

한반도의 한가운데에 위치한 경기도는 반도의 남과 북을 이어주는 우리 민족의 가장 기름진 생활터전으로 산하山河가 적당히 어우러진 곳이다. 인류가 이 지역에 처음 등장한 구석기시대 이래 선사, 역사시대를 거쳐 오늘에 이르기까지 곳곳에 그 풍성한 자취를 남기고 있다. 특히 청동기시대에는 한반도의 여러 지역에 분포하는 고인돌이라는 독특한 묘제가 이곳에서도 활발히 이뤄져 당시 주민들의 주된 묘제로 쓰였음을 알 수 있다.

이와 같은 고인돌의 분포는 한반도뿐 아니라 여기에 인접한 중국의 동북지방과 일본의 서북 규슈(九州)를 포함하여 지역에 따라 밀집의 정도에 차이는 있을지라도 동북아시아의 거의 전 지역에 걸쳐 넓게 퍼져 있다. 경기도에서의 고인돌 분포는 한반도의 다른 지역에서와 같이 주로 크고 작은 강 유역을 따라 이뤄지고 있는데 특히 한강, 임진강과 안성천의 본류와 지류를 따라 높은 밀집도를 보이고 있다.

지역에 따른 유형적 분포의 특성을 보면 경기도에서는 북방식(卓子式)과 남방식(蓋石式)이 함께 분포하는데 북방식은 주로 임진강과 북한강변에서 많이 보이지만 좀 더 남쪽으로 내려온 안성천변에서는 거의 남방식만 확인되고 있다. 경기지역의 남방식에서 받침돌을 갖춘 기반식碁盤式은 극소수만 보여 이들이 주로 남부지방에서 성행한 유형임을 보여준다.

이렇듯 경기지역은 한반도에서 이루어진 고인돌의 양대兩大 유형인 북방식과 남방식이 한데 이루어진 곳으로 양 형식의 분계分界 지역이라고 할 수가 있다. 그 절대적인 한계선을 긋기는 어렵지만 대개 북한강 유역에서는 서로 혼재하다가 여기에서부터 점차 남과 북으로 가면서 양 유형의 고인돌들이 상대적인 밀도를 더해가고 있음을 알 수가 있다.

한반도의 고인돌이 갖는 부장副葬의 일반적인 속성상屬性上 이 지역 고인돌의 껴묻거리(副葬品) 출토 예도 매우 드문 편이지만, 여기에서도 석기와 토기류가 주류를 이루며 금속 유물의 유일한 출토 예로 양평 상자포리上紫浦里[1]에서의 청동검을 들 수 있다.

2. 동북아시아 거석문화의 개요

북부 동토凍土지대를 제외한 유라시아 대륙의 해안을 따라 거의 전 지역에서 강한 해양성 문화의 성격을 띠며 분포하는 거석문화와 관련된 유적으로는 고인돌(支石墓, dolmen)이 그 대부분을 차지한다고 할 수 있다. 이 밖에 지역에 따라 그 분포 상황에서 다소 차이를 보이지만 선돌(立石 menhir), 열석(列石 Alignement), 둘림돌(環狀列石 croml'ech) 등도 거석문화의 범주에 포함될 수가 있다.[2]

이 가운데 동북아시아에서 확인되는 거석문화 유적으로는 대다수의 고인돌과 일부 선돌이 주류를 이루지만 일본 호카이도(北海道)와 혼슈(本州) 북부지방[3]에서 소규모의 둘림돌(環狀列石)과 열석列石도 보이고 있다. 세계의 다양한 거석문화에 비해 그 유형에서는 한계를 보이고 있지만 그 분포의 밀집도에서는 매우 조밀한 상황을 보여준다.

특히 한반도 고인돌의 경우, 반도의 서해안을 따라 남북으로 이어지는 밀집된 분포상황은 유라시아의 다른 지역에서는 그 유례를 찾을 수 없는 특성을 보여주고 있다. 이 밖에 한반도와 인접한 중국의 동북지방인 랴오닝성(遼寧省), 지린성(吉林省)과 일본의 규슈 지방에서는 한반도의 고인돌들과 유사한 성격을 보이면서도 구조와 출토유물에서 나름대로 지역적 특성이 나타나 있다.[4]

우선 중국 동북지방의 랴오닝과 지린성의 고인돌은 '석붕石棚'으로 불리는 북방식과 '대석개묘大石蓋墓'로 불리는 남방식이 특별히 지역적인 구분 없이 분포되어 있다. 이의 분포상황을 보면 남으로는 랴오닝의 다롄(大連)에서부터 북으로는 지린성의 통화(通化)에 이르기까지 비교적 넓게 이뤄져 있는데 이 가운데 그 중심적인 분포 지역은 랴오둥(遼東) 반도라고 할 수 있다. 이 밖에 보하이 만(渤海灣)을 끼고 랴오둥 반도에 인접한 산둥성(山東省)과 남쪽으로 내려가 동중국해 연안의 저장성(浙江省) 등 일부 지역에서도 소규모나마 그 분포가 알려지고 있다.

랴오둥 반도 등 동북지방의 고인돌 분포상황을 보면 대형의 석붕은 대개 1~2기가 한 곳에 이루어져 있고 소형의 것들은 4~5기가, 대석개묘는 10여 기가 줄을 지어 한 군데 무리를 이루는 곳도 있다. 이 가운데 석붕은 대개 해발 100m 안팎 되는 나지막한 구릉상 대지의 멀리에서도 바라볼 수 있는 곳에 이뤄져, 주로 평지에 만들어지는 한반도나 일본의 고인돌과 다른 입지적立地的 상황을 보인다. 여기에서도 한반도나 일본에서와 마찬가지로 머지않은 곳에 크고 작은 하천이 흘러 석재 운반에 필요한 지형적 여건이 갖춰져 있음을 알 수 있다.

조사된 유적의 몇 군데에서는 석붕과 대석개묘가 한 곳에 이뤄진 곳도 있어 이 두 형식의 고인돌이 갖는 구조적 성격이나 고고학적 배경의 차이를 검토하는 데 중요한 자료를 제시해 주고 있다.

중국 동북지방 고인돌의 연대에 대해서는 지금까지 신석기시대 말기~청동기시대에 이르기까지 여러 견해가 나왔으나 출토유물을 통해 최근 청동기시대의 연대관이 적극적으로 받아들여지고 있다.[5]

석붕과 대석개묘의 상대연대 문제에 대해서는 대석개묘에서 출토된 비파형동검과 같은 청동유물과 간토기(磨硏土器) 등이 석붕에서 출토된 유물보다 조금 늦은 시기인데다 구조상으로 보아서도 석붕에서 대석개묘로 발전·변화한 것으로 인식한다.[6]

일본의 경우, 고인돌의 분포는 주로 규슈의 서북지방에 국한되어 있는데 여기에서도 한반도 남부지방 고인돌과의 연계성이 강하게 나타나고 있다. 이곳에서는 사가(佐賀), 후쿠오카(福岡), 나가사키(長崎), 구마모도(熊本)현의 해안이나 하천을 끼고 있는 평야, 또는 나지막한 구릉이나 사구砂丘, 혹은 충적대지沖積臺地에서 이루어지고 있다.

지금까지 40여 개소에서 고인돌이 확인되었는데 고인돌의 출현이 바로 야요이(彌生)문화의 형성기와 일치되는 것으로 보아 한반도 청동기문화와의 관련이 보다 뚜렷이 부각되고 있다.[7] 더욱이 일본 쌀농사(稻作)의 기원을 살필 수 있는 가장 오랜 자료가 고인돌의 출현과 함께 이루어졌음을 볼 때 일본 고고학에서 고인돌이 차지하는 위치를 살필 수가 있다.

지금까지 확인된 일본의 고인돌 가운데 아직 북방식이 보고된 예는 없고 모두가 남방식, 그 중에서도 받침돌을 갖춘 기반식碁盤式이 주류를 이루고 있다. 이는 일본의 고인돌이 한반도 남부지방의 고인돌과 직접적인 관련이 있음을 보여주는 사실로 받아들일 수 있을 것이다. 하부 구조로서의 묘곽墓槨 시설도 한반도의 남부지방에서와 같은 판석형板石形과 토광형土壙形, 옹관형甕棺形이 주류를 이루며 할석형割石形과 혼축형混築形은 매우 드물게 나타나고 있다. 특히 한반도에서는 선사시대부터 역사시대에 이르기까지 활발히 이루어진 옹관묘의 성행에도 불구하고 고인돌의 하부구조로서 옹관의 존재가 아직 확인되지 않은 것은 고인돌이 갖는 지역적 특성이라고 할 수 있을 것이다.[8]

동북아시아의 고인돌은 그 외형적 구조의 특징과 함께 하부의 묘곽 구조 및 주변 시설의 성격에 따라 형식분류가 이뤄지고 있다. 우선 1차적으로 그 구조에 나타난 외형상의 특징에 따른 지역성을 부각시켜 크게 북방식과 남방식의 양대 유형으로 분류할 수 있다.[9] 그러나 학자에 따라서는 그 외형의 특성을 기준으로 북방식을 탁자식, 남방식은 개석식, 기반식 등으로 분류[10]하기도 한다. 또한 남방식의 분류기준이 되는 받침돌(支石)의 유무에 따라 앞서 개석식과 기반식 대신 무지석식無支石式과 유지석식有支石式[11]으로도 구분한다.

다음 2차 분류는 주로 하부 구조가 다양하게 나타나는 남방식에서 이뤄지고 있는데 우선 묘곽의 구조적 특징에 따라 구분되고, 이어서 묘곽의 둘레에 이루어진 돌무지(積石)시설의 유무가 북방식과 남방식 모두에서 분류의 기준이 된다.[12] 남방식은 덮개돌 아래의 지하에 만들어진 묘곽의 벽체를 이루는 석재의 성격에 따라 판석형, 할석형, 판석과 할석을 섞어 쌓은 혼축형으로 나눌 수 있다. 이 밖에 땅을 파고 시신을 직접 묻거나 목관에 시신을 넣어 묻은 토광형과 일부 지역에서만 이뤄진 옹관형, 제주형 등 다양한 형식분류가 이뤄지고 있다.

또한 남방식의 각 형식과 북방식에는 묘곽 둘레에 이뤄진 돌무지(積石)시설의 유무가 분류의 기준이 되는데 이렇듯 각 형식은 그 구조적 성격에 나타난 차이만큼이나 지역성과 시대성에서도 대체적인 차별성을 보이고 있음을 알 수 있다.

중국 동북지방 고인돌에서의 출토유물도 토기와 석기류가 주류를 이루며 드물게는 청동유물도 나온다. 이 가운데 토기류는 주로 한반도의 팽이토기와 비슷한 기형들도 있지만 대개 고리모양 두 귀(雙耳)가 달린 목항아리(長頸壺)와 단지류, 깊은바리(深鉢形土器) 등 지역적 특색이 강하게 나타나는 토기들이 나오고 있다.

석기류로는 돌도끼가 가장 많이 나오지만 돌살촉, 반달칼, 돌창, 바퀴날도끼(環狀石斧) 등도 함께 나오고 있다. 이 밖에 옥제품玉製品과 활석제滑石製로 된 거푸집과 대롱구슬 등이 있고 요령식의 청동검도 드물게나마 나온다.[13]

일본 규슈지방의 초기 고인돌에서는 조몽 만기(繩文晩期)에 속하는 야마노데라(山ノ寺)식 토기가 나오고 그 뒤를 이어 유스(夜臼)식, 옹가가와(遠賀川)식을 거쳐 야요이 중기에 속하는 스구(順玖)식 토기가 나오고 있어 규슈 고인돌이 시기적 배경의 일단을 말해주고 있다.

규슈지방에서 고인돌 이외의 거석문화와 관련된 유적으로 선돌을 들 수 있으나 그 분포가 극히 미약하여 고인돌과는 비교할 수 없을 정도이다. 고인돌이 순수 매장시설로서 주거지역과 일정한 거리를 두고 한 무리를 이루는 데 비해 선돌은 대개 주민들의 생활 반경과 가까운 곳에 이뤄져 제의祭儀나 신앙과 관련된 기념물의 성격이 강하게 나타나고 있다.

3. 한반도의 거석문화

한반도에서 고인돌만큼 묘제墓制로서 한 시대를 포괄적으로 상징화하는 유적은 없다고 해도 과언이 아닐 것이다. 기원전, 천 년 남짓의 세월 동안에 한반도의 거의 전 지역에 걸쳐 이루어진 고인돌은 이 지역의 청동기시대라는 한 시대를 설정하는 표지적標識的 유산으로, 여기에는 당시의 물질적인 내용뿐 아니라 정신적인 요소까지 한데 어우러져 나타나고 있다.

고인돌과 선돌로 이뤄진 한반도의 거석문화는 동북아시아에서 그 중심을 이루고 있지만 한반도 내에서도 서해안 일대에서 더욱 밀집되어 나타난다. 지금까지의 조사 결과로 보면 보다 밀집된 분포를 보이는 곳은 북한 지역에서는 평안남도 황해도 일원, 남한에서는 전라남·북도에서 주로 하천을 끼고 있는 지역이라고 할 수 있다.

이와 같은 서해안 지방에 편중된 현상은 동해안에 비해 완만하고 산악이 적어 지형적으로 농경을 위주로 한 선사시대 주민들이 생활에 보다 적합했을 뿐 아니라 고인돌을 만들기 위한 거석의 석재 운반에도 유리했을 것이기 때문이다. 이러한 입지적 여건은 오늘날의 인구밀도나 대도시 형성에서도 그러한 정황이 나타나고 있음을 알 수 있다.

한반도 고인돌의 분포 수치에 대한 정확한 자료는 아직 제시된 바가 없다. 다만 일부 지역에서의 지표조사를 통해 나타난 자료를 통해 그 개략적인 상황을 파악할 수 있을 뿐이다. 한반도 내에서 고인돌에 대한 조사가 가장 활발히 이뤄진 전남지방에서만 지금까지 확인된 수가 22,000여 기에 이른 것으로 볼 때[14] 이곳이 다른 지역에 비해 밀집된 곳이기는 하지만 한반도 내에서의 분포상황을 얼마간 어림할 수 있다. 이 고인돌들은 더러 한 곳에 단독으로 만들어진 곳도 있으나 대개는 몇 기, 혹은 몇십 기가 한데 이루어진 경우가 많고 100여 기, 드물게는 수백 기가 무리를 이루는 곳도 있다.

한반도에서 가장 밀집된 지역 가운데 하나로 꼽히는 전북 고창 상갑리上甲里, 죽림리竹林里 일대에서는 매산梅山 남쪽 산자락을 따라 1.6km의 거리에 북방식과 남방식 등 여러 형식의 고인돌 442기가 10개의 무리를 이룬 것이 확인된 바 있다.[15] 북한의 경우, 지표조사를 통한 고인돌의 분포 확인이 미흡한 형편이지만 황해도의 연탄燕灘과 황주黃州 일대에서는 남방식 200여 기를 포함해서 모두 850여 기의 고인돌이 확인된 바 있다.[16]

한반도의 고인돌에서 출토되는 유물은 토기와 석기류가 대부분이며 근년에 남해안 일부 지역에서 요녕식遼寧式 동검과 투겁창(鉾)을 비롯하여 청동기 일괄유물들이 수습되어 요녕지방과의 부분적 연계성을 보여주고 있다.[17] 고인돌에서 출토되는 토기류의 대부분은 민무늬(無文) 계열로서 고인돌뿐만 아니라 그 밖의 다른 무덤이나 집자리 등 청동기시대 대부분의 유적에서 수습되고 있다.

이 토기는 이름 그대로 그릇 표면에 아무런 무늬가 나타나 있지 않은 토기로 그릇 벽이 두껍고 아가리는 넓은 데 비해 밑바닥이 좁은 깊은바리모양(深鉢形)이 대부분이다. 따라서 북한에서는 이를 팽이토기(角形土器)라고 부르는데 그 분포는 주로 청천강 이남과 한강 이북에서 이뤄지고 있다.[18]

남한의 고인돌 출토유물 가운데에는 순수 민무늬토기 외에도 지역에 따라 구멍토기(孔列土器)와 붉은간토기(紅陶), 가지무늬토기(彩文土器) 등이 출토되는데 남해안 일부 지역에서는 검은간토기(黑陶)와 점토대(粘土帶)토기까지 나와 고인돌 연대의 일단을 시사해주고 있다.

고인돌에서 출토되는 석기류로는 간돌검, 돌살촉, 돌도끼, 돌끌, 반달칼 등 무기나 이기류가 주류를 이루지만, 이 가운데 돌검이나 돌살촉 등 실용기로는 너무 무른 석질로 만들어진 일부 석기들은 처음부터 의기용儀器用으로 만들어진 것으로 보인다.

선돌은 대부분 단독으로 세워지지만 고창 반암리盤岩里에서와 같이 드물게는

2기가 바로 가까운 거리에 이뤄져 경우에 따라서는 남녀 한 쌍으로 의인화되는 경우도 있다. 또 구례 금내리金內里의 섬진강변에서는 고인돌 바로 옆에 선돌이 세워져[19] 두 유적이 같은 거석문화의 배경 아래 이뤄진 고고학적 산물임을 암시해 주기도 하였다.

4. 경기도 지방의 고인돌

경기도의 고인돌은 서울을 중심으로 한 수도권에 분포되어 있기 때문에 다른 지방의 고인돌에 비해 일찍부터 이 분야 학자들의 관심을 받아온 것으로 생각된다. 특히 한말韓末 이래 이 땅에 건너온 외국인 선교사나 외교관들이 일찍부터 이 지역의 고인돌유적에 깊은 관심을 기울였음을 알 수 있다. 산자락이나 들판에 우뚝 솟은 거대한 고인돌의 위용은 이 서양인들에게는 그리 낯선 모습이 아니었다.

특히 북방식 고인돌은 자기네 고향 산천의 여기저기에서 마주쳤던 '돌멘dolmen'을 떠올리기에 충분한 자태를 갖추고 있었다. 따라서 그들은 이 땅의 어떤 문화재보다 친근감을 갖고 대했으며 그들이 자기 땅에 돌아가 '꼬레아 Corea, Corée'를 소개할 때면 그 책자의 맨 첫머리를 장식하는 것들이 대개 이 지방의 고인돌이었다.[20]

그러나 일정기에 들어 일인 학자들이 이루었던 문화재 관련 학술조사는 주로 고도古都를 중심으로 한 역사시대의 유적조사에 치중하였고 경기도 관내에서의 조사에서도 고인돌과 같은 선사유적에 대한 조사는 비교적 등한시되었다고 할 수 있다.

이 지역의 고인돌에 대한 조사가 이루어지기 시작한 것은 1960년대에 들어서였는데 인천 영종도永宗島[21] 등지에서의 간헐적인 조사를 통해 이 지역의 고인돌에 대한 윤곽이 어렴풋이나마 드러나기 시작했다. 조사가 본격적으로 실시되기는 1962년부터 국립박물관에서 시작한 '한국지석묘 발굴조사' 사업의 일환으로 이뤄

진 이 지역 고인돌에 대한 연차적 학술발굴조사였다.[22]

이 조사계획에 따라 강화 하도리下道里, 삼거리三巨里(1963~66)와 파주 옥석리玉石里, 교하리交河里(1964~65)에서 고인돌과 함께 집자리가 조사되었다. 이 조사를 통해 고인돌 축조 당시의 것으로 보이는 생활유적이 함께 조사된 드문 성과가 이뤄진 바 있다. 특히 옥석리 고인돌과 함께 드러난 집자리에서 얻은 시료의 방사성탄소연대 측정 결과를 통해 이 지역에서 고인돌이 이뤄진 시대적 배경의 일단을 파악할 수 있었다.[23]

1970년대에 들어 전국 각지에서는 각종 산업시설과 관련된 대규모 공사에 따라 본격적인 구제발굴이 활발히 이뤄져 나갔다. 이 대규모의 구제발굴은 대개 시간적으로 긴급을 요하는 경우가 많아 여러 대학이나 연구기관이 한데 어우러져 연합 팀을 구성하여 각기 분담된 구역의 조사를 진행해 나갔다.

1971~2년에 걸쳐 시행한 팔당八堂 댐 수몰지구 유적발굴조사는 국립박물관과 문화재관리국 등 국가기관과 서울대학교를 비롯해 서울의 7개 대학이 남한강과 북한강 유역에서 구역을 나누어 실시한 대규모의 발굴조사였다.[24] 이 발굴을 통해 구석기·신석기시대에 해당하는 유적들도 포함되었지만 처음으로 이 지역 고인돌의 성격을 집중적으로 파악할 수 있는 계기가 마련된 성과였다고 할 수 있다.

그 뒤 1970년대 후반의 안산安山 지구 고인돌 조사, 90년대 초의 분당盆唐 지구, 90년대 후반부터 용인龍仁 지구 등 주로 수도권을 중심으로 한 사업, 주거시설을 위한 신도시 개발에서 비롯한 구제발굴이 활발히 이루어졌다. 이러한 조사들을 통해 선사·역사시대에 해당되는 많은 발굴이 이뤄졌으나 고인돌은 대부분 개별적인 소규모의 조사를 거쳤기 때문에 이 분야에 대한 조사 성과는 극히 미미했다고 할 수 있다.

1) 분포

경기도 지방에서 고인돌의 분포는 한반도의 다른 지역에서와 마찬가지로 주로 도서島嶼·해안海岸 지역이나 큰 강과 그 지류를 따라 이뤄지는 것을 그 특성으로 꼽을 수 있다. 이 지역의 큰 강으로는 한강, 임진강, 안성천을 들 수 있는데 이 큰 강들은 몇 개의 지류를 포함하고 있으며 지금까지 주로 지표조사를 통해 이 지역에서 조사·확인된 고인돌은 모두 655기에 이르는 것으로 보고되어 있다.[25] 이 수치가 남한에서는 영·호남 등 남부지방보다 그 밀도가 낮지만 중부지방의 강원도나 충청남·북도에 비해서는 다소 높은 분포를 보이고 있다.[26]

경기도 지방 고인돌 분포의 중심 지역으로 볼 수 있는 한강 유역의 경우, 북한강과 남한강, 이 두 강줄기가 만나는 양수리兩水里부터 하류로 이어지는 한강 본류 등 세 지역으로 구분할 수가 있다. 조사 결과에 따르면 여기에서 확인된 고인돌 432기 가운데 북한강 유역에 6%, 남한강에 26%이며 전체의 68%가 한강 본류에 분포하는 것으로 나타나 있다. 이는 북한강과 남한강은 상류의 상당부분이 강원도와 충청북도에 속해 있기 때문에 경기도에 포함되어 있는 고인돌은 그만큼 제한적일 수밖에 없다고 할 것이다.

전체 한강 유역 고인돌의 2/3가 분포하는 한강 본류 지역에서는 주로 강 하구인 서해안 지역과 가까운 곳에 밀집되어 있는데 본류의 바로 인접 지역보다는 지류인 하천변을 따라 집중된 현상을 보이고 있다. 그러나 한강 본류를 따라 상류로 올라가면서 밀집도가 현저히 떨어짐을 알 수 있다.

파주 탄현면炭縣面에 이르러 한강과 합류하는 임진강 유역에서는 조사·확인된 134기 가운데 절반가량인 64기가 임진강 본류 유역에 분포하고 나머지의 반반이 각각 문산천汶山川과 한탄강漢灘江 유역에 입지하고 있다. 여기에서도 본류 유역보다는 지류인 천변에서, 하류보다는 중·상류 유역에서 보다 많이 나타나고 있다.

이곳에서는 한강 유역에서와 같은 밀집 현상은 보이지 않고 대부분 드문드문 나타나는데, 이와 같은 산발적인 분포상황은 강 하류의 일부를 제외한 유역의 대부분이 산지를 끼고 있는 협곡이 많은 주변 지형 때문인 것으로 생각된다. 따라서 이 지역 고인돌은 넓은 평지보다는 구릉지대에 위치한 경우가 많고 적지 않은 수가 한 곳에 단독으로 이뤄져 있다.

한편 안성천은 용인에서 발원하여 안성과 평택을 거쳐 아산만으로 빠지는데 고인돌의 분포는 본류와 지류인 진위천振威川으로 흘러드는 황구지천黃口池川과 오산천烏山川 유역에 이뤄져 있다. 안성천 유역에 분포하는 89기의 고인돌 가운데 약 절반인 41기가 황구지천에, 나머지의 반반 가량이 각각 안성천 본류와 오산천 유역에 흩어져 산재되어 있다.

안성천 하구의 해안에서는 단 한 기의 고인돌도 확인되지 않았는데 이 지방의 다른 서해안 일대에서도 마찬가지로 일부 조개무지(貝塚) 외에는 고인돌뿐 아니라 다른 유적의 존재도 보고되지 않고 있다. 이는 현재 육지라 할지라도 원래는 서해 안에 발달한 개펄지로 주민이 생활하기에 부적합했거나 일정 구간은 후대의 간척 干拓사업에 따른 매립 지역이었기 때문일 것으로 이해해야 할 것이다. 따라서 입지 적인 여건을 보면 나지막한 구릉지대나 산자락이 대부분이고 오히려 평지에서는 드문 분포를 보이고 있다.

2) 구조 및 형식

고인돌의 구조적 특징과 그 형식에 따른 정확한 구분은 실제 발굴을 통해 가능하 겠지만 지표조사를 통한 외형적인 기준에 의한 판단만으로는 한계가 있을 수밖에 없다. 이를테면 원래 북방식이라 할지라도 주변의 여건에 따라 넘어져 굄돌(支石) 이 흙 속에 묻히거나 인위적인 반출 또는 파손을 입었을 때는 그 구분이 불확실하 게 된다.

또한 남방식의 경우에도 굄돌의 유무가 불확실하여 기반식 또는 개석식의 판 단이 어려울 때가 많다. 다만 이 지역에서는 남방식 가운데 이른바 기반식으로 분 류되는 것들은 지극히 예외적이기 때문에 그 구분에 대한 혼란은 최소화할 수 있 을 것으로 믿어진다.

한반도 내에서 경기도는 북방식과 남방식의 분계지역으로서 임진강과 북한 강 유역에서 두 형식이 대등한 분포를 보이지만 남한강 유역을 거쳐 남쪽으로 내 려가 안성천 유역에 이르러서는 거의 남방식 일색으로 나타나고 있다. 남방식들은 모두가 개석식으로 이 지역에서는 남부 지방에서 보편화된 기반식이 아직 출현하지 않은 것으로 보이지만 보고서에 나타난 한강 유역의 기반식 2기에 대해서는 보다 면밀한 검토가 필요하다.

일부 북방식으로 여기는 고인돌 가운데 한쪽으로 넘어져 두 개의 긴 벽이 덮개돌 아래에 깔린 채 드러난 것들이 있다. 이는 4개의 굄돌 중 두 개의 마구리벽이 빠져나가 한쪽으로 넘어진 것들이거나 긴 벽으로 쓰기 위해 옮겨왔다가 세우는 것을 포기하고 적당히 눕힌 상태에서 그 위에 덮개돌을 얹은 것으로 생각된다.

보고자들은 이러한 모습의 고인돌을 '변형 고인돌'로 구분하고 있으나 이는 원래의 구조적 특성에 따라 당연히 북방식으로 분류해야 할 것이다. 이와 같은 독특한 구조의 고인돌이 이 지역에서만 확인되는 것으로 보아 얼핏 북방식과 남방식의 중간 과도기적 형식의 고인돌이 아닌가 생각되지만 보다 면밀한 조사를 통한 구조적인 조사와 출토유물에 대한 비교를 통해 검토되어야 할 것이다.

경기도 지방의 고인돌 가운데 북방식은 모두가 적석식에 속하는데 남방식도 판석형, 할석형, 토광형 등 모두가 묘곽 둘레에 돌더미가 깔린 적석식에 속한다.[27]

3) 출토유물과 편년적 성격

경기도 지방의 고인돌에서 출토되는 유물은 한반도의 다른 지역에서와 마찬가지로 종류와 수량에서 매우 제한되어 있다. 지금까지 적지 않은 고인돌이 발굴되었지만 출토유물의 대부분은 석기와 토기류이고 유일하게 청동검 한 자루가 팔당댐 수몰유적 조사에서 수습된 바 있었다.

고인돌에서 출토되는 석기는 간석기(磨製石器) 계열의 것들로 돌검, 돌살촉, 반달칼, 돌도끼가 대부분이고 드물게는 돌끌, 작살, 숫돌 등이 수습되고 있다.

돌검으로는 파주 옥석리,[28] 양평 상자포리 4호 고인돌[29]과 안산 선부동仙府洞 6호 고인돌[30] 출토품이 있는데 옥석리와 상자포리 돌검에는 자루에 두 줄의 도들띠가 있다. 이에 비해 선부동 출토 돌검은 날에 비해 자루가 상대적으로 길어 의기화儀器化된 경향을 보여주고 있다.

토기는 민무늬 계열의 것들로 순수 민무늬토기 외에 여기에 구멍무늬(孔列文)

와 골아가리(口脣刻目), 겹아가리(二重口緣)를 갖추거나 붉은간토기들이 대부분이다. 이 토기들은 완형으로 나오는 경우는 드물고 대개 크고 작은 파편으로 고인돌의 내부 매장부위보다 둘레의 돌무지 시설 등 주로 가장자리에서 출토되고 있다.

이와 같은 토기의 출토 상태는 고대의 파괴破壞나 장엄莊嚴과 관련된 특수한 의식 행위를 보여주는 흔적으로서 신라 고분 같은 데에서도 흔히 나타난다.[31]

이 지역 고인돌에서 출토된 유일한 청동기인 상자포리 1호 고인돌의 동검은 우리의 한국식 동검(細形銅劍) 가운데에서도 비교적 고식古式으로 분류할 수 있는 것으로, 이 지역 고인돌 연대의 일단을 보여주고 있다.

이상 제한된 자료이지만 절대연대 측정 결과와 편년이 가능한 몇몇 유물을 통해서 경기도 지역 고인돌의 축조 기간이 대략 기원전 6~7세기에서 2~3세기에 이르는 시기임을 파악할 수 있었다. 이 기간은 한반도에서 이뤄진 고인돌 시대로 편년되는 서기 1천년기(1,000B.C.~0)[32]의 중간기로 경기도가 한반도 내에서 차지하는 공간적·시간적인 위치와 부합하는 것으로 믿어진다.

4) 축조와 장법을 통해 본 사회복원적 고찰

경기도 지방에서 고인돌에 쓰인 석재는 대개 화강암이나 편마암 계통의 바위가 대부분으로 이것들은 이 지역에서 가장 흔한 석재일 뿐 아니라 채석이 비교적 쉬워 고인돌의 재료로 가장 많이 사용되었던 것으로 여겨진다. 고인돌에 소용되는 부재로는 남·북방식에서 모두 쓰이는 덮개돌 외에도 북방식에서는 긴 벽과 마구리벽으로 쓰기 위해 넓고 두터운 판돌이 필요하고 남방식에서는 판석형 묘곽을 짜 맞추기 위한 얇고 넓적한 판돌이나 할석형 덧널을 쌓아올리기 위해 냇돌이나 깬 돌을 마련해야 한다.

이와 같이 필요한 크기와 모양의 석재를 마련하기 위해 채석장에서 치석治石 작업이 끝나면 이것들을 현지로 운반하여 고인돌을 짜 맞추게 되는 것이다. 따라서 운반과 결구結構에는 많은 노동력이 필요하며, 이 고인돌의 축조에 소요되는 동원 인원의 수를 산출함으로써 조직 구성원의 인구를 추정하고 나아가 그 사회를 복원하게 되는 것이다.

　이러한 인력의 동원에는 그 조직 내에서의 개인의 '힘'이 필요하거나 조직의 협력 체제가 필요하다. 따라서 고인돌이 특수 지배계층을 위한 묘제에만 국한되는 것은 아니고 우리 고대 사회의 '두레'와 같은 협동체제가 일찍이 갖추어졌다고 한다면 보다 널리 보편화된 무덤으로 볼 수 있을 것이다.

　고인돌이 강변이나 산자락을 따라 분포하는 경우에는 대부분 강의 흐름이나 산맥의 방향과 나란히 무리를 이루게 된다. 또한 돌방이나 돌널의 장축 방향도 대개 그 방향과 일치하는 경우가 많고, 이때 일반적으로 동·남향을 선호하는 경향을 엿볼 수 있다. 이와 같은 방위나 방향의 선호選好는 선사시대 이래 우리 사회에 뿌리 깊게 자리 잡은 자연숭배사상과 같은 맥락을 이루는 것으로 생각된다.[33]

5. 맺음말

경기도는 입지적으로 한반도의 중간 지점, 나아가 동북아시아 거석문화의 분포권에서도 그 중간에 해당되는 지역이라고 할 수 있다. 특히 임진강과 북한강 유역은 북방식과 남방식(개석식) 고인돌이 비슷한 밀도를 보이는 분계 지역으로 여기에서 북상, 남하하면서 형식별 분포의 밀집도가 보다 뚜렷하게 나타난다.

　이 지역의 고인돌에서는 남·북방식 모든 형식에서 주로 매장시설의 둘레에 돌무지가 이뤄진 적석식들로 입지상 강변의 사구砂丘가 발달한 곳이 많아 약화된 지반을 강화하기 위한 구조적 보강책으로 여겨진다.

　이곳의 남방식 고인돌은 대부분 덮개돌 밑에 따로 받침돌을 고이지 않은 개석식(무지석식)들로 무덤 둘레에 이뤄진 돌무지가 받침돌 대신 매장시설을 보호하는 기능을 담당하였던 것으로 보인다. 받침돌을 갖춘 남방식, 이른바 기반식의 고인돌은 남부지방에 이르러 덮개돌이 더욱 대형화되면서 지하의 매장시설을 보다 적극적으로 보호하기 위한 수단으로 나타난 구조물로 이해해야 할 것이다.

경기도 지방의 고인돌에서 출토된 제한된 유물을 통해서나마 이 지역의 고인돌이 축조된 시기는 한반도에서 고인돌이 축조된 서기 1천년기의 중간에 해당되는 기원전 6~7세기에서 2~3세기에 걸치는 시기로 추정된다. 뒤에 유입된 앞선 시기의 자료나 불합리한 측정 결과, 주변 문화에 대한 잘못된 해석을 근거로 일부에서 그 시기를 터무니없이 올리려는 최근의 행태는 보다 신중해야 할 고고학적 학문방법에서 배제되어야 할 자세로 생각된다.

(「경기도 고인돌 연구의 어제와 오늘」-'경기도 고인돌' 조사보고서 발간기념학술대회, 경기도 박물관, 2007)

주

1 　秦弘燮·崔淑卿, 「楊平郡 上紫浦里 支石墓 發掘報告」, 『八堂·昭陽댐 水沒地區遺蹟發掘 綜合調査報告』, 文化財管理局, 1974.

2 　a. 지건길, 『거석문화의 세계』-초청강연회 교재, 국립군산대학교박물관, 2005.
　　b. 池健吉, 「巨石文化의 東과 西」, 『三佛金元龍教授停年退任紀念論集I』, 1987.

3 　駒井和愛, 『日本의 巨石文化』, 東京, 1973.

4 　a. 許玉林, 『遼東半島石棚』, 遼寧省文物考古研究所, 1994.
　　b. 西谷正, 『東アジアにおける支石墓の總合的研究』, 九州大學文學部 考古學研究室, 1997.

5 　許玉林, 「遼東半島石棚と大石蓋墓概論」, 『九州考古學 66』, 1991.

6 　曲傳麟, 「遼東半島石棚性質初探」, 『遼寧師範學報 1』, 1982.

7 　沈奉謹, 『韓國에서 본 日本彌生文化의 展開』, 학연문화사, 1999.

8 　池健吉, 「東北아시아 支石墓의 型式學的 考察」, 『韓國考古學報 12』, 1982.

9 　a. 金載元·尹武炳, 『韓國支石墓研究』, 國立博物館, 1967.
　　b. 池健吉, 앞 글(주8), 1982.

10 　a. 藤田亮策, 「支石墓雜記」, 『考古學雜誌 38-4』, 1948.
　　b. 林炳泰, 「韓國支石墓의 形式 및 年代問題」, 『史叢 9』, 1964.

11 　金載元·尹武炳, 앞 책(주9a).

12 　池健吉, 앞 글(주8).

13 　許玉林, 앞 책(주4a).

14 　이영문, 『세계문화유산 화순고인돌』, 동북아지석묘연구소, 2004.

15 　全榮來, 『高敞 竹林里一帶支石墓群』, 高敞郡·馬韓百濟文化研究所, 1992.

16 　석광준, 「우리나라 서북지방 고인돌에 관한 연구」, 『고고민속논문집 7』, 1979.

17 李榮文, 『韓國 支石墓社會 硏究』, 學硏文化社, 2002.

18 韓永熙, 「角形土器考」, 『韓國考古學報 14 · 15合輯』, 1983.

19 金元龍, 「求禮金內里의 立石 · 支石墓」, 『考古美術 2 - 3』, 1961.

20 Carles, W. R., Life in Korea, London, 1888,

Gowland, W., Notes on the dolmens and other antiquities of Korea, J.A.I.G.B.I. 24, 1895.

Bishop, J., Korea and her neighbours, London, 1898.

Bourdaret, E., Note sur les dolmens de la Corée, B.S.A.L., Lyon, 1902.

21 崔淑卿, 「永宗島 雲南里 支石墓」, 『金愛麻博士梨大勤續40周年紀念論文集』, 梨大出版社, 1966.

22 金載元 · 尹武炳, 앞 책(주9a).

23 옥석리 고인돌은 한강과 임진강의 합류지점에서 멀지 않은 곳에 수십 기가 이뤄져 강화도와 함께 경기도 고인돌의 대표적인 유적으로 꼽을 수 있는 곳이다. 모두 북방식 고인돌로 여기에 드러난 집자리에서 목탄시료木炭試料 측정으로 2590±105 B.P.의 결과가 나왔다.

24 文化財管理局, 『八堂 · 昭陽댐 水沒地區遺蹟發掘 綜合調査報告』, 1974.

25 경기도박물관, 『경기도 고인돌』, 2007.

26 崔夢龍 외, 『韓國 支石墓(고인돌)遺蹟 綜合 調査硏究』, 서울대博物館 · 文化財廳, 1999.

27 池健吉, 앞 글(주8).

28 金載元 · 尹武炳, 앞 책(주22, 23).

BI호 고인돌 아래에서 드러난 집자리에서 구멍무늬토기 등과 함께 출토되었다. 자루에 두 줄의 도들띠(突帶)가 있고 날에는 피홈(血溝)이 나 있는 초기 형식의 돌검이다. 고인돌 바로 아래에 이루어진 집자리이지만 '고인돌 인人'들이 살던 곳으로 봐도 무방할 것이다.

29 秦弘燮 · 崔淑卿, 앞 글(주1). 4호 고인돌의 목탄시료 편에서 2170±60 B.P.(220 B.C.)의 결과가 나왔다.

30 명지대학교 박물관, 『안산 선부동 지석묘 발굴 조사보고서』, 1991.

31 文化財管理局, 『天馬塚』, 1974. 여기에서는 금속제의 장신구나 토기류에서도 의식적인 파괴 행위가 나타나고 있음을 알 수 있다. p. 86.

32 池健吉, 「韓半島 고인돌 文化의 源流와 展開」, 『馬韓 · 百濟文化 13』, 馬韓 · 百濟文化硏究所, 1993.

33 池健吉, 「支石墓社會의 復原에 관한 一考察」, 『梨花史學硏究 13 · 14合輯』, 1982.

지석묘사회의 복원에 관한 고찰
-축조기술과 장제葬制를 중심으로-

1. 머리말

한반도에서 이루어진 선사문화의 양상 가운데 지석묘만큼 한 시대의 특징적 성격을 뚜렷하게 부각시키는 유형의 유산은 없다고 해도 과언은 아닐 것이다. 한반도의 거의 전역에 걸쳐 나타나는 공간적 상황으로 보거나 무문토기로 대표되는 청동기시대의 거의 전 기간에 걸쳐 이루어진 시간적 배경으로 보아 우리나라 선사시대의 한 국면을 가장 실증적으로 이야기해 줄 수 있기 때문이다.

그럼에도 불구하고 지금까지 지석묘 조사를 통해 이루어진 연구성과는 유구遺構 자체의 형식분류나 출토유물에 대한 단편적인 결과일 뿐 이것을 축조했던 당시 지석묘사회에 대한 복원적 연구는 아직 그 시도 단계에서 벗어나지 못했다고 할 수 있을 것이다. 한 문화에 대한 복원작업을 위해서는 그것을 이루는 개체 요소에 대한 충분한 실지조사가 이루어져야 하겠지만 지금까지의 조사결과가 매우 미흡한 상내에서는 이러한 작업의 접근범위가 지극히 한정될 수밖에 없는 형편이다.

본고에서는 이러한 지석묘사회의 복원을 위한 방법의 하나로 우선 조사된 유적을 대상으로 여기에서 나타난 축조기술과 장제葬制를 통해서 당시의 사회 복원 문제를 고찰하려 하였으나 자료의 제한으로 인하여 문제제기 그 자체에 그치고 말았던 것이 아닌가 생각된다. 장차 더 많은 자료의 축적과 연구방법의 진전에 따라 보다 다각적인 관점에서의 연구성과가 이루어질 것을 기대하는 바이다.

2. 축조기술과 사회구조

구석기시대 이후 오늘에 이르기까지 인류가 이루어놓은 묘제는 그 구조나 기능상 많은 다양성을 지니면서 변화해 왔다. 이러한 다양한 구조물로서의 묘제 가운데 우리는 특히 지석묘와 같은 거석분묘를 통해 그 거대한 규모에 놀라며 이러한 무덤을 구축한 당시 사람들의 축조기술에 의구와 호기심을 갖게 된다.

우선 우리가 갖게 되는 의문은 과연 이렇듯 크고 무거운 석재를 어디에서 어떻게 운반해와 여기에서 이루어졌는가에 대한 것이며, 이러한 의문 가운데 맨 먼저 떠오르는 것이 암석의 운반문제이다.

거석유적의 건립에 필요한 석재는 아무데나 노출되어 있는 것은 아니다. 축조자들은 채석장을 찾아 적당한 크기로 깨뜨려 필요한 장소에 옮겨왔을 것이다. 채석장의 위치는 그 유적이 이루어지는 목적지에서 가장 인접한 거리에 위치하는 것이 최선의 방편이겠지만 필요한 재질과 크기의 석재를 얻기 위해서는 건립지에서 멀리 떨어진 채석장으로부터 옮겨오는 경우도 있을 수 있다.

특수한 예이기는 하지만 영국의 '스톤헨지Stonehenge'를 건립하기 위해 여기에 쓰인 사암(砂岩, bluestone)은 멀리 남 웨일즈 지방의 프레슬리Presely 산에서 채취하여 수로와 육로를 거쳐 140마일 이상의 거리에서 운반한 것으로 추정된다.[1]

우리나라에서도 구축된 지석묘의 석질을 근거로 그것을 채취한 채석장의 위치를 추정한 몇 군데의 예가 있다. 황해도 연탄군의 오덕리 일대의 계곡에는 남방식과 북방식이 한데 이루어진 100여 기 이상의 지석묘가 5개의 작은 무리를 이루며 분포한다. 채석장은 바로 이 지석묘군의 북쪽 기슭에서 세 군데가 확인되었다.[2]

평남 개천군의 묵방리에서도 지석묘군이 있는 곳에서 서쪽으로 대략 500m가량 되는 골짜기에 채석장이 발견되었다.[3] 400~500기가량 분포되어 단위면적에서 한반도 최대 지석묘군으로 생각되는 전북 고창군 상갑리上甲里에서는 지석묘가 이루어진 뒷산(매산梅山)이 모두 돌산으로 여기저기 판상板狀으로 결이 나기 쉬운 암층들이 노출되어 있어[4] 이러한 주변 여건에 따라 거대한 지석묘군이 형성되었던 것으로 추측된다.

채석장에서부터 목적지까지의 운반과정에 소요되는 노력의 한계에 따라 석재의 채취는 대개 인접한 곳에서부터 이루어지는 것이 보통이겠지만 멀든 가깝든 규모의 차이는 있었을지라도 이에 따른 석재의 운반방법이 마련되었을 것이다.

거석의 운반방법으로는 우리 재래식의 전통에 따라 1)목도식, 2)지렛대식, 3)견인식牽引式, 4)조운식漕運式 등으로 추정한 바 있다.[5] 이 가운데 1)과 2) 식은 근거리 이동이나 옮긴 석재를 가구하는데 쓰였던 방식이었을 것이고 원거리 운반에는 견인식이나 조운식이 활용되었을 것으로 추정된다.

물론 이러한 운반방법은 지역에 따라 또는 같은 지역 안에서도 지세에 따라 운용의 방법이 달라질 수도 있었겠지만 원시적인 단계에서 인지人知의 정도는 어디에서나 거의 비슷한 양상을 보였을 것이다.[6]

우리나라의 지석묘에서는 묘곽의 상부에 얹는 상석이 가장 무거운 중량을 보이는데 일반적으로 북방식에서는 얇고 넓은 판석형의 석재가 쓰이는 반면, 남방식 지석묘에서는 보다 두터운 괴석형塊石形의 석재를 얹는다. 남방식에서는 대부분 묘곽이 지하에 이루어지고 상석은 목적지까지 운반된 후 지상에 그대로 놓거나 여기에 낮은 지석만 고여 놓기 때문에 구축과정보다는 운반방법이 보다 큰 문제가 되었을 것이다.

반면 북방식에서는 묘곽으로서 석실이 지상에 이루어지고 그 위에 상석이 얹힘에 따라 운반이후 그 구축에도 많은 노력이 이루어졌을 것으로 생각된다. 이 상석들의 크기는 지역적으로 또는 형식에 따라 차이를 보이는데 보통 수 톤 정도의 것이 많지만 수십 톤에 이르는 특별히 대형의 것들도 적지 않게 볼 수 있다.

북방식 가운데 연탄 송신동 1호 지석묘[7]의 상석은 길이 8.3m, 너비 6.3m에 두께가 0.5m 되는 거대한 판석으로 그 무게는 대략 68톤가량으로 추정된다.[8] 또한 요동반도의 지석묘 가운데 허가둔許家屯 석붕산石棚山의 1기는 길이 8.42m, 너비 5.65m, 두께 0.54m의 편마암제 상석上石을 갖춘 것으로 그 무게가 대략 70톤가량으로 추정된 바 있다.[9]

한편 남방식의 상석은 북방식에 비해서 면적은 좁을지라도 두께가 두터워 외관에 비해 더욱 무거워짐을 볼 수 있다. 고창 상갑리의 지석묘군 가운데 한 상석은 길이 6.5m, 너비 5.3m에 두께가 2m나 되어 무려 170톤에 이르는 것도 있다.[10]

이러한 거석의 채취에서부터 운반과 구축작업이 이루어지기까지 막대한 인력동원이 필요했을 것이고 이러한 가동인력의 동원은 당시의 사회조직의 구성이나 인구문제와 직결되는 함수관계를 갖는다고 할 수 있을 것이다.

거석의 운반에 소요되는 인원의 산출에는 몇몇 이론과 실험고고학의 결과가 나와 있다. 스톤헨지의 연구로 유명한 앳킨슨Atkinson 교수는 35톤의 거석을 밧줄로 묶어 끌어 옮기는 데 600~700명이 필요하지만 50톤의 상석을 석실 위에 옮겨 얹는 데는 약 200명의 인력이 필요하다고 계산한 바 있다.[11] 그러나 프랑스 중서부지방의 부르고뉴Bourgogne에서 이루어진 신석기 말기의 거석 석실묘에 대한 실험적 복원작업에서는 32톤의 거석을 둥근 통나무와 밧줄을 이용해서 움직이는 데 200여 명의 인력이 필요한 것으로 나타났다.[12]

이상 몇 가지 산출과 실험의 결과에 약간씩의 차이는 있지만 콜스 J. Coles가 제시한 바와 같이 한 사람이 평균 100kg의 돌을 움직일 수가 있다고 생각할 때[13] 50톤 정도의 상석을 옮기기 위해서는 약 500여 명의 인력이 필요할 것이다. 이와 같이 많은 숫자의 인력 동원이란 당시와 같은 지석묘사회에서는 하나의 거족적 행사가 아니고서는 거의 불가능한 일이었다고 할 수 있다.

우리나라에서 지석묘를 이루는 석재 가운데 50톤 이상 되는 경우는 그리 흔하지 않지만 이것을 옮기는데 필요한 500명 정도의 가동 인원을 징발할 수 있는 집단의 인구는 적어도 2000~3000명은 되어야 한다고 계산할 수 있다.[14] 우리나라

고대사회에서의 인구실태에 관한 자료는 매우 드물지만 예를 들어 『위서魏書』「동이전東夷傳」 변진전弁辰傳에 나타난 바와 같이 '弁辰韓合二十四國' 가운데 '大國四· 五千家, 小國六·七百家'라는 기록으로 보아서는 비록 이 시기가 지석묘 시대와는 시간적으로 격차가 있을지라도 한 집단에서 대형의 지석묘 1기를 구축하려면 소국에서는 한 가족 안에서 적어도 한두 명은 참여해야 하는 거의 범국적 행사로 이루어졌으리라 미루어볼 수 있다.

따라서 규모가 큰 지석묘를 축조하기 위해서는 일가족 또는 씨족의 범위에서 벗어나 이웃 씨족이나 부족집단의 인력을 동원할 수 있는 사회적 협력체제를 갖췄거나 강력한 지배력이 미칠 수 있어야 비로소 가능했을 것이다.[15]

이러한 사회적 협력체제로서 우리 고대사회에서 이른바 '두레' 같은 조직의 존재가 시사된 바 있지만[16] 이와 아울러 지석묘사회가 갖는 공동체로서의 성격에 따라 개인 또는 특정집단 사이에 이루어질 수 있는 계급적 체제와 함께 지배력의 범위를 생각해 볼 수 있다.

동일 지역이나 한 묘군墓群 내에서 규모가 서로 다른 지석묘가 혼재해 있는 경우 이는 피장자被葬者의 신분상의 차이나 출자적出自的 성분과 유관하다고 볼 수 있을 것이다. 그것은 그러한 거석을 채석장부터 목적지까지 운반해 오고 또 그것을 축조하는 데 필요한 인력동원의 능력과 직결되기 때문이다.

3. 장제

앞에서 지적한 바와 같은 힘든 역사役事로 이루어진 지석묘에서는 어떠한 방식의 매장이 이루어졌는가에 대한 문제를 살펴 볼 필요가 있다. 우선 지금까지 조사된 지석묘의 분포상황을 보면 이 지석묘들은 단독으로 존재하는 경우도 있지만 대개는 몇 기가 한데 모여 무리를 이루는 곳이 많다.

이때 한 지역에 10여 기 내외가 한 무리를 이루는 곳이 가장 흔하지만 어떤 곳에서는 수십 기, 많은 경우 평남 용강龍岡의 석천산石泉山 일대[17] 황해 신천信川 용천리龍川里[18] 황주 극성동,[19] 연탄 두무동[20] 강원 이천伊川 지하리支下里·삼포리三浦里[21] 등지에서와 같이 100여 기가 한 무리를 이루기도 하고, 앞서 고창 상갑리에서와 같이 400~500기가 한 지역에 분포하는 경우도 있다. 이렇듯 군집된 지석묘의 분포상황으로 보아 이 지석묘들이 한 지역 내에서 오랜 기간에 걸쳐 축조된 단위집단의 공동묘적 성격을 갖는 것으로 생각할 수 있다.

다음으로 각각의 지석묘는 우리가 지금까지 믿고 있는 바와 같이 개인묘로만 이루어졌는가에 대한 문제이다. 대부분의 남방식 지석묘에는 매장주체로서의 묘곽시설이 지하에 이루어지고 그 위에 거대한 상석이 얹히기 때문에 이것을 다시 들어 옮기고 묻는 어려움 때문에 복장複葬의 가능성은 고려되지 않았다. 실제로 조사한 바 있는 제천 황석리黃石里 13호묘[22]에서는 소판석으로 이루어진 묘곽 내에 앙와신전장仰臥伸展葬된 동침東枕의 완전한 인골 한 구가 수습되었다.

그러나 일부 북방식 지석묘 가운데 석실을 이루는 네 벽석 가운데 한쪽 단벽이 다른 쪽에 비해 밑동 부분이 짧아 지상에 그대로 얹힌 것 같은 상태로 축조된 예가 많다. 또 연탄군 송신동의 지석묘 가운데 한쪽 단벽이 상하 2매의 판석으로 이루어져 있는 것도 있다.

이 경우 단벽의 개폐를 용이하게 하기 위한 수단으로 생각할 수 있으며 복장複葬의 가능성을 전혀 배제할 수만은 없다. 같은 송신동 20, 22, 31호 같은 지석묘[23]에서는 석실 내부가 몇 개의 칸막이(板石)로 막혀 여러 공간이 이루어졌고 매 칸마다 인골이 흩어져 있어 복장묘로서의 모습을 보여주었던 특수한 예도 있었다.

이러한 공동묘로서의 성격은 한 묘곽 내에 이루어진 복장의 예 이외에도 같은 적석구역 내에서 이루어진 다곽식多槨式의 경우에서도 찾아볼 수가 있다. 한반도와 일본 규슈지방에 분포한 지석묘 가운데 묘곽시설이 적석으로 구획되거나 보강된 많은 예가 있다. 이른바 적석식積石式[24]으로서의 이 지석묘들 가운데 같은 적석 안에 1기의 묘곽만 이루어진 것에서부터 2~3기, 많은 것은 황주 천진동에서처럼 11m×5m 규모의 적석으로 모두 9기에 이르는 대·소 판석형의 묘곽이 이루어진 경우도 있었다.[25]

한편 대구 대봉동大鳳洞의 지석묘에서도 적석으로 이루어진 한 묘역 내에 3~4기의 묘곽이 배치되어 있었는데 이처럼 무리를 이루고 있는 지석묘들은 대개 2~3세대에 걸친 가족묘로서 추정된 바 있다.[26]

우리나라의 지석묘에서 묘곽 자체는 기본적으로 단장單葬이 주류를 이루었다고 생각하지만 앞서 예시한 몇몇 유적에서와 같이 특수한 복장묘複葬墓로서의 성격을 보여주는 지석묘의 존재랄지 그 일반적 분포에 나타난 군집성群集性에 따라 앞서 대규모적인 노동력의 동원과 함께 당시의 고대사회에 나타난 공동체적 성격을 부각시킬 수 있을 것으로 믿는다. 지금까지 우리나라의 지석묘에서는 특수한 경우를 빼고는 기본적으로 한 묘곽 내에 일인一人매장이 주류를 이루고 있음을 살펴보았지만 이러한 단장묘單葬墓라 할지라도 묘곽의 규모에 따라 그 매장방식이 문제가 된다.

그간에 이루어진 적지 않은 지석묘 발굴을 통해서도 우리가 실제로 시신의 완전한 매장 자세를 확인할 수 있었던 것은 앞서 제천 황석리 13호묘의 경우가 유일한 예라고 할 수 있지만 여기에서 이루어졌던 앙와신전장 외에도 매장방식에 몇 가지 변칙적 양상이 나타났던 것으로 보인다. 이러한 양상은 우선 매장주체로서의 묘곽의 크기에 따라 어림해 볼 수가 있다.

상석 아래의 지상(북방식), 또는 지하(남방식)에 이루어진 묘곽의 크기는 형식에 따라 혹은 지역적으로 다소간의 차이를 보이만 한 지역이나 같은 군내에서도 각 지석묘의 상석이나 묘곽의 크기는 서로 다른 모습으로 나타나고 있다. 묘곽 가운데 그 크기가 성인을 신전장伸展葬할 수 있는 긴 변의 길이가 160cm 이상 되는 것도 있으나 그보다는 오히려 이에 미치지 못하는 크기의 것들이 수적으로 더 많음을 알 수 있다.

이러한 묘곽의 크기에 따라 신전장과 함께 굴신장(屈身葬, 굴장)도 광범위하게 이루어졌으리라는 것을 미루어볼 수 있지만 이 묘곽들 가운데 성인의 굴장도 어려운 길이 1m 미만의 소형 묘곽도 드물지 않게 발견되고 있다.

어떤 것들은 묘곽의 길이가 50cm에도 채 미치지 못한 것들이 있어 이러한 좁은 공간으로는 아동들의 굴장마저도 어려워 보이는 것들이 있다. 따라서 우리는 이러한 소규모의 묘곽으로는 세골장洗骨葬 등 2차장二次葬만이 가능하다고 볼 수밖에 없다.

2차장으로서의 세골장은 유해를 일정기간 동안 가매장하거나 초분草墳 같은 가장假葬 처리를 하여 육탈肉脫시킨 뒤 뼈만 골라 재차 매장하는 방식으로 동아시아 지역에서는 대만臺灣, 오키나와(沖繩), 한반도의 서·남해안이나 도서지역에서는 아직도 그 유습이 남아 있으며, 남방에서 들어온 장제의 하나로 생각된다.[27] 이와 같은 2차장의 묘제는 비단 지석묘에서뿐 아니라 소형의 석관묘랄지 소형 옹관의 존재로도 추정할 수가 있으며 몇몇 중국 사서史書를 통해서도 우리나라의 고대 사회에 나타난 그러한 장제의 일면을 살필 수가 있다.[28]

4. 입지立地와 방위문제

인류사에서 죽음은 언제 어디서나 항상 외경畏敬의 대상이었으며 이러한 죽음은 곧 내세라는 존재로 위안되었다. 따라서 무덤은 내세와 직결되는 안식처로 생각하였고, 여기에는 사자死者가 생전에 애용하였거나 내세에서 필요하리라고 여기는 기물器物들을 부장해주었다. 이 밖에도 사자의 영생을 기원하는 갖가지 의식이 치러지면서 특히 사체의 매장에 강한 방위方位 의식이 작용되었음을 알 수 있다.

매장의 축조과정에서는 각 시대에 따라 혹은 지역적으로 일관된 법칙성 같은 것을 보여주고 있지만 이러한 동서남북에 대한 세부적인 방위 관념은 지역이나 시대에 따라 다소 다를지라도 대개는 동방과 남방이 광명·희망·생명·온난의 상징이 되고 반대로 서방과 북방은 암흑·절망·죽음·한랭의 상징으로 받아들였음[29]은 일월日月의 출몰과 함께 인간의 본능적 방위 의식의 소산이라 할 수 있을 것이다.

이러한 방위 의식과 함께 자연의 지세, 즉 산맥이나 강류의 방향도 그들에게는 자연숭배사상과 함께 중요한 의식적 요인으로 나타나고 있음을 알 수 있다. 지

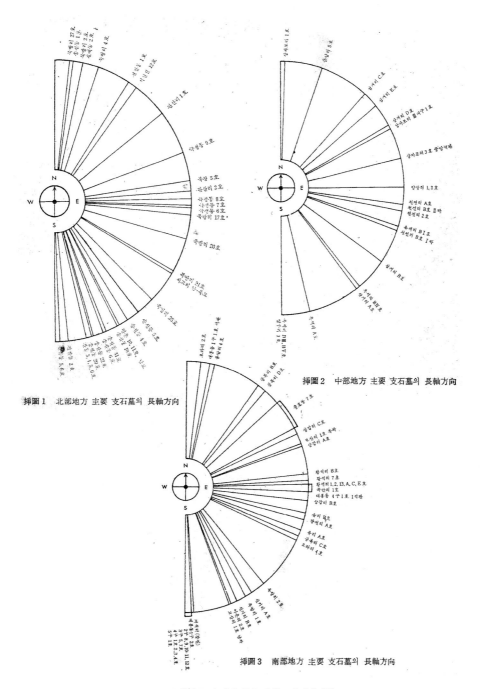

挿圖 1 北部地方 主要 支石墓의 長軸方向

挿圖 2 中部地方 主要 支石墓의 長軸方向

挿圖 3 南部地方 主要 支石墓의 長軸方向

도 Ⅱ-24 한반도 각 지방 주요 지석묘의 장축방향

금까지 조사가 이루어진 지석묘를 통해서 볼 때 우리나라에서 이 묘군들의 분포 상황이나 각각의 지석묘에 나타난 향위向位는 도리어 네 방위에 대한 개념보다는 이러한 주위의 지세가 보다 강하게 작용했던 것으로 보인다.

지석묘가 한 무리를 이루는 경우에는 대개 산맥의 방향이나 강류의 흐름과 같은 방향을 따라 열을 이루며 분포하고, 여기에 각 지석묘의 상석이나 묘곽의 장축 長軸도 무리의 분포 방향과 일치하는 것이 보통이다. 지금까지 지석묘군에 대한 집중적인 조사가 이루어진 경우는 그다지 많다고는 할 수 없으나 몇몇 조사의 결과에 따라 그러한 상황이 뚜렷이 나타난 예를 볼 수 있었다.

집중조사가 이루어진 유적지 가운데에서도 연탄 오덕리,[30] 제천 황석리, 춘천 천전리,[31] 대구 대봉동[32] 등이 강변에 위치한 가장 대표적인 지석묘의 군집지라고 할 수 있는데 여기에서 조사된 묘곽의 장축과 발굴조사되지 않은 지석묘라 할지라도 그 상석의 장축은 거의 대부분이 강류의 흐름과 같은 방향을 이루고 있었다. 이러한 경향은 산록에 위치한 지석묘군에서도 마찬가지로 고창 상갑리나 황주 긴동 지석묘군[33]에서 그러한 상황을 엿볼 수 있었다.

이와 같이 각 지석묘에 이루어진 묘곽 장축의 방향은 각 지역별로 〈도 II-24〉에 보이는 바와 같지만 이 그림들을 통해서 적어도 지석묘의 향위만큼은 한반도 전역에서, 혹은 일정지역에서 이루어진 네 방위 중 어떤 특정방위에 대한 뚜렷한 선호나 편향을 간파할 수는 없었다. 대부분이 분포지역 일대의 지세地勢와 관련됨을 알 수 있었고 비록 산맥이나 강의 흐름 등 지세의 영향이 그다지 뚜렷하지 않은 묘군墓群이라 할지라도 한 무리 안에서의 각 지석묘의 장축은 일반적으로 묘군의 방향과 일치함을 알 수 있었다.

이러한 지석묘의 향위문제에 대해 뚜렷이 해석할 만한 자료는 없지만 당시의 자연숭배사상으로 이어지는 산세山勢나 수세水勢와 관련한 방향개념과 상통하는 것이 아닌가 생각된다.

5. 맺음말

지금까지 조사가 이루어진 지석묘유적을 바탕으로, 여기에 나타난 축조방식과 장제, 그리고 입지와 방위문제에 입각하여 지석묘사회의 복원에 관해 살펴보았고, 이를 결론으로 요약하면 다음과 같다.

1) 한 지역 또는 한 묘군 내에 분포한 지석묘들이라 할지라도 그 규모에서 각기 서로 다른 모습을 보여주고 있다. 이러한 규모의 차이는 피장자의 신분, 즉 정치적·사회적 지위나 경제적 능력과 상관관계를 보여준다고 할 수 있을 것이다. 그것은 거석 운반이나 축조에 필요한 인력동원의 능력과 직결되기 때문이다. 따라서 우리는 당시에 이루어진 사회계층 구조의 일면을 상정해 볼 수 있지만 지금까지 일부에서 거론한 바와 같이 이 지석묘들이 반드시 소수의 지배계급만을 위한 묘제라는 논리와는 구별되어야 할 것이다. 지석묘를 구축하는 데에 많은 인력이 필요한 것은 사실이지만 소규모 지석묘의 축조에 필요한 기본적인 인력동원은 비단 지배계층이 아니더라도 협동체제가 이루어진 공동체에서는 가능했을 것이기 때문이다.

2) 한 묘실 내에 다수의 시신이 매장되는 서구에서의 집장묘(集葬墓, Collective burial)로서의 Dolmen과는 달리 우리나라의 지석묘는 일묘곽이나 묘실에 한 구의 시신이 매장되는 단장묘가 주류를 이루고 있다. 다만 일부 북방식 지석묘 가운데 단일석실을 몇 개의 칸막이돌로 구획한 복장묘複葬墓가 보일 뿐 아니라 대개는 한쪽 단지석短支石이 쉽게 개폐할 수 있도록 만들어진 것으로 보아 집장묘로서의 가능성을 전혀 배제할 수만은 없을 것이다.

3) 지석묘가 한 무리를 이루며 군집되어 있는 경우 대개 강변이나 산록 아래의 평지에 분포하며 이 묘군은 강류나 산맥의 방향을 따라 일렬 또는 수열을 이룬

다. 이때 각각 지석묘의 장축은 대부분 지석묘의 배치방향, 즉 강류나 산맥의 방향과 일치하는 것이 보통이다.

이러한 상황은 고분시대 이후에 시대와 지역에 따라 달리 나타나는 네 방위에 대한 관념과는 다른 양상으로 자연숭배사상과 결부되는 산세나 수세와 관련 있다고 볼 수 있을 것이다.

(『이화사학연구 13·14 合輯』, 수묵樹默 진홍섭秦弘燮 박사 정년기념특집호, 이화사학연구소, 1983)

주

1   G. Daniel, *The Megalith Builders of Western Europe*, 1963.
2   석광준, 「오덕리고인돌 발굴보고」, 『고고학자료집 4』, 1974.
3   김기웅, 「평안남도 개천군 묵방리 고인돌발굴중간보고」, 『고고학자료집 3』, 1963.
4   李健茂 외, 「忠南·全北地域地表調査報告」, 『中島 Ⅱ』, 國立中央博物館, 1981.
5   孫晉泰, 「朝鮮 'Dolmen'에 關한 調査研究」, 『民俗學論攷』, 1975.
6   J. Coles, *Archaeology by Experiment*, 1973.
7   석광준, 앞 글(주 2).
8   이 지석묘의 석질에 관한 언급은 없지만 우리나라 지석묘에 쓰인 석재로서 가장 흔한 화강암이나 편마암의 평균비중이 각각 2.667, 2.69임을 참고로 하여 계산한 중량이다.
    Sydney P. Clark, Jr., *Handbook of Physical constants*, The Geological Society of America, Inc. 1966(Revised ed.).
9   三上次男, 『滿鮮原始墳墓の研究(2版)』, 吉川弘文館, 1977.
10 金載元·尹武炳, 『韓國支石墓研究』, 國立博物館, 1967.
11 R. J. C. Atkinson, Neolithic engineering, *Antiquity* 35, 1961.
12 J.-P. Mohen, La construction des dolmens et menhirs au Néolithique, *Dossiers de l'archéologie* 46, 1980.
13 J. Coles, 앞 책(주 6).
14 한 집단 안에서 이러한 공동작업을 위해 징발할 수 있는 근로가능 인력은 전체 인구의 20% 정도로 계산하고 있다.
    P.-R. Giot, *Préhistoire de la Bretagne*, Ouest France, Rennes, 1979.
15 이와 같은 동원체제를 Renfrew는 사자 개인에 대한 종교적 관념에서라기보다 그가 속한 공동체의 명분에 따른 사회적 참여의식의 발로로 해석하였다.

C.Renfrew, *Before Civilization*, 1979.

16　李丙燾,「原始共同體의 起源과 民族의 名稱」,『韓國古代社會와 그 文化』, 1973.

17　三上次男, 앞 책(주 9).

18　三上次男, 윗 책.

19　석광준,「우리나라 서북지방 고인돌에 관한 연구」,『고고민속논문집 7』, 1979.

20　석광준, 윗 글.

21　三上次男, 앞 책(주 9).

22　金載元·尹武炳, 앞 책(주 10).

23　석광준, 앞 글(주 2).

24　池健吉,「東北아시아 支石墓의 型式學的 考察」,『韓國考古學報 12』, 1982.

25　황기덕·리원근,「황주군심촌리 청동기시대유적 발굴보고」,『고고민속 66-3』, 1996.

26　榧本杜人,「朝鮮先史墳墓の變化過程とその編年」,『考古學雜誌 43-2』, 1953.

27　李杜鉉,「葬制와 關係된 巫俗硏究」,『文化人類學 6』, 1974.

28)　「…新死者皆假埋之, 才使覆形, 皮肉盡, 乃取骨置槨中…」, 三國志魏書 東夷傳 東沃沮傳,『韓國上古史資料』, 韓國文化人類學資料叢書 3, 1969.
　　『후한서後漢書』「동이전東夷傳」 등에도 같은 내용의 기록이 나타나 있다.

29　金元龍,「新羅墓制에 關한 一考察」,『新羅伽倻硏究 1』, 1966.

30　석광준, 앞 글(주 2).

31　金載元·尹武炳, 앞 책(주 10).

32　藤田亮策,「大邱大鳳町支石墓調査(1·2)」,『昭和11·13年度古蹟調査報告』, 1937·1940.

33　황기덕,「황해북도 황주군긴동 고인돌발굴보고(1)」,『문화유산 61-3』, 1961.

동·서양 거석문화 비교시론
-한반도와 프랑스 브르타뉴의 거석분묘를 중심으로-

1. 머리말

거석문화란 자연석 그대로, 또는 일부만을 가공한 바위나 큰 돌로 이루어진 건조물로서 매장이나 제사 등 의식적 행위와 관련된 문화상을 총칭하는 것이다. 한반도를 비롯한 동북아시아 일원에 널리 퍼져 있는 고인돌은 바로 이 거석문화의 대표적인 유형이라고 할 수 있다.

지역에 따라 분포의 밀도에 차이는 있을지라도 대서양 북부 연안을 비롯하여 지중해, 인도양, 태평양 연안에 이르기까지 유라시아 대륙의 넓은 지역에 퍼져 있다. 이 거석유적은 주로 바다나 강에서 가까운 해안·내륙과 도서지방에 분포하면서 강한 해양성海洋性 문화의 성격을 보이고 있다.

이 거석유적은 시기적으로도 서유럽의 초기 '돌멘dolmen'과 같이 신석기시대 중기에 해당하는 기원전 5천 년대까지 올라가는 곳도 있지만 동남아시아나 오세아니아 등에서와 같이 거석유적의 전통이 최근까지 이어지는 곳도 있다.[1] 이처럼 넓은 분포와 긴 시대적 배경을 가지고 나타나는 거석문화는 그 다양한 공간성과 시간성에도 불구하고 이 유적들이 갖는 외형적인 구조의 유사성에 따라 일찍부터 많은 학자나 호사가들의 관심을 불러왔다.

따라서 과거 거석문화 사이에 이루어진 대륙 전역에 걸친 광범위한 연계의 가능성이 여러 고고학자들에 의해 제시되어 왔으나[2] 지금까지의 연구결과는 지역에 따라 각기 별개의 독자적인 문화적 바탕 위에서 하나의 문화권을 형성해 온 것으로 받아들이고 있다.[3]

여기에서는 유라시아의 여러 거석문화권 가운데 대륙의 극동極東과 극서極西, 즉 동북아시아와 서유럽에 분포하는 거석문화 가운데 특히 무덤(墳墓) 유적을 중심으로 그 실태를 알아보고 양 지역에서 이뤄진 문화적 상이성相異性과 상사성相似性을 살피고자 한다. 이를 위해 서유럽에서도 거석문화 유적이 가장 밀집되어 있는 프랑스의 서부, 특히 브르타뉴Bretagne 지방의 '돌멘'을 중심으로 그 실태를 알아보고 한반도를 비롯한 동북아시아의 고인돌과 대비하는 관점에서 그 차이를 살펴나갈 것이다.

2. 분포와 유형

서유럽에서의 거석문화의 분포는 대서양 연안의 이베리아 반도에서부터 시작하여 프랑스, 영국, 아일랜드, 네덜란드와 북부 독일을 거쳐 덴마크와 스웨덴 등 스칸디나비아 남부 지역에서까지 확인되고 있다. 거석유적이 가장 밀집되어 있고 그 유형이 매우 다양하게 나타나는 프랑스의 경우, 특히 대서양 연안을 따라 서부 해안 지방에서 많은 분포를 보이고 있다. 이 가운데에서도 파리의 서쪽에서 대서양 쪽으로 돌출한 브르타뉴 반도는 서유럽 거석문화의 본산이라고 할 만큼 '돌멘' 외에도 다양한 거석유적들이 확인되고 있다.

내륙지방보다는 해안을 따라 많이 퍼져 있는 것이 이 거석 유적 분포의 일반적인 특징이라 할 수 있지만 브르타뉴 지방에서는 유형에 따라 현저한 분포상의 차이를 보여주고 있다. 즉 긴 터널 모양의 세장방형細長方形 평면을 갖춘 통랑묘通廊墓는 해안에서 멀리 떨어진 내륙에서의 분포가 많은 반면, 널길을 갖춘 연도묘羨道墓는 해안지방에서 주된 분포를 보이고 있다. 일반적으로 '돌멘'이 이루어진 곳은 구릉이나 대지臺地의 가장 높은 지점에 해당하는 곳이며 평탄한 지대라 할지라도 주위에 대한 조망이 가장 좋은 곳에 자리 잡는 것이 입지立地의 중요한 요건이 되는 것으로 생각된다.[4]

이러한 서유럽 '돌멘'의 입지와 분포는 동북아시아의 입지와 분포와는 다소 차이를 보이며 나타나고 있다. 동북아시아의 고인돌은 대개 하천 유역에 무리를 지어 이뤄지는 경우가 많은데 이는 거석의 운반문제와 직결되기 때문이라고 할 수 있다. 그러나 이러한 입지적 상황은 고인돌의 형식이나 지역에 따라 차이를 보이고 있음을 알 수 있다.

즉 한반도 북부지방에서의 북방식北方式은 지세에 따라 평지뿐 아니라 구릉지대에서도 많은 분포를 보이는 데 비해 남방식南方式은 대부분 평지나 야트막한 둔덕에 분포되어 있다. 중국 동북지방에서도 대개 구릉 정상부의 조망이 유리한 위치에 이뤄지는데 한반도에서와 같이 한 지역에 수십 기가 군집된 경우는 없고 한 곳에 단독으로, 혹은 몇 기가 모여 있는 경우가 많다.[5]

일본의 규슈지방의 고인돌들도 야트막한 구릉의 정상부나 사면斜面, 또는 평야지대에 이뤄지는데 평지라 할지라도 일대의 조망이 유리한 비교적 높은 위치에 무리지어 있는 경우가 많다. 이곳에서는 10여 기가 한 군데 무리를 이루는 곳이 많지만 나가사키현(長崎縣) 하라야마(原山) 유적에서와 같이 100기 가까운 고인돌이 한 무리를 이루는 곳도 있다.[6]

유럽에서 거석문화의 유형에 대해서는 여러 학자들이 분류하여 그에 대한 학자들 나름대로의 다양한 정의를 내린 바 있다. 퍼거슨(Fergusson)은 거석문화에 관한 최초의 체계적 저술이랄 수 있는 그의 저서에서 거석문화와 관련된 유적을 크게 봉토무덤(封土墳, tumulus), 거석무덤(巨石墓, dolmen), 둘림돌(環狀列石, circle), 열석(列石, avenue), 선돌(立石, menhir) 등 다섯 가지로 나누고 각 유형을 2~4가지로 세분하였다.[7]

이후로도 여러 학자들이 기능과 구조적 성격에 따라 각기 나름대로의 분류를 시도하였는데 몬텔리우스Montelius는 거석분묘를 널길(羨道)의 유무에 따라 연도묘와 무연도묘無羨道墓, 그리고 긴 '터널' 식의 통랑묘로 나누었다.[8] 그 뒤 브르타뉴 지방의 '돌멘' 연구에 새로운 방법론으로 접근을 시도했던 L'Helgouach는 위의 세 가지 외에 새로이 각 지역에서 나타나는 지방 형식을 추가하여 모두 네 가지로 분류하였다.[9]

이처럼 서유럽에서는 거석무덤의 분류기준을 무덤방(石室)의 형태 및 널길의 유무 등 주로 평면상에 나타난 구조적인 차이에 두고 있다고 할 수 있다.

이에 반해 동북아시아에서는 고인돌을 외형에 나타난 구조적 특징에 따라 북방식(탁자식卓子式)과 남방식(기반식碁盤式, 개석식蓋石式)으로 나누고 이 가운데 남방식은 매장주체인 묘곽의 성격에 따라서, 다시 묘곽 둘레에 이뤄진 돌무지 시설의 유무에 따라 분류한다. 이 밖에 덮개돌(上石)을 받쳐주는 받침돌(支石)과 덮개돌 아래에서 묘곽을 덮어주는 뚜껑돌(蓋石)의 유무에 따라 구분함으로써 수평적·평면적 특징으로 나눠지는 서유럽의 '돌멘'에서와는 달리 수직적, 단면적 분류가 이뤄짐을 알 수 있다.

이상 대륙의 동과 서에서 각기 독특한 양식과 형식상의 차이를 보임에도 불구하고 이 고인돌들은 다른 유형의 거석유적 간에 부분적으로 상호 유기적인 연계관계를 보여준다.

이를테면, 서유럽 선돌의 경우, 단독으로 세워지는 곳이 많지만 이것이 길게 열을 지우며 엄청난 규모의 열석이나 둘림돌을 이루기도 하고 '돌멘'의 둘레나 바로 인접한 곳에 세워져 이들 간에 이루어진 연계관계를 보여주고 있다.

한편, 동북아시아에서도 드물게나마 고인돌과 선돌이 한 곳에 같이 만들어지는 경우를 간혹 접할 수가 있다. 전남 구례 금내리金內里의 섬진강변에는 주변의 경작지보다 약간 도드라진 둔덕 위에 고인돌과 선돌이 약 6m의 간격을 두고 떨어져 있는데 선돌의 둘레에는 지름 3m의 깐돌(敷石)시설이 드러나 있다.[10]

일본에서의 선돌은 길쭉한 한반도의 선돌과는 달리 넓적한 판석 모양인데 후쿠오카현(福岡縣)의 스구 오카모토(須玖岡本)와 아사다(朝田)의 고인돌에서 표지적

標識的 목적으로 세워진 것으로 보이는 선돌들의 존재가 확인되었다.[11]

3. 묘제

서유럽의 거석무덤들은 오랜 기간에 걸쳐 매장이 이루어진 집장묘集葬墓로 이해되고 있으며 이에 대해서 어떤 학자들은 지배계층의 공동무덤으로, 일부 학자들은 특정 주민집단을 위한 공동납골당共同納骨堂이라 믿고 있다.[12]

이것들을 집장묘로 주장하는 근거로는 몇몇 발굴을 통해 얻어진 결과에 따른 것으로 프랑스 외르Eure 지방의 한 작은 무연도묘(1.65×1m)에서 20여 구에 이르는 유골이 수습된 바 있다.[13] 이 밖에 브르타뉴 지방의 바르네네즈Barnenez 돌무지무덤(積石塚)의 연도묘들은 발굴에서 수습된 유물을 통해 서유럽 거석문화의 초창기에 해당되는 신석기시대 중기부터 다음 청동기시대 초기에 이르기까지 오랜 기간에 걸쳐 집장集葬이 이뤄진 것으로 확인된 바 있다.[14]

이처럼 서유럽에서는 '돌멘'이 집장묘로서의 묘제墓制로 나타나는 데 비해 동북아시아에서의 고인돌은 일부 특수한 경우를 빼고는 대개 1인 1묘의 단장묘單葬墓로 이해되고 있다. 특히 남방식 고인돌에서는 매장시설이 지하에 이뤄지고 그 위에 거대한 덮개돌을 얹기 때문에 구조적으로 시기를 달리한 복장複葬은 어렵다고 할 수밖에 없다.

다만 북방식 고인돌에서는 돌방을 이루는 네 벽 가운데 양쪽 마구리벽(短壁)들은 개폐開閉가 비교적 쉬워 시기를 달리한 복장의 가능성을 생각할 수가 있다. 실제로 황해도 연탄 송신동의 몇몇 고인돌에서는 돌방 내부가 여러 개의 칸막이로 나눠져 있고 여기에 인골들이 흩어져 있어 복장의 흔적임을 확인할 수 있었다.[15]

선사인들에게 방위 개념은 주거생활에서뿐 아니라 매장시설에서도 매우 중요한 비중을 차지하고 있었음을 알 수 있다. 따라서 동북아시아와 서유럽에서도 무덤에 나타난 방위의 주된 경향을 살필 수가 있지만 두 지역에서 매우 다른 양상으로 나타난다.

서유럽의 '돌멘'이나 열석, 또는 둘림돌의 경우 동~서, 동북~남서 등 특정 방위에 대한 뚜렷한 경향이 나타나고 있음을 알 수 있다. 이처럼 거석유적에서 나타나는 동~서 방위 개념은 연중 하지나 동지, 또는 춘분과 추분과 같은 특정한 날의 일출이나 월출 방향 등과 관련 있는 것으로 해석된다.[16]

이에 비해 동북아시아에서의 고인돌에서는 방위 개념에 대한 뚜렷한 편향偏向을 살피기는 어렵고 대신 분포 지역 일대의 지세와 관련 있는 것으로 생각된다. 즉 산맥이나 강의 흐름 등 주위 지형의 방향과 개개 무덤의 장축長軸뿐 아니라 무리의 분포방향이 일치하는 것으로 나타난다.[17]

두 지역의 '돌멘'이나 고인돌 가운데에는 노출된 구조물로서의 공간이 후대에 이르러서도 무덤이나 드물게는 주거공간으로 재사용된 경우를 종종 접할 수가 있다. 따라서 서유럽에서의 이에 대한 고고학적 성격이 불분명했던 지난 세기의 연구 초기단계에는 여기에서 출토된 후대의 유물의 성격에 따라 거석무덤의 축조가 초기철기시대의 단계, 심지어는 '로마' 시대까지도 이루어졌다는 주장이 제기되기도 했다.[18]

동북아시아에서도 간혹 고인돌에 대한 재사용의 사례를 접할 수가 있다. 고창 상갑리 A호와 춘천 천전리 2호, 영종도 운남리 고인돌에서와 같이 신라, 통일신라를 거쳐 고려시대에 이르러서도 고인돌의 재사용이 이뤄졌음을 확인할 수 있었다.

일본에서는 사가현(佐賀縣) 사코가시라(迫頭)에서 고인돌의 덮개돌을 옮겨 무덤의 부재部材로 사용한 고분시대의 돌방무덤이 다른 고인돌들과 한데 섞여 있었다.[19] 중국 랴오닝(遼寧) 지방의 고인돌 가운데 빈자링(萬家嶺)이나 슈펑샨(石棚山)에서와 같이 고인돌의 돌방 내부가 사당祠堂과 같은 의식의 장소로 쓰인 경우도 있다.[20]

4. 기원과 편년문제

오늘날 고고학의 여러 장르 가운데 가장 연구가 많이 이루어진 분야의 하나인 거석문화는 지금까지의 활발한 연구에도 불구하고 가장 많은 문제점을 안고 있는 과제 가운데 하나로 취급되고 있다. 이는 거석유적이 갖추고 있는 구조적 특성, 이를테면 유구遺構의 대부분이 지상에 노출되어 일찍부터 도굴의 표적이 되었기에 내부의 출토유물이 매우 드물기 때문이다. 이러한 출토유물의 빈약함은 유적의 성격 파악은 물론 편년문제를 논하는 데 결정적 장애 요인이 되어 왔다고 할 수 있다.

서유럽의 많은 학자들은 '돌멘'을 중심으로 거석문화의 기원과 편년문제를 추구해왔다. 20세기에 들어서면서 그 기원지로서 지중해의 동안東岸 지역, 이베리아 반도, 북유럽 등 몇 군데가 차례로 거론되어 왔으나 방사성탄소연대 측정법이 도입되면서 기원문제에 새로운 이론異論이 제시되기에 이르렀다.[21] 당시까지 어떤 특정 지역에서 발생하여 주변으로 퍼져나갔다는 일원론적一元論的 전파주의傳播主義 이론에서부터 70년대에 이르러 서유럽만 하더라도 이것들이 몇 군데에서 독립적으로 이뤄졌다는 다원론적多元論的 기능주의機能主義 이론이 퍼져나가기에 이르렀다.[22]

브르타뉴에서의 거석무덤 가운데 가장 이른 시기의 것으로는 기원전 5천년대 초기에 해당하는 디시냑Dissignac 유적에서 조사된 연도묘를 들 수 있는데 여기에서 출토된 화분花粉 분석을 통해 이때 이미 곡물을 재배하였고 토기 제작을 시작하였다는 자료가 제시되었다.[23]

지금까지의 조사 결과로는 서유럽의 '돌멘' 가운데 브르타뉴 지방에서의 연도묘가 가장 먼저 출현하고 이어서 통랑묘가 나타난 것으로 이해되고 있다. 같은 연도묘에서도 돌방과 널길이 뚜렷이 구분되는 것일수록 시기가 빠른 것으로 추정되는데 이 연도묘들은 적어도 기원전 3천년대 초기까지 계속된 것으로 추정되고 있다.

한편 신석기시대의 마지막 단계인 기원전 3천년대 후반에 등장한 통랑묘는 '돌멘'에서 나타난 지방적 진화 과정의 한 형식으로 생각되는데 기원전 2천년대 초반까지 계속해서 축조된 것으로 추측된다.

청동기시대의 초기에 해당되는 기원전 2천년대 초에는 크고 작은 무연도묘가 만들어지며 일부 지방에서는 거석무덤의 마지막 단계라고 할 수 있는 덮개돌을 생략하고 두 벽석壁石만을 'ㅅ'자 모양으로 세운 특수한 형식의 무덤(demi-dolmen)이 나타난다. 이 단계에 이르러 비로소 청동기가 부장되기 시작하고 차츰 '돌멘'은 쇠퇴 과정에 접어들면서 일부 주변지역에서만 그 명맥을 유지하다가 소멸되고 만다.

이상 지금까지 나타난 자료를 통해서 브르타뉴 지방에서의 '돌멘'은 신석기시대 중기를 전후해서 나타나기 시작하여 청동기시대 초기에 이르기까지 대략 3천여 년 동안의 긴 기간에 걸쳐 이루어지고 있음을 알 수 있다.

한편 한반도를 비롯한 동북아시아에서 고인돌의 기원과 편년문제는 아직까지 많은 문제를 안고 있다고 할 수 있다. 한반도와 중국 동북지방, 일본 규슈지방을 아우르는 이곳에서는 지역에 따라 출현과 소멸의 시기가 다르겠지만 한반도를 기준으로 볼 때 일단 민무늬(無文) 계열의 토기가 만들어지던 청동기시대의 거의 전 기간을 통해 축조된 것은 의심할 나위가 없다고 할 것이다. 남부지방의 일부 지역에서 기원 전후까지 계속된 것임을 감안하면 한반도에서는 기원전 천여 년 동안 고인돌이 만들어졌다고 할 수 있다.[24]

그러나 이 문제는 최근 제기되고 있는 일부 학자들의 혼란스러운 편년관編年觀에 따라 청동기시대 자체의 연대 설정이 혼미를 거듭하고 있는 상황임을 감안할 때 이 문제는 청동기시대에 대한 실체가 보다 구체적으로 밝혀질 때 고인돌의 정확한 편년이나 기원문제를 논의할 수 있을 것이다.

5. 구조와 복원적 고찰

거석문화에 관한 연구에서 다루는 중요한 문제 가운데 하나가 당시의 사회적 복원을 위한 접근이라고 할 수 있다. 거석문화가 이루어진 곳이라면 어디에서나 거석이 갖는 재료의 특성에 따라 채취, 운반, 축조에 필요한 기술상의 문제가 뒤따른다. 이러한 문제 해결을 위한 실험고고학적 접근은 특히 거석문화 연구에서 매우 중요한 위치를 차지한다.

동북아시아에서 이에 관한 조사와 연구는 매우 부진한 형편이지만 유럽에서는 거석문화 연구가 시작된 초창기부터 이 분야 연구에 많은 관심을 기울여 왔다. 거석유적의 축조를 위해 필수적인 채석장의 위치는 그 유적이 이뤄질 목적지에서 가장 가까운 곳을 찾겠지만 필요한 재질이나 소요되는 크기의 부재部材를 얻기 위해서는 상당한 거리에서부터 옮기는 경우도 있다.

영국의 스톤헨지Stonehenge에서와 같이 여기에 쓰이는 수십 톤에 이르는 사암砂巖을 얻기 위해 멀리 남南 웨일즈Wales에서 채취하여 육로와 수로를 거쳐 240km나 되는 먼 거리에서 운반하는 경우도 있다. 이처럼 먼 거리에서 옮겨진 거석은 목적지에 도착하여 하나의 건조물로서 축조가 이루어지는 것이다.[25]

우리의 경우도 고인돌을 조성하는데 수톤, 혹은 수십 톤의 거석이 필요하지만 고창이나 이곳 화순 일원에 분포한 고인돌처럼 백 톤이 넘는 경우도 드물게나마 접할 수 있다. 이처럼 크고 작은 거석유적의 부재를 옮기는 데 필요한 인력의 산출을 통해 우리는 당시 사회의 인문학적 구성과 조직의 실태를 복원해 볼 수 있다.[26]

이렇게 옮겨온 거석으로 이뤄진 우리 고인돌의 경우 매장부 위에는 단 한 개의 덮개돌을 얹었지만 서유럽에서는 일부 작은 무연도묘(dolmen simple)의 경우를 빼고는 대부분 2매 이상의 덮개돌을 얹는다.

거석으로 이뤄진 무덤 자체의 구조적 문제 외에 무덤의 둘레를 에워싼 봉토封土의 문제에서도 두 지역을 서로 다른 관점에서 논의해 왔다. 서유럽의 '돌멘'에서 봉토 문제에 대한 접근은 지난 세기까지 거슬러 올라갈 수 있다. 일부 학자들은 거석으로 이뤄진 전모가 노출되어 있는 지금의 모습처럼 원래부터 봉토가 없었다고 주장하는가 하면, 어떤 학자들은 원래 있었던 봉토가 자연적으로, 또는 인위적으로 붕괴되거나 제거되었다고 믿는다.[27] 그러나 지금까지의 조사 결과에 따르면 '돌멘'의 대부분은 거석을 세우거나 덮개돌을 받침돌 위에 얹기 위해 무덤 둘레에 봉토를 쌓은 뒤 통나무를 아래에 깔고 덮개돌을 밀어 올렸던 것으로 생각된다.

동북아 고인돌에서도 봉토의 문제는 지난 세기 초 도리이(鳥居龍藏)가 고인돌의 둘레에 원래 봉토가 덮였을 것으로 주장한 바 있으나[28] 그 뒤로 이 문제는 거의 거론조차 되지 않고 오늘에 이르고 있다.

동북아시아에서 고인돌의 묘곽시설은 제주와 같은 일부 지역의 것을 빼고는 대부분 방형의 평면을 보여주고 있다. 이에 반해 서유럽의 '돌멘'에서는 방형이 주류를 이루지만 이 밖에 원형, 타원형, 다각형, 세장방형 등 다양하게 나타나는데 브르타뉴 지방의 연도묘에서는 원형계의 것들이 방형계보다 시기적으로 앞선다.[29]

묘역墓域과 무덤의 상관관계를 보면 동북아시아에서는 대개 한 묘역에 1기의 고인돌이 이루어지지만 황해도 황주 긴동이나 대구 대봉동에서와 같이 한 돌무지 안에 여러 개의 무덤이 만들어지기도 한다. 브르타뉴에서는 1기 또는 2기 이상의 무덤이 한 돌무지나 같은 봉토 안에 이루어지는 경우가 흔한데 3기, 또는 그 이상의 무덤이 한 봉토 안에 만들어진 곳도 드물지 않게 나타나고 있다.

유명한 바르네네즈Barnenez에서는 현무함의 활석으로 쌓아올린 길이 90m, 너비 40m, 높이 7~8m의 거대한 돌무지 안에 긴 연도를 갖춘 11기의 '돌멘'이 거의 같은 간격으로 길게 이루어져 있다.[30]

지금까지 한반도의 고인돌을 중심으로 한 동북아시아와 프랑스 브르타뉴 지방의 '돌멘'을 중심으로 한 서유럽에서의 거석문화에 대해 분포와 유형, 묘제, 기원과 편년문제를 바탕으로 그 상사성과 상이성을 살피고 마지막으로 구조와 복원적 고찰을 시도해 보았다. 두 지역에서 이루어진 연구사의 연륜年輪을 감안할 때 우리에게는 아직 풀어나가야 할 과제가 산적한 형편이지만 그들의 연구 성과를 타산지석으로 삼아 우리의 거석문화 연구에도 괄목할 만한 새로운 결과가 이루어지길 바라는 바이다.

(「아시아 거석문화와 고인돌」, 제2회 아시아권 문화유산(고인돌) 국제심포지엄, 동북아지석묘연구소, 2007)

주

1 A. Leroi-Gourhan et al., *La Préhistoire*, Paris, 1966.

2 G. Daniel, *The Megalith Builders of Western Europe*, London, 1963.

3 C. Renfrew, *Before Civilization*, London, 1979a,

4 a. P. -R. Giot et al., *La Bretagne*, Paris, 1962.
   b. 池健吉, 「巨石文化의 東과 西」, 『三佛金元龍教授 停年退任紀念論叢I』, 1987.

5 許玉林·許明綱, 「遼東半島石棚綜述」, 『遼寧大學學報 81-1』, 1981.

6 高野晋司, 「長崎縣の支石墓」, 『考古學ジャーナル 161』, 1979.

7 J. Fergusson, *Rude Stone Monuments*, London, 1872.

8 O. Montelius, 'Sur les tombeaux et la topographie de la Suède pendant l'Age de la pierre', *C.I.A.A.P.*, 1876.

9 J. L'Helgouach, *Les sépultures mégalithiques en Armorique*, 1965.

10 金元龍, 「求禮 金內里의 立石·支石墓」, 『考古美術 2-3』, 1961.

11 松尾禎作, 『北九州支石墓の研究』, 佐賀, 1957.

12 G. Daniel, op. cit.(주 2).

13 G. Bailloud, Le Néolithique dans le Bassin Parisien, IIe supl., *Gallia Préhistoire*, Paris, 1974.

14 P. -R. Giot, *Préhistoire de la Bretagne*, Ouest France, 1979.

15 석광준, 「오덕리 고인돌 발굴보고」, 『고고학자료집 4』, 1974.

16 A. Service·J. Bradbery, *Megaliths and their Mysteries*, London, 1979.

17 池健吉, 「支石墓社會의 復原에 관한 一考察」, 『梨花史學研究 13·14合輯』, 1983.

18 G. Daniel, *Megaliths in history*, London, 1972.

19 松岡史, 「佐賀·福岡縣の支石墓」, 『考古學ジャーナル 161』, 1977.

20 三上次男, 『滿鮮原始墳墓の研究(2版)』, 東京, 1977.

21 C. Renfrew, *Problems in European Prehistory*, Edinburgh, 1979b.

22 C. Renfrew, op. cit.(주 3).

23 P. -R. Giot et al., *Préhistoire de la Bretagne*, Ouest France, Rennes, 1979.

24 지건길, 「동북아시아의 거석문화에서 경기도 지방 고인돌의 위치」, 『경기도 고인돌 연구의 어제와 오늘』, 경기도박물관, 2007.

25 R. J. C. Atkinson, *Stonehenge*, London, 1956.

26 池健吉, 앞 책(주 17).

27 G. Daniel, op. cit. (주 2).

28 鳥居龍藏, 「平安南道·黃海道古蹟調査報告」, 『大正五年度古蹟調査報告』, 1917.

29 J. L'Helgouach, Les Mégalithes de l'Ouest de la France, évolution et chronolgie, *Megalithic graves and ritual*, København, 1973.

30 P. R. Giot et al., 앞 책(주 14).

거석분묘 연구의 문제점과 방향

1

인류문화의 재현 내지는 복원이라는 명제로서의 고고학 연구에서 우리는 주로 당시의 주거지, 또는 분묘를 찾아 그 문제점들을 추구하게 된다. 전자의 경우에서 우리는 그들의 실제생활의 모습이나 거기에 남겨진 실용도구를 통해서 보다 더 가깝게 그들의 생활문화에 접근할 수가 있지만 이 주거유적이 갖는 이동성의 본질에 따라 그 조사는 한계에 부딪히는 경우가 많다.

후자의 경우는 다분히 의식적意識的 행위의 소산으로서 실생활의 모습과는 얼마간의 차이가 생기고 그것은 현실보다는 대개 내세의 안거安居를 바라는 염원의 결과이기 때문에 보다 의식적儀式的인 의미가 주어지게 마련이다. 그러나 우리는 이 좁은 유택幽宅의 공간에서 집약된 그들의 물질생활과 정신생활의 양면을 투시해 볼 수가 있다.

분묘의 축조에서 이루어진 그들의 활동은 이러한 양면성의 결과로서 나타나기 때문에 지금까지 이루어진 대부분의 고고학적 성과는 주로 분묘유적의 조사를 통해 이루어졌다고 할 수 있을 것이다.

인류사에서 '죽음'은 항상 '두려움'으로 받아들여졌고 그 두려움은 내세에의 계승으로 위안 삼게 되었다. 이 내세의 관념이 그들로 하여금 사자死者의 방기放棄 대신 유택을 마련하여 안치시키고 거기에 사자가 내세에서의 생활을 계속할 수 있도록 그가 평소에 아껴 사용했던 일상용품이나 새로이 사자死者를 위해 만든 부장품을 마련하여 주었다.

이러한 사자의 유택을 우리는 '무덤(墳墓)'으로 통칭하게 되지만 이는 각 지역이나 시대에 따라서, 또는 같은 시대의 한 지역에서 이루어진 분묘라 할지라도 피장자被葬者 혹은 장례를 치르는 근친近親의 사회적 신분이나 생활의 정도에 따라서 각 분묘는 조그만 변칙을 수반할 수도 있다. 그러나 대개는 한정된 시간이나 공간 내에서 이루어진 이들의 행위는 일정한 법칙성의 한계에서 벗어나지 못하게 마련이다. 이러한 '법칙성의 한계'에 따라 우리는 무덤의 구조와 거기에서 출토된 유물을 근거로 하여 귀납적 해석을 통해 당시의 생활상에 대한 복원을 시도하게 되는 것이다.

그러면 이 '법칙성의 한계'는 어떤 의미를 갖는가? 우선 시간성으로 보면 한 순간의 연속이 이루어지면서 여기에서 어떤 전환기가 생기게 되고 이것은 문화의 개념상 한 단계를 결정짓게 된다. 그러나 이러한 문화적 단계는 일정하게 기준이 되는 기간이 있는 것은 아니며 주변의 외적 사건과 결부되어 하나의 점진적 성장을 거쳐 다음의 과정으로 이행해가는 것이다.

공간성에서도 시간성에서와 마찬가지로 일정하게 기준이 되는 범위로 한정짓는 것은 아니다. 문화양상의 기능이나 주변의 외적 상황에 따라 어느 한 지점에서 벗어나지 못하고 그치는 경우가 있을 수 있고 그 세력의 여부에 따라서는 광대한 하나의 문화권을 형성할 수도 있기 때문이다.

2

지금까지 거석분묘巨石墳墓의 개념에 대해서는 많은 학자들이 정립하여 왔기 때문에 여기에서 새삼 그에 대한 구체적 개념을 따로 부연할 필요성을 느끼지 않는다. 물론 '유라시아' 대륙에서 광범위한 분포를 보여주는 거석분묘는 각 지역에 따라 세부적인 정의는 달라질 수 있을지라도 그것이 거석으로 이루어진 구조물 안에 사체를 매장하는 시설이라는 점에서는 항상 불변하다. 다만 규모나 구조상으로 지역에 따라 다른 양상을 보이고, 그것들 나름대로의 고유한 이행과 변화를 이루어 갔지만 이 이행과 변화는 그 지역의 독자적 문화와 전통의 기반 위에서 이루어졌다는 사실은 다른 문화양상과 마찬가지 과정임은 다시 말할 필요가 없다.

　　과거 거석분묘 연구의 초기단계에서 그것이 갖는 외형적인 유사성에 따라 단일전파설이 대두되었다. 거석문화에 관한 최초의 전문연구서라 할 수 있는 *Rude Stone Monuments in All Countries-their age and uses*(1872)에서 저자 퍼거슨J. Fergusson은 선사시대 거석분묘의 기원지를 인도라고 하였으며 유럽이나 아시아의 다른 지역에 분포하는 거석분묘들은 단일종족에 의해서 구축되었다고 주장하였다. 그러나 이 이론은 철저한 고고학적 연구의 바탕 위에서 이루어진 것이 아니고 피상적인 외형의 유사에 따른 것이었기 때문에 그 이상의 이론으로 전개되지 못하고 말았지만, 이후 거석문화의 기원과 전파에 관한 연구는 금속문화의 연구와 함께 유럽 선사문화의 두 가지 중요한 과제로서 대두되어 왔다.

　　거석분묘의 본격적 연구가 이루어지면서도 그 기원지에 대해서는 다른 문화양상에 덧붙여 막연히 동지중해 연안이었을 것이라는 피고트S. Piggott 등의 이론이 한동안 유력시되었으며 이 이론은 식민주의자들이나 채광자採鑛者들에 의한 전파설로 발전되어갔다. 1960년대에 이르러 당시로서는 최고最古의 거석분묘라고 할 수 있는 유적이 '이베리아' 반도에서 확인되면서 그 기원지로 잠시 부상되었으나 곧이어 프랑스의 '브르타뉴' 지방에서 그보다 오랜 거석분묘가 발견되고부터 그 기원론은 다시 혼란의 소용돌이에 휩싸이게 되었다.

유럽의 선사문화에서 전파론자와 독자적 발생론을 주장하는 이론자들 사이의 논쟁은 벌써 19세기 이전으로 거슬러 올라가지만, 이들의 주장은 충분한 고고학적 조사의 뒷받침에 의한 것이 아니고 유물 또는 유적의 형태적 유사성에 따른 추상론의 범위에서 벗어나지 못한 것들이었다.

지금까지의 고고학적 연구 결과는 서로 다른 두 지역 사이의 문화관계에서 외형적 유사성만으로는 이들의 문화적 요소를 관련지을 수 없다는 콜스 J. Coles 등의 이론과 함께 새로운 방향전환이 모색되기에 이르렀다. 외형적 유사는 물론이려니와 거기에 뒤따르는 모든 내적 요인이 함께 부합됨으로써 비로소 상호 문화 간의 관련 양상을 추출할 수 있다는 데서 지금까지의 문화전파론에 새로운 제한이 가해지게 된 것이다.

사실상 많은 인류학자들이 제시한 현대미개민족現代未開民族의 원시적 생활도구 가운데에는 이와 시간적·공간적으로 전혀 무관한 구대륙의 선사시대 주민이 제작한 것과 다만 외형적으로는 많은 유사성을 지닌 것들이 있지만 그러한 외적 요인만으로 별개의 양 집단을 관련짓는다는 것은 전혀 불가능함은 물론이다. 일찍이 켈러Keller가 지적한 바와 같이 유사한 문화단계에서 욕구는 유사한 수단을 발생시키고, 결과적으로는 상이한 집단 또는 서로 다른 시대일지라도 인간의 유사한 본능에 의해 유사한 도구가 만들어질 수 있다는 이론은 지금까지의 일변도적一邊倒的 전파주의이론에 새로운 재고의 여지를 불러일으키게 하였다.

따라서 이제까지 논의되어 오던 거석분묘의 발생과 기원론에서도 과거 어느 한 지역에서 발생하여 그것이 주변의 지역으로 광범위하게 확산되었다는 일원설一元說에서부터 서유럽만 하더라도 그것이 몇 개의 지역에서 각기 개별적으로 발생하여 독자적인 문화의 바탕 위에서 나름대로 별개의 문화권을 이루어 나갔다는 다원발생설多元發生說이 보다 설득력을 가지고 전개되고 있다. 이러한 이론의 근거는 20세기 중반에 이르러 활발해진 고고학 연구에서 자연과학 이론의 도입, 특히 방사성탄소연대 측정법이나 여기에 연륜측정법의 결과를 대입시켜 얻은 새로운 결과를 바탕으로 한 절대년대의 측정에 힘입은 바가 컸다고 할 수 있다.

3

한반도 전역을 비롯해서 중국의 동북지방 일원, 일본의 서북 규슈지방에 분포하며 하나의 문화권을 이루는 거석분묘는 일반적으로 '고인돌'이나 지석묘, 일부지역에서는 석붕石棚으로 통칭되고 있다. 물론 그 세부구조나 출토유물의 성격에서뿐만 아니라 시기적으로도 앞서 서구의 거석분묘와는 너무나도 현격한 차이를 보이지만 다만 외형상으로 나타난 구조적 유사성에 따라 양자 간에 이루어질 수 있는 간접적 연계의 가능성이 암시되기도 하였다.

그러나 유라시아 대륙의 극동極東과 극서極西라는 원격遠隔한 지리적 상황으로 보거나 연대상의 차이, 그 사이를 잇는 동류의 다른 문화권과의 단절된 상황 등으로 보아 지금의 고고학적 성과만으로는 그 가능성은 거의 고려의 대상이 되지 못한다고 할 수 있을 것이다.

여하튼 지금까지 동북아시아의 거석분묘에 대해서도 한 세기 이상 연구가 진행되고 있지만 그 사이에 시도된 형식분류나 편년 작업의 노력에도 불구하고 아직은 풀어야 할 많은 과제들이 문제점으로 남아 있는 실정이다.

이 거석분묘가 갖추고 있는 유적으로서의 구조적 특성, 이를테면 유구의 일부, 또는 대부분이 원래 지상에 노출되어 일찍부터 고고학자들의 관심을 불러일으킬 수 있었다. 이러한 특성에도 불구하고 그러한 외형상의 이유로 인해 도리어 진작부터 도굴이나 훼손의 대상으로서, 또는 경작 등으로 인한 피해의 제물이 되어 왔기 때문에 대부분 교란된 상태에서 조사가 이루어져 왔다. 이러한 외적인 악조건과 출토유물의 결핍은 지석묘 사회의 생활상은 물론 유적 자체의 성격 구명마저 저해하는 요인이 되어왔다.

이러한 인위적인 요인과 함께 외적인 자연조건, 즉 매장인골이나 유기질 유물을 급속도로 산화부식시키는 이 지역의 지질적·기후적 조건은 많은 경우 매장 주체가 지상에 노출되는 지석묘 자체의 성격과 함께 이 분야의 연구를 위해 극복해 나가야 할 문제점으로 지적할 수가 있을 것이다.

근간에 이루어지고 있는 고고학 각 분야에 걸친 과학적인 정밀조사의 기운은 지석묘 연구를 위해서도 매우 고무적인 추세이며 다른 유적에 비해 항상 불리한 조건에 노출되어 있는 이 분야의 심층연구를 위해서는 그 조사에 보다 철저를 기해야 될 것이다.

이러한 유적 자체의 정밀조사와 더불어 지석묘와 직접 혹은 간접으로 상관관계에 있는 인접된 유적에 대한 연대적連帶的 조사를 거쳐 연구를 보다 심화할 수 있을 것으로 기대된다. 고고학적 조사를 거쳐서 얻어진 결과를 바탕으로 하여 우리는 인접과학, 이를테면 건축·토목학적인 관점에서 그 축조기술을 고찰할 필요가 있으며 민속·신앙적 입장에서 당시의 거석신앙 문제를 추구해야 할 것이다. 이러한 보다 과학적이고 분석적 접근을 통해 지석묘사회의 철저한 복원을 시도함으로써 지금까지 이루어진 형식분류나 편년설정을 위주로 한 답보적인 연구 경향에서 벗어나 보다 성숙된 학문의 단계에까지 끌어올릴 수 있을 것으로 믿는다.

(『박물관신문 126』, 국립중앙박물관, 1982.2)

도 20-1 황해도 은률군 운산리 지석묘

도 20-2 프랑스 까르낙지방의 Crucuno 돌멘

III

백제와 신라의 고분문화

발굴일화-수천 년 잠들었던 조상들과의 만남

1. 고고학적 발굴조사의 전개

해방 이듬해인 1946년 봄. 미군 트럭을 빌려 발굴 장비를 싣고 경주에 도착한 국립박물관 조사단 가운데에는 발굴 지도를 위해 그때까지 아직 귀국하지 않고 머물러 있던 일본인 아리미쓰(有光教一)가 끼어 있었다. 우리의 손으로 이루어질 최초의 유적 발굴이라 할 수 있는 140호분(발굴 후 호우총壺杅塚·은령총銀鈴塚으로 명명)에 대한 발굴 지도를 위해서였다. 그때까지만 해도 우리나라 사람으로는 고분 발굴을 실질적으로 이끌어간 경험 있는 고고학자가 없는 여건에서 이루어진 불가피한 상황이었다.

해방 이전의 일제 치하에서도 전국 각지에서 발굴이 행해졌지만 이때의 발굴은 주로 총독부 주관의 학술조사가 대부분이었으며 대개 유물 수집을 위한 고분 발굴에 치중되었다.

호우총 발굴을 시작으로 그 후 개성 법당방法堂坊 고려 고분이나 경주 황오리皇吾里 폐고분廢古墳 등이 국립박물관에 의해 조사되는 등 사회적 격변기에도 발굴

도 Ⅲ-1 공주 무령왕릉의
연도 입구
석수 앞에 놓인 네모난 돌이
왕과 왕비의 매지권(買地券).

은 꾸준히 계속되었다. 그러다가 곧 6·25가 터지고 다시 혼란의 소용돌이에 휩쓸리게 되었으나 부산 피난 시절의 어려운 여건 속에서도 경주 금척리金尺里 고분과 쌍상총雙床塚·마총馬塚에 대한 발굴이 강행되었다.

환도還都 이후에는 한동안 발굴 조사에까지 신경을 쏟지 못하다가 1957년에야 울릉도 고분을 시작으로 다시 발굴작업이 재개되었다. 같은 해에는 시굴試掘이긴 하지만 암사동岩寺洞 선사先史 주거지가 서울의 대학연합발굴단에 의해 조사되어 지금까지 고분 발굴에만 치우쳤던 발굴 양상에서 벗어나 선사시대의 유적에도 관심을 기울이기 시작하였다. 또 그전까지는 모든 발굴이 오직 국립박물관에 의해서만 수행되어 왔으나 이때부터 일부 대학박물관도 직접 발굴에 참여함으로써 보다 다변화된 조사활동이 이루어졌다.

1960년대에 들어서면서 발굴이 더욱 활성화되고 더욱이 1961년에 우리나라에서는 처음으로 서울대학교에 고고인류학과考古人類學科가 개설되면서 보다 체계화된 학술적인 발굴 활동의 계기가 마련되었다.

한편 국립박물관에서는 이듬해인 1962년에 제원堤原 황석리黃石里 고인돌에 대한 발굴을 시작으로 전국 고인돌유적의 연차적인 발굴에 들어가 이후 만 6년간 걸쳐 조사가 이루어지고 그 결과는『한국지석묘연구韓國支石墓研究』라는 방대한 보고서에 실려 명실공히 한국 고고학사상 기념비적인 저술을 남겼다.

그 후 국립박물관을 비롯해서 문화재관리국이나 각 대학박물관에 의해 수많은 선사·원사原史·역사시대 유적의 발굴이 이루어져 한국고고학의 새로운 장을 하나하나 열어 나갔지만, 그 중에서도 특히 괄목할 만한 성과로는 공주 무령왕릉武寧王陵(1971), 경주 천마총天馬塚(1973), 그리고 최근에 실시된 창원 다호리茶戶里 고분(1988~)의 발굴을 들 수가 있다. 이 발굴들을 통해서 이루어진 학술적인 성과도 그렇거니와 워낙 역사적인 발굴이었던 만큼 여기에 얽힌 발굴 외적인 일화도 우리에게는 발굴 성과 못지않게 많은 교훈을 남겼다고 할 수 있다.

2. 신비로운 왕릉 발굴의 개가

1971년 여름의 무령왕릉 발굴은 그 결과만으로 보면 우리나라뿐 아니라 세계 고고학사에서도 유례가 드문 발견이라고 할 수가 있었다.

이 왕릉의 발견은 매우 우연한 동기에 의해서 이루어졌다. 공주 송산리宋山里 고분들 가운데 무덤 내부를 공개하던 5호(돌방무덤)와 6호(벽돌무덤) 무덤의 누수漏水 방지를 위해서 배수구 시설을 하던 중 벽돌무덤 구조의 일부가 드러났던 것이다. 당시 김영배 공주박물관장의 입회하에 계속되던 이 작업은 즉시 중단되고 곧 서울에서 김원용 국립박물관장을 단장으로 한 조사단이 내려가게 되었다.

7월 7일 오후 4시경부터 시작된 발굴은 우선 나타난 벽돌 구조의 주위부터 넓게 파내려 갔는데 점차 널길(羨道) 입구가 드러나면서 바로 옆에 이루어진 6호 무덤과 같은 또 하나의 벽돌무덤(塼築墳)임이 확실해졌다.

이때 벌써 소문을 듣고 몰려온 주민들로 현장이 북적대기 시작했고 날은 어둑해져 야간 경비문제가 심각하게 거론되면서 드디어 철야작업을 강행키로 의견을 모으기에 이르렀다. 그러나 잠시 후 갑작스런 폭우가 쏟아지기 시작하면서 결국 작업은 더 이상 계속하지 못하고 드러난 널문(羨門)을 통해 빗물이 무덤 안으로 스며드는 것을 막기 위한 배수 작업으로 거의 자정까지 허둥댈 수밖에 없었다. 철야작업 계획은 무산되고 철저한 경비조치를 취한 후 숙소로 돌아왔으나 모두가 흥분된 상태여서 선잠으로 밤을 지새운 후 아침 8시부터 다시 작업이 계속되었다.

널문 주위를 넓게 파내려갔으나 단단히 다져진 강회층 때문에 작업시간이 늦어져 오후 3시경에야 겨우 널길 입구가 모두 드러났다. 곧 위령제慰靈祭를 마치고 입구의 막음벽돌(閉塞塼)을 위에서부터 하나씩 들어내기 시작하면서 조사원은 물론 몰려든 수많은 군중들까지도 숨을 죽이며 그 역사적인 발굴의 과정을 내려다보았다.

떨리는 손을 간신히 가누면서 하나 둘 벽돌을 뽑아내는 조사원들의 상기된 모습에는 미지의 세계를 열어가는 엄숙함이 깃들어 있었다. 이윽고 눈높이까지 뚫린 널문 틈새를 통해 '플래시'로 비쳐진 희미한 무덤 속. 맨 먼저 시선에 부딪힌 '그로테스크'한 모습의 돌로 만들어진 괴수怪獸 한 마리. 앞발 하나가 바닥면에서 들려 약간 기우뚱한 자세로 서 있는 것이 멧돼지 같기도 하고 쫑긋한 귀가 살찐 토끼처럼도 보이고 뭉뚝한 아가리를 헤벌린 모양이 어쩌면 하마나 코뿔소 같기도 한 그런 해괴한 모습이었다.

한동안 이 석수石獸에만 눈을 멈추었다가 곧장 정신을 가다듬고 그 주위를 살펴나가던 일행은 석수 앞에 가지런히 놓인 두 장의 네모난 석판石板을 확인하였다. 마치 바닥 전돌 같은 모양이었는데, 그 위에는 동전꾸러미가 가지런히 놓여 있었다. 플래시로 비스듬히 비쳐진 석판에는 희미하나마 어떤 각자刻字의 흔적이 보이는 듯했으나 여기에 엄청난 내용의 글이 새겨져 있으리라고는 아무도 상상하지 않았다.

멀리 비쳐진 널방(玄室) 안에는 검은 널빤지들이 무질서하게 널려 있는 것으로 보아 나무널(木棺)이 썩어 내려앉은 것임이 분명하였다. 곧 벽돌을 하나하나 들어내는 작업은 계속되었다. 무릎 높이에서 작업은 일단 중지되고 조사원 두 사람이 조심스레 무덤 안에 발을 들였다. 우선 허리를 굽혀 석판을 살폈다. 글씨(刻字)가 분명하고 더구나 '요동대장군寧東大將軍'으로 시작되는 내용으로 보아 무령왕과 그 왕비의 묘지임에 틀림없었다. 뛰는 가슴을 가까스로 억누르며 발을 옮겨 살펴본 널방은 온통 무질서하게 흐트러진 상태였으나 아직 전인미답前人未踏의 처녀분處女墳임이 확실하였다.

이때쯤 무덤 밖은 몰려든 구경꾼들과 보도진들로 이미 아수라장이 되어 있었고 여기에 조사원들까지 안절부절, 발전기를 동원하여 어처구니없게도 철야작업을 강행키로 하였다. 이렇게 시작된 작업은 이튿날 아침까지 계속되어 12시간에 걸친 역사상 유례 없는 철야 발굴의 마무리를 지었다.

그 뒤 1973년 초부터 시작된 경주 천마총天馬塚에 대한 발굴은 앞서 이루어진 무령왕릉 발굴의 전철을 되풀이해서는 안 된다는 학계와 일반 국민들의 의지가 반영된 계획적인 발굴사업이라고 할 수 있었다. 경주종합개발계획에 따라 여기에 분포된 고분 가운데 한 곳을 발굴한 후, 내부구조와 출토유물을 일반에게 공개한다는 방침 아래, 작업은 처음부터 단계적으로 진행되었다. 처음 계획 수립 당시에는 학계의 반론도 없지 않았으나 일단 발굴이 시작되면서부터 온 국민의 관심은 이곳에 집중되었다. 봉토가 위에서부터 한 꺼풀씩 벗겨져 나가고 돌무지(積石部)가 드러나면서 밀려드는 구경꾼들을 더 이상 주체할 수가 없어 매장부埋葬部에 가까워지면서부터는 출입객들을 철저히 통제할 수밖에 없었다. 출입이 봉쇄되자 학계와 보도 관계자들의 불만이 높아지고 특히 보도진들 간에는 경쟁이 과열되면서 웃지 못 할 오보誤報 사태까지 벌어지곤 하였다.

금관金冠이 출토될 때는 엉뚱하게도 일제강점기 때에 발굴된 금관 가운데 하나가 신문의 1면 '톱'을 장식하였고, 천마도天馬圖 말다래(障泥)가 나올 때는 미처

공표하기도 전에 새어나간 기사 때문에 조사단원 가운데 한 사람이 발설의 용의
자로 구설수에 오르는 등 과민한 상황도 벌어졌다.

　그해 경주 일대에는 근년에 드문 가뭄이 계속되어 '왕릉을 파기 때문'이라는
흉흉한 민심의 동요까지 일어 발굴자들을 안타깝게 하였지만 한편으로는 매장부
위만 가설 천막으로 덮었을 뿐 특별한 지붕 시설이 없었던 현장 사정으로 보아서
는 무척 다행스런 천기天氣가 아닐 수 없었다.

　매장부에 대한 발굴이 한창 진행되던 7월 하순의 어느 날, 시신부屍身部의 머
리맡에서 금색 찬연한 금관이 그 모습을 드러낼 무렵이었다. 쨍쨍하던 하늘에 별
안간 먹구름이 덮이고 천둥·번개와 함께 폭우가 쏟아져 조사원 모두가 갑작스러
운 하늘의 조화에 놀라면서도 침착함을 잃지 않고 작업을 계속하였다. 그토록 모
질던 비바람이 금관을 완전 노출시켜 정갈하게 씻은 뒤 나무상자에 옮겨 담았을
때쯤 밤하늘은 씻은 듯 개어 있었다.

　매장부의 조사가 한창 이루어지던 때가 바로 7·8월이었고 바람 한 점 통할
데 없는 구덩이 속이었지만 하나 둘 드러나는 천수백년 전의 숨결 속에서 조사원
모두는 차라리 서늘한 두려움으로 그해 한여름을 보냈다. 그해가 다 갈 때까지 천
마총 발굴은 계속되었고 머지않아 두툼한 발굴보고서도 간행되었다.

　돌이켜보면 여러 가지 어려운 여건 속에서 우리도 이렇듯 거대한 규모의 발굴

을 수행할 수 있다는 뚜렷한 가능성을 보여준 획기적인 발굴 조사였다고 할 수 있을 것이다.

한편 1970년대에 들어서면서 활발히 이루어진 국토개발 사업에 따라 여러 곳에서 구제救濟 발굴이 행해지고 이 구제 발굴은 계획 발굴에도 새로운 자극을 불러일으켰다. 거의 전 국토에 걸쳐 이루어진 이 발굴은 시대적으로도 구석기시대부터 역사시대에 이르기까지 전 시대를 망라한 것으로 한국고고학 연구의 균형 있는 진전을 가져다준 계기가 되었다고 할 수 있는 기간이었다.

더구나 그 전까지는 일부 한정된 조사기관에 의해서만 이루어져오던 발굴이 이때부터는 박물관을 갖춘 거의 모든 대학이 대거 참여하는 발굴 양상으로 바뀌게 되었다. 이렇듯 빈번한 발굴 활동이 자주 지상에 보도되면서 많은 국민들에게 우리 고대문화에 대한 새로운 인식을 불러일으켰지만 한편으로는 사회 일각에서 이루어진 골동품 수집에 과열된 '붐'을 조장하기도 하였다. 이러한 수요 과잉에 따라 전국 어디에서나 불법적인 도굴이 성행되고 근래에 이르러서는 유적이 있을 만한 곳이면 거의 모두가 붉게 파헤쳐져 앙상한 유구遺構의 모습만 드러낸 참담한 모습으로 변해 버리고 말았다.

1988년 초 국립박물관에 의해 발굴되어 생생한 목관木棺 구조와 함께 다양한 출토유물을 통해 우리나라 기원紀元 전후의 본격적인 국가 발생 문제를 거론케 할 수 있는 자료를 제공한 의창 다호리茶戸里 유적에 대한 조사도 실은 도굴 고분에 대한 정리 조사가 낳은 예기치 못한 결과였다.

이곳 다호리 일대의 야산은 원래 가야伽倻 고분들이 밀집된 곳으로 해방 전부터 도굴이 이루어져 일찍부터 학계에도 개략적인 분포상황이 알려졌던 곳이다. 그러다가 최근에 이르러서는 야산뿐 아니라 부근의 과수원과 경작지까지도 도굴범들의 손이 미쳐 심지어 추수가 끝난 논바닥까지 파헤치는 일이 벌어졌다. 더구나 이곳에서는 유례가 드문 원삼국原三國시대의 희귀한 부장품들이 나왔다는 제보를 접해 1월의 차가운 날씨에도 불구하고 긴급 발굴에 들어갔다.

우선 구덩(墓壙)의 흔적을 따라 파내려 가기 시작해 뜻밖에 목관의 형체를 발견하게 되었다. 드러난 목관은 원통형의 통나무를 반으로 켠 뒤 속을 '구유'처럼 파내어 널과 뚜껑을 만든 것으로 지금까지는 생각할 수도 없었던 특이한 형체로 나타났다. 그러나 목관 뚜껑의 일부는 이미 도굴꾼들에 의해서 절개切開 파손되었고 널 안의 부장품은 모두 유출된 듯 유물은 거의 찾아볼 수가 없었다. 따라서 목관 내부 조사는 포기한 채 구조만이라도 확인하기 위해 주위의 구덩 벽면을 따라 파내려 갔으나 계속 스며 나오는 지하수를 감당하기가 어려울 지경이었다.

이 고분 둘레의 논바닥은 겨울의 가뭄철인데도 물이 흥건히 괴어 있었는데, 주민들에 의하면 아무리 가물어도 이 논은 사시사철 물이 마르지 않아 벼농사에는 더없이 좋은 곳이라는 것이었다. 바로 옆에는 두레박 없이 바가지로 퍼 쓰는 '쪽샘'이 있을 정도의 습지였는데 목관이 완전한 원형을 유지할 수 있었던 것도 바로 그 풍부한 지하수 때문임이 분명하였다.

목관의 주위에서 칠기漆器 파편 등 몇몇 유물을 수습했으나 이미 관내棺內의 유물을 잃었다는 안타까운 생각으로 발굴을 마무리 지어 나갔다. 목관의 실체나마 건질 수 있었다는 것만으로도 이번 발굴의 큰 수확으로 자위할 수밖에 없었던 것이다.

목관 수습에 혹시 일어날지도 모르는 작은 실수를 염려하여 서울에서 문화재 운반 전문 인력을 부르는 등 충분한 사전조치를 취하였다. 목관을 들어올리며 구덩의 바닥을 살피던 조사원들은 얼핏 바닥 한가운데에 거무스레하게 드러난 이상한 물체의 흔적을 발견하였다. 스며든 흙탕물에 덮여 자세히는 보이지 않았으나 분명 길쭉한 물체들임에 틀림없었다.

목관을 들어낸 뒤 그 위를 손으로 쓸어보니 길쭉한 것들이 검은 칠로 씌워진 칼집들이고 그 가장자리에는 삿자리 모양의 소쿠리 흔적이 있는 것을 느낄 수가 있었다. 그러나 현장에는 이 부장품들을 수습할 만한 도구나 장비를 전혀 갖추지 못한 상태였다. 그대로 소쿠리를 통째로 들어내서 운반 후 수습하는 방법밖에는 달리 도리가 없었다.

박물관으로 옮긴 뒤 그 안에 칠기로 된 자루와 칼집째 남아 있는 동검銅劍들을 비롯하여 갖가지 동기와 철기 등 금속제의 유물(銅鉾·鐵鉾·鐵斧·銅鐸·銅鏡·五銖錢)들이 차곡차곡 겹겹으로 채워져 나왔고 특히 우리를 놀라게 했던 것은 그 틈새에서 나온 필모筆毛까지 뚜렷이 남아 있는 완전한 다섯 자루의 붓이었다. 그것도 양 끝으로 굵고 가는 필모가 달린!! 태필太筆과 세필용細筆用이었을까?

모든 유물이 금속제와 목제품 등 보존상 극히 취약한 유물들로, 수습 즉시 간단한 실측과 촬영을 마친 뒤 일부는 용액 속에 담겨져 영구적인 처리를 기다리고 있다. 완벽한 처리를 거쳐 진열장에 들어가 모든 이의 호기심을 풀어주기까지는 앞으로 상당한 시간이 흘러야 할 것이다.

박물관에 전시된 모든 유물은 그것이 설사 무지한 촌부村夫나 도굴꾼들의 손에 의해 캐내어졌을지라도. 진열장에 들어가기까지 나름대로 발굴에 얽힌 사연을 간직하게 마련이다.

'발굴은 파괴'라고는 하지만 참된 정성이 깃든 고고학자들의 손에 의해서 햇빛을 보게 될 때 우리는 거기에 숨겨진 크고 작은 사연과 함께 더욱 값진 우리 역사의 의미를 가슴으로 느끼게 된다.

(『세계의 박물관 20 – 국립중앙박물관』, 한국일보사, 1988)

무령왕릉 발굴경과

1. 머리말

한국 고고학 발굴 100년사에서 공주 무령왕릉처럼 발견, 발굴, 정리에 이르는 과정에서 보여준 흥분과 환호, 비난과 반성 등 극적인 요소를 두루 갖춘 유적도 드물 것이다. 발굴을 통해서 얻은 고고학적인 성과만큼이나 잃은 손실도 적지 않아 두고두고 명암이 엇갈리는 평가 속에서도 그 위상은 한국고고학사의 한가운데 우뚝 솟아 있다고 할 수 있다.

지금까지 적지 않은 수의 백제고분이 서울을 중심으로 하는 수도권을 비롯하여 공주와 부여 등 반도의 서남부 지역에서 광범위하게 발견되었지만 원래의 모습대로 발견된 예는 극히 드문 형편이었다. 더구나 이곳 무령왕릉과 같은 왕릉 급으로 추정되는 대부분의 대형 고분들에 대한 발굴은 이미 도굴이나 훼손이 이루어진 뒤에 이루어진 정리조사 같은 것이어서 그 학술적인 성격을 파악하는 데에는 한계가 있을 수밖에 없었다.

이런 상황에서 완전한 처녀분處女墳으로 나타난 무령왕릉은 우리의 고고학적 여건에서는 하나의 기적과 같은 발견이었고 그 갑작스런 성과는 당연히 세계 고고학사에서도 흔치않은 사건과 같은 것이었다. 본고에서는 발굴 참여자의 한 사람으로서 필자가 이 대발견이 이루어지기까지의 전말을 기술함으로써 당시의 발굴 상황에 좀 더 깊은 의미를 부여하고자 한다.

2. 왕릉의 발견

공주시내의 중심가로부터 북북서 쪽으로 약 1킬로미터 가량 떨어진 송산리朱山里 고분군(사적13호)에는 모두 6기의 크고 작은 돌방무덤(1~5호분)과 벽돌무덤(6호)이 금강 낮은 구릉의 남쪽 사면斜面을 따라 분포하고 있다. 1~4호 무덤은 구릉의 7부 능선을 따라 동~서로 가지런히 배치되어 있고 서쪽으로 나 있는 곡부谷部 건너편의 낮은 위치에 5호와 6호 2기의 무덤이 거의 동~서로 붙은 채 조성되어 있었다.

이 가운데 돌방무덤인 5호분과 벽돌무덤인 6호분에서 특히 여름철 같은 우기에는 무덤 안에 물이 새거나 습기가 차 1971년 6월 말부터 문화재관리국에 의해 6호분의 봉토 북쪽으로 배수구 시설 공사가 시작되었다. 배수구를 만들기 위해 봉토의 일부를 파들어가던 7월 5일, 배수구 한쪽에서 작업하던 인부의 삽자루 끝에 봉토와는 다른 딱딱한 물체가 닿는 것을 느꼈다. 조심스레 그 쪽을 파내려가던 중, 6호 무덤에서와 비슷하게 가지런히 쌓은 벽돌들이 나타나자 인부들은 현장에 나와 있던 문화재관리국의 윤홍로 감독관에게 이 사실을 알렸다.

수시로 현장에 나와 작업을 지켜보던 김영배 공주박물관장도 이를 확인하자 공사는 즉시 중단되었고 이 사실은 곧 서울의 문화재관리국에 통보되었다. 곧이어 문화재관리국장과 문화공보부장관에게 보고한 뒤 급히 발굴조사단이 구성되었는데 국립박물관장인 김원용 박사를 단장으로 한 발굴조사단의 실무 멤버는 주로 문화재관리국 산하의 문화재연구실(현 국립문화재연구소) 팀으로 구성되었다.

도 III-3 발굴 이후 보존공사 완료 후 무령왕릉 모습(1973년)

　　7월 7일. 오전에 장인기 문화재과장과 함께 이호관 연구관, 손병헌·조유전·
지건길 연구사 일행이 현지에 도착하여 지금까지 현장을 지켜봐온 김영배 관장,
안승주(공주사대), 박용진(공주교대) 교수 등과 앞으로의 작업 계획을 논의하였다.
오후 김원용 단장의 현장 도착과 함께 그새 멈췄던 작업이 계속되었고 벽돌로 쌓
아올린 무덤의 앞쪽 부위가 점차 넓게 드러나면서 이를 지켜보는 모든 이들은 무
언의 흥분 속으로 차츰 빠져들 수밖에 없었다. 바로 곁에 위치한 6호 무덤과 똑같
은 방법으로 쌓아올린 벽돌무덤의 구조가 그 모습을 드러내고 있었기 때문이다.

　　이윽고 아래쪽으로 내려가면서 널문(羨門)의 가장자리 윤곽으로 보이는 둥그
스름하게 쌓아올린 벽돌들이 나타나면서 흥분은 탄성으로 이어졌고 조금 더 내려
가 막음벽돌(閉塞塼)로 채워진 널문의 실체가 드러나면서 탄성은 확신으로 변해가
는 듯했다. 그러나 조사원들의 확신 가운데에는 한 가닥 불안감을 떨칠 수가 없었
다. 바로 처녀분이 아닐 수도 있다는 걱정 때문이었다. 지금까지 조사된 이와 비슷
한 큰 무덤들이 온전한 상태로 보존된 경우가 없었다. 더욱이 바로 옆에 이루어진
6호 벽돌무덤도 유물이 모두 깡그리 도굴당한 채 그 화려한 구조만 드러내고 있
어, 오늘날까지 한 일본인 도굴 용의자만이 사람들 입에 오르내리고 있지 않은가?
아무튼 기대와 불안, 흥분 속에서 작업은 서둘러 진행되었다.

　　축조 당시의 널문 앞에 이루어진 구덩벽(壙壁) 안은 흙(充塡土)으로 채워져 있

도 Ⅲ-4 무령왕릉 입구
막음벽돌 제거 작업

었는데 이것을 파냄으로써 자연스럽게 발굴 작업을 위한 넓은 공간을 마련할 수 있었다. 채워진 흙이라고는 하지만 워낙 굳게 다져진데다 막음벽돌의 겉에는 두텁고 단단한 강회다짐을 하여 파내려 가는 속도는 더딜 수밖에 없었다. 드디어 밤샘 작업을 하기로 하고 군청을 통해 비상 발전기가 동원되는 등 채비를 갖춰 야간작업이 강행되었다.

널문과 그 둘레의 윤곽이 거의 드러나고 철야 작업의 시작으로 약간 나른해진 몸을 추스를 무렵, 그새 맑았던 하늘에서 갑자기 빗방울이 떨어지더니 금세 굵은 빗줄기로 변해 무덤 앞에서 파내려가던 구덩이에 삽시간에 빗물이 붇기 시작했다. 처음에는 '양동이'로 퍼냈으나 더 이상 감당하기가 어려워 어쩔 수 없이 동쪽의 구덩벽 한쪽을 파내 물길을 만들어 빗물이 빠져 나가도록 하였다. 자칫 물이 넘쳐 무덤 속으로 넘쳐들기라도 하면 큰일이기 때문이었다. 흙 파는 작업에서 물 퍼내는 작업으로 바뀌면서 한동안 부산을 떨다가 비는 그쳤으나 당초 계획했던 철야작업을 강행할 수가 없어 자정 가까이에 이르러 현장의 철저한 경비를 당부하고 숙소로 돌아왔다.

7월 8일. 아침 일찍 서둘러 현장으로 나가 무덤 앞의 구덩이를 파내려갔으나 그 속도가 더뎌 오후 3시가 다 되어서야 겨우 바닥면에 다다랐고 드디어 무덤의 앞모습이 완전히 드러나게 되었다. 지금까지의 상황으로 보아 적어도 이쪽에서는 아무런 훼손의 흔적이 나타나지 않아 일단 한숨을 돌릴 수 있었지만 아직은 무덤의 안전을 확신할 수는 없었다. 혹시 무덤의 다른 벽 쪽을 헤집고 들어갔을 가능성이 얼마든지 있었기 때문이다.

위령제慰靈祭를 위해 간단한 제수祭需를 준비하여 조사단 대표와 현지의 관계 인사 등 다섯 명만 겨우 무덤 앞의 좁은 구덩이 속으로 들어가 무덤의 온전한 보존과 무사한 발굴을 기원하는 제를 올린 뒤 드디어 널문을 막아둔 벽돌의 개봉 작업에 들어갔다. 흰 장갑을 낀 채 잔뜩 긴장된 모습의 김원용, 김영배 두 관장에 의해 겉에 얹힌 벽돌 몇 장이 거두어지고 널문을 막았던 맨 위쪽의 첫 벽돌 한 장이 빠져나올 때였다.

조사원들과 이를 유심히 지켜본 사람 가운데 몇 명은 무덤 속으로부터 하얀 김이 서려 빠져나오는 것을 볼 수가 있었다. 무덤 속의 찬 공기가 갑자기 빠져나오면서 바깥의 더운 공기에 닿아 생겨난 김이었겠지만 이를 지켜본 이들에게 그 김은 마치 신비로운 서기瑞氣처럼 여겨졌다.

3. 무덤 내부의 조사

막음벽돌을 한 단씩 차례로 들어내 거의 눈높이에 이르러 아직 어두컴컴한 무덤 속을 잠시 살피던 김원용 관장은 플래시로 한참을 더 들여다본 뒤 말없이 플래시를 김영배 관장에게 건넸고 이윽고 초조히 기다리던 다른 조사원들에게도 잠시 차례가 돌아갔다.

조사원들의 시야에 널길의 중간쯤에 밖을 향해 놓인 '그로테스크'한 뿔 달린 괴물 하나가 맨 먼저 들어왔다. 차츰 눈이 어둠에 적응하면서 괴물은 돌로 만들어진 짐승임을 알아차릴 수 있었는데 앞다리를 벌린 모습이 흡사 주둥이가 뭉툭한 멧돼지 같기도 하고 이마에 한 가닥의 뿔이 달린 '유니콘'(一角獸) 같기도 하였다. 이 돌짐승 앞에는 전돌 모양의 네모난 돌 2매가 가지런히 놓여 있었는데 그 위에 동전 꾸러미가 수북이 얹혀 있었고 널길의 바깥쪽으로는 귀 달린 도자기들과 청동으로 만든 그릇과 숟가락 등이 아무렇게나 널려 있었다.

돌짐승 건너의 무덤방(玄室)에는 멀리 어둠 속에서나마 무질서하게 쌓여 있는 널빤지들이 보였는데 첫눈에도 시신을 안치했던 나무널(木棺)들이 썩어 내려앉은 것들임을 알 수 있었다. 무덤 속은 벽과 천장으로부터 벽돌 틈새를 비집고 길게 늘어진 풀뿌리들로 가득했는데 이 뿌리들로 인해 무덤 안의 분위기는 더욱 음산하게 느껴졌다.

그새 각지에서 모여든 기자들과 관계 학자들, 어느새 소문을 듣고 몰려든 주민들의 북새통 속에서 다시 막음벽돌을 들어내는 널문의 개봉 작업은 계속되었고 무릎 높이에 이르러 일단 작업을 멈췄다. 무거운 긴장감이 감도는 속에서 이윽고 두 김 관장은 널문을 넘어 무덤 속으로 들어갔다.

한참을 지나서 나온 이들의 얼굴에는 넘치는 흥분을 애써 억누르려는 표정이 역력했다. 쏟아지는 기자들의 질문에는 단장인 김원용 관장이 나섰다. 흥분이 덜 가라앉은 떨리는 목소리로 우선 이 무덤의 주인공은 백제 사마왕斯麻王, 즉 제 25대 무령왕武寧王 내외라는 것과 이것을 적은 지석誌石의 존재, 그리고 이 무덤은 온전한 처녀분이라는 것을 밝혔다.

우선 조사에 필요한 준비물을 챙기기 위해 먼저 조사단원들이 차례로 무덤 속으로 들어갔다. 바닥의 여기저기에 널려진 유물과 널빤지(棺材)에다 벽과 천장뿐 아니라 바닥 틈새로 삐져나와 수북이 쌓인 마른 풀뿌리더미로 그 밑에 무엇이 있는지 모르는 상황에서 함부로 발 디디기조차 어려운 정황이었다. 이런 판에 촬영 기자들의 막무가내 등살에 제한적이나마 그들을 들여보내지 않을 수가 없었다. 한동안 엎치락뒤치락 법석을 치른 뒤 무덤 내부 조사에 든 것은 밤이 한참 이슥해진 10시께였다.

따로 별다른 지침은 없었지만 현장의 분위기로 보아 당연히 철야작업으로 이어질 수밖에 없는 상황이었다. 우선 무덤 안에 널려 있는 널빤지부터 간단한 촬영과 실측을 마치고 무명천으로 둘둘 말아 공주박물관으로 옮긴 뒤 본격적인 무덤 내부의 유물 배치상태에 대한 촬영, 실측과 함께 곧바로 유물 수거작업에 들어갔다.

도 Ⅲ-5 처음으로 모습을
드러낸 무령왕릉의 널길
내부 모습

도 Ⅲ-6 무령왕릉의 무덤방

　　왕과 왕비 쪽을 따로 분담하여 왕쪽은 김원용과 지건길이, 그 맞은편은 김영
배와 손병헌이 맡아 나가기로 하였고 이호관과 조유전 등은 밖에서 이루어지는
유물의 수습, 운반과 발굴용품의 조달에 매달렸다. 유물에 뒤엉킨 풀뿌리를 가위
로 잘라내가며 작업을 계속해 나가는 일이라 까다롭고 더뎠지만 더 이상 꾸물댈
수가 없었다.

이렇게 서두르다 보니 실측은 눈에 띄는 유물에 대해서만 이뤄졌고 자잘한 것들은 그냥 지나칠 수밖에 없었다. 바깥이 훤히 밝아오면서 밤샘 작업은 더욱 서둘러져 막바지 바닥 위에 깔린 유물들은 풀뿌리와 함께 큰 삽으로 거두어 자루에 담겨져 나갔다.

제대로 했더라면 족히 몇 달은 걸렸을 무덤 속 작업은 이렇듯 하룻밤 새에 대단원의 막을 내리고 말았다. 이때가 7월 9일 아침 9시경. 수습된 유물은 공주박물관에 보관시키고 널문 입구를 임시로 폐쇄한 뒤 조사단은 필요한 자료만 챙기고 철수하였다.

발굴보고서 집필을 위해 수습유물들을 서울로 운반해야 했지만 예기치 않은 주민들의 반대에 부딪혀 한동안의 승강이 끝에 무령왕릉 출토유물의 전시를 위한 새 박물관의 건립 등을 약속하고 1주일 만에야 유물을 서울의 국립박물관으로 옮겨갈 수가 있었다.

4. 추가 조사

앞서 7월 7일부터 9일 아침까지 만 이틀 동안에 이루어진 본 조사에서는 왕릉에 안치된 왕과 왕비의 시신에 착장했던 꾸미개(裝身具)와 무덤 안의 부장품 수습에 국한될 수밖에 없었다. 이렇듯 미흡한 졸속 발굴의 보완을 위해서는 발굴보고서 작성 등 뒷마무리 조사를 위한 조직의 구성이 절실하다는 학계의 여론에 따라 유물의 박물관 도착과 함께 종합조사단이 구성되기에 이르렀다. 종합조사단은 고고·기초조사반, 미술공예반, 역사고증반, 보존과학반을 주축으로 하여 여기에 행정반을 두고 보고서 작성을 위한 최우선 과제로 왕릉에 대한 추가 구조조사의 필요성이 제시되었다.

8, 9월과 10월, 모두 3차에 걸쳐 이루어진 추가조사에는 국립박물관 팀이 주축을 이루는 고고·기초조사반이 투입되어 벽돌무덤의 구조 파악과 봉토의 축조

방식에 관한 조사에 주력하였다.

1차 추가조사(1971.8/17~8/29)에서는 봉토의 범위와 축조방식을 밝히기 위한 구조조사가 이루어졌다. 남아 있는 봉토의 정점頂点을 중심으로 하여 방사상으로 설정한 모두 5개소의 '트렌치'를 파들어간 결과, 봉토의 아래층은 석회石灰가 섞인 흙이 판축식版築式으로 다져져 있음을 알 수가 있었다. 그 위층은 갈색 계통의 맨흙과 점토질의 산흙으로 덮여 있었으나 위·아래층 사이의 층위 구분은 뚜렷하지 않았다. 봉토의 동남쪽 트렌치에서만 표토의 바로 아래에서 부분적으로 깐돌(葺石)이 나왔고 그 밑에서는 약 6미터 길이의 둘림돌(護石)이 드러났는데 이러한 시설은 다른 트렌치에서는 나타나지 않아 여기에만 국한되어 남아 있는 것으로 보였다.

널문 앞바닥은 부식된 풍화암반을 깎아내고 석회를 섞어 다져 평탄하게 만들었는데 이 부분을 파고 그 밑을 조사하는 과정에서 벽돌로 쌓은 배수구가 드러났으나 이에 대한 조사는 다음으로 미룬 채 첫 번째 추가조사를 마쳤다.

2차 추가조사(9/14~9/21)에서는 널방(玄室)의 천장과 벽면, 바닥에 대한 전면 실측과 함께 바닥과 널받침(屍床) 일부의 벽돌을 들어내고 밑바닥 상태에 대한 조사를 실시하였다. 이 조사를 통해 앞서 1차 추가조사의 마무리 단계에서 확인된 널문 앞쪽으로 연결되는 배수구가 확인되었다. 널길 바닥 아래에서 시작하여 널문 앞쪽으로 뻗은 벽돌로 짜 맞춘 길이 17미터에 이르는 긴 배수구가 드러났는데 널길 앞 2m에서 약 3.5m가량은 벽돌을 쌓지 않은 채 도랑 구덩이만 남아 있었다.

이렇듯 완벽한 구조의 왕릉에서 나타난 이와 같은 이해할 수 없는 상황에 조사원들은 모두 의아해할 수밖에 없었으나 한 가지 추측으로 이러한 뜻밖의 모습을 이해할 수밖에 없었다. 즉, 벽돌무덤의 축조를 마무리할 즈음 뜻밖에 모자란 벽돌을 채우기 위해 부랴부랴 이 배수구에 쓰인 벽돌을 갖다 채울 수밖에 없었던 것이 아닌가 하는 추측이었다.

마지막 3차 추가조사(10/26~10/28)에서는 본 조사 때에 무릎 높이만큼 남겨두었던 널문의 막음벽돌을 마저 들어내 널문을 완전히 노출시켰다. 널방 내부에 대한 마무리 조사는 앞으로 무덤 복원을 전제로 한 것이었기 때문에 바닥 부위에 대한 조사도 최소화한 상태에서 끝마치게 되었다.

　무령왕릉의 본 조사에 뒤이어 고고학, 미술사, 역사학, 금석학, 보존과학 등 학계의 중진들로 이뤄진 종합조사단이 구성되고 세 차례의 추가조사를 거쳐 이들의 참여하에 비교적 빠른 기간 안에 발굴보고서도 간행되었다. 그러나 이렇듯 충실하게 꾸며진 보고서에도 불구하고 너무 졸속으로 이뤄진 발굴이라는 비난을 면하기에는 조사단 모두가 안아야 할 책임이 너무나 무거울 수밖에 없었다. 물론 당시의 여러 가지 주변의 정황, 예를 들면 운집한 주민들과 언론들의 폭발적인 관심으로부터 자유로울 수 없었던 것 등이 큰 부담으로 작용했다고는 하나 이러한 여건들이 졸속 발굴을 변명하기에는 그 명분이 너무 하찮다고 할 수밖에 없는 것들이었다.

　이 발굴에서 보여준 여러 가지 문제점들은 이후 한국고고학계에 하나의 커다란 교훈으로 받아들여질 수 있었다. 특히 두 해 뒤에 이루어진 천마총天馬塚 발굴은 국가기관에 의해 시행된 첫 번째 대규모의 국책발굴이라는 상징성도 있었지만 무엇보다도 무령왕릉 발굴의 사례가 반성의 거울이 되었다. 따라서 처음부터 그 전철을 밟아서는 안 된다는 의지가 반영된 철저하고 신중하게 이뤄진 학술조사로서 그 뒤 한국고고학 발굴과 보고서 기술 등의 수범 사례가 되었다고 할 수 있었다.

　이렇듯 무령왕릉의 발굴에서 보여준 졸속한 조사과정에도 불구하고 결과적으로 그 학술적 성과는 우리 고고학사에서 중요한 한 페이지를 장식하게 되었고, 우리는 고대 백제사의 정립을 위한 하나의 시금석으로 삼게 되었다고 할 수 있다.

(『무령왕릉 – 출토유물 분석보고(II)』, 국립공주박물관, 2006)

격물格物, 찬란한 백제의 역사가 숨쉬는 무령왕릉

지금 국립공주박물관에서는 「무령왕릉을 격물格物하다」라는, 다소 흔치 않은 제목의 조촐한 특별기획전시가 열리고 있다(2011. 10. 8~2012. 1. 29). 온 세상을 떠들썩하게 했던 그 역사적인 발굴 40주년을 맞아 박물관이 기획한 특별한 전시가 관련 학계는 물론 온 국민의 관심 속에서 열린 것이다.

발굴 이후 중앙박물관과 공주박물관에서는 '무령왕릉'을 주제로 한 기획전시를 한 바 있다. 더구나 이곳 공주박물관은 지금까지 상설전시실의 상당 부분이 무령왕릉의 출토유물로 채워져 진작부터 이곳을 찾는 내외 관람객들의 탄성을 자아내고 있다. 박물관에서 개최하는 출토유물 위주의 전시 외에도 이곳과 가까운 왕릉 부근에는 복제複製 무덤을 조성하고 여기에 일부 복제 유물을 함께 전시함으로써 보다 실감나는 현장 체험의 관람체제를 갖추고 있다.

그러나 지금 박물관에서 열리고 있는 기획전시는 그동안의 전시와는 다른 의미를 띤다. 공주박물관이 이번 기획전시에 내건 '새로운 공개公開, 새로운 보고報告, 새로운 분석分析'이라는 주제만큼이나 지금까지의 여느 전시와는 다른 새롭고 특별한 의미를 갖고 있는 것이다. 발굴된 지 40년이란 긴 시간이 흐른 지금까지 이와 같은 '새로운' 자료가 속속 드러나고 있음은 출토유물의 중요성에 따라 이것을

도 Ⅲ-7 금제 관장식(왕비)

도 Ⅲ-8 금제 귀고리

다루는 후학들에 의해 연구가 꾸준히 계속되고 있다는 반가운 결과임은 두말할
나위가 없다.

우리나라의 수많은 발굴유적 가운데 이곳 '무령왕릉'만큼 최초의 발굴보고서
발간(1973.12) 이후 그에 대한 다각적인 후속 연구결과가 여러 번에 걸쳐 나온 예

가 없기 때문에 그 의미는 더욱 크다고 할 수 있다.

무덤의 구조와 출토유물 등에 관한 수많은 연구 논저와 도록, 영상물이 만들어지고 이를 주제로 한 빈번한 연구발표회와 유물전시 등 발표와 각종 행사가 활발하게 이루어져 왔다. 돌이켜 보건대 이는 부실한 발굴과 그에 따르는 미진한 보고서를 보완하고자 하는 학계의 아쉬움과 의지가 담겨 있는 것으로 받아들여야 할 것이다.

공주박물관에서는 2005년에 『무령왕릉 출토유물 분석보고서(I)』를 첫 출간한 이래 그 뒤 보고서 (II)와 (III)을 통해 출토유물을 재질별, 유형별로 심층 분석해 왔다. 또한 본 보고서의 부실과 미흡한 점을 보완하기 위해 2009년에는 『무령왕릉 신보고서新報告書』라는 이름으로 '제I권'을 발간했으며 앞으로 '제IX권'까지 출판할 계획을 세워놓고 무령왕릉에 관한 모든 것을 총체적으로 다뤄나갈 원대한 꿈을 키워나가고 있다.

따라서 이번 기획전시는 발굴 이후 지금까지 꾸준히 진행되어온 분석적 조사의 결과이며 출토유물의 특성상 이러한 일련의 작업은 앞으로도 계속되어야 할 것이다. 그러한 철저한 작업 수행만이 발굴 과정에서 우리가 저지른 과오에 대한 최소한의 속죄가 될 수 있으리라 믿기 때문이다.

1971년 7월 초순, 백제의 왕릉으로 추정되는 몇몇 무덤이 분포하는 공주 송산리宋山里 고분군(사적13호)에서는 이 가운데 벽돌무덤(塼築墳)인 6호 무덤에 대한 누수 방지를 위한 보수공사가 진행되었다. 이 공사 과정에서 우연히 드러난 무령왕릉은 당시까지 이루어진 한국고고학사상 가장 획기적인 발견으로 기록될 만한 일대 '사건'이었다.

한반도 내에서 근대고고학이 싹트기 시작한 20세기에 들어서부터 우리나라에서는 적지 않은 삼국시대와 통일신라 고대 왕릉 급 고분이 발굴됐지만 그 피장자被葬者가 밝혀진 것은 당시까지 무령왕릉이 처음이었다.

그때까지 완전한 처녀분으로 남을 수 있었던 것은 고분의 봉토가 일찍이 쓸려 나가면서 이 무령왕릉과 비슷한 구조를 갖춘 바로 옆의 6호 무덤 봉토에 가려져 그 흔적이 남아 있지 않았기 때문으로 생각된다. 이집트의 젊은 왕 '투탕카멘'의 무덤이 그 옆 '람세스' 6세 무덤에 가려 수천 년을 무사히 버텨온 사실과도 흡사한 운명을 지녔다고 하겠다.

과학적 분석으로 40년 만에 빛을 보다

이렇듯 우연히 이루어진 발굴을 통해 당시 조사원들은 마치 '타임머신'을 타고 1500년 가까운 시간을 거슬러 올라간 듯 무덤 안에 고스란히 간직된 무령왕 내외의 사후세계와 만날 수 있었다. 오랜 세월을 견디어오는 동안 무덤 속은 천장의 벽돌 틈새로 비집고 나와 치렁치렁 늘어진 잔뿌리들로 마치 동화책에나 나올 법한 '유령의 집'처럼 변해 있었다.

　무덤의 입구에는 멧돼지 같기도 하고 어쩌면 코뿔소(一角獸)처럼 보이는 외뿔 달린 돌짐승(鎭墓獸) 한 마리가 주둥이를 헤벌린 채 무덤을 지키는 한 마리의 괴수처럼 우뚝 서 있었다. 그 앞에 놓인 '寧東大將軍百濟斯麻王…'으로 시작되는 두 장의 네모난 묘지석墓誌石으로 이 무덤이 바로 백제 제25대 무령왕(501~523재위)과 그 왕비의 '능陵'이라는 것이 밝혀지게 되었다.

　여기에서 출토된 유물은 지금까지 발굴된 고대의 다른 왕릉 급 무덤에서 출토된 유물에 비해 질적으로 월등할 뿐 아니라 그중에서도 특히 묘지석은 유례가 없는 가히 역사적인 대발견이라고 할 수 있었다. 지금까지 적지 않은 수의 고대 왕릉급 고분이 발굴됐지만 거기에 묻힌 주인공이 정확히 밝혀진 무덤이 전무한 상황에서 얻은 엄청난 성과였다.

　이밖에도 왕의 묘지석에 나타난 명문의 내용을 통해 우리는 당시의 장제葬制와 역법曆法이나 방위方位의 개념 등을 살필 수 있었고 왕비의 지석은 무덤의 토지를 매입하기 위한 매지권買地券임을 밝힐 수가 있었다. 무덤 안에는 왕과 왕비를 안치했던 나무널(木棺)과 함께 시신을 안치했던 베개(木枕)와 발받침(足座)은 당시의 장법葬法을 보여주는 새로운 자료로서 여기에 나타난 화려한 금판장식과 그림들을 통해 백제시대의 독특한 장식미술의 자취를 살필 수가 있었다.

도 Ⅲ-9 무령왕릉 개봉
직전에 위령제를 지내는
모습

도 Ⅲ-10 시상屍床(시신을 눕히는 자리)

　왕과 왕비의 시신 머리맡에서 수습된 각 한 쌍의 금제 관식冠飾과 여러 쌍의 귀고리(耳飾), 그리고 금과 은, 각종 크고 작은 다양한 옥제玉製 목걸이(頸飾)와 팔찌(釧) 등은 지금까지 단편적으로만 알려져 온 백제 금속공예의 우수성을 한꺼번에 보여주었다. 이 밖에 각각의 발치에 가지런히 놓인 두 켤레의 금동 신발(飾履)은 사자死者를 보내는 마지막 장송葬送 의식을 보는 것같이 실감 있게 느껴졌다.

　이 밖에 널길(羨道)과 무덤방(玄室)의 여기저기에서 수습된 중국계의 거울(銅鏡)과 몇몇 도자기들을 통해 당시의 대륙미술을 주저 없이 받아들였던 백제문화의 개방성도 함께 살필 수가 있었다.

도 III-11 금동제 신발과 신발 조각

도 III-12 연꽃무늬 벽돌

　　그렇듯 놀라운 발견이었음에도 당시 그야말로 어처구니없는 졸속 발굴로 끝낸 탓에 두고두고 한국고고학사에서 지워버릴 수 없는 수치스러운 자취로 기억에 남았다. 갑작스레 마주한 희대의 대발견 앞에서 조사원 모두는 이성이 마비된 듯 순리적 발굴 진행의 원칙을 망각한 채 허둥대기만 했었다.

　　무덤의 내부를 미처 본격적으로 조사하기도 전에 비좁은 무덤 속 공간이 경향 각지에서 몰려든 언론과 일부 학계 인사들로 북적이면서 유물의 일부가 이들의 발에 짓밟혀 망가지는 사태까지 벌어졌다. 이윽고 이들의 재촉과 주민들까지 가세한 무질서한 소란 속에서 철야작업을 강행, 결국 몇 달이 걸려도 모자랄 발굴을 단 하룻밤 새 끝내버리고 말았던 것이다.

　　겉에 드러난 몇몇 장신구 등 부장품들은 무덤 안의 조사과정에서 대충 수습된

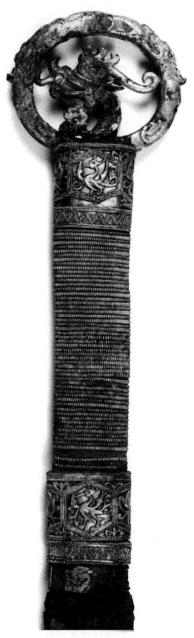

도 Ⅲ-13 둥근고리큰칼

것들이지만 많은 분량의 금붙이나 구슬 등 자잘한 유물들은 막바지 무덤 바닥을 허겁지겁 정리하는 과정에서 '오삽'으로 쓸어 자루에 퍼 담아졌다. 따라서 이것들에 대해서는 미처 정리할 만한 시간적 여유가 없었기 때문에 대부분 첫 발굴 보고서에는 실리지도 못한 채 오랜 시간 동안 자루 속에만 묻혀 있었던 것이다.

몇십 년 만에 빛을 보게 된 수많은 유물과 함께 발굴조사 때에 수습된 주요 유물에 대해서도 재질 등에 대한 과학적 분석과 개개 유형에 대한 심층적 고찰작업이 공주박물관 요원들을 중심으로 한 내외 연구진들에 의해 꾸준히 진행되어 왔다. 그 결과가 일련의 『출토분석보고서』와 『신보고서』 등 새로운 자료로 다시 세상에 태어나게 되었음을 뒤늦게나마 다행스러운 일로 받아들여야 할 것이다.

우선 베개와 발받침, 그리고 목관재 등의 수종樹種과 여기에 칠해진 채색안료 및 칠 성분에 대한 분석이 이루어졌다. 이 가운데 목관재로 쓰인 금송金松은 일본 특산의 상록교목常綠喬木으로 밝혀졌고 이로써 고대의 백제와 일본 간에 이루어진 당시 교류의 일면을 추정해 볼 수 있었다.

무덤 바닥의 정리 과정에서 수습된 엄청난 분량의 구슬을 포함한 유리제품에 대한 비파괴분석을 통해서는 이것들의 원료가 중국 랴오닝(遼寧)과 산둥(山東) 등 화북華北지방에서 들여온 재료일 가능성이 제시되기도 하였다. 또한 무덤 안에서 수습된 금·은제 장신구나 철제의 무구武具 등 각종 금속 유물에 대한 성분과 함량 및 제작 기법 등을 밝힐 수 있었고 직물織物의 종류와 기법 등을 통해 당시의 전통적 직조 기술의 특성을 살필 수 있었다.

이 밖에 무덤에서 발견된 중국 도자기류와 함께 무덤 축조에 사용된 벽돌의 성격이나 제작지가 추정되었으며 바닥에서 수습된 치아齒牙의 분석을 통해 이것이 왕비의 어금니라는 사실도 확인되었다.

무령왕릉에 대한 졸속 발굴은 당시 조사단장을 맡아 발굴을 이끌었던 김원룡 국립박물관장뿐 아니라 다른 조사원들에 의해서도 수없이 후회하고 반성하는 글들이 발표되었다. 이렇듯 다시는 떠올리고 싶지 않은 쓰라린 경험이었지만 다른 고고학자들에게는 타산지석他山之石의 교훈적 경험으로 남게 되었다.

얼마 뒤인 1973년 초에 착수된 경주 천마총天馬塚을 시작으로 이후 계속된 황

도 III-14 굽은옥

도 III-15 각종 구슬

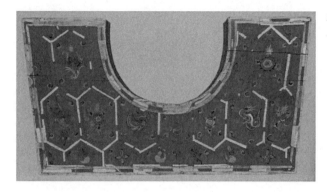

도 III-16 왕비베개의 정면 복원모사도

남대총, 안압지, 황룡사지와 같은 대형 국책사업들도 무령왕릉 발굴 때와 같은 문화재관리국 팀에 의해서 조사가 이루어졌다. 그러나 앞서 겪었던 오류를 다시는 되풀이하지 않겠다는 각오를 가지고 처음부터 충분한 시간적 여유와 철저한 사전준비를 거쳤기 때문에 별다른 과오 없이 무사히 조사를 일단락 지을 수 있었던 것으로 여겨진다.

40년이 지난 지금 우리는 무령왕릉 발굴을 동아시아 고고학사상 빼놓을 수 없는 찬란한 발견이라는 역사적 의미와 함께 '하룻밤의 발굴'이라는 부끄러운 '전설'로 기억하면서 한국고고학의 영원한 교훈으로 되새겨 나가야 할 것이다.

(『월간미술 324호』, (주)월간미술, 2012.1)

충남 해안지방의 백제고분 두 곳과 출토유물

1. 머리말

1977년도 부여박물관에 접수된 각종 매장문화재 발견 신고는 상당건수에 달했지만 이 중 신고자의 증언에 따라 발견 유물의 출토상태를 어느 정도나마 짐작할 수 있었던 것은 극히 일부에 지나지 않았다. 그 가운데 충남 해안에 위치한 보령·서천군에서의 백제고분 두 곳의 예는 발견자들의 부주의로 출토유구의 일부 또는 전부가 이미 파손되어 있었지만 그들의 증언을 바탕으로 유구의 원상과 유물의 출토상태를 일부나마 추측할 수가 있었다. 따라서 다음에 기술하는 그러한 상황은 순전히 발견자의 사후 증언에 따른 것임을 미리 밝혀둔다.

2. 보령 창암리 토광묘 유적

보령군保寧郡에서 신고된(1977. 5. 3.) 주산면珠山面 창암리倉巖里 출토 일괄유물은 모두 6점에 불과하였지만 유물의 성격으로 보아 간과할 수 없는 것들이기에 군공보실의 협조를 받아 신고자이며 토지소유자인 박종성(朴鍾聲, 55세, 보령군 대천읍 대천리 41) 씨와 동행, 출토현장을 조사하였다.

일괄유물이 출토된 것은 지난 4월 6일로 박 씨가 한식일을 택하여 이웃 미산면嵋山面에서 박 씨의 증조부묘를 이곳으로 이장하기 위해 묘소 주위를 정지整地하다가 이 유물들을 발견하였다고 한다. 그러나 조사 당시 출토지점은 이미 완전 삭토削土되고 정지작업整地作業이 이루어진 뒤라서 출토유구는 흔적도 찾아볼 수 없었다.

장항선 '웅천熊川'역과 '주산珠山'역의 중간지점에서 동편으로 이어지는 소로 연변沿邊의 '창말'을 지나면 창암리倉巖里에 이르고 마을 동단東端에서 낮은 구릉을 넘어서면 남쪽이 넓게 트인 반월형으로 둘러싸인 골짜기에 들어선다. 이 비탈진 골짜기의 남사면 중턱이 일괄유물의 출토지로 지금은 새로운 봉분과 함께 넓은 활지闊地로 조성되어 있지만 묘지 조성 이전에는 일대의 다른 곳과 마찬가지로 10년생 가량의 육송과 잡목들이 우거져 울창한 수풀을 이루고 있었다고 한다. 출토지점은 현 봉분의 바로 동북편으로 지금은 출토 부위가 삭토되어 원지표의 상태마저 확인하기가 어려운 실정이었다.

박 씨의 증언에 따르면 원지표에서 40cm(1척 2~3촌)가량 밑으로 파내려간 곳에서 토기 2점의 구연부口緣部가 각각 동서로 가지런히 배치되어 나타나기 시작하였고 토기의 바닥이 드러난 후 곧 환두부環頭部가 서향西向한 철도鐵刀 1점과 다른 철제유물이 출토되었다고 한다. 다른 철제품들은 철도의 남북 양측에 각기 인접해서 출토되었다고는 하나 그 정확한 위치나 무엇이 어느 쪽에서 나왔는지는 박 씨의 기억이 헛살려 정상正狀을 알아내기가 어려웠다.

다만 부근에서는 묘재로 사용했던 것으로 생각되는 석재 같은 것은 전혀 발견되지 않았고 출토부위를 덮었던 규격 미상의 범위에서 비록 유기물의 흔적은 나타나지 않았지만 주위의 황갈색 사질토와는 달리 검고 미세한 부식토였다는 것으로 보아 이 유구가 원래 토광묘이었음을 추측케 해주었다.

인근 주민들의 이야기로는 부근에서는 지금까지 유사한 구조나 유물의 발견 예가 전무하다는 것이며 다만 이 골짜기의 주봉인 운봉산雲峰山 일대의 몇 군데에서 일정때 도굴된 석실분(?)에 대해서 들은 바가 있다고 하였으나 그 구체적인 상황에 관해서는 확인할 수가 없었다.

이상의 신고자 증언을 종합해 보면 이 유구는 백제 토광묘였음이 분명한 것 같고 묘광의 장축은 대개 동서, 철도의 환두부가 서향이었다는 점으로 보아 두향頭向은 서침西枕이었을 것으로 추측되었다. 이곳에서 출토된 유물은 크기가 다른 토기 호壺 2점과 철제 환두대도環頭大刀, 철부鐵斧, 철겸鐵鎌, 철모鐵鉾 각 1점 등 모두 6점이었다. 토기는 출토 시 구연부가 약간 파손되었을 뿐이고 철기류는 부식되어 여러 군데에 기포가 생겼지만 모두 원형은 알아보기 어렵지 않았다.

(1) 단경호短頸壺 A 1점(도 III-17)

직립한 짧은 목이 달리고 몸통 윗부분이 옆으로 벌어진 연질의 원저호圓底壺이다. 밝은 회백색을 띠며 원태토原胎土는 곱지만 여기에 굵은 모래알갱이가 섞여 들어가 전체적으로 거칠게 보인다. 그릇 전면에 아무런 시문施文이나 장식이 없으며 어

도 III-17 창암리 단경호A

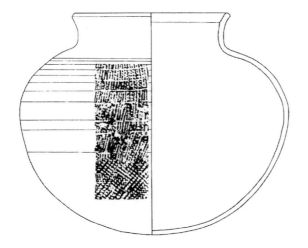

깨부분 양쪽에 조그만 혹이 돌출되었을 뿐이다. 구연부가 약간 파손되었으며 밑바닥에 직경 6cm가량의 둥근 구멍이 뚫려 있다.

아가리 지름 17.5cm, 높이 30cm, 몸통 지름 36.5cm

(2) 단경호 B 1점(도 Ⅲ-18)

짧은 목이 둥그스름하게 외반外反한 원저호로 색조와 태토는 단경호 A와 같다.

몸통 윗부분에 종주縱走하는 승석문繩蓆文이 나타나 있고 여기에 간격이 일정치 않은 가느다란 횡선橫線을 촘촘히 돌렸다. 몸통 하반부에는 간격이 좁은 사격문斜格文이 밑바닥까지 나타나 있다.

아가리 지름 13.3cm, 높이 18.2cm, 몸통 지름 21.5cm

(3) 철제 환두대도 1점(도 Ⅲ-19①)

칼등은 두께 1cm가량으로 봉부鋒部에 이르기까지 거의 일직선이고 도신刀身의 양연兩緣과는 거의 직각을 이루는데 칼날은 예리하게 서 있다. 신폭身幅은 봉부에 이르면서 점차 좁아지나 끝이 결실되었고 신폭보다 좁은 손잡이 부분은 타원형의

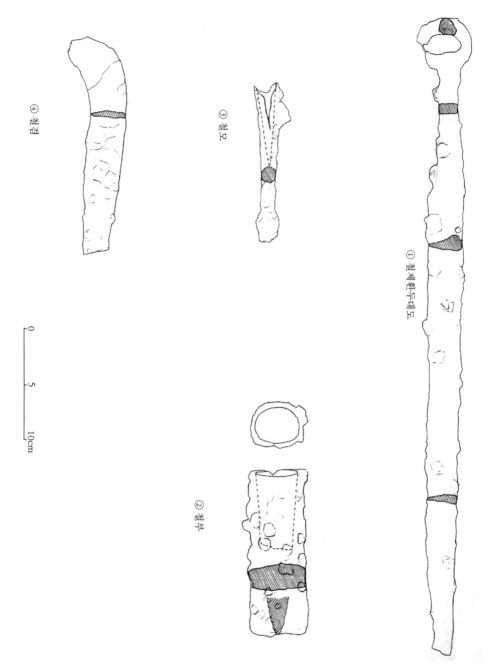

④ 철겸

③ 철모

0
5
10cm

② 철부

① 철제환두대도

도 Ⅲ-19 창암리 철기류

환두부에 이르면서 더욱 좁아지며 단면은 장방형을 이루었다.

　　길이 58cm, 신폭 3.5cm, 환두 바깥지름 5.3×4.6cm, 환두 안지름 3.5×1.7cm

(4) 철부 1점(도 III - 19②)

타원형의 자루구멍(銎部)을 양쪽에서 두드려 접은 단철제鍛鐵製의 장방형 철부로 자루구멍 내벽에 나무자루의 흔적이 남아 있다.

　　길이 15cm, 칼날폭(刃幅) 5.2cm

(5) 철모 1점(도 III - 19③)

세장한 원추형의 자루구멍은 철부에서와 같이 양쪽에서 구부려 접었으며 구멍입 (銎口)은 삼각형으로 도려낸 것 같은 모양이다. 모신鉾身에 이르러 납작하게 되지 만 밑둥(基部)만 일부 남아 있다.

　　길이(現長) 14.2cm, 구멍입 지름 2.5cm

(6) 철겸 1점(도 III - 19④)

양단이 결실되어 전형은 알 수가 없지만 한쪽이 둥그렇게 휘고 등과 날을 이루는 전체 모양이 오늘날의 낫과 흡사하였던 것으로 보인다.

　　길이(現長) 19.5cm, 신폭 3.5cm

3. 서천 신송리 석곽묘 유적

서천군舒川郡에 신고된 백제토기 일괄유물은 발견 신고자인 남기남(南己南, 61세,

서천군 서천면 신송리新松里 620) 씨가 출토유물을 부여박물관에 직접 가지고 왔기 때문에 그에게서 출토유구가 완존完存해 있다는 이야기를 듣고 현지를 조사하였 다(1977. 06. 22).

서천군 소재지에서 서쪽 2km에 신송리 부락이 있고 여기에서 장마루촌을 지나 북편 야산으로 오르면 고분의 석곽 부재로 보이는 할석割石 무더기가 군데군데 쌓여 있어 일대에는 다수의 고분이 분포되어 있고 그 고분들이 근년에 도굴된 것들임을 첫눈에 알아볼 수가 있었다.

이 폐분廢墳 사이를 지나 야산 중턱에 이르러 남서쪽으로 비스듬히 올라가는 능선 위에 토기류가 일괄로 출토된 석곽묘가 위치해 있었다. 석곽묘의 남·서 양쪽에는 근래의 민묘民墓가 1기씩 인접해 있었으며 주위에는 5~6년생의 연소한 소나무와 오리나무가 드문드문 자라고 있었다.

봉토의 흔적을 전혀 찾아볼 수 없는 이 석곽묘는 거의 남~북을 장축(350°)으로 한 장방형으로 서벽은 거의 완전한 상태로 남아 있었으나 나머지 벽은 반파 또는 그 일부만 남아 있었다. 현재 남아 있는 서벽을 보면 조잡하게 깨낸 할석을 가지고 상하 2단으로 축조하였음을 알 수 있었다.

하단은 높이 40cm 안팎의 비교적 대형의 할석 4매를 길게 쌓고 상단에는 20×25cm 안팎의 보다 작은 부정방형의 할석 8매를 올려쌓았다. 나머지 세 벽의 경우, 없어진 부분이 많지만 잔존한 석재로 보아 대개 서벽과 마찬가지로 거의 수직으로 쌓아 올라가 장방형의 석곽을 구축했던 것으로 보였다.

따라서 현존한 네 벽의 잔존 상태를 통해서 본래 이 석곽의 크기는 남북 170cm, 동서 96cm에 그 깊이는 대개 75cm가량이었을 것으로 추정되었다. 곽저부槨底部는 생토生土 바닥을 그대로 이용했던 것 같고 석곽 상부에 개석蓋石을 얹었던 흔적은 찾아볼 수가 없었다. 곽 안에는 황갈색의 입자가 고운 사질토로 채워져 있었으며 여기에서 유기물은 전혀 나타나지 않았다.

발견자 남 씨에 따르면 토기는 모두 석곽의 남벽 쪽에 치우쳐 생토 바닥 위에 얹혀 있었다고 하며 이 가운데 소형의 개형토기蓋形土器는 서벽 쪽을 따라 일렬로 놓여 있었다고 한다.

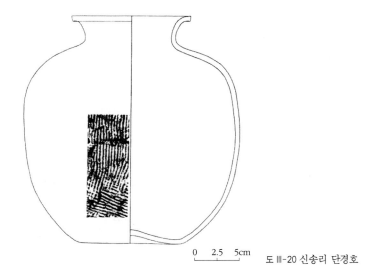

도 III-20 신송리 단경호

이 석곽묘에서 출토된 유물은 모두가 토기류로 크기와 모양이 다른 원저호 4
점과 개형토기 4점이었다.

1) 단경호 1점(도 III-20)

둥그스름한 몸통에 짧은 목이 달리고 구연부가 벌어진 경질의 원저단경호이다. 몸
통에는 전면에 걸쳐 종주하는 승석문이 나타나 있으나 바닥 가까이에 이르러 종
횡으로 불규칙하게 교차되어 있다. 밑바닥은 위쪽으로 움푹하게 솟아 있으며 구연
상면과 몸통의 어깨부분 등 군데군데에 녹색의 자연유가 묻어 있다.

　　아가리 지름 13.2cm, 높이 24.2cm, 몸통 지름 24.5cm

2) 무경호無頸壺 1점(도 III-21)

몸통 위쪽이 벌어진 경질의 무경 소호로서 구연부는 몸통의 어깨부분에서 약간
내경內傾의 형태로 만들어졌다. 몸통의 군데군데에 희미하게 종주하는 승석문이
나타나 있고 밑동아리에서는 종횡으로 교차하여 사격문을 이루고 있다. 기표器表

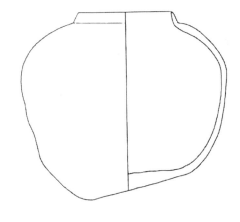

도 Ⅲ-21 신송리 무경호

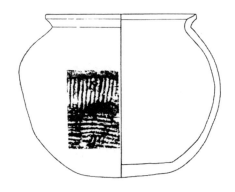

도 Ⅲ-22 신송리 광구호 A

는 검은 회색을 띠고 있으나 어깨와 옆구리가 일부 옅은 색으로 얼룩져 있다. 밑동 한쪽이 심하게 찌그러들었다.

　　아가리 지름 7.2cm, 높이 13.5cm, 몸통 지름 16cm

3) 광구호廣口壺 2점(도 Ⅲ - 22)

둘 다 회백색의 경질소형들이며 어깨에서 곧바로 외반한 구연이 달린 광구호이다. 2점의 크기와 형태가 비슷한데 A는 기표의 종주 승석문이 뚜렷하지만 B는 승석문이 가해진 뒤에 표면이 다시 삭마된 것이다. B가 A보다 짙은 색조를 띠며 바닥도 보다 평저에 가깝게 만들어졌다.

A: 아가리 지름 11.2cm, 높이 11.8cm, 몸체 지름 14.5cm

B: 아가리 지름 10cm, 높이 10.8cm, 몸체 지름 13.5cm

4) 개형토기 4점(도 III - 23)

모두 약간 내경한 구연을 갖춘 개형의 경질토기이다. 이 가운데 1점은 다른 3점보다 크기가 작고 턱이 돌출하여 이것들이 한 조를 이루었다면 밑그릇으로 쓰였을 것으로 보인다. 그러나 한편으로는 이 4점의 개형토기가 그 수로 보아 혹시 반출된 상기 4점의 호에 각기 뚜껑으로 사용되었던 것이 아닌가 생각되었다. 실제 광구호 A만이 그 아가리 지름이 커서 개형토기가 구연 안쪽에 얹히는 부자연스러운 모습이었을 뿐 나머지는 모두 호의 아가리를 덮을 수 있는 크기였다.

아가리 지름 9.1~11.3cm, 높이 3~3.3cm

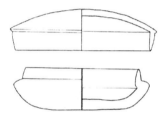

도 III-23 신송리 개형토기

4. 맺음말

이상 충남 해안지방에 이루어진 백제고분 두 곳에 관해서 유구의 개략과 출토유물을 알아보았다. 그러나 유구의 대부분이 파손되거나 유실된 상황에서 발견자의 증언만으로 유구의 원상과 유물의 출토상태를 추찰推察하는 데 다소 불명확한 점이 있었다고 여기면서도 여기에서 이와 관련된 한두 가지 문제점을 들어 그에 대한 맺음말을 내신하고자 한다.

우선 보령 창암리 토광묘의 경우, 지금까지 유사한 백제 토광묘의 보고 예가 극소한 형편이기 때문에 이에 대한 시기적·지역적 배경은 앞으로의 자료 증가에 따라 밝혀져야 할 것으로 믿는다. 다만 지금까지 조사된 몇 군데의 토광묘를 통해 볼 때 그 출토유물에서 다소 공통된 듯한 성격의 일면을 살필 수가 있었다.

일반적으로 백제고분에서 금속기유물의 출토 예는 극히 드문 것으로 알려졌다. 그러나 이와 같이 흔치 않은 토광묘의 수에 비해 비교적 많은 철제 유물이 출토되는 사실을 볼 때 토광묘를 구축했던 계층의 출신성분이나 혹은 사회적 지위에 어떤 특수한 위치를 점했던 것이 아닌가 하는 추측을 갖게 했다. 특히 서산 대산면大山面의 토광묘[1]에서 출토된 철제유물이나 토기의 형식과 종류가 이곳 창암리 출토의 유물들과 너무 흡사한 것으로 보아 같은 서해안지방이라는 지리적 배경과 함께 그 원류와 계통에 대한 문제를 생각게 해주었다.

다음 서천 신송리 석곽묘와 같은 이른바 수혈식竪穴式 고분에 속하는 유형은 백제고분에서 가장 주류를 이루었던 묘제의 하나로 보인다. 몇 군데의 실지답사를 통해 확인한 변두리 지역의 파괴분 가운데 일반 민묘로 생각되는 소규모분의 태반이 이와 같은 장방형의 수혈식 석곽분임을 알 수 있었다. 장차 이러한 소형분의 조사도 아울러 이루어짐으로써 백제고분에 대한 전반적인 윤곽이 밝혀질 수 있으리라 믿는다.

(『백제문화 10집』, 공주사범대학부설 백제문화연구소, 1977)

주

1   金永培·韓炳三, 「瑞山大山面百濟土壙墓發掘報告」, 『考古學二』, 韓國古考學會, 1969.

보령 장현리 백제고분과 출토유물

1. 머리말

보령군保寧郡 대천읍大川邑에서 북동쪽으로 청양·공주에 이어지는 비포장도로를 따라가면 넓이 2km²에 이르는 넓은 청천靑川 저수지에 이른다. 저수지 못 미쳐 왼쪽으로 꺾어 저수지 서쪽 기슭으로 뻗는 좁은 길을 따라 7km가량 북동쪽으로 곧장 가면 장현리長峴里 마을에 이르게 된다. 일대는 마을 북쪽에 솟은 해발 790m의 조루산鳥樓山을 제외하고는 대개 해발 200~300m 안팎의 그리 높지 않은 연봉連峰으로 둘러싸인 분지를 이루고 있다.

고분이 드러난 곳은 보령군 청라면靑蘿面 장현리 810번지 김재원金在元 씨(50세)집에 딸린 외양간 뒤편으로 조루산에서 남쪽으로 이어지는 낮은 지맥의 남단에 해당된다. 고분의 북서쪽으로는 인근 평지로부터 높이 5~6m밖에 안 되는 낮은 구릉을 이루고 있으며 200여 평 가량의 넓이에 대나무가 자라고 있었다.

유구와 유물이 나타난 것은 1978년 5월 15일로 구옥을 헐어내고 외양간을 짓기 위해 대나무가 자라고 있는 구릉의 동쪽 기슭을 깎아내는 작업 중에 석실이 드러나고 그 바닥 부근에서 유물들이 출토되었다고 한다. 현지조사 시에 고분의 서벽과 북벽의 일부가 남아 있어서 유구의 성격은 확인할 수가 있었으나 주민들의 거친 작업으로 유물의 출토상황에 대해서는 전혀 믿을 만한 정보를 얻을 수가 없었다.

2. 고분의 구조

김 씨 집 서편의 대나무 밭에서 집 뒤편까지는 밋밋한 경사를 이룬 채 내리막이라 원래 봉토라할 만한 흔적은 없었던 것으로 보인다. 석실의 바닥에는 노출 당시 청석계靑石系의 납작한 크고 작은 할판석割板石들이 듬성듬성 깔려 있었다고 하지만 조사 시에는 모두가 제거된 상태였다. 드러난 석실의 바닥은 김 씨 집 마당과는 거의 같은 높이였으며 따라서 일대의 지형에 커다란 변화가 없었다면 이 고분은 거의 평지에 가까운 낮은 지면에 구축된 것임을 알 수 있었다.

조사 당시 남벽과 동벽은 모두 제거되어 있었고 서벽의 전부와 북벽의 일부만 남아 있었다. 남아 있는 서벽은 면을 반듯하게 떼어낸 방형에 가까운 청석에 안쪽으로 약 10도가량 경사지게 쌓아올렸다. 맨 밑에는 비교적 넓고 긴 돌을 쌓았으며 단벽短壁이 이어지는 양쪽 가장자리에도 크기는 작지만 각과 면이 고른 석재를 쌓아올렸다. 그 사이에 채워진 돌들은 크기가 일정하지 않고 모양도 고르지 않은 할석들이지만 다시 맨 위에 올려진 석재들은 면이 가지런한 것들이었다.

한편, 북벽은 맨 아래에 긴 장방형의 돌을 놓고 그 위로는 짧은 방형의 할석을 수직으로 쌓아올렸으나 동편의 벽석 일부가 제거되어 있었다. 그러나 맨 아래에 놓인 석재의 크기 등으로 보아서는 이 돌의 길이가 바로 석실의 바닥 폭이 아닌가 생각되었다.

또 원래의 지표와 서·북벽의 맨 위에 놓인 벽석의 상태로 보아 석실벽의 상부까지는 원상 그대로 보존된 것으로 생각되었다. 석실이 드러나기 전 그 옆에 1m×

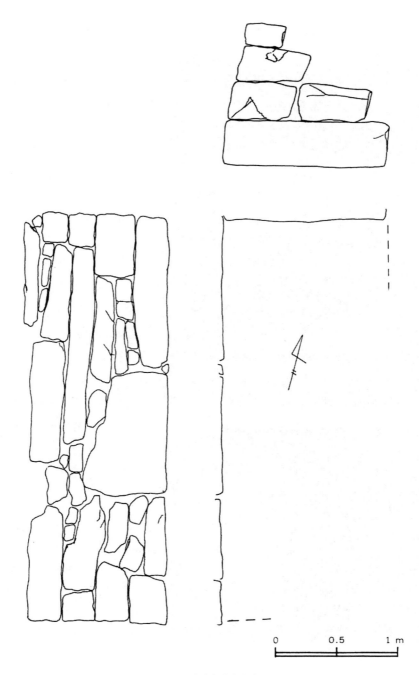

도 Ⅲ-24 장현리 석실분 실측도

도 III-25

① 고분 위치 원경(↓표)

② 석실 서벽

③ 석실 서벽북단과 북벽

2m가량의 큰 자연판석이 노출되어 있었다는 주민들의 증언으로 보아 이 대형판석은 원래 석실 위에 얹혔던 개석蓋石 중의 한 개로 생각되었다.

이상의 잔존상태로 보아 석실은 바닥에서의 길이 320cm, 폭 130cm이고 바닥에서 벽상단까지의 높이는 약 120cm로서 북쪽에서 15도가량 편서偏西한 남북 장축의 장방형 석실고분임을 알 수 있었다. 남단벽이 모두 제거된 상태에서 석실의 전모는 알 수가 없었지만 석실의 크기나 남아 있는 장벽의 경사로 보아서는 횡혈식橫穴式의 고분으로 보인다.

3. 출토유물

1) 토기류

(1) 무경호無頸壺(도 III-26①)

경질토기硬質土器로서 옅은 회색이지만 그릇 하반부의 일부가 소염燒炎으로 검게 되었다. 둥그스름한 어깨 위로 목 없이 곧장 내경內傾한 짧은 구연부口緣部가 이루어지고 구순口脣은 수평으로 꺾였다. 평저平底의 바닥 밑면이 안쪽으로 비스듬히 솟아올랐으며 바닥 언저리와 기표器表의 군데군데에 희미한 승석문繩蓆文의 흔적이 남아 있다.

높이 16.4cm, 아가리 지름 10.4cm, 몸통 지름 20cm, 밑지름10.4cm

(2) 토기병土器瓶 A(도 III-26②)

약간 처진 어깨 위에 좁고 짧은 목이 달린 엷은 회청색의 경질토기이다. 태토胎土에 가는 돌알갱이들이 섞여 있으나 기질器質은 위의 무경호보다 훨씬 단단해 보인다. 점차 외반外反되어 올라간 목 위로 넓어진 구연부가 이루어졌는데 가장 자리에서 안쪽으로 꺾여 구순이 매우 얇아졌다. 넓은 평저의 바닥면과 몸통의 아래쪽에

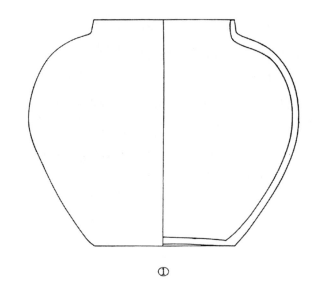

①

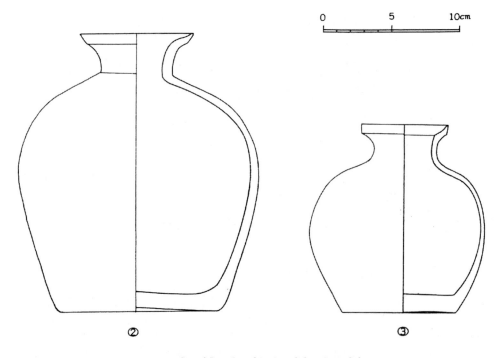

0   5   10cm

②   ③

도 Ⅲ-26 토기류 실측도 ①무경호 ②토기병 A ③ 토기병 B

희미한 장격자문長格子文의 타형문打型文 흔적이 보인다. 기표에 엷게 유약이 발라져 있다.

높이 20.1cm, 아가리 지름 8.5cm, 몸체 지름 18cm, 밑지름 12cm

(3) 토기병 B(도 Ⅲ-26③⑥)

둥근 몸통 위에 반원형으로 외반한 짧은 목이 달린 평저의 회색경질토기이다. 구연부에 이르러 바깥쪽이 수직으로 꺾여 얇은 구순이 이루어졌다. 기표에 물레자국이 뚜렷하며 군데군데 검은 소염의 흔적이 나타나 있다. 그릇의 크기에 비해 바닥이 매우 두꺼운 편이다.

높이 16.3cm, 아가리 지름 10.4cm, 몸체 지름 20.1cm, 밑지름 10.5cm

(4) 삼족토기三足土器 3점(도 Ⅲ-27①②③)

모두 짙은 회색의 경질토기로 크기만 조금씩 다를 뿐 모양은 거의 같다. 약간 내경한 구연이 이루어지고 구연 밑에 턱이 돌출하였는데 이 가운데 토기③은 턱 안쪽 구연과의 경계에 얕은 홈이 파였다. 그릇 가장자리에 달린 3족三足은 모두 길쭉한 원추형으로 손빚음의 흔적이 나타나 있다. 토기①은 바닥 밑면 가장자리의 각 다리 사이에 한 줄의 가는 각선刻線이 돌아가며 다리 부분의 바닥 윗면이 기포로 부풀어 있다.

① 높이 4.9cm, 아가리 지름 12.2cm ② 높이 5cm, 아가리 지름 11cm ③ 높이 5.7cm, 아가리 지름 0.4cm

(5) 뚜껑 1점(도 Ⅲ-27④)

거의 직립한 구연이 이루어지고 구연 위로는 두터운 턱이 돌출하였다. 뚜껑 윗면에 마치 그릇 굽처럼 생긴 둥글고 넓은 꼭지가 달렸다. 삼족토기와 같은 색조와 기질이지만 구연의 넓이가 삼족토기보다 좁다.

높이 3.5cm, 아가리 지름 10.3cm, 꼭지 지름 4.4cm

2) 금속구류

(1) 철제 환두대도環頭大刀(도 III-27⑭)

도신刀身과 환두부가 분리된 특수한 형식의 철도이다. 칼등과 양 연과는 거의 직각
을 이루며 도신폭은 봉부鋒部에 이르며 점차 좁아지는데 봉부 끝은 파손되어 원형
을 알 수 없다. 칼자루 부근에 이르러 다시 검신 폭이 좁아지고 단면은 장방형을
이루었다. 한편 타원형의 환두에 연결된 자루부분도 단면 장방형인데 끝부분에 못
이 박힌 것으로 보아 도신부와 환두부 사이에 자루를 따로 만들어 달고 여기에 못
을 박아 고착시켰던 것으로 생각된다.

　　도신부 길이 53.2cm, 환두부 길이 10.8cm, 기부基部 도신 폭 3cm, 환두 바깥
지름 5.8×4cm, 전체 길이 약 67cm로 추정

(2) 관관棺고리 2점(도 III-27⑤⑥)

둥근 고리에 단면 방형의 비녀못이 달리고 비녀못 대가리에는 타원형의 고리장식
이 붙어 있다. 1점은 둥근 고리만 남아있다.

　　고리 바깥지름 6cm, 안지름 4.2cm, 장식 지름 4.4×3.5cm, 비녀못길이 5cm

(3) 환두정環頭釘 2점(도 III-27⑦⑧)

대가리가 둥근 고리 모양을 이루는 관 못으로 못 고다리는 양쪽에서 휘어진 양 가
지를 겹쳐 두드린 단철제鍛鐵製이다.

　　길이 6.6cm, 둥근 못대가리 바깥지름 3.6cm

(4) 원두정圓頭釘 15점(도 III-27⑨~⑫)

심한 부식으로 완형을 알아볼 수 있는 것은 4~5점에 불과하나 모두 원두 방신형
方身形의 관 못들이다.

　　길이 8cm 이하, 대가리 지름 2.5cm~4cm

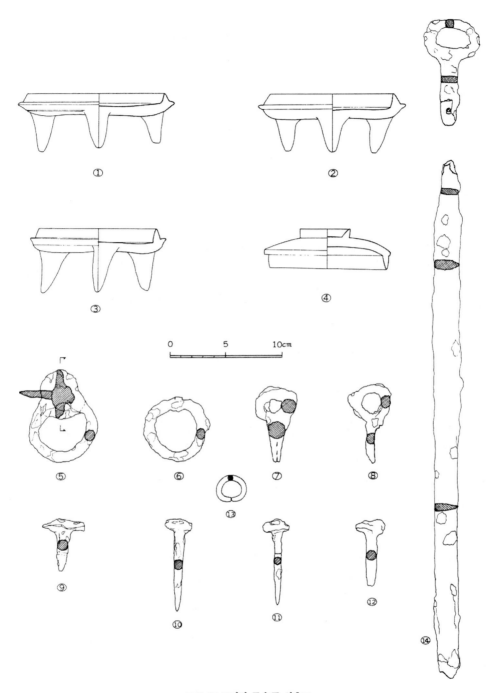

도 Ⅲ-27 토기와 금속구 실측도

(5) 금동제 세환식細環飾 1점(도 III-27⑬)

도금상태가 좋은 타원형에 가까운 세환으로 양 끝이 겹친 부분에 이르러 거의 곧
게 휘어졌다.

바깥지름 2.7×2.3cm, 안지름 1.8×1.5cm

4. 맺음말

이상의 석실고분과 출토유물을 통해서 그 성격을 다음과 같이 요약할 수 있을 것
이다.

고분이 위치한 곳은 나지막한 구릉의 기슭으로 석실의 바닥은 일대의 대지나
경작지와는 거의 같은 높이를 보여주었다. 지금까지 조사된 중기 이후의 백제고분
이 대부분 구릉 위나 산 중턱 또는 능선상에 위치했던 것으로 볼 때 입지상 특이
한 면을 보여주었다.[1]

구조상 남쪽으로 관을 들이고 밖에서 벽을 쌓은 횡구식으로 생각되지만 이 지
역의 몇몇 고분 예로 보아 여기에 연도羨道가 설치되었을 가능성도 있다.

출토된 토기류 가운데 무경호는 후기에 속하는 것으로 생각되는 백제토기 중
가장 빈출하는 기형의 하나이다. 자주 뚜껑이 씌워진 상태로 출토되며 평저가 주
류를 이루지만 간혹 원저圓低의 것도 있다.[2] 이와 같은 모양의 토기는 형식상 아마
가락동 1호분에서 출토된 흑도[3]와 그 계통을 같이하는 것으로 보이며 이후 부여시
대에 이르러 간혹 화장골호火葬骨壺로도 사용된 것으로 보인다.[4]

철제 환두대도는 지금까지 출토된 동류의 것과는 달리 도신부와 환두부가 따
로 분리된 것이었다. 어차피 칼자루를 따로 만들어 부착 혹은 삽입하기 위해서는
지금까지 출토된 도신과 환두부가 이어진 것들보다는 훨씬 기능적이고 따라서 형
식상 후행의 것이라 할 수 있다.

(『백제문화 11』, 공주사대 백제문화연구소, 1978)

주

1 지금까지 조사된 백제고분 가운데 평지에 이루어진 곳으로는 그 초기에 해당되는 한강변의 석촌동, 가락동 일원의 적석총積石塚 몇 기와 토광묘土壙墓뿐이다. 한강변을 비롯하여 이후 공주, 부여시대에 이르기까지 축조된 대부분의 석실분石室墳이나 일부 토광묘 등은 대개 야산이나 구릉의 정상, 중복 또는 능선을 따라 이루어졌다.

2 池健吉,「忠南海岸地方의 百濟古墳 二例와 出土遺物」,『百濟文化 10』, 1977.

3 金貞培,「可樂洞 土壙墓出土의 黑陶와 甕棺」,『考古美術 108』, 1970.

4 姜仁求,『百濟古墳研究』第二章 參照, 一志社, 1977.

호남고고 약사略史

1. 머리말

지난 세기말, 우리나라에 발을 디딘 유럽의 외교관이나 선교사들에 의해 근대 고고학의 기운이 싹트기 시작한 이래 지금까지 우리 고고학의 역사도 근 한 세기에 가까운 연륜을 쌓기에 이르렀다. 그러나 유적발굴을 통한 실질적인 고고학의 시작은 그것이 순수 학문적 목적을 위해서건 아니건 간에 일인日人들에 의해서 수행된 금세기 초부터라고 할 수 있다.

바로 1907년 이마니시 류今西龍에 의해서 시굴이 이루어진 김해 회현리會峴里 조개더미 유적조사¹를 그 효시로 삼을 수 있을 것이다. 이후 해방 이전까지 전국 각지에서 행해진 고고학적 발굴대상은 주로 대동강유역의 낙랑유적이나 남북한 전역에 걸쳐 분포된 삼국기에 해당되는 고분들이 주류를 이루었음을 알 수 있다.

이때 조사된 유적들의 대다수는 이 시대의 옛 도읍지를 중심으로 분포된 대규모의 옛무덤들이 그 주된 대상이었고 다른 지역에서의 조사는 그 성과가 극히 미미한 형편이었다. 따라서 이곳 호남지역에서의 조사활동도 매우 저조한 편으로 그러한 상황은 특정분야를 제외하고는 최근에 이르기까지도 비슷한 양상을 보여왔다.

이러한 조사의 부진은 이 지역 고고학 연구가 정체상태에서 벗어나지 못한 채 이 분야의 연구 인력에서 영세성을 탈피하지 못한 결과를 초래했다고 할 수 있을 것이다. 근년에 이르러 이 지방의 몇몇 대학에 관련 분야의 전공학과가 개설되기에 이르렀고 이 밖에 국·공립물관의 신설 등 새로운 기운들은 호남고고학 연구의 심층화를 위한 새로운 전기가 될 것으로 믿는다.

더욱이 올해 새로 발족된 호남고고학회湖南考古學會는 비록 지방학회의 한계성에서 벗어나지 못한 감은 있으나 운영 여하에 따라서는 알찬 학문적 도약을 위한 기폭제가 될 수 있으리라 기대하는 바이다.

2. 연구소사研究小史

이 지역의 고고학 연구사는 넓게 보아 한국 고고학사의 범주 안에서 논의되어야겠지만 나름대로 이 지역만의 특수성을 갖고 시기적으로 점진적인 변화가 이루어져 왔다. 우선 일제강점기는 고고학이 아직 학문으로 정착되지 못한 단계로서 발굴이 학술적인 목적보다는 유물수집을 위한 수단으로서의 차원에서 이루어졌다고 할 수 있을 것이다. 따라서 이 기간에 이루어진 발굴의 결과를 접할 수 있는 길은 실물을 통한 것일 뿐 유물의 출토상황이나 구조적인 측면에서는 지극히 단편적인 상황 밖에는 파악할 수 없는 형편이다.

해방이 되고 곧이어 닥친 한국전쟁의 와중에서 발굴이란 엄두도 낼 수가 없는 일이었으며 이러한 고고학의 침체기는 1950년대 말까지 계속되었다. 1960년대에 이르러 이 지역에서도 드물게나마 발굴이 이루어졌지만 규모도 작을 뿐 아니라 거의가 서울에서 내려온 조사단에 의해 단기간에 걸쳐 발굴이 수행되었다. 이때까지도 이 지역에는 아직 발굴을 독자적으로 담당할 만한 인력이 전혀 없는 실정이었다.

1970년대 중반에 이르러서야 이 지역의 일부 대학에 고고학 강좌가 개설되고 곧이어 국립박물관이 생기면서 점차 자체 인력에 의한 발굴이 이루어질 수가 있었고, 지역고고학의 바탕이 뿌리를 내리게 되었다. 그 뒤 20년이 지난 오늘에는 이 지방의 몇몇 대학에 고고학 관련학과가 생겨 활발한 활동이 이루어졌으며 이에 따른 인력의 증가로 새로이 학회까지도 창립을 보기에 이르렀다.

호남지방의 유적에 대한 최초의 발굴이 이루어진 것은 1917년(대정大正 6년)으로 조선총독부 고적조사계획 가운데 특별조사 유적으로 선정된 나주 반남면潘南面 관내의 신촌리新村里 9호무덤과 덕산리德山里 4호무덤²이 발굴대상이었다.

이 가운데 신촌리 9호무덤은 한 변의 길이가 30m를 넘는 방대형方臺形으로 봉토 내에는 모두 12개의 독널이 위아래 두 겹으로 겹쳐 있었다. 특히 '乙' 관 속에서는 금동제의 관모와 신발(履)을 비롯한 많은 유물들이 출토되어 이 지역의 옹관에서는 보기 드문 성과를 거둔 발굴이었다. 이듬해까지 계속되어 이루어질 발굴까지 합쳐 일대에서는 불과 20여 일 만에 6기의 고분을 발굴하여 이 가운데 4기로부터 27개에 이르는 대형 독널과 함께 수백 점에 이르는 유물이 수습되었다.

따라서 이처럼 졸속으로 이루어진 발굴은 학술적 조사라기보다는 오히려 유물수집을 위한 채집굴착의 성격을 갖는 작업이었음을 알 수 있다. 더구나 이처럼 대단한 발굴성과에도 불구하고 이에 대한 당시의 결과보고로는 대정 6년도 고적조사보고古蹟調査報告의 마지막에 실린 단 한 쪽의 보고문과 7매의 사진이 남아 있을 뿐이다.

그 뒤 20여 년이 지난 1938년에 이르러 신촌리(6·7호)와 덕산리(2·3·5호) 일대의 독널무덤 5기와 흥덕리興德里의 돌방무덤 1기가 조선고적연구회朝鮮古蹟研究會에 의해 발굴³이 이루어졌다. 이때의 조사는 총독부박물관 소속의 아리미쓰 교이치有光敎一에 의해 수행되었고 그 결과는 간략한 본문과 함께 비교적 충실한 도면, 도판으로 보고되어 있다. 발굴된 5기의 독널 가운데 덕산리 2호와 5호 등 2기는 완전 도굴되었고 나머지 3기에서 모두 10개의 독널과 함께 각종 장신구류를 비롯한 부장품들이 수습되었다.

광복 이전까지 우리나라에서 적지 않은 유적발굴이 이루어졌지만 호남지방에서의 본격적인 계획발굴은 이곳 반남면 일대의 조사가 그 유일한 예라고 할 만큼이 지역에서의 고고학적 조사는 등한시되었다고 할 수 있다.

이 시기에 익산 쌍릉雙陵(1917)[4]이나 고흥 운대리雲岱里(1927),[5] 소록도小鹿島(1934),[6] 제주 산지항山地港(1928)[7] 등지에서와 같은 소규모의 조사도 있었으나 이조사들은 아무런 사전계획이 수립되지 않은 상태에서 이루어진 수습발굴의 성격을 벗어나지 못한 것들이었다.

일제강점기 후의 격동기와 한국전쟁을 전후한 혼란기에는 전반적으로 우리의고고학적 활동이 오랫동안 침체기에서 벗어나지 못했으며 더구나 이 지역에서는1950년대 말까지도 이렇다 할 발굴이 전무한 형편이었다.

1959년 여름, 제주도 종합학술조사사업의 일환으로 발굴조사가 이루어진 제주 오라리吾羅里, 용담리龍潭里 일대의 고인돌에 대한 발굴[8]은 성격상 약식조사의범주에서 벗어나지 못했지만 광복 이후 반도의 서남지방에서 이루어진 최초의 학술조사였다. 뿐만 아니라 우리 손으로 치른 첫 고인돌 유적발굴이라는 데에 적지않은 의미를 담고 있는 유적이라고 할 수 있다.

1960년대는 우리나라에서의 학술적 발굴이 본격화되면서 고고학이 실질적인학문으로서 본 궤도에 오르기 시작한 시기로 보아야 할 것이다.

1961년, 서울대학교에 처음으로 고고인류학과가 개설되면서 전문인력의 양성에 박차를 가하게 되었고 1960년대 후반에는 여기에서 배출된 요원들이 대학과학술기관에서 본격적인 조사활동에 참여하게 되었다. 또한 지금까지 국립박물관(현 국립중앙박물관)이 전담해 오다시피 한 유적발굴에 문화재관리국과 몇몇 대학박물관도 발굴에 참여함으로써 발굴 기관의 다변화가 이루어지게 되었다.

이 기간 동안에 이 지방의 몇몇 유적에 대한 조사활동도 있었지만 다른 지역에 비하면 극히 미미할 뿐 아니라 이 조사들의 대부분이 국립박물관 등 서울에서내려온 조사단에 의해서 수행되었을 뿐 이 지역에는 자체 전문 인력이 전무한 상태였다.

1960년 가을, 국립박물관이 조사한 영암 내동리內洞里 7호 무덤[9]은 이곳 언덕배기에 이루어진 7기의 무덤 가운데 봉토가 가장 크게 남아 있는 것으로 한 봉토 안에서 독널 6개와 구덩무덤 1기 등 7기의 매장시설이 드러났다. 독널은 외독널과 이음독널, 삼옹식三甕式 등 형태상으로 다양할 뿐 아니라 서로 간에 시기적인 차이도 나타나고 있어 이 시대 독널 연구에 매우 귀중한 자료를 제공해 주었다.

1963년 봄에 이루어진 광산光山 신창리新昌里(지금은 광주시 신창동)의 독널무덤[10] 유적발굴은 이제 갓 출범한 서울대학교 고고인류학과 학생들이 처음으로 참여한 고고학 실습을 겸한 발굴이었다. 여기에서 발굴된 대부분 이음식(合口式) 독널로 이루어진 53기의 독널은 기원 전후의 100~200년간, 이른바 원삼국기에 해당되는 어린애들의 공동묘로 그뒤 영산강 유역에서 발달한 대형 독널무덤의 발생으로 이어지는 모체적母體的 구실을 담당했던 것으로 보인다.

같은 해 여름, 국립박물관에 의해 조사가 실시된 광주光州 충효동忠孝洞 가마터[11]는 조선 전기, 15세기 후반에 해당되는 분청사기 가마 유적으로 우리나라에서 처음으로 이루어진 가마터 발굴이라는 데 고고학적·미술사적 의의가 매우 크다고 할 수 있다. 이 유적은 그 뒤 1991년 봄과 겨울의 2차에 걸쳐 국립광주박물관에 의해 발굴[12]이 이루어져 그에 대한 보다 구체적인 성격구명이 이루어졌다.

국립박물관은 이 발굴에 뒤이어 1964년부터 연차적인 계획 아래 강진 대구면大口面 일대의 고려청자 가마터[13]에 대한 조사를 시작하였다. 최근까지 이 유적조사는 계속되어 많은 가마의 노출과 엄청난 유물이 수습되었지만 아직까지도 이에 대한 정식 학술보고서는 간행되지 않고 있다.

한편, 국립박물관에서는 앞서 1962년부터 1967년까지 만 6년 동안에 남한 지역에 걸쳐 분포된 고인돌 유적을 대상으로 연차적인 발굴을 실시하여 그 결과가 『한국지석묘연구韓國支石墓研究』[14]라는 기념비적인 책자로 나왔다.

이때 이 지역에서는 1965년도에 고창 상갑리上甲里를 비롯하여 곡성 공북리拱北里, 승주 광천리廣川里 유적이 발굴되었고 1967년에는 영암 장산리長山里와 강진 지석리支石里 유적을 마지막으로 이 대규모의 조사계획이 마무리되었다.

1966년 봄에는 문화재관리국에 의한 익산 미륵사지의 사역 일부에 대한 발굴[15]이 이루어지고 가까운 왕궁리王宮里 석탑의 해체중수를 위한 석탑 기단부와 주변에 대한 발굴[16]이 동국대박물관에 의해 실시되었다. 이 두 발굴은 거의 같은 시기에 이루어졌지만 약식발굴에 그쳐 별다른 성과는 거두지 못했다.

미륵사지에 대해서는 그 뒤 1974년과 1975년에 동탑지東塔址를 중심으로 한 일부 사역에서의 조사(원광대)가 이루어졌으나 시굴의 성격에서 벗어나지 못한 것이었고 그 본격적인 발굴조사는 문화재관리국에 의해 1980년부터 연차적으로 실시되었다. 한편 왕궁리 석탑 주변에 대한 발굴은 1989년에 착수하여 아직까지 그 작업은 계속되고 있다.

같은 해인 1966년 여름에 국립박물관에 의해 실시된 부안 유천리柳川里 발굴[17]은 도굴된 유적에 대한 정리조사로서 고려청자와 백자가 수습되었지만 보고서 미간으로 그 자세한 성격은 알 수가 없다.

1967년에는 앞서 1960년도 국립박물관에 의해서 조사된 영암 내동리 7호 독널무덤을 제외한 나머지 1~6호의 도합 6기에 대한 발굴[18]이 경희대 박물관에 의해 이루어졌다. 이 발굴을 통해서 완전한 2개와 파손된 5개 등 모두 7개의 독널이 부장품과 함께 수습되었으나 실제 발굴 책임자가 실종된 상태에서 보고서가 만들어져 그 내용상 미진한 점이 많다.

같은 해 가을, 남해 도서에 대한 고고학적 조사사업(서울대)의 일환으로 실시된 대흑산도의 조개무지[19] 발굴은 지표조사를 겸한 시굴의 성격에서 벗어나지 못했지만 이 지역에서 이루어진 최초의 신석기시대 유적조사라는 데에 그 의의가 있었다고 할 수 있을 것이다.

그 뒤로 한동안 계속 사업으로 실시된 강진 대구면大口面의 가마터 발굴만 속행되었을 뿐 1970년대 초까지는 별다른 발굴성과가 이루어지지 않았다.

다만 1971년 연말, 화순 대곡리大谷里에서 주민에 의해 발견 신고된 청동기 일괄유물 발굴[20]은 비록 출토상황과 유구의 성격이 불확실하였지만 광복 후 최대의 청동기 유물출토 성과라고 할 만한 것이었다. 국립박물관과 문화재연구소에 의해 이루어진 수습조사를 통해 얻어진 두터운 널빤지로 보아 나무널을 매장주체로 한 돌무시널무넘(積石木棺墓)의 성격을 갖춘 무덤으로 추정되었다.

1973년 여름, 영남대 박물관에 의해 조사된 북제주 빌레못 동굴[21]은 남부지방에서는 최초로 확인된 구석기시대의 유적으로 여기에서 수습된 동물뼈와 석기유물을 통해 이 지역 구석기문화의 존재를 시사해준 중요한 계기를 마련해 주었다.

1970년대 중반에 이르러 전남대학교에 새로이 고고학 강좌가 개설되었고 이어서 국립광주박물관이 문을 열면서 이 지역의 고고학이 갑자기 활기를 띠기 시작하게 되었다. 지금까지는 이 지역의 발굴조사가 대부분 서울에서 내려온 조사단에 의해 수행되어 왔으나 이때부터 현지의 대학과 박물관에 의해 독자적으로 수행되는 체제가 자리 잡기 시작했다. 더욱이 70년대에 들어서 전국적으로 일기 시작한 댐이나 공장 신축 등 각종 산업시설의 조성에 따른 긴급구제발굴 사업이 각지에서 이루어짐으로써 이 지역에서도 대규모의 발굴조사가 벌어지게 되었다.

1975년에 실시된 대초大草·담양潭陽댐[22]과 장성長城댐[23]의 수몰지구에 대한 조사는 발굴 대상의 대부분이 고인돌 유적에 국한되었지만 이 지방에서 처음으로 이루어진 대규모의 구제발굴로서 대초·담양댐 지역에서 52기, 장성댐에서는 17기의 고인돌이 조사되었다.

한편 같은 해 초에는 우리나라 최고最古, 최대의 저수지인 김제 벽골제碧骨堤의 발굴[24]이 충남대박물관에 의해 실시되어 비록 제방의 일부에 국한된 것이었지만 백제시대의 초기(4세기)에 이루어진 대규모의 토목공사와 이에 따른 고도의 측량기술의 수준을 파악할 수 있는 자료를 제공해 주었다.

1976년부터 실시된 신안해저新安海底 발굴[25]은 비단 우리나라뿐 아니라 세계적인 관심 속에서 9년 남짓 동안 계속됨으로써 이제 갓 시작된 이 지역의 고고학 활동에 새로운 활력소의 구실을 해 주었다고 할 수 있다. 이 발굴을 계기로 우리나라와 같은 지리적 여건에서 수중고고학의 중요성이 새삼 부각되기도 하였으나 이 분야에서는 아직까지 더 이상의 진전이 이루어지지 않고 전문가 한 사람 양성하지 못한 채 오늘에 이르고 있는 실정이다.

1977년에는 전남대박물관에 의해서 광주 송암동松岩洞[26]과 나주 보산리寶山里[27]에서 각각 청동기시대의 집자리와 고인돌이 발굴되었다. 특히 송암동 집자리는 호남지방에서는 처음으로 학술적 발굴이 이루어진 생활유적으로서의 의미가 크다고 할 수 있다. 풍화암반을 타원형으로 파들어가 가운데에 구덩이를 만들고 그 양쪽에 기둥구멍이 뚫린 이른바 '송국리형松菊里形' 집자리로서 청동기시대 한반도의 서남부지방에서 이루어진 전형적인 주거형태를 갖추고 있었다.

1978년 봄에는 전남대박물관에 의해서 광주 충효동 고인돌[28]과 나주 대안리大安里 5호 돌방무덤[29]에 대한 발굴이 거의 동시에 이루어졌다. 대안리 5호 돌방무덤은 광복 이전에 조사된 흥덕리의 그것과 함께 독널무덤이 주류를 이루는 나주 반남면 일대에서는 예외적인 존재로 볼 수 있다. 따라서 이들 무덤은 이 지역이 백제에 편입됨에 따라 토착세력들에 의해서 새로이 수용된 것이거나 중앙에서 파견된 관리들의 무덤일 것으로 추정되고 있다.

이 해 12월에는 광주에 새로운 국립박물관이 개관되면서 일제강점기 이후 지금까지 경주, 부여, 공주 등 고도에 국한되었던 테두리에서 벗어나 새로운 지방 박물관시대로 접어든 터전을 마련하게 되었다. 또한 이 지역으로 보아서는 그동안 짧은 기간이나마 유일하게 발굴조사를 담당해 오던 전남대박물관에 이어 또 하나의 조사기관이 동참함으로서 지방고고학의 활성화에 새로운 기운을 불어넣게 되었다.

이듬해인 1979년 봄에는 남원 초촌리草村里[30]에서 모두 200여 기에 이르는 백제무덤이 확인되었고 이 가운데 12기의 무덤이 발굴조사되어 6세기경에 이루어진 이 지역 돌방무덤의 고고학적 자료를 제공해 주었다.

가을에는 전북대박물관에 의해 남원 만복사지萬福寺址[31]에 대한 조사가 시작된 뒤 이후 1985년까지 7년 동안 연차적으로 계속되어 일탑삼금당식一塔三金堂式의 가람배치 등과 함께 11세기에 창건된 이후 여러 차례의 중건과 개축이 이루어진 매우 복잡한 유구의 실태를 파악할 수 있었다.

이 해 겨울 제주도에서도 곽지郭支 조개더미 유적[32]에 대한 발굴이 제주대박물관에 의해 이루어지고 이후 1984년과 1985년도에도 유적의 각기 다른 지점에서 조사가 실시되어 이 유적이 청동기시대 후기에서 삼국시대 초기에 걸쳐 이루어진 것임을 알 수 있었다.

1980년 봄에 이루어진 무등산 원효사지元曉寺址[33]에 대한 발굴은 광주박물관에 의해 실시된 첫 번째 발굴이라는 것 외에도 전남지방에서 이루어진 최초의 절터 발굴이라는 데에 매우 깊은 의의를 갖는 조사였다.

같은 해 여름에는 문화재연구소에 의해 익산 미륵사지[34]에 대한 전면발굴이 시작되어 연차적인 사업으로 지금까지 계속되고 있으며 발굴결과에 따라 동탑 등 건조물 복원사업이 펼쳐지고 있다.

이듬해 가을에는 국립광주박물관에 의해 영암 만수리萬樹里 2호 무덤[35]이 발굴되어 여기에서 독널 4기가 수습되었고 그 이듬해에 조사된 인접한 1호 무덤으로부터는 널무덤이 드러났다. 이처럼 바로 가까이 만들어진 무덤에서 시기적으로 비슷한 서로 다른 양식의 매장시설이 이루어져 앞서 조사된 돌방무덤과 함께 이 지역에서 나타나는 묘제 사이의 상관관계를 파악하는 데 새로운 자료를 제공해 주었다고 할 수 있었다.

같은 해 초겨울에는 전남대박물관에 의해 화순 동복同福댐 수몰지구 내에 분포된 80여 기의 고인돌 가운데 월산리月山里, 장학리獐鶴里, 창랑리滄浪里 등지에서 모두 19기가 발굴[36]되었다.

1982년 봄에는 백제 무덤이 분포된 남원 월산리[37]와 고창 중월리中月里[38]에서 각각 전주시립박물관과 원광대에 의해서 거의 같은 시기에 조사가 이루어졌다. 월산리 고분은 앞서 같은 지역에서 조사된 초촌리 유적이 백제 무덤이었던 데 비해 이곳은 가야계의 유적으로서 이 조사를 통해 가야문화권의 성격과 판도에 대한 재검토의 필요성이 부각된 중요한 계기가 마련되었다.

한편 강진 영복리永福里[39]에서는 국도 확장공사에 따라 10여 기의 고인돌이 광주박물관에 의해 발굴조사되었다. 출토유물 가운데 검은간토기(黑陶)는 주로 금강 유역에서 흔히 출토되는 것으로 앞서 광주 송암동 집자리에서와 함께 이 지역 청동기문화와 금강 유역의 그것과의 연계성을 보여주는 중요한 자료로 평가될 수 있다.

1983년 봄부터 여름까지 영광 원자력발전소의 상수원 취수장으로 조성되는 고창 아산雅山댐의 수몰지구에 대한 발굴조사[40]가 원광대학교 마한·백제문화연구소에 의해서 실시되었다. 수몰지구에 포함된 지역은 고창 아산면 용계리龍溪里와 운곡리雲谷里, 신리新里로 여기에는 서원書院, 재실齋室, 사당祠堂과 소규모의 절터도 있으나 실제 발굴대상으로 선정된 유적은 20여 기의 고인돌을 비롯하여 백제토기와 고려청자 가마, 야철지冶鐵址와 일명사지逸名寺址, 빈대절터 등이었다. 이 가운데 운곡리의 백제토기 굴가마(登窯)는 당시까지만 해도 드물었던 백제토기 연구에 매우 중요한 실마리를 제공해 주었던 발굴 성과였다.

용계리의 청자가마터에서는 대규모의 가마와 퇴적층이 발굴되었는데 특히 여기에서 출토된 파편 가운데에는 이른바 '햇무리굽'으로 분류되는 고려 초기에 해당되는 파편과 함께 '泰平壬戌' 명銘(1022)의 기와가 출토되어 이 가마의 편년적 성격을 밝혀주는 중요한 자료가 되었다.

연말에는 문화재연구소에 의한 완도 어두리漁頭里 앞바다에서의 해저발굴[41]이 시작되었고 이듬해 봄에는 2차 조사가 계속되어 난파선의 인양과 함께 고려 초기에 제작된 청자 3만여 점을 수습하는 성과를 거두었다.

1984년 봄에는 이 지역의 여러 유적에서 크고 작은 규모의 발굴들이 있었다. 우선 광주박물관에서는 무안 사창리社倉里의 독무덤조사[42]를 통해 한 봉토 안에 이루어진 3기의 독널과 1기의 널무덤을 확인하였고 고흥 장수제長水堤[43]에서는 12기의 고인돌을 발굴하였다.

영암 서호면西湖面 일대의 장천리長川里와 청룡리靑龍里에서는 목포대박물관에 의해서 판석식만으로 이루어진 고인돌 13기가 발굴[44]되었고 장천리에서는 고인돌 조사과정에서 우연히 발견된 집자리[45]가 추가로 조사되었다. 장천리 집자리에 대해서는 그 뒤 1986년에 이르기까지 3차에 걸친 조사가 연차적으로 이루어져 모두 12채가 확인되었으나 이 가운데 규모를 알 수 있었던 것은 원형, 혹은 타원형 움집 7채였고 따로 고상高床 집자리 한 채의 기둥자리가 드러났다.

한편 전남대박물관에서도 화순 운주사雲住寺[46]에 대한 발굴에 착수하여 이후 1989년에 이르기까지 모두 4차에 걸친 조사가 이루어져 사찰의 창건시기와 변천과정을 부분적으로나마 살필 수 있는 자료를 확보할 수 있었다.

이해 연말부터 다음해 초에 걸쳐 제주대박물관에 의한 제주시 용담동 고분유적[47]의 발굴이 이루어져 기원 전후한 시기의 독무덤 6기와 각종 철제유물이 부장된 돌덧널무덤 4기가 조사되었다.

1985년 봄부터는 남원 세전리細田里 유적[48]에서 전북대박물관에 의해 이듬해 5월까지 모두 3차에 걸쳐 30여 채의 집자리가 조사되었다. 이 조사를 통해 무문토기에서 원삼국토기에 이르는 많고 다양한 토기들을 수습함으로서 이 시대에 이루어진 토기문화의 전개과정을 살피는 데 매우 중요한 자료를 얻을 수 있었다.

가을에는 제주대박물관에 의해서 제주시 용담동, 외도동外道洞의 고인돌[49]과 곽지에서의 조개더미가 거의 동시에 발굴[50]되었다.

이해 겨울 영암 내동리內洞里 초분골[51]에서는 2기의 무덤이 국립광주박물관에 의해 발굴되어 여러 개의 독무덤이 구덩무덤과 한 무덤 안에 각기 주종主從을 달리 한 상태에서 이루어졌음을 알 수 있었다.

1986년은 전남·북 각지에서 예년에 비해 유적발굴이 활발히 이루어져 괄목할 만한 성과를 거둔 한해였다. 우선 문화재연구소에 의해 봄·가을 두 차례에 걸쳐 실시된 익산 입점리笠店里의 백제무덤[52] 발굴에서는 모두 8기의 돌방무덤이 확인되었다. 이 가운데 특히 1호 무덤에서는 금동제의 관장식冠裝飾과 신발, 귀고리를 비롯하여 갖가지 말갖춤새와 철구류, 네 귀가 달린 청자 항아리 등 호화로운 부장품들이 출토되어 이곳에 파견된 백제의 귀족계층이나 지방호족의 무덤으로 추정되었다.

연말에는 입점리에서 가까운 웅포리熊浦里 백제무덤[53]의 발굴이 원광대 마한·백제연구소에 의해 시작되었고 이후 금강 하류의 남안南岸지역에 분포된 백제무덤에 대한 연차적인 조사가 지금까지 꾸준히 이루어지고 있다.

한편 전남지방에서도 이 해 가을에는 목포대박물관에 의한 해남 군곡리郡谷里 유적[54]발굴이 시작되었고 주암住岩댐 수몰지구[55]에 대한 대대적인 발굴이 전남대박물관의 주관으로 모두 13개 조사단이 참여한 가운데 착수되었다.

군곡리 유적은 지금까지 한반도 서남해안 지방에서 확인된 최대 규모의 조개더미 유적으로 여기에서는 이 밖에도 집자리, 토기 가마와 함께 갖가지 석기, 토기, 철기, 뼈·뿔연모(骨角器) 등 엄청난 유물이 수습되었다. 이 초기철기시대에서 원삼국기에 이르는 다양한 유구와 유물, 많은 양의 동물뼈 등 갖가지 자료는 이 시대의 생활문화 연구에 중요한 위치를 차지하는 유적으로 꼽을 수 있는 곳이다.

주암댐 수몰지구에 대한 발굴조사는 1985년도에 이루어진 지표조사의 결과에 따라 1986년부터 1989년까지 모두 4년에 걸쳐 전국적으로 망라되어 편성된 조사단에 의해서 각지에서 동시다발적으로 실시되었다. 구역별, 분야별로 나뉘어 수행된 이 조사를 통해 구석기유적에서부터 역사시대에 이르기까지의 집자리, 고인돌, 선돌, 조선시대의 가마터 등 다종다양한 유적이 속속 드러남으로써 엄청난 고고학적 성과가 이루어졌다. 특히 이 조사에서 주된 발굴대상 유적이었던 고인돌은 모두 350여 기가 조사되어 이 지역 고인돌 분야의 연구에 막대한 기여를 했다고 할 수 있다.

　　이 밖에 이 해 봄에는 전남대박물관에 의해 장성 영천리鈴泉里의 백제시대 돌방무덤[56]을 발굴하여 이 지역에서는 드물게 나타나는 유적의 성격을 비교적 자세히 밝힐 수 있었다.

　　한편 광주박물관에서는 영암 와우리臥牛里에서 3기의 독무덤[57]을 발굴하였는데 여기에서는 한 봉토에 1기의 독널만 묻혀 있어 이 지역의 다른 무덤과는 다른 모습을 보여주었다.

　　1987년 봄, 함평 초포리草浦里[58]에서는 광주박물관에 의해 청동기시대의 돌무지널무덤(積石木棺墓)이 발굴되어 화순 대곡리 유적 이후 최대의 청동기 일괄유물을 수습하는 성과가 있었다. 각종 무기와 의기, 공구류 등으로 이루어진 이들 유물을 통해 이곳 영산강 유역 일대에서도 나름대로 독특한 청동기문화가 이루어졌음을 보여주는 새로운 자료로 평가되고 있다.

　　이 밖에 전남지방에서는 전년도에 시작된 주암댐 수몰지구 유적 발굴조사와 해남 군곡리 유적, 화순 운주사지 발굴 등이 계속되었다.

　　한편 전북 지방에서는 전주시립박물관에 의한 익산 신용리新龍里 백제토기 가마터[59]가 발굴되었고 이 밖에 원광대 마한·백제연구소에 의한 고창읍성 동헌東軒터[60]와 무주茂朱댐 수몰지구[61]에 대한 조사가 이루어졌다.

　　1988년에는 이 지역에서 계속된 몇몇 연차적인 발굴사업 외에 특히 여천 일대에서 이루어진 공단부지 내에서의 구제발굴을 통해 이듬해까지 새로운 자료들이 속출되었다. 이해 봄에 실시된 봉계동鳳溪洞[62] 유적조사에서는 모두 14기의 고인돌이 발굴되었는데 돌널 안에서는 각종 석기와 토기류 외에 옥류玉類와 요녕식 동검의 파편 1점이 수습되었다.

여름에는 남제주의 상모리上摹里[63]에서 제주대박물관에 의한 청동기시대 조개 더미 발굴이 이루어져 팽이형토기와 함께 골아가리와 구멍무늬가 나타나는 민무 늬토기문화의 복합된 양상을 보여주었다.

가을에는 광주의 무진고성武珍古城[64]이 전남대박물관에 의해 발굴되었고 이 조사는 이듬해까지 계속되어 이 성은 통일신라 때에 초축初築과 수축修築이 이루 어지고 일부 건물은 고려 중엽까지도 존속되었음을 알 수 있었다.

한편 전북지방에서는 전주대박물관에 의해 전주 여의동如意洞[65] 청동기시대의 널무덤 3기, 집터 1채와 함께 둘레에서는 유물 포함층이 조사되었는데 이 가운데 1호 널무덤에서 출토된 청동제의 거울, 도끼, 끌 등 일괄유물과 검은간토기는 금 강 유역의 청동기문화와 상통하는 것임을 보여주었다.

이해 여름과 겨울에는 남원 건지리乾芝里[66]의 가야계 무덤이 전북대박물관에 의해 발굴되어 백제와 가야의 경계지역에 위치한 이 유적이 갖는 고대사에서의 성격구명에 실마리를 마련해 주었다고 할 수 있다.

1989년 초 전남대박물관에 의해 이루어진 여천 적량동積良洞 유적조사[67]에서 는 고인돌 14기와 돌널 25기의 발굴을 통해 복원이 가능한 요녕식 동검 7점과 동 모銅鉾 1점이 출토되었다. 또한 여름에 조사된 평여동坪呂洞 고인돌[68]에서는 400여 점에 이르는 옥류와 함께 요녕식 동검 파편이 수습되었다.

이해 연말부터 이듬해 초까지 이루어진 여수 오림동五林洞의 고인돌 발굴[69]에 서도 요녕식 동검 2점이 출토됨으로써 전년도의 여천 봉계동 발굴 이후 전남대 박 물관에서는 이곳 여수반도에 분포된 고인돌 유적에서 10여 점에 이르는 요령식 동검과 동모를 수습하는 성과를 올렸다. 이 특수한 형식의 청동유물들은 일제강점 기 때 출토된 고흥 운대리 동검[70]이나 앞서 주암댐 수몰지역 발굴조사 시에 승주 우산리牛山里와 보성 덕치리德峙里, 봉릉리鳳陵里에서의 유물과 함께 이 지역의 고 인돌에서만 나타나는 특수한 청동기문화의 성격을 부각시켜주었다.

이에 앞서 봄에는 목포대박물관에 의한 진도 용장성龍藏城 발굴[71]이 이루어져 일찍부터 알려진 대로 삼별초三別抄와 관련된 대몽항쟁 유적이었음을 발굴은 통해 확인할 수 있었다.

여름에는 전북대박물관에 의해 남원 두락리斗洛里[72] 일대에서 돌방무덤과 돌덧널무덤 등 모두 5기의 무덤이 발굴되었다. 이 무덤들은 구조뿐 아니라 출토유물을 통해서도 기본적으로 가야계의 무덤이 주류를 이루는 것으로 보이지만 2호 돌방무덤에서 나타나는 배수시설이나 봉토에 특별한 둘레돌(護石)의 시설이 없는 것 등은 백제계의 지역성이 부분적으로 반영된 것으로 생각되었다.

가을에는 문화재연구소에 의해 익산 왕궁리王宮里 유적[73]에 대한 연차적인 발굴조사가 시작되면서 앞서 1980년부터 이루어진 미륵사지 조사와 함께 익산고도 문화권益山古都文化圈의 유적정비를 위한 본격적인 발굴사업이 착수되기에 이르렀다.

한편 국립광주박물관에서는 영암 만수리萬壽里 4호무덤[74]을 조사하여 긴 타원형의 봉토 안에 널무덤, 덧널무덤 7기와 크고 작은 독무덤 2기 등 모두 9기의 무덤을 확인하였다. 지금까지는 영산강 유역의 무덤에서 서로 다른 양식의 것들이 합장된 경우, 큰독무덤이 주된 무덤으로 생각되어 왔으나 여기에서는 매장방식 등으로 보아 오히려 종속적인 존재였음을 알 수 있었다.

만수리 유적에 이어 실시된 돌산突山 송도松島의 조개더미[75] 발굴은 이 해 가을과 이듬해 봄에 걸쳐 두 차례로 나누어서 이루어졌다. 한반도의 서남해안 지역에서 처음으로 실시된 신석기시대의 조개더미에 대한 정식 학술조사로서 더구나 남부지방에서는 극히 드문 당시의 집자리 전모를 밝힐 수 있는 커다란 수확을 거둔 발굴이었다.

이 해 연말부터 이듬해에 걸쳐서는 전남대박물관에 의한 승주 대치리大峙里 고인돌[76] 발굴과 서울대박물관에 의한 곡성 옥과玉果 구석기유적[77] 발굴이 이루어졌다. 옥과유적은 이 지역에서 처음으로 이루어진 구석기 유적에 대한 계획발굴로서 이 지방에도 지금으로부터 대략 15000년 전쯤에 구석기인들이 정착했었음을 보여주는 학술적 성과를 거둘 수 있었다.

1990년 초부터 실시된 전라남도의 완도 청해진淸海鎭 장보고張保皐 유적 정비

계획에 따라 우선 착수된 사업이 문화재연구소에 의해 2차에 걸쳐 이루어진 장좌리長佐里의 전傳 법화사지法華寺址[78]에 대한 발굴조사였다. 그러나 이 조사를 통해 수습된 유물의 대부분은 청자와 백자 등 자기류와 기와, 청동제품 등 고려시대에 해당되는 것들로 청해진과 직접 관련된 것으로 보이는 유물은 거의 보이지 않아 계속적인 발굴조사의 필요성을 일깨워주었다고 할 수 있다.

연초까지 전남대박물관에 의해 계속된 승주 대치리 고인돌 유적조사에서는 지방도로의 확·포장 공사에 따른 구제발굴에 의해 7기의 고인돌과 5기의 돌덧널이 드러났다. 출토유물의 성격상 뚜렷한 시기차를 보이지 않는 이 두 묘제의 차이는 아마도 피장자 신분의 차이에서 나타난 현상일 것으로 보고자는 파악하였다.

봄에는 영암 옥야리沃野里 무덤[79]의 정비복원에 필요한 학술조사계획에 따라 이 일대에 분포된 30여 기의 무덤 가운데 6호와 14호 등 2기가 목포대박물관에 의해서 조사되었다. 장타원형과 원형을 이루는 봉토 안에는 각각 4기와 2기의 독무덤이 이루어져 있었으며 봉토의 자락 둘레로는 모두 도랑이 돌아가고 있었다.

한편 함평 월계리月溪里[80]에서는 전남대박물관에 의해서 이루어진 이해 여름과 이듬해 겨울에 걸친 두 차례의 발굴을 통해 모두 12기의 백제무덤이 조사되었다. 이곳 무덤들은 대부분 반지하식으로 만들어진 평면 장방형의 돌방무덤들로 이 가운데 2차년도에 조사된 6호 무덤에서는 어른과 아이를 포함해서 모두 5구의 인골이 수습되었다.

이 해 여름에는 광주박물관에 의해 여천 월내동月內洞[81]의 저유 '탱크' 시설부지 조성에 따른 일대의 고인돌 30여 기에 대한 구제발굴이 이루어졌다. 돌널의 둘레에는 묘역으로서 둘레돌(護石)이 돌아가고 그 안에는 깐돌(敷石)이나 돌무지(積石)가 이루어져 이 지역의 고인돌에서 나타나는 구조적 특성을 보여주었다.

같은 시기 전북대박물관에서는 완주 안심사安心寺 터[82]에 대한 발굴을 실시하였으나 사적비에 의해 창건시기로 추정되어 오던 나말여초羅末麗初에 해당되는 유물은 출토되지 않고 조선 전기의 자료들만 수습되었다.

한편 고창 죽림리竹林里 유적[83]에서는 원광대 마한·백제연구소에 의한 고인돌 발굴이 있었다. 이곳 상갑리와 죽림리 일대는 진즉부터 우리나라 최대의 고인돌 밀집지역으로 꼽혀온 곳으로 지표조사를 통해 동-서 1.5km의 범위 안에서 모두 440기에 이르는 고인돌이 확인된 바 있다. 여기에서는 1965년에도 국립박물관에 의해 일부가 발굴[84]된 바 있지만 이번에는 모두 16기의 고인돌이 조사되었다. 보고 자는 이들 하부구조의 대부분을 땅위에 드러난 '지상 석곽식'으로 분류하고 돌널 바깥에 보조 굄돌(支石)로 받쳐둔 예를 들어 북방식에서 남방식으로 변화해 가는 과도기적인 형식으로 보았다.

1991년 연초에는 전북 장수 관내에 조성되는 양악陽岳과 오동梧桐 등 소규모 의 '댐'공사에 따르는 구제발굴[85]이 전북대박물관에 의해 시작되어 봄까지 이루어 졌으나 조선시대의 건물터와 민묘民墓 등만 확인되었을 뿐 별다른 성과는 없었다.

이 해는 다른 어느 해보다 호남지방에서 단위유적에 대한 발굴이 풍성했던 한 해로서 전남·북과 제주도의 대학박물관과 국·공립박물관 등 거의 모든 학술기관 이 참여하여 나름대로 적지 않은 성과를 올렸었다.

우선 전북대박물관에서는 이 해 봄 전주 효자동孝子洞[86]과 여의동[87]에서 거의 같은 기간에 두 유적의 발굴을 수행하였다. 학교부지 조성공사 중에 드러난 효자 동 유적에서는 원삼국기에 해당되는 것으로 보이는 돌널무덤, 널무덤, 파괴된 집 자리와 함께 조선시대의 회곽무덤과 널무덤 등 구조와 시대를 달리한 유적들이 나타났다.

여의동 유적은 앞서 1988년도 전주대박물관에 의해서 조사된 곳에서 북쪽으 로 500m가량 떨어진 곳으로서 여기에서는 원삼국~백제 초기에 해당되는 집자리 3채와 상당한 분량의 토기 자료가 수습되었다.

이 해 여름부터 가을에 걸쳐 전북대박물관에 의해 실시된 완주 되재 성당 터[88] 에 대한 발굴은 이 유적이 지금으로부터 백여 년 전에 지어져 1950년대에 없어진 건물터라는 데에 학계의 관심과 흥미를 불러일으켰다. 발굴을 통해 성당, 복사실服 事室, 사제관司祭舘 터의 배치상태와 구조를 확인 할 수 있었다.

원광대 마한·백제연구소에 의해 연차적으로 계속되고 있는 금강하류 남안의 백제고분조사계획의 일환으로 이 해에는 옥구 장상리將相里[89]에서 발굴이 이루어 졌다.

한편 광주·전남지방에서는 각지에서 고인돌, 백제무덤 등이 발굴되었으며 특히 고려·조선조의 가마터에 대한 활발한 조사가 행해졌다. 고인돌 발굴은 전남대박물관에 의해 화순 만연리萬淵里[90]와 승주 광천리廣川里·비룡리飛龍里[91]에서, 목포대박물관에서는 무안 월암리月巖里,[92] 광주박물관에서는 여천 우두리牛頭里 세구지世救地[93] 유적을 발굴하였다.

전남대박물관에 의해 늦가을에 이루어진 보성 척령리尺嶺里 금평金坪 조개무지 유적[94]은 목포 – 순천 간을 잇는 고속화도로 공사에 따른 긴급발굴로 원삼국기에 해당되는 많은 분량의 생활 도구들이 출토되어 이 지역에서는 해남 군곡리 유적과 쌍벽을 이룰 만큼 당시의 생활문화를 보여주는 중요한 유적으로 꼽히게 되었다.

백제무덤으로는 광주박물관이 조사한 함평 예덕리禮德里 신덕新德[95]과 영암 신연리新燕里[96] 유적, 정신문화연구원에서 발굴한 영암 태간리泰澗里 자라봉[97] 무덤을 들 수가 있다. 예덕리 무덤은 근년에 이르러 전남의 서해안 지방에서 적지 않게 확인되고 있는 장고무덤(長鼓墳: 前方後圓墳)으로 분구墳丘 실측작업 과정에서 최근에 도굴된 사실을 발견하고 긴급 수습발굴을 실시하게 되었다. 발굴을 통해 후원부에 무덤길(羨道)이 달린 돌방무덤이 이루어졌음을 확인하였고 여기에서 각종 장신구와 마구를 비롯하여 많은 철기류가 수습됨으로써 백제고분 연구에 매우 중요한 자료를 얻을 수 있었다.

이 발굴은 한·일 고대문화 연구에서 민감한 요소로 부각되고 있는 장고무덤에 대한 최초의 발굴이라는 점에서 국내·외 학계의 높은 관심을 불러일으켰다. 이 듬해 봄에 이루어진 본 발굴에서는 장고무덤의 봉토 축조상태와 도랑의 규모를 확인할 수 있었고 전방부前方部 앞에 이루어진 또 다른 원형무덤의 구조를 파악할 수 있었다.

한편 태간리 무덤은 규모가 작은 봉분의 형태에서도 차이가 보이지만 마찬가지 장고무덤으로서 봉토 안에서 무덤길(羨道)이 없는 네모난 돌방시설이 확인되었다.

신연리 무덤에서는 봉토 안에 이루어진 독무덤과 널무덤 등의 매장시설 외에 아래층에서는 그보다 앞선 원삼국기의 집자리가 드러났다.

광주 충효동의 가마터는 1963년도에 국립박물관에 의해 부분적으로 조사가 이루어졌으나 무등산 문화유적 정화계획에 따라 이해 봄과 겨울의 두 차례에 걸쳐 광주박물관에서 본격적인 발굴[98]을 실시하였다. 두 차례의 발굴을 통해 모두 4기의 가마터와 함께 퇴적층으로부터 엄청난 분량의 조선시대 분청과 백자 파편을 수습하여 이 가마가 15세기경에 이루어진 곳임을 밝힐 수 있었다.

이 해 가을에는 목포대박물관에 의해 해남 진산리珍山里의 녹청자綠靑磁 가마터[99]가 정식으로 발굴되어 이 가마가 11세기 전반기에 이루어진 것임을 확인할 수 있었다.

앞서 1990년 초부터 실시된 완도 청해진 유적 조사계획에 따라 이 해에는 장도將島 유적으로 옮겨 1996년까지 예정으로 전면 발굴이 계속되고 있다. 지금까지 섬 중앙부와 북서지구에서 건물터가, 섬 둘레에서는 토성 터가 확인되었으며 통일신라에 해당하는 유물도 출토되었지만 향후 정밀조사를 통한 결과를 기다려야 할 것이다.

한편 제주도에서는 이 해 봄과 이듬해에 걸쳐 서귀포 법화사 터[100]에 대한 발굴이 이루어지고 가을에는 북제주 종달리終達里[101]에서 원삼국기의 조개무지가 제주대박물관에 의해서 발굴되었다.

이 해 가을부터 제주민속자연사박물관에 의해 연차적인 계획으로 발굴이 이루어지고 있는 북제주 김녕리 동굴[102]에서는 지금까지 신석기시대에서 원삼국기에 이르는 각종 유물이 수습되고 있으나 유적의 정확한 성격은 아직 밝혀지지 않고 있다.

1992년 봄, 전주박물관에 의해 처음으로 이루어진 부안 격포리 죽막동 유적[103] 발굴은 지금까지 우리나라에서는 알려지지 않은 백제시대의 제사(海神祭)터로서 매우 드문 자료를 제공해 주고 있다. 여기에서 출토된 많은 유물 가운데 특히 엄청난 분량의 토기와 다양한 기종器種은 지금까지 우리가 갖고 있는 백제 토기에 대한 식식에 새로운 변화를 가져다줄 만큼 대단한 것으로 근년에 이 일대에서 이루어진 커다란 고고학적 성과 가운데 하나이다.

이 해 여름에는 임실 용암리龍岩里의 절터[104]에 대한 발굴이 전북대박물관에 의해 이루어져 석등石燈(보물 267호) 둘레의 건물터가 확인되었다.

한편 광주, 전남지방에서는 광주박물관에 의해 지난해 말부터 올 초까지 무등산 금곡동金谷洞의 조선시대 제철 및 철기생산 유적[105]이 발굴되어 한 곳에서 제철製鐵 → 정련精練 → 단조鍛造에 이르기까지 철기 제작에 따르는 모든 공정이 이루어졌음을 알게 되었다. 또한 지금까지 구전되고 있는 임진왜란을 전후한 시기의 의병활동과도 관련되는 유적임을 파악하게 된 것도 중요한 성과라고 할 수 있을 것이다.

봄부터 여름까지는 장성 삼서면森西面 일대의 상무대尙武臺 신축이전 부지에 대한 발굴[106]이 전남대와 목포대박물관에 의해 이루어졌다. 전남대에서는 3개 지구에서 모두 19기에 이르는 백제 돌방무덤을 조사하였고 목포대에서는 비교적 완전하게 남아 있는 조선시대의 일상용 백자가마터를 발굴하였다.

여름에는 광주박물관에 의해 신창동 유적이 새로이 발굴[107]되면서 1963년 서울대박물관에 의한 집단 독널무덤(甕棺墓)의 발굴로 유명해진 이 유적지가 다시 한 번 주목을 받게 되었다. 광주-장성을 잇는 국도신설 계획구간에 포함되어 있는 이 지역에 대한 유구 확인 작업의 과정에서 뜻밖에도 기원전 1세기를 전후한 시기의 소택지沼澤地가 드러났다.

여기에서는 목제 농기구와 칠기류를 비롯하여 각종 곡물, 견과류 등 자연유물이 수습되어 학계의 관심을 불러일으켰고 이 밖에 같은 시기의 것으로 보이는 토기 가마터와 집자리, 도랑 유구 등이 확인되었다. 앞으로 본 조사가 이루어질 경우 더 많은 자료가 수습되겠지만 결국 이 유적의 보존을 위해 도로 신설계획은 무산되고 기존의 도로를 확장하는 방안으로 일단 마무리되었다.

목포대박물관에서는 봄부터 가을에 걸쳐 해남 호동리虎洞里,[108] 승주 우산리,[109] 여천 상암동上巖洞·영암 산호리山湖里[110] 등지에서 고인돌 발굴을 실시하였다.

1993년도에는 전남대박물관의 광주 평동平洞 공단부지 내 유적조사[111]와 군산대박물관의 군산 조촌동助村洞 백제무덤[112]에 대한 발굴이 개별적으로 이루어지고 이 밖에 몇몇 지역에서는 대규모의 연합발굴이 시행되었다. 광주·전남지구에서는

첨단과학단지와 호남고속도로 확장공사에 따르는 구제발굴이, 전북지방에서는 군
장지구群長地區 개발을 위한 구제발굴이 국립박물관과 대학박물관으로 구성된 발
굴단에 의해 완료되었거나 현재 진행 중에 있다.

　　이러한 구제발굴은 대부분 그 범위가 넓고 유적의 규모가 방대하여 단일 조사
단으로는 조사의 수행이 불가능하기 때문에 대개 몇몇 학술기관이 함께 참여하는
연합발굴이 이루어지는 것이다. 따라서 학술기관 간의 연계관계가 빈번해지고 연
구 인력 사이에 내왕이 잦아지면서 자연 이들이 한데 어울리는 실체적 모임의 필
요성이 절실해지게 되었다.

　　이에 따라 전년도부터 몇몇 중견학자들이 주체가 되어 새로운 학회의 결성문
제가 논의되어 오다가 연초에는 전남·북과 광주·제주 지방의 모든 관계학자가
참여하는 호남고고학회가 창립되기에 이르렀다. 학회의 창립으로 이 지역의 고고
학 연구에도 새로운 기운이 싹트고 개인, 또는 기관 간의 유대관계가 깊어짐으로
서 보다 능률적인 학문적 성과가 이루어질 것으로 기대된다.

3. 연구상의 문제점과 활성화를 위한 몇 가지 제언

지금까지 이 지역에서 이루어진 고고학 발굴을 연대순으로 나열하면서 그것이 갖
는 학사적學史的 의미와 문제점을 제시해 보았다. 초창기 이곳에 고고학 인구가 전
무한 상태에서는 모든 발굴이 일본인, 일제강점기 후에도 상당기간 타지인들에 의
해 발굴이 수행되어 왔다. 따라서 이 지역 학자들에 의한 독자적인 발굴이 이루어
지기 시작한 것은 불과 십수 년 전으로서 실질적인 연구사는 다른 지방에 비해 짧
고 그만큼 더 많은 문제점을 안고 있다고 할 것이다.

　　연구의 촉진과 활성화를 위해 그러한 문제점들을 각 분야별로 살펴보면, 이
지역에서 구석기시대 유적의 존재가 처음으로 알려진 것은 1973년에 확인된 제주
빌레못 동굴 유적이고 그나마 내륙에서는 1980년대 후반의 주암'댐'수몰지역 조

사 시에 승주, 보성 일대에서 처음으로 확인·조사가 이루어졌다.

그뒤 화순과 곡성, 옥과 등지에서도 구석기 유적이 발굴된 바 있으나 이들 유적에서는 문화층간의 비교가 충분히 이루어지지 못하고 더구나 다른 지역과의 연계관계가 불투명하여 현재로서는 이 지역의 구석기문화에 대한 정확한 성격의 부여가 어렵다고 할 수 있다.

이러한 문제점을 극복하기 위해서는 보다 많은 유적이 발굴되고 이 분야의 연구를 뒷받침해줄 지질적 상황, 특히 제4기紀 지질의 실상이 보다 명확히 밝혀짐으로써 심층적 연구가 가능해질 것이다. 더구나 이 지역에는 아직 구석기 연구자가 거의 전무할 뿐 아니라 이를 보완해 줄 인접분야의 전공자도 드물기 때문에 앞으로 이들 전문가를 배출해야겠지만 당장 그럴 가망성은 매우 희박해 보인다.

신석기시대 유적의 대부분은 해안이나 인접된 도서지방에서 확인되고 있다. 따라서 해안선이 발달된 이 지방에는 풍부한 이 시대의 유적이 분포되어 있을 것이고 실제로 최근에 이루어지고 있는 지표조사를 통해서 적지 않은 유적들이 확인되고 있다. 이러한 상황에도 불구하고 이 지역의 신석기시대 문화의 연구는 아직 초보적인 단계에서 벗어나지 못하고 있는 형편이다.

인접한 경남의 해안지역만 해도 지금까지 수많은 유적이 확인되었고 발굴을 통해서 그 성격이 밝혀진 유적만도 적지 않은 수에 이르고 있다.

그러나 이곳 호남지방을 통틀어 지금까지 발굴이 이루어진 순수 신석기유적으로는 돌산 송도 조개무지가 유일하다고 할 수 있으며 지금 발굴이 진행되고 있는 군장郡長지구의 오식도筽篒島 일대에서 이 시대의 층위가 확인되고 있지만 발굴 결과는 아직 알 수가 없다.

이러한 조사연구의 부진에 따라 자연 관련분야의 전문인력도 제한될 수밖에 없을 뿐 아니라 이 지역 고고학의 활성화에도 치명적인 저해요인이 된다고 해야 할 것이다.

청동기시대의 연구는 다른 지방에 비해 훨씬 풍부한 유적 자원을 확보하고 있고 그만큼 연구 활동도 활발히 진행되고 있다고 할 수 있다. 따라서 이 지역 고고학의 다른 어떤 분야보다 비교적 빠른 연구의 진전이 이루어지고 있는 것이다. 특히 청동기시대 문화에서 현저한 비중을 차지하고 있는 고인돌에 관한 조사 연구 활동은 비록 연구 인력이 제한되어 있기는 하지만 우리나라의 다른 어떤 지방에 비해서도 월등한 편이다.

이는 유적의 밀집된 분포에 따른 잦은 조사의 빈도에 기인한 것이지만 특히 최근에 집중적으로 이루어진 주암'댐' 수몰지역과 같은 단위 유적 발굴의 성과가 연구에 박차를 가하게 해준 요인이 되었다고 해야 할 것이다. 최근에는 이제까지의 구태적舊態的인 연구 방법에서 탈피하여 고인돌사회 복원을 위해 새로운 방법론을 시도할 만큼 커다란 진척이 이루어지고 있다.

다만 이러한 시도가 순전히 고인돌의 분포상황 등 외적인 현상에 의해서만 제시되는 가설의 범주에서 벗어나지 못한 취약성을 가지고 있다. 그러나 앞으로 이 고인돌들과 시간적·공간적으로 직결되거나 유사한 생활유적을 찾아 실생활과의 연계, 이를테면 취락의 규모나 주거의 실태에 따른 주민의 구성문제, 운반과 축조에 따른 노동력의 집계 등 실질적인 문제가 제기됨으로써 보다 근본적인 사회 복원에의 접근이 가능해질 것이다.[113]

고인돌과는 그 빈도에서 비교될 수 없지만 비슷한 시기에 이루어졌다고 생각되는 돌무지널무덤(積石木棺墓)의 존재에 보다 큰 관심을 기울여야 할 것이다. 과거 돌널무덤(石棺墓) 등으로 불리던 이 무덤에서는 청동기 일괄유물이 출토되어 우리나라 청동기문화 연구에 결정적 열쇠를 쥐고 있는 유구라고 할 수 있지만 이 지역에서 조사가 이루어진 곳은 몇 예에 불과한 실정이다.

이 유적의 속성상 구조의 대부분이 지하에 묻혀 있을 뿐 땅위에는 아무런 흔적이 남아 있지 않기 때문에 경지정리나 사방공사砂防工事 등에 따라 우연히 발견되는 경우가 대부분이다. 따라서 이 지역에서도 피할 수 없는 개발의 바람이 불어닥칠 때 적지 않은 새로운 유적들이 드러나게 될 것이다.

청동기시대 후기가 시작되는 기원전 3세기경에는 반도의 북부지방에 철기문화가 들어오지만 이 지역에 철기가 유입된 것은 그보다 훨씬 뒤로서 기원전후까지도 아직 고인돌과 돌무지널무덤이 만들어지고 있었다. 그 마지막 단계에는 이 지역에 독널무덤(甕棺墓)이 새로 등장하고 청동기시대에 들어 뜸해지던 조개더미

(貝塚)가 다시 활발히 이루어지게 되며 농경문화가 정착되었던 시기였다. 지금까지 이 지역에서 조사가 이루어진 해남 군곡리, 보성 척령리 등의 조개더미나 광주 신창동 같은 생활유적은 당시의 실생활을 파악하는 데 매우 중요한 자료를 제공하고 있는 곳들이다.

특히 신창동 유적에서 드러난 소택지와 같은 유구로부터는 경작유적이 나타날 가능성이 매우 큰 곳으로 우리나라처럼 쌀농사 위주의 농경문화권에서 이러한 유구의 조사는 다른 어떤 분야보다도 더욱 중요한 연구 과제임은 두말할 나위가 없다. 따라서 아직 그 성과가 이루어지지 않은 우리의 실정에서 이 유적에 대한 연차적인 계획발굴은 시급히 이루어져야 할 중대한 과업의 하나라고 할 수 있을 것이다.

원삼국시대의 독널무덤을 모체로 하여 발생한 것으로 보이는 이 지방의 큰독무덤은 백제세력의 남하와 함께 나타나는 돌방무덤의 출현으로 점차 쇠퇴해 가게 된다. 그러나 이들 큰독무덤과 같은 독특한 묘제가 어떻게 유독 이 지역에서만 성행했던가에 대한 문제도 기술사적, 문화사적인 관점에서 해결해야 할 중요한 당면 과제라 할 수 있다.

마지막으로 장고분長鼓墳에 대한 문제이다. 전남지방에서 근년에 이르러 적지 않은 수가 확인되어 가고 있는 이 무덤은 그 봉토의 형태가 일본 고분시대의 전방후원분前方後圓墳과 비슷한 형상을 보인다. 이러한 외형에 따라 한·일 고대사에서 양 지역 간에 이루어진 문화교류문제와 관련 지워 민감하게 논의되고 있는 대상 가운데 하나이다.

더구나 최근에는 이 무덤들의 봉토 둘레에서 상형象形토기(埴輪)에 유사한 형태의 것까지 출토됨으로써 더욱 이 문제의 관심도가 가중되어 가는 상황이다. 그러나 우리나라에서 이러한 유형의 무덤이 확인되기 시작한 것은 불과 몇 해 전의 일이고 더구나 지금까지 조사된 두, 셋의 결과만으로는 아직 어떤 가설도 제시할 수 없는 단계이다.

앞으로 긴 시간을 두고 체계적인 발굴이 이루어져 자료가 축적된 상황에서라야 이러한 문제점들을 깊이 있게 거론할 수 있을 것이다. 우리는 과거에도 그러한 고고학적인 문제 제기의 귀추를 고분문화의 몇 가지 양상, 특히 '곡옥曲玉'이랄지, '갑주甲冑'의 문제 등에서 자주 겪어온 바이다.

(『배종무裵鍾茂 총장 퇴임기념 사학논총』, 논총간행위원회, 1994)

주

1 梅原末治·濱田耕作,「金海貝塚發掘調査報告」,『大正9年度古蹟調査報告 第1冊』, 朝鮮總督府, 1923.

2 谷井濟一,「羅州郡 潘南面古墳群」,『大正6年度古蹟調査報告』, 朝鮮總督府, 1920.

3 有光敎一,「羅州潘南面古墳群の發掘調査」,『昭和13年度古蹟調査報告』, 朝鮮古蹟研究會, 1940.

4 野守健·谷井濟一,「益山郡 雙陵」,『大正6年度古蹟調査報告』, 朝鮮總督府, 1920.

5 小泉顯夫,「全羅南道高興郡豆原面雲垈里の支石墓」,『朝鮮古代遺跡の遍歷』, 六興出版, 1986.

6 藤田亮策·梅原末治,「全羅南道小鹿島出土一括遺物」,『朝鮮古文化綜鑑 1』, 1944.

7 「濟州島山地港出土一括遺物」, 위 책(주6).

8 金哲埈,「濟州道 支石墓調査報告」,『서울大人文社會論文集 9』, 1959.

9 金元龍,「靈岩內洞里甕棺墓」,『鬱陵島 – 國立博物館古蹟調査報告 4』, 1963.

10 金元龍,『新昌里 甕棺墓地 – 서울大學校考古人類學叢刊 1』, 1964.

11 考古美術뉴–스,「光州市忠孝洞陶窯址發掘調査」,『美術資料 7』, 國立博物館, 1963.

12 國立光州博物館,『무등산 충효동 가마터』, 1993.

13 崔淳雨,「康津沙堂里窯址出土靑瓷瓦」,『美術資料 9』, 國立博物館, 1964.

14 金載元·尹武炳,『韓國支石墓研究 – 國立博物館古蹟調査報告 6』, 1967.

15 洪思俊,「百濟 彌勒寺址 發掘作業略報」,『考古美術 70』, 韓國美術史學會, 1966.

16 黃壽永,「益山 王宮里 石塔調査」,『考古美術 71』, 韓國美術史學會, 1966.

17 考古美術뉴–스,「扶安郡柳川里窯址發掘調査」,『美術資料 11』, 國立博物館, 1966.

18 黃龍渾,『靈岩內洞里甕棺墓調査報告 – 慶熙大學校博物館叢刊 2』, 1974.

19 金元龍·任孝宰,『南海島嶼考古學』, 서울大 東亞文化研究所, 1968.

20 趙由典,「全南和順 靑銅遺物一括 出土遺蹟」,『尹武炳博士回甲紀念論叢』, 1984.

21 鄭永和,「舊石器時代 穴居遺蹟에 對하여」,『文化人類學 6』, 1974.

22 崔夢龍,「大草·潭陽댐 水沒地區 遺蹟發掘調査報告」,『榮山江水沒地區遺蹟發掘調査報告書』, 1976.

23 李浩官 外,「長城 '댐' 水沒地區 遺蹟發掘調査報告」,『榮山江水沒地區遺蹟發掘調査報告書』, 1976.

24 尹武炳,「金堤 碧骨堤 發掘報告」,『百濟研究 7』, 1976.

25 文化財管理局,『新安海底遺物 – 綜合篇』, 1988.

26 崔夢龍,「光州 松岩洞 住居址 發掘調査報告」,『光州 松岩洞 住居址·忠孝洞 支石墓』, 1979

27 崔夢龍,「羅州 寶山里 支石墓 發掘調査報告」,『韓國文化人類學 9』, 1977

28 崔夢龍,「光州 忠孝洞 支石墓 發掘調査報告」, 앞 책(주 26).

29 崔夢龍 外,「羅州 潘南面 大安里 5號 百濟石室墳 發掘調査報告」,『文化財 12』, 1979.

30 全榮來,『南原 草村里古墳 發掘調査報告書 - 全北遺蹟調査報告書 12』, 全州市立博物館, 1981.

31 全北大學校博物館,『萬福寺 發掘調査報告書』, 1986.

32 李白圭·李清圭,『郭支貝塚 - 濟州大學校博物館遺蹟調査報告 1』, 1985.

33 國立光州博物館,『元曉寺 發掘調査 報告書』, 1983.

34 文化財管理局 文化財研究所,『彌勒寺 遺蹟發掘調査報告書 I』, 1989.

35 徐聲勳·成洛俊,『靈岩 萬壽里 古墳群』, 國立光州博物館, 1984.

36 崔夢龍,『同福댐 水沒地區 支石墓 發掘報告書』, 全南大學校博物館, 1982.

37 全榮來,『南原 月山里 古墳群 發掘調査 報告』, 全州市立博物館, 1983.

38 馬韓·百濟文化研究所,『高敞 中月里文化遺蹟調査報告書』, 圓光大學校, 1984.

39 徐聲勳·李榮文,『康津 永福里 支石墓 發掘調査報告書』, 國立光州博物館, 1983.

40 全榮來·尹龍二 外.『高敞 雅山댐 水沒地區 發掘調査報告書』, 圓光大馬韓·百濟文化研究所, 1985.

41 文化公報部 文化財管理局,『莞島海底遺物』, 1985.

42 徐聲勳·成洛俊,「務安 社倉里 甕棺墓」,『靈岩 萬壽里 古墳群 - 國立光州博物館學術叢書 3』, 1984.

43 徐聲勳·成洛俊,『高興 長水堤 支石墓 調査 - 國立光州博物館學術叢書 6』, 1984.

44 崔盛洛 外,『靈岩 青龍里·長川里 支石墓群 - 木浦大學校博物館學術叢書 1』, 1984.

45 崔盛洛 外,『靈岩 長川里 住居址 - 木浦大學校博物館學術叢書 4』, 1986.

46 全南大學校博物館,『雲住寺 綜合學術調査報告書』, 1991.

47 李清圭,『龍潭洞 古墳』, 濟州大學校博物館, 1989.

48 尹德香,「南原細田里遺蹟地表收拾遺物報告」,『全羅文化論叢 1』, 1985.

49 濟州大學校博物館,『龍潭洞 甕棺墓 發掘報告』, 1989.

50 李白圭·李清圭, 앞 책(주 32).

51 徐聲勳·成洛俊,『靈岩 內洞里 초분골 古墳』, 1986.

52 文化財研究所,『益山 笠店里古墳 發掘調査報告書』, 1989.

53 馬韓·百濟文化研究所,『益山 熊浦里 百濟古墳群 調査報告書』, 圓光大學校, 1988.

54 崔盛洛,『海南 郡谷里 貝塚I』, 木浦大學校博物館, 1987.

55 全南大學校博物館,『住岩댐 水沒地區 文化遺蹟 發掘調査報告書I·II』, 1987·1988.

56 全南大學校博物館,『長城 鈴泉里 橫穴式石室墳』, 1990.

57 國立光州博物館,『靈岩 臥牛里 甕棺墓』, 1989.

58 李健茂·徐聲勳,『咸平 草浦里 遺蹟』, 國立光州博物館, 1988.

59 全榮來,「益山 新龍里 百濟土器窯址」,『古文化 30』, 1987.

60 馬韓·百濟文化研究所,『高敞邑城 東軒址發掘調査報告 - 遺蹟調査報告14』, 圓光大學校, 1987.

61 馬韓·百濟文化研究所,『茂朱赤裳댐水沒地區發掘調査報告書 - 遺蹟調査報告16』, 圓光大學校, 1989.

62 李榮文,『麗川市 鳳溪洞 支石墓』, 全南大學校博物館, 1990.

63 濟州大學校博物館,『上墓里 遺蹟』, 1990.

64 林永珍,『武珍古城I·II』, 全南大學校博物館, 1989·1990.

65 全州大學校博物館,『全州如意洞先史遺蹟發掘調査報告書』, 1990.

66 尹德香,「南原 乾芝里 遺蹟 調査 概報」,『三佛金元龍教授停年退任紀念論叢I』, 1989.

67　李榮文 外, 『麗川 積良洞 상적 支石墓』, 全南大學校博物館, 1993.

68　李榮文 外, 『麗川市 平呂洞 산본 支石墓』, 全南大學校博物館, 1993.

69　李榮文 外, 『麗水 五林洞 支石墓』, 全南大學校博物館, 1992.

70　小泉顯夫, 앞 책(주 5).

71　崔盛洛 外, 『珍島 龍藏城』, 木浦大學校博物館, 1990.

72　尹德香·郭長根, 『斗洛里 發掘調査報告書』, 全北大學校博物館, 1989.

73　扶餘文化財硏究所, 『王宮里 遺蹟發掘中間報告』, 1992.

74　國立光州博物館, 『靈岩 萬壽里 4號墳』, 1990.

75　國立光州博物館, 『突山松島I』, 1989.

76　林永珍, 『昇州 大峙里 支石墓群』, 全南大學校博物館, 1991.

77　서울大學校博物館, 『玉果 舊石器遺蹟』, 1990.

78　文化財硏究所, 『莞島 法華寺址』, 1992.

79　崔盛洛 外, 『靈岩 沃野里 古墳』, 木浦大學校博物館, 1991.

80　全南大學校博物館, 『咸平 月溪里 石溪古墳群I』, 1993.

81　池健吉·趙現鐘, 『麗川 月內洞 고인돌』, 國立光州博物館, 1992.

82　全北大學校博物館, 『安心寺 發掘調査報告書』, 1990

83　全榮來, 『高敞 竹林里一帶 支石墓群』, 圓光大學校 馬韓·百濟文化硏究所, 1992.

84　金載元·尹武炳, 앞 책(주 14).

85　全北大學校博物館, 『長水 陽岳·梧桐댐 水沒地區 發掘調査報告書』, 1991.

86　全北大學校博物館, 『全州孝子洞遺蹟收拾調査報告書』, 1992.

87　全北大學校博物館, 『全州如意洞遺蹟收拾調査報告書』, 1992.

88　尹德香 外, 『되재 성당 發掘調査報告書』, 全北大學校博物館, 1992.

89　崔完圭 外, 『沃溝 將相里 百濟古墳群 發掘調査報告書』, 圓光大學校博物館, 1992.

90　林永珍 外, 『和順 萬淵里 支石墓群』, 全南大學校博物館, 1993.

91　林永珍 外, 『昇州 廣川里·飛龍里 支石墓群』, 全南大學校博物館, 1994.

92　崔盛洛 外, 『務安 月巖里 支石墓』, 木浦大學校博物館, 1992.

93　趙現鐘 外, 『突山 世敎地 遺蹟』, 國立光州博物館, 1994.

94　林永珍 外, 『寶城 金坪 遺蹟』, 全南大學校博物館, 1992.

95　成洛俊, 『咸平 新德古墳 調査槪報』, 國立光州博物館, 1995.

96　國立光州博物館, 『靈岩 新燕里 9號墳』, 1993.

97　姜仁求, 『자라봉 古墳』, 韓國精神文化硏究院, 1992.

98　國立光州博物館, 『무등산 충효동 가마터』, 1993.

99　木浦大學校博物館, 『海南 珍山里 綠靑磁窯址』, 1992.

100　濟州大學校博物館, 『法華寺址』, 1992.

101　濟州大學校博物館, 『濟州終達里貝塚』, 1997.

102　濟州道民俗自然史博物館, 『金寧里 궤내기洞窟遺蹟 發掘調査報告書』, 1995.

103　國立全州博物館, 『扶安 竹幕洞 祭祀遺蹟－博物館學術調査報告I』, 1994.

104　全北大學校博物館, 『龍岩里寺址 發掘調査報告書』, 1994.

105 國立光州博物館,『무등산 금곡동』, 1993.

106 全南大學校博物館,『長城鶴星里 古墳群』, 1995.

107 國立光州博物館,『新昌洞 遺蹟』, 1993.

108 木浦大學校博物館,「海南 虎洞里 支石墓 發掘調查報告」,『海南 珍山里 綠靑磁窯址』, 1992.

109 木浦大學校博物館,『순천 우산리 고인돌』, 1993.

110 木浦大學校博物館,『靈岩 山湖里·麗川 上巖洞 고인돌』, 1993.

111 全南大學校博物館,『光州 月田洞 遺蹟』, 1996.

112 群山大學校博物館,『群山 助村洞 古墳群』, 1996.

113 池健吉,「支石墓社會의 復原에 관한 考察」,『梨花史學研究 13·14합집』, 1983.

왕경지역 신라고분의 형성과정

1. 머리말

신라 왕경으로 천년고도의 맥을 이어온 경주 일원에는 선사시대 이래의 수많은 유적들이 분포되어 있다. 유적의 대다수는 고신라에서 통일신라에 이르는 곳들이 주류를 이루지만 이에 앞서 형성된 선사시대의 유구도 적지 않게 조사되고 있다.

이 선사, 역사유적들은 만들어진 성격에 따라 크게 생활유적과 무덤유적으로 나누어지는데 생활유적이 대개 왕경을 중심으로 집중되어 있는 데 비해 무덤유적은 주변지역에 이르기까지 광범위한 분포를 보이고 있다. 또한 시기의 폭도 달라서 생활유적은 일부 집자리를 빼고는 대부분 신라시대에 한정되어 있지만 무덤유적은 청동기시대 이후 고신라, 통일기와 일부 고려시대에 이르기까지 오랫동안 면면히 이어지고 있다.

이처럼 무덤유적들이 시간적·공간적으로 생활유적에 비해 훨씬 광범위한 분포를 보이고 있음에도 불구하고 이에 대한 조사와 연구는 극히 한정된 테두리에서 벗어나지 못하고 있는 실정이다. 즉, 지금까지 이루어진 조사 대상의 대부분이 경주시내의 신라고분에 국한되어 왔다고 할 수 있다. 따라서 이 지역에서 이루어진 그 밖의 무덤 유적에 대해서는 당연히 그 성과에서 한계성이 드러날 수밖에 없으며 앞으로의 연구결과에 기대해야 할 것이다.

이 지역의 고대묘제를 보다 심층적으로 연구 분석하기 위해서는 본격적으로 신라고분이 형성되기까지 이곳에서 이루어진 선행의 묘제들을 체계적으로 검토해야 할 것으로 생각된다. 여기에서는 청동기시대 이후 신라가 본격적인 왕권 국가의 체제를 갖추기 이전까지 경주지역에서 행해진 묘제의 추이과정을 중점적으로 살피고 이어서 신라고분의 개괄적인 성격을 파악함으로써 그 맥락을 짚어 나갈 것이다.

2. 신라고분 이전의 묘제

경주지방에서의 본격적인 무덤의 조성은 한반도의 다른 곳에서와 마찬가지 청동기시대부터 비롯되었다고 할 수 있다. 이때의 대표적인 묘제라고 할 수 있는 고인돌의 분포는 경주를 중심으로 인접된 지역에 이르기까지 그 밀집도에서 다소의 차이를 보일지라도 비교적 고루 퍼져 있는 편이다.

지금까지 지표조사를 통해 확인된 고인돌의 분포는 들판이나 산자락, 또는 나지막한 언덕배기 등 주로 저평한 지대에 이루어지고 있다. 이 고인돌은 드물게는 한곳에 1기만 단독으로 남아 있는 곳도 있으나 대부분 2기 이상이 한데 무리를 이루는 곳이 많다. 대개는 10기 안팎의 분포가 흔한데 경주 천북면川北面 오야리吾也里와 포항 기계면杞溪面 인비동仁屁洞 등지에서처럼 20여 기가 한곳에 모여 있는 곳도 있다.[1]

이 지역의 고인돌은 형식상 모두 남방식南方式에 속하는 것들로 덮개돌 아래에 받침돌을 갖춘 것도 적지 않게 확인되었다. 경주 일원에서 고인돌의 분포 조사가 집중적으로 이루어진 바 있는 경주 천북면川北面, 강동면江東面 일대와 포항 기계면杞溪面 일대의 고인돌 중에서 받침돌을 갖춘 것은 대략 전체의 1/3가량으로 같은 무리 중에서 비교적 대형의 것들이었다. 받침돌은 1~2개만 드러나 있는 곳이 많고 드물게는 7~8개가 고인 곳도 있었다.

덮개돌은 더러 넓적한 형태의 것들도 보이지만 육중한 덩이돌(塊石)이 대부분으로 표면에 성혈性穴이나 간단한 암각화岩刻畫가 새겨진 곳도 있다. 기계면 학야동鶴野洞 2호 고인돌의 경우는 30여 개나 되는 크고 작은 성혈이 나타나 있고 인비동 16호 고인돌에는 두 자루의 돌칼과 돌살촉 한 개가 위 아래로 가지런히 새겨져 있다.[2]

또한 흥해興海 칠포리七浦里 고인돌 가운데에는 의미를 알 수 없는 방패 모양이 나타나 있는 것도 보이는데[3] 이들은 가까운 칠포리 암각화나 경주 금장대金丈臺 암각화[4]와 같은 '모티프'로 거리가 떨어진 울산 천전리川前里, 반구대盤龜臺 등의 암각화들과도 같은 상징적 맥락을 이루는 것으로 생각된다.

덮개돌의 크기는 지역에 따라, 또는 한 무리 안에서도 각기 다른 크기를 보이는데 작은 것은 수톤, 좀 더 큰 것들은 수십 톤, 드물게는 100톤이 넘는 것도 있으나 대개 10톤 안팎의 것들이 가장 많은 수를 차지하고 있다.

이 지방의 고인돌에 대한 개략적인 분포조사는 얼마간 이루어졌음에도 불구하고 지금까지 구체적인 성격을 밝히기 위한 발굴조사는 극히 부진한 형편이다. 다만 최근에 이루어진 경주 주변지역의 몇몇 고인돌 발굴을 통해서 미흡하나마 그 성격의 일단을 파악해 볼 수 있었다.

지금까지 경주 관내에서 발굴된 고인돌 유적은 건천읍乾川邑 방내리芳內里(6기), 강동면 다산리多山里(4기), 그리고 바로 인접한 연일읍延日邑 달전리達田里(2기)에 분포된 고인돌 들이다.

1) 방내리 고인돌[5]

경부고속노로의 건천 – 경주 사이에 신설되는 건천휴게소의 부지조성을 위해 여기에 이루어진 50여 기의 신라고분과 함께 고인돌 6기가 조사되었다.

산자락과 인접된 평지에 북서-남동 방향에 걸쳐 거의 일직선상으로 길게 이루어진 채 조사 당시 덮개돌과 받침돌들은 비교적 양호한 상태로 남아 있었다.

덮개돌은 가장 큰 2호가 250×190=160cm이고 가장 작은 4호 고인돌의 크기는 170×120=60cm인데 대부분 평면 장방형의 두터운 화강암의 덩이돌들로 이 가운데 3기는 모두가 2개의 받침돌로 고여 있었다. 그 아래에는 잡석을 한 단만 둘러쌓아 둥글거나 네모난 부정형의 돌널을 만들었고 둘레에는 잡석들이 불규칙하게 깔려 있었다.

그 밖에 별다른 유구나 유물은 드러나지 않았고 6호 돌널 안에서 모래알갱이가 많이 섞인 붉은색의 민무늬토기의 잔 파편 1점이 수습되었다.

2) 다산리·달전리 고인돌[6]

경주와 포항의 분계分界지점에 위치한 고인돌로 포항-청송을 잇는 31번국도의 확·포장 공사에 따라 모두 8기의 고인돌이 다산리와 달전리 구역에서 각각 4기씩 발굴조사되었다. 유적이 분포한 곳은 주위가 산으로 둘러싸인 좁은 협곡으로서 안강安康, 기계, 포항을 이어주는 길목에 해당되는 곳이다.

조사결과 8기 가운데 2기는 덮개돌이 원위치에서 이탈되어 원상을 잃어버린 뒤였다. 덮개돌은 앞서 방내리의 것보다 대형으로 가장 큰 3호 고인돌은 460×230=214cm에 이르며 가장 작은 8호는 182×116=126cm로 받침돌은 2기를 제외한 나머지에서 한 두 개, 또는 4개가 남아 있었다.

하부구조는 1호 고인돌에서만 한쪽 받침돌을 마구리벽으로 삼아 몇 개의 작은 판돌로 짜 맞추어 돌널을 만들었을 뿐 나머지는 별다른 하부구조가 나타나지 않았다. 다만 3호와 4호에서는 구덩이를 파내고 그 둘레에 돌을 두른 것으로 보아 토광형土壙形의 매장시설로 추정되었다.

이상이 이 지역에서 학술적인 발굴을 거친 고인돌 실태의 전부이지만 그 성격을 요약하면 다음과 같다.

하부의 돌널구조는 다산리 1호만 받침돌 2매를 양 마구리(短壁)돌로 삼아 그 사이 긴 벽에는 각 3매의 판돌을 이어 맞춘 판석형板石形이었고 나머지는 깬돌을 쌓은 할석형割石形(방내리 1호, 3호)이거나 구덩이만 남은 토광형(달전리 3호, 4호)들이었다.[7] 돌널로 이루어진 매장시설의 둘레에는 대부분 돌무지(積石)시설이 이루어져 이 지역 고인돌이 갖는 구조적 특색을 보여주었다.

이 지역의 고인돌로부터는 형태를 갖춘 유물은 단 한 점도 출토되지 않았고 돌널 둘레에서 민무늬 계열의 토기편 몇 점만 수습되었다. 따라서 출토유물과 구조적 성격을 통해 한반도 고인돌의 마지막 단계인 기원전 3~2세기를 전후해서 이루어진 유적으로 생각된다.

3. 신라고분 형성기의 묘제

고인돌에 뒤이어 나타나는 이 지역의 묘제로 널무덤(木棺墓)과 덧널무덤(木槨墓)을 들 수가 있다. 구덩이를 파고 나무널을 직접 안치하거나 여기에 덧널을 갖춘 것들로 기원 전후, 특히 영남지방에서 활발히 이루어진 무덤의 한 유형이다. 이 무덤들에서 초기에는 주로 청동제青銅製의 금속유물이 부장되었으나 점차 철기류鐵器類의 비중이 커지면서 이 지역에서의 초기 금속문화의 추이과정을 선명하게 보여주고 있다.

이러한 일련의 널무덤·덧널무덤에 대한 구조적 성격이 확실히 밝혀진 것은 1970년대 말에 이루어진 경주 조양동朝陽洞 유적 발굴에서부터 비롯되었다고 할 수 있다. 이 발굴이 계기가 되어 과거 출토 성격이 불분명한 상태로 수습되었던 청동기, 철기등 금속제 일괄유물들이 대부분 이들 널무덤과 덧널무덤 계통의 매장시설로부터 출토되었음을 알 수 있게 되었던 것이다.

이 지역의 유적 가운데 죽동리竹東里, 입실리入室里, 구정리九政里, 평리坪里 유적과 조양동 이른 시기의 무덤은 출토유물의 성격상 대략 기원전의 2세기 말에서 1세기 사이에 이루어진 유적들로 생각된다. 이어서 조성된 것으로 보이는 영천永

川 어은동漁隱洞, 경주 안계리安溪里 유적은 앞서 다른 유적보다 한 단계 늦은 것으로 어은동 출토 거울(銅鏡) 등으로 보아 서기 1세기경으로 비정될 수 있을 것이다.

그 마지막 단계로 생각되는 조양동 늦은 시기의 무덤과 구정리, 황성동隍城洞 유적 등지에서는 이후 4세기 전반前半경까지 덧널무덤이 계속 만들어진 것으로 보인다. 조양동이나 황성동과 같은 덧널무덤의 종말기終末期에 이르러서는 구덩벽(壙壁)과 덧널 사이의 공간이 냇돌이나 깬돌 등으로 채워지게 된다.

흥해 옥성리玉城里[8]와 울산 중산리中山里[9] 등 경주의 외곽지역에서는 이러한 보강시설이 덧널의 윗면까지도 덮이게 되고 소규모의 돌무지 시설이 이루어지면서 차츰 신라의 돌무지 덧널무덤으로 발전되어 가는 것으로 생각된다.

1) 조양동 유적[10]

구릉지대에 이루어진 무덤들로서 1979년부터 3년 동안 모두 4차례에 걸쳐 조사가 이루어졌다. 여기에서는 널무덤을 비롯하여 덧널무덤, 독무덤, 돌덧널무덤 등 시기를 달리 한 60여 기에 이르는 서로 다른 구조의 무덤들에 대한 조사가 이루어져 기원 전후 원삼국시대의 묘제를 밝히는 데 중요한 자료를 제공해 주었다.

널무덤은 구덩이 평면 형태가 긴 타원형, 또는 장방형으로 길이 2.3m, 너비 1.5m, 깊이는 대략 1.2m 안팎이었다. 널무덤 가운데 가장 이른 시기의 것으로 생각되는 5호 무덤의 경우, 구덩이는 길이 2m, 너비 0.75m의 평면 장방형으로 현재 지표 아래 2m에서 널바닥이 드러났다. 발굴 당시 구덩이 속은 위에서 쏟아진 돌과 흙으로 채워져 있어 그 위에는 원래 작은 규모이긴 하지만 돌무지가 이루어져 있었음을 알 수 있었다.

널바닥에서는 민무늬의 청동거울(素文鏡) 1점, 청동제의 칼자루끝장식(劍把頭飾)이 달린 철검 1점이 널 안쪽에서 나오고 구덩이의 어깨선 둘레에서 검은간토기의 목항아리(黑陶長頸壺) 2점과 함께 민무늬토기 독 1점, 청동제의 종방울(銅鐸) 2점, 철제의 꺾창(鐵戈) 1점과 도끼 등이 출토되었다. 이 밖에 비교적 이른 시기로 보이는 38호 널무덤에서는 한대漢代의 거울 4점과 함께 청동제의 칼자루끝장식이 달린 철검, 판상철부板狀鐵斧 8점, 와질瓦質과 연질軟質系의 토기류가 출토되었다.

일반적으로 덧널무덤은 널무덤보다 대형으로 구덩이의 길이가 대략 4m, 너비 2m, 깊이 60cm 안팎의 장방형이 대부분이다. 부장된 토기의 상당수는 와질계瓦質系로 굽이 달린 것도 있으며 이 단계에 이르면서 청동기는 매우 드물어지고 대신 철기류가 다량으로 출토되고 있다.

II지구 3호 무덤에서는 구덩이 네모서리에 덧널을 짜 맞춘 나무기둥의 흔적이 남아 있었다. 피장자의 머리 부분에 해당되는 널 바닥에서는 수정으로 만든 목걸이가 나왔고 널과 구덩벽 사이에서는 철제의 검, 창, 화살촉 등이, 발치 쪽에는 긴 목굽항아리(臺付長頸壺)와 화로형火爐形 토기 등 주로 와질계의 토기류가 부장되어 있었다.

2) 죽동리 유적[11]

1986년 국은菊隱 이양선李養璿 박사가 국립경주박물관에 기증한 유물 가운데 이곳에서 출토된 것으로 전해지는 청동일괄유물이 포함되어 있다. 성격상 가까운 입실리 유적과 비슷한 것으로 보아 널무덤 계열의 무덤에서 출토된 것으로 보인다.

출토유물로는 한국식 동검, 칼자루끝장식, 창, 꺾창, 종방울, 투겁방울(竿頭鈴)과 25점에 이르는 대형 단추와 같은 장식부품 등이 있으며 철제품은 포함되어 있지 않으나 일괄유물 성격상 철기유물도 함께 나왔을 가능성이 높다고 추정된다.

3) 입실리 유적[12]

1920년 경주-울산 간의 철도부설공사중에 우연히 발견된 청동 일괄유물로 일인 학자 우메하라(梅原末治)에 의해 수습조사가 이루어진 유적이다. 당시 목격자의 증언에 따르면 일괄유물은 지표로부터 1.8m 아래에서 나왔는데 그 둘레 2.7m, 두께 1.2m가량이 부식된 채 검은색을 띤 상태로 주변의 붉은 흙과는 뚜렷이 구분되었다고 한다. 유물은 바로 부식된 검은 흙속에서 나왔다는 것으로 보아 유구는 널무덤, 또는 덧널무덤이었을 것으로 추정된다.

여기에서는 많은 양의 유물이 출토되었다고 하지만 조사자에 의해 검증된 유물로는 한국식동검 6점, 창 2점, 꺾창 1점, 잔무늬거울 1점, 투겁방울 2점, 말종방울 7점등 청동기가 주류를 이루었으며 철기로는 검 쪼가리와 판상의 도끼가 나왔다. 이 밖에 뿔잡이(牛角形把手)토기와 대접 등 민무늬토기가 각 1점씩 출토되었다.

4) 구정리 유적[13]

1951년에 경주-울산 간 도로의 개수改修 중에 드러난 유구에서 청동기, 철기, 석기 등이 일괄로 출토되어 국립박물관에 의해 수습조사가 이루어졌다.

유물이 출토된 지점은 구릉 하단부의 경사면으로서 목격자들의 증언에 의하면 부식된 풍화암반에 이루어진 구덩이 속에 붉은 흙이 채워지고 유물은 그 안에서 출토되었다고 한다. 그리 넓지 않은 구덩이(2.5×1.2尺 ?) 네 벽이 점토로 발려져 있었다는 것으로 보아 널무덤이었을 것으로 추정된다.

출토유물로는 한국식동검, 창, 꺾창, 방울, 종방울 등 청동기와 고리자루 달린 칼(環頭刀), 각종 도끼, 낫등의 철제품과 함께 간돌도끼 한 점도 나왔다.

5) 평리 유적[14]

구정리 유적에서 서쪽으로 맞은편에 있는 남산 동편 기슭의 구릉에서 사방砂防공사 중에 드러난 유적이다. 발견된 후 오랜 시일이 흘러 정확한 출토지점이나 유구의 성격은 알 수가 없으나 유물의 성격으로 보아 널무덤 계통의 구조물이었을 것으로 추측된다.

유물은 꺾창 2점을 비롯하여 창 3점, 한국식동검 1점등 청동기만 모두 6점이 출토되었다.

6) 안계리 유적[15]

이양선 박사의 기증유물 가운데 포함되어 있는 청동기 일괄품이 출토된 유적이다. 창(銅鉾) 3점과 함께 나왔다는 고깔동기(笠頭圓筒形金具)는 한대漢代의 유물과 밀접한 관계를 보이며 주로 한반도의 서북지방에서 출토되는 거마구車馬具들로 이 지역에서는 매우 드문 예라고 할 수 있다.

　　다만 앞서 조양동이나 영천 어은동 유적에서와 같이 한대 유물의 영향이 뚜렷한 일괄유물들의 출토유구가 주로 널무덤이었던 것으로 보아 이 유적도 같은 계통의 유적이었을 것으로 생각된다. 이 일괄유물은 창의 형식, 특히 양귀(兩耳)가 달린 것으로 보아 기원 전후의 단계에 만들어진 것으로 보인다.

7) 영천 어은동 유적[16]

금호강 남쪽의 구릉지에서 발견된 유적으로 1918년 산사태로 붕괴된 곳에서 청동기 일괄유물이 무더기로 나와 세상에 알려지게 되었다. 당시 목격자들에 의하면 지표 아래 70~80cm에서 유물들이 출토되었으나 여기에서 별다른 유구는 드러나지 않았다고 한다. 다만 유물 둘레의 흙이 약간 무른 것 같았다는 증언과 출토 유물의 성격으로 보아 널무덤 계열의 구조물에 부장되었던 것으로 생각된다. 출토유물은 대부분 청동기들로서 한식거울(漢式鏡) 3점과 방제거울(倣製鏡) 12점을 비롯하여 띠고리(帶鉤) 2점을 포함한 각종 동물형 장식과 단추들이며 검이나 창과 같은 무구류는 발견되지 않았다. 철기류는 발견되지 않았으나 다른 청동기에 묻어 있는 녹으로 보아 원래 철기류도 상당량이 포함되었음을 알 수 있다.

　　출토유물을 통해 기존의 청동기문화에 새로이 한대와 북방계 문화의 요소가 복합적으로 나타나 이 지역의 청동기문화가 복잡한 외래적外來的 영향으로 이루어졌음을 보여주고 있다.

8) 황성동 유적[17]

1985년과 1994년에 이루어진 긴급 발굴을 통해서 확인된 널무덤과 덧널무덤 유적이다. 85년에 국립경주박물관에 의해 조사된 덧널무덤은 길이 4.15m, 너비 1.2cm의 동-서로 긴 장방형을 이루는데 발치에 해당되는 곳으로 보이는 널의 서반부西半部에 9점의 토기들이 배치되어 있었다. 모두 와질계에 속하는 것들로 때린 무늬(打捺文)가 나타나 있는 둥근밑 항아리 3점, 굽 달린 항아리 2점인데 1점은 뚜껑을 갖추었다. 이 밖에 화로형토기와 굽다리접시가 각 2점씩 나왔고 널의 중간부위에서 철촉 1점이 출토되었다.

1994년에 조사된 신흥아파트 신축부지 내에서는 널무덤 5기, 덧널무덤 35기, 독무덤 8기가 조사되었다. 다양한 크기와 구조를 갖춘 이곳 무덤에서는 많은 양의 토기 외에 갖가지 무기, 농공구와 함께 유리, 수정, 마노瑪瑙 등으로 만들어진 적지 않은 장신구들이 출토되었다. 유물의 성격으로 보아 3세기 후반을 중심 연대로 하는 신라 초기의 무덤들로 생각된다. 46호 무덤을 비롯한 일부 덧널무덤 계열의 유구 가운데에는 구덩벽과 덧널 사이에 비교적 커다란 잡석을 채워 넣어 보강한 것들도 있었다.

9) 구정동 유적[18]

1982년 국립경주박물관에 의해 조사된 유적으로 주변의 전망이 좋은 기준고 30m(표고 120m)의 구릉 정상부에서 3기의 덧널무덤이 드러났다. 제1덧널은 장축을 남-북으로 한 으뜸구덩(主壙)과 딸린구덩(副壙)이 동-서로 이루어졌는데 으뜸구덩에서는 널의 윤곽을 따라 석렬이 돌아가고 그 둘레에서 철제도끼와 살촉, 도질토기와 와질토기가 출토되었다.

장축을 동-서로 한 제2덧널과 제3덧널은 약 70cm의 간격을 두고 남-북으로 배치되어 있었다. 제2덧널은 길이 6m, 너비 1.2m의 기다란 장방향으로 널 안의 동쪽 편에 연질의 원통형 그릇받침과 화로형토기가 놓이고 여기에서부터 널 가운데 부위에 이르기까지 철제의 긴 투겁창 25점이 끝이 서로 엇갈린 채 가지런히 놓여 있었다. 널의 서편에는 회색 경질의 단지 2점이 놓여 있었다.

제3덧널은 길이 8m, 너비 1.5m의 마찬가지로 긴 장방형으로 널 안의 동편에 긴투겁창과 고리자루 긴칼이 놓이고 가운데는 갑옷 2벌, 서편에는 연질, 경질의 토기가 부장되어 있었다.

이 고분의 연대를 조사자는 4세기 전반으로 보았는데 와질토기에서 도질토기로 넘어가는 단계로서 이른바 고총高塚 고분의 주류를 이루는 돌무지덧널무덤(積石木槨墳)의 직전 단계에 조성된 무덤으로 생각된다.

4. 신라고분의 출현

앞서 널무덤과 덧널무덤처럼 주로 나무만으로 이루어진 무덤의 뒤를 이어 여기에 냇돌이나 깬돌로 보강시킨 보다 견고한 시설의 새로운 무덤들이 등장하는 것은 서기 4세기 전반前半 경으로 생각된다. 돌무지덧널무덤(積石木槨墳)과 돌덧널무덤(石槨墳)으로 일컫는 이 무덤들은 규모와 시설면에서 서로 상당한 차이를 보이지만 다음 단계의 돌방무덤이 나타날 때까지 고신라의 주된 무덤으로 자리 잡게 되는 것이다.

대규모의 돌무지덧널무덤은 신라가 본격적인 국가체제에 들어서면서 왕경王京 지역을 중심으로 등장하는 것으로 보이며 한편으로는 보다 소규모의 돌덧널무덤이 만들어지게 된다. 신라의 주변지역에서는 대신 대규모의 돌덧널무덤이 만들어지기도 하는데 특히 가야지역에서는 다양하고 화려한 유물이 부장되어 있어 이 지역 지배계층의 무덤으로 인식되고 있다.

신라만의 독특한 묘제라고 할 수 있는 돌무지덧널무덤의 출자出自 문제에 대해서는 지금까지 그 원류를 시베리아, 낙랑, 고구려 등 북방의 무덤에서 구하려는 경향이 있어 온 것이 사실이다. 그러나 최근에 이 지역에서 이루어진 울산 중산리와 흥해 옥성리 유적에 대한 발굴조사 결과는 형성기의 덧널무덤에 보강시설로서의 돌무지가 더해짐으로써 자생적으로 나타난 묘제의 가능성도 있음을 밝힐 수 있게 되었다.

이러한 구조적 관점에서 볼 때 돌덧널무덤도 그 계통을 살피게 되면 돌로 채워진 덧널무덤으로부터의 정제整齊된 구조적 변환으로 해석될 수 있을 것이다.

1) 돌무지 덧널무덤

앞서 널무덤과 덧널무덤의 마지막 단계에 이곳 경주와 그 주변지역에서 나타난 돌무지 덧널무덤의 축조와 함께 약 2세기 동안에 걸쳐 우리의 고대사에서 유례없는 고분문화의 전성기를 맞게 된다. 경주 서천西川 동쪽의 평지에 대규모로 이루어진 고총의 대부분이 바로 이들 돌무지 덧널무덤들로 당시 왕족 등 지배계층에서 이루어진 호화로운 분묘 조성의 일면을 보여주고 있다.

각 돌무지 덧널무덤들은 지상이나 지하, 혹은 반지하식으로 구덩이를 파내고 여기에 나무로 짠 널과 덧널을 설치한 뒤, 그 위에 돌무지를 덮고 봉토를 씌우는데 봉토의 가장자리에는 둘림돌(護石)을 쌓아 돌리기도 한다. 이렇듯 축조방식에서는 대체적으로 획일성을 보이지만 그 규모와 세부적인 구조에서 다소의 차이가 나타나고 있다.

우선 외형적으로 봉토의 외형은 둥근 원형분이 대부분이지만 드물게는 두 개의 둥근 봉토가 한데 이어진 쌍무덤(瓢形墳)도 이루어지고 있다.

지금까지의 발굴을 통해 드러난 결과를 보면 일반적으로 한 봉토에 한 개의 무덤만 이루어진 곳이 주류를 이루지만 두 개 이상의 무덤이 만들어진 경우도 적지 않게 확인되고 있다. 일반적으로 전자를 외덧널식(單槨式), 후자를 여러덧널식(多槨式)으로 분류하는데 여러덧널식을 다시 몇 가지로 세분하기도 하였다.[19]

(1) 외덧널식 무덤
신라고분 가운데 가장 전형적인 무덤의 양식으로 지금까지 발굴된 대규모 무덤들의 상당수가 이 유형에 속하는 것으로 볼 수 있다. 금관총金冠塚[20]을 비롯하여 금령총金鈴塚과 식리총飾履塚,[21] 호우총壺杆塚,[22] 천마총天馬塚[23]은 그 고대高大한 봉토의 크기나 무덤 내부의 규모, 출토유물의 호화로움으로 보아 왕릉급王陵級에 속하는 것들로 생각된다.

이 대형의 무덤들은 그 구조와 출토유물에서 대략 비슷한 성격을 보이고 있다. 지표를 약간만 파고 덧널을 설치한 후 머리 크기의 냇돌로 덮어 거대한 돌무지를 쌓고 그 위에는 두껍게 봉토를 씌운다. 덧널의 내부에는 널이 안치되며 널의 머리맡에는 따로 부장품 수장궤收藏櫃가 놓인다.

널 안에서는 각종 장신구가 피장자에게 실제 착장시켰던 상태 그대로 드러나고 부장품 수장궤 안에서는 여러 가지의 용기류와 마구류 등이, 널의 둘레에서는 갖가지 장엄물莊嚴物들이 불규칙하게 출토되고 있다.

부장 상태가 비교적 면밀히 파악된 천마총의 경우, 널 안에서는 동침東枕한 피장자의 머리 부분에서 금관과 귀고리 등 장신구가 출토되었다. 그 아래쪽에서는 차례로 목걸이, 허리띠와 드림장식(銙帶·腰佩), 팔찌, 반지 등이 매장 당시의 착장着裝 상태 그대로 나왔고 고리자루 긴칼(環頭大刀)은 왼쪽 허리부분에서 드러났다.

널의 둘레에는 돌로 쌓아 올린 단(石壇)이 이루어지고 그 위에는 금동제 신발과 철제 무구류, 몇몇 장신구들이 놓여 있어 널을 안치한 뒤 이루어진 장엄의식莊嚴儀式의 모습을 살필 수 있었다.

머리맡의 부장품 수장궤는 두터운 목재로 만들어진 길이 180cm, 너비 100cm, 높이 80cm의 네모난 궤짝으로 이 안에는 쇠솥(鐵釜)과 각종 토기류가 바닥에 깔리고 그 위에 청동제 용기容器, 칠기漆器, 유리잔 등이, 맨 위에서는 각종 마구류와 함께 천마도天馬圖 등 3벌의 말다래(障泥)가 얹혀 있었다. 특히 천마도는 말다래 자체로서의 중요성뿐 아니라 신라무덤에서 나온 최초의 본격적인 회화繪畵 자료라는 점에서 그 고고학적, 미술사적 의미가 큰 것으로 이 무덤의 이름(天馬塚)도 바로 여기에서 비롯된 것이다.

이 돌무지 덧널무덤들은 그 거대한 위용과 함께 풍부하고 화려한 출토유물을 통해 고신라 전성기의 물질문화와 그들의 정신세계를 살필 수 있는 계기를 마련해 주었다고 할 수 있다.

외덧널식의 돌무지 덧널무덤 가운데에는 한쪽에 치우쳐서 부장품 수장궤가 따로 놓이지 않고 으뜸덧널(主槨)과 다른 공간을 딸린덧널(副槨)로 마련해 둔 경우도 있다.

쌍무덤은 두 개의 봉토를 한데 맞붙여 두 무덤이 갖는 밀접한 친연관계를 보여주는데 여기에는 항상 시간적인 선후의 차이가 나타난다. 이때 봉토의 장축은 대개 남–북으로 두는 것이 일반적이지만 동–서 장축의 경우도 있다. 이 쌍무덤에서는 두 개의 봉토가 연접되어 있음에도 불구하고 각 봉토에는 대개 한 개가 무덤만 만들어져 있다.

(2) 여러덧널식 무덤

한 봉토 안에 두개 이상의 무덤이 이루어진 경우를 여러덧널식 돌무지 덧널무덤으로 부르지만 봉토가 남아 있지 않은 경우에는 돌림돌의 윤곽에 의해 봉토의 범위를 추정하는 것이 일반적이다. 한 봉토에 묻힌 여러 피장자들은 앞서 쌍무덤에서와 같이 가까운 친연관계를 나타낸다고 할 수 있다. 그러나 쌍무덤이 대개 두 사람만을 위한 것인 데 비해 여기에서는 보다 많은 사람들이 묻히는데 특히 미추왕릉지구 발굴에서 그러한 예들이 다수 확인되었다.[24]

한 봉토에 이루어진 각 무덤의 장축은 거의 일정치 않으며 돌무지 덧널무덤 외에 돌덧널무덤이나 독널무덤이 한데 섞여 이루어진 경우도 있다. 미추왕릉지구 5구역[25]에서는 같은 방향으로 한쪽 마구리에 붙어서 장축이 직교하는 돌덧널무덤 한 기가 이루어져 있었다.

2) 돌덧널무덤

경주를 중심으로 돌무지 덧널무덤이 등장하면서 한편으로는 경주와 그 주변 지역에서는 새로운 구조의 돌덧널무덤이 출현한다. 이 돌덧널무덤은 먼저 땅에 구덩이(土壙)를 파고 벽면을 따라 냇돌이나 깬돌, 또는 넓적한 판돌을 세워 쌓아 덧널을 만든 뒤 그 안에 널을 묻거나 시신을 직접 안치하고 위에는 넓은 돌뚜껑, 또는 나무뚜껑을 덮는 것이다.

영남의 일부 지역에서는 대규모의 돌덧널무덤도 만들어지지만 경주지방에서는 상대적으로 규모가 작은 것들이 많고 부장품도 대부분 토기류와 철기류에 국한되어 있다. 따라서 돌덧널무덤의 피장자와 앞서 돌무지 덧널무덤의 주인공들과는 신분상으로 차이가 있었음을 알 수 있지만 너무나 판이한 구조적 성격에 따라 출자出自, 혹은 출신出身 성분의 차이에서 나타나는 현상일 가능성도 전혀 배제할 수 없다.

이러한 돌무덤의 출현은 앞서 널무덤이나 덧널무덤의 축조과정에서 나타난 널과 구덩벽 사이를 채웠던 채움돌(塡石)에서부터 얻은 새로운 아이디어의 산물로 생각할 수 있을 것이다. 경주지방의 돌덧널무덤은 주로 시 외곽 변두리의 나지막한 구릉지대에 무리를 이루고 있으나 경주시내의 고총 밀집지역에서도 드물게 확인되고 있다.

경주 강동면 안계리安溪里 고분군[26]은 모두 240여 기에 이르는 무덤이 분포된 곳으로 이 가운데 43기가 조사되었다. 완만하게 뻗어내린 구릉 위에 이루어진 무덤 중에서 비교적 대형의 봉토를 갖춘 9기 정도가 돌무지 덧널무덤이었고 나머지는 돌덧널무덤에 속하는 것들이었다. 무덤은 동-서 장축이 기본을 이루었으며, 이때 피장자는 대부분 동침東枕이었음을 알 수 있었다.

뚜렷한 분포상의 구분 없이 거의 같은 시기에 이루어진 이들 두 종류의 무덤에서는 그 규모나 출토유물의 수량, 종류에서 현격히 다른 점이 나타났던 것으로 보아 피장자의 사회적 신분의 차이로 인식할 수 있었다.

3) 돌방무덤

6세기 중반에 이르면서 앞서 돌무지 덧널무덤과 돌덧널무덤이 점차 쇠퇴해 가기 시작하고 대신 이곳 경주에는 돌방무덤이라는 새로운 묘제가 주변지역에서 들어온다. 넓적한 판돌이나 깬돌을 쌓아올려 네모난 돌방을 만들어 시신을 안치하도록 만든 이 돌방무덤은 널방(玄室) 입구에 설치된 널길(羨道)과 널문(門扉)을 통해 추가장追加葬이 가능하도록 한 것이 그 구조적 특징이라 할 수 있다.

널방의 형태는 이른 시기에는 길쭉한 평면을 보이다가 점차 정방형에 가까운 모습으로 되어 가는데 널길은 중앙, 또는 좌, 우 한쪽에 치우쳐 있다. 널방 안에는 일반적으로 주검받침(屍床)을 만들어 부부를 합장하도록 했는데 머리와 발치에 각각 머리고임(頭枕)과 발받침(足座)을 마련한 곳도 있다.

주로 경주시내의 변두리나 주변의 산지에 분포된 이들 돌방무덤은 앞서 다른 신라고분에 비해 조사된 예도 드물고 구조적인 취약성에 따라 대부분 도굴된 상태에서 조사가 이루어져 성격 파악이 매우 어려운 실정이다.

5. 맺음말

이상으로 신라고분의 형성과정을 알아보기 위해 왕경지역과 그 주변에서 이루어진 선사시대 이래의 묘제를 주로 구조적인 측면에서 살펴보았다.

고인돌에서부터 시작된 이 지역의 매장시설이 널무덤으로 이행되면서 매장주체의 재료가 나무로 바뀌게 되고 얼마 뒤에는 여기에 나무로 덧씌운 덧널이 추가되면서 널무덤과 덧널무덤이 공존해 나간다.

이 나무무덤들의 출현에 대해서는 일찍부터 외부에서 유입되었다는 전파론과 현지에서 다른 묘제의 하부구조로부터 변천되었다는 자생론이 거론되어 왔으나 이 지역에서의 새로운 자료가 증가함에 따라 후자가 보다 설득력 있게 이해되고 있는 추세이다.

한반도에서 나무널을 갖춘 무덤의 시초는 이른바 '토광형土壙形'[27]의 고인돌 하부 구조에서부터 나타나기 시작하는 것으로 보이지만 그 수는 매우 제한되어 있고 지역적으로도 국한된 상황을 보이고 있다. 이 경우 지금까지 뚜렷한 나무널의 자취가 나타난 곳은 아직 없고 다만 구덩이의 흔적에 따라 나무널의 가능성만 추정될 뿐이다.

　본격적으로 나무널이 사용되기 시작한 것은 한국식 동검 등을 표지유물로 하는 청동기 일괄유물이 부장된 일련의 무덤에서부터라고 할 수 있다. 주로 남부지방에서 조사된 이들 무덤들이 과거에는 막연히 돌널무덤(石棺墓)으로 불려왔으나 근년에 이르러 이루어진 정밀발굴을 통해 이들 유구가 돌무지 시설을 갖춘 널무덤(積石木棺墓)이거나 순수 널무덤으로 인식되어 가고 있다. 따라서 이 지역에서 이루어진 널무덤에서도 외래적인 요소보다는 자생적인 면이 더욱 강하게 나타나고 있다고 보아야 할 것이다.

　이 널무덤들의 규모가 더욱 커지면서 자연스럽게 덧널시설이 추가되기에 이르렀고 어느 시기에 이르러 구덩벽과 널, 또는 덧널 사이에 돌이 채워지며 윗면에도 돌을 덮는 새로운 보강시설이 가해지게 되었을 것이다.

　황성동과 흥해 옥성리, 울산 중산리 등지에서 순수 널무덤과 함께 나타나는 이 돌무지 덧널무덤들과 돌덧널무덤들은 왕경지역에 들어와 이 가운데 돌무지 덧널무덤은 왕족 등 지배계층에서 이를 채용했던 것으로 보인다. 시간이 흐름에 따라 점차 그 규모가 확대되고 세부적인 구조변환과 함께 왕릉급에 걸맞은 초대형 고총의 출현을 보게 되었을 것이다.

　6세기에 들어서면서 주변 지역으로부터 돌방무덤이라는 새로운 묘제가 등장하게 되면서 돌무지 덧널무덤은 차츰 그 기세가 쇠퇴한다. 더구나 불교의 성행과 함께 매장의식이 간소화 되고 이제까지의 호화로운 장의葬儀 대신 박장薄葬의 풍습이 만연하면서 이윽고 이 돌방무덤도 신라의 국운과 그 명맥을 함께했던 것으로 여겨진다.

(『신라왕경연구-신라문화재학술발표논문집 제16집』, 경주시·동국대, 1995)

주

1 이건무 외, 「월성군·영일군 지표조사보고」, 『국립박물관 고적조사보고 제17책』, 국립중앙박물관, 1985.

2 이건무 외. 위 글(주 1).

3 a. 이하우, 『칠포마름 바위그림』, 포철고문화연구회, 1994.

　 b. 裵勇一·金鎔佑, 『迎日灣지역 고인돌문화연구』, 迎日文化院.

4 金吉雄, 「金丈臺 岩刻畵에 대한 考察」, 『新羅王京硏究』, 新羅文化祭學術會議, 新羅文化宣揚會, 1994.

5 慶州文化財硏究所, 『乾川休憩所新築敷地 發掘調査報告書』, 1995.

6 國立文化財硏究所·國立慶州博物館, 『영일달전리지석묘』, 1994.

7 池健吉, 「東北아시아 支石墓의 型式學的 考察」, 『韓國考古學報 12』, 韓國考古學硏究會, 1982.

8 尹炯元, 「興海 玉城里古墳郡 發掘調査」, 『國立慶州博物館年報』, 1994.

9 李盛周, 「蔚山 中山里遺蹟 發掘을 通하여 본 新羅墓制의 起源」, 『제1회 영남고고학회 학술발표회 발표 및 토론요지』, 1992.

10 崔鍾圭, 「朝陽洞遺蹟 發掘調査 槪要와 그 成果」, 『三韓考古學硏究』, 1995.

11 韓炳三, 「月城 竹東里出土 靑銅器 一括遺物」, 『三佛金元龍敎授停年退任紀念論叢I』, 1987.

12 梅原末治, 「南朝鮮に於ける漢代の遺蹟」, 『大正11年度古蹟調査報告 二』, 朝鮮總督府, 1925

13 金元龍, 「慶州 九政里出土 金石倂用期遺物에 對하여」, 『歷史學報1』, 1952.

14 金載元, 「扶餘·慶州·燕岐 出土 銅製遺物」, 『震檀學報 25·6·7合號』, 1964.

15 國立慶州博物館, 『菊隱 李養璿 蒐集文化財』, 1987.

16 梅原末治, 앞 글(주 12).

17 a. 이건무·김흥주, 「경주 황성동 유적발굴조사보고」, 『국립박물관고적조사보고 제17책』, 국립중앙박물관. 1985.

　 b. 황성동고분발굴조사단, 『경주 황성동 고분군 지도위원회 자료』, 1994.

18 崔鍾圭, 「九政洞 高塚調査 槪報」, 『三韓考古學硏究』, 1995 .

19 a. 梅原末治, 『朝鮮古代の墓制』, 1947.

　 b. 崔秉鉉, 『新羅古墳硏究』, 一志社, 1992.

20 濱田耕作·梅原末治, 『慶州金冠塚と其遺寶』, 『古蹟調査特別報告 第三冊』, 1924.

21 梅原末治, 「慶州金鈴塚·飾履塚發掘調査報告」, 『大正13年度古蹟調査報告 第一冊』, 1932.

22 金載元, 『壺衧塚과 銀鈴塚』, 國立博物館, 1948.

23 文化財管理局, 『天馬塚』, 1974.

24 慶州史蹟管理事務所, 『慶州地區 古蹟發掘調査報告書 第1·2輯』, 1975·1980.

25 金廷鶴·鄭澄元, 「味鄒王陵地區 第5區域 古墳發掘調査報告」, 『慶州地區古墳發掘調査報告書, 第1輯』, 慶州史蹟管理事務所, 1975.

26 池健吉·趙由典, 『安溪里 古墳群』, 文化財硏究所, 1981.

27 池健吉, 「東北아시아 支石墓의 型式學的 考察」, 『韓國考古學報 12』, 韓國考古學硏究會, 1982.

천마도 출토의 기적
-발굴과정과 의의 -

1

1973년 8월 하순. 천수백 년 동안 땅속 깊이 묻혀 있던 황남동 155호 고분[1]의 비밀들이 그 해 여름의 혹독한 더위와 가뭄 속에서 마지막 꺼풀이 벗겨지고 있었다.

이른 봄부터 시작된 무덤 주변에 대한 지하 유구조사와 외형 실측을 거쳐 4월 초에는 봉토의 제거 작업에 들어갔다. 금세기 들어 이곳 경주의 크고 작은 고분에 대한 수많은 발굴이 이루어졌지만 이번과 같이 온전한 모습을 갖춘 고총高塚의 발굴은 처음이나 다름없었다. 따라서 학계뿐 아니라 온 국민들이 이 발굴에 거는 기대는 그만큼 컸고 모든 조사원들은 처음부터 극도로 긴장된 분위기 속에서 발굴 작업에 임하게 되었다.

발굴이 시작된 지 두어 달 만에 봉토 속에 깊이 묻혀 있던 돌무지(積石)가 드러나면서 발굴 작업의 분위기는 새로운 국면에 접어들었다. 오랜 보고서의 낡은 사진에서나 접해 왔던 이른바 '돌무지덧널무덤(積石木槨墳)'의 거대한 실체가 바로 눈앞에 나타났기 때문이었다.

사람머리 크기만한 큼직한 냇돌을 언덕처럼 쌓아올린 돌무지 표면에 두텁게 발려 있던 점토를 조심히 벗겨내고 돌무지 가운데의 함몰부陷沒部에 채워진 흙더미를 들어냈다. 이어서 검게 그을린 듯한 덧널(木槨)의 흔적이 나타나기 시작한 것은 다시 그보다 한 달가량 뒤인 7월 초순께였다.

덧널의 흔적과 함께 새로 나타나기 시작한 잔자갈의 틈새 여기저기에서는 토기류나 유리구슬뿐 아니라 금제귀걸이와 드림장식(垂飾) 등 장신구류가 나오면서 매장 과정에서 이루어진 자잘한 장엄莊嚴 의식이 바로 눈앞에서 펼쳐지는 것 같았다.

이윽고 7월 중반에는 나무널(木棺)에 안치한 매장부가 드러나면서 각 부위에서는 시신에 착장시켰던 장신구와 부장유물들이 하나 둘씩 나타나기 시작했다. 이어서 나무널의 동쪽 머리맡에서는 커다란 나무궤짝 모양의 부장품 수장궤收藏櫃가 부식이 심한 상태로 모습을 드러냈다.

이 수장궤의 매납 때에는 특별한 별도의 의식이 이루어진 듯 뚜껑 위에는 순금제의 관식(冠飾) 등 몇몇 위세품威勢品으로 보이는 금속제의 부장유물들이 놓여 있었다. 뚜껑 윗면의 한 중앙에서 약간 서쪽으로 치우쳐 새날개모양(鳥翼形)의 금제 관식이 놓여 있었고 그 바로 남쪽에서는 나비모양(蝶形) 관식도 나왔다. 이 밖에도 둘레에서는 금동제의 관冠·모帽와 정강이가리개(脛甲) 등이 훼손된 상태로 드러나면서 여기에서 이루어진 마지막 장송葬送의 모습을 실감할 수가 있었다.

이 수장궤를 이룬 판재는 이미 부식이 심한 상태였지만 그런대로 일부나마 형체를 갖추고 있어서 내부 조사에 앞서 보존처리를 위한 응급 경화硬化 작업이 불가피한 상태였다. 따라서 나무널 내부에 대한 부장유물의 부분적인 수습 작업과 수장궤의 벽체 중 잔존상태가 가장 좋은 북벽 판재板材의 경화처리 작업이 거의 동시에 병행되어 나갔다.

한 달 남짓 소요된 수장궤 북벽 판재의 응급처리작업을 끝내고 이를 떼어내 본격적인 경화처리작업을 위하여 서울로 옮긴 뒤 곧장 수장궤의 내용물에 대한 수습조사에 들어갔다.

2

부장품 수장궤의 뚜껑에 해당되는 상판上板의 바로 밑에서는 맞새김(透彫)한 금동판을 씌워 장식한 네모난 삿자리 말다래(障泥) 한 벌이 위아래로 겹쳐 나왔다. 대나무의 껍질 부분을 얇게 벗겨 삿자리 모양으로 엮은 죽심竹心의 다래였다.

죽심의 겉에는 두터운 천을 댄 뒤 여기에 초화문草花文 등으로 맞새김하여 영락을 매단 금동판을 씌우고 가장자리를 따라 구부린 금동판으로 단을 입혔다. 맞새김한 금동판은 안팎으로 두 줄의 네모난 띠를 둘러 전체를 세 칸으로 나누고 그 안에 연속된 당초唐草로 짐작되는 무늬를 새겼다(도 III - 28).

다래의 윗변 중간은 반달 모양으로 움푹 파이고 그 양 끝에는 안장에 달아매기 위한 것으로 보이는 띠고리(鉸具) 한 개씩이 달려 있었다. 출토 상태를 통해 이 다래의 뒷면은 검은 바탕에 붉은 무늬가 그려진(黑地朱文) 비단천을 씌운 것으로 보였지만 부식이 심하여 원래의 정확한 모습은 알아보기가 어려웠다.

따라서 이 '죽심투조竹心透彫 금동판'을 처음에는 '말다래'라기보다는 단순한 장식판裝飾板 정도로 여기고 수습할 채비를 갖추었다. 그러나 부식된 금동판의 파편들이 죽심에서 분리된 채 흐트러진 상태로 나와 원래 모습을 찾아 이어 맞추어 나가는 데 많은 애를 먹었다.

이 금동판 다래의 바로 밑에서 자작나무껍질(白樺樹皮)로 펼쳐 만든 천마도天馬圖 다래 한 벌이 위아래로 가지런히 겹쳐져 나왔다. 그러나 조사자들이 이를 미처 모르고 바로 위에 놓였던 금동판 다래를 약품 처리하는 과정에서 약물이 밑으로 스며들어 천마도 다래 위판의 상당 부분이 훼손되고 말았다(도 III - 29).

더구나 자작나무 판 자체가 워낙 물러서 노출 당시부터 금이 많이 가 있었던 데다가 모든 조사원들의 심혈을 기울인 노력에도 불구하고 수습 과정에서의 어쩔 수 없는 손떨림으로 균열이 더해질 수밖에 없었다. 그나마 다행인 것은 이 천마도 다래의 밑에는 삼각형과 정방형의 연속된 기하학무늬로 누빈 듯한 담요로 된 안장깔개(鞍褥)(도 III - 30)가 깔려 있어 이 자작나무 판을 밑에서 받쳐주는 완충역할

도 III-28 천마총 출토 삿자리 금동판 다래

도 III-29 천마총 출토 천마도 다래(위판)

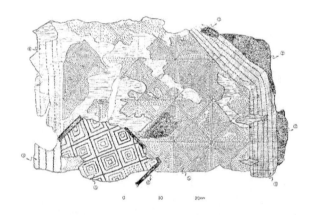

도 III-30 천마총 출토 안장깔개

도 III-31 천마총 출토 칠제 다래

을 한 것으로 여겨졌다.

이처럼 수장궤 안의 맨 위에는 동편에 치우쳐서 비슷한 크기와 모양의 금동판 다래와 천마도 다래 각 한 벌씩이 위아래로 놓이고 그 밑에는 다시 안장깔개가 차례로 포개 있었다. 그 아래에서는 안장구鞍裝具 등 각종 마구류가 수습되었는데 이 마구류 바로 밑에서 상당히 넓은 범위에 걸쳐 종잇장처럼 얇은 칠가죽(漆皮)을 5~6겹으로 겹친 두터운 칠판漆板(도 III-31)이 나왔다.

칠판의 표면에는 하얀 색의 선으로 그린 귀갑문龜甲文과 반절화문半截花文 등 기하학무늬를 배치하였는데 귀갑문 안에는 오리로 보이는 새 한 마리씩이 그려져 있었다. 그러나 무게에 짓눌려 훼손이 심해서 그 성격은 분명치 않았지만 위에서 나온 다른 다래들과 네모난 모양이나 크기가 비슷한 것으로 보아 또 다른 다래가 아닌가 생각되었다.

3

'다래'는 말의 안장 양쪽에서 배 아래로 드리워진 안장 부속구의 하나로 기수騎手가 말 위에 앉았을 때 중심을 잡아주는 역할을 하는 한편, 말이 뛸 때 진흙이 기수의 가랑이에 튀는 것을 막아주는 역할을 해주어 '장니障泥'로도 불리는 마구의 일종이다.

다래의 존재에 대해서는 경주 금령총金鈴塚[2]에서 출토된 한 쌍의 기마騎馬 인물상 토기(도 III-32)에서 뚜렷하게 그 실상을 확인할 수 있었다. 또한 고구려 고분 가운데 용강龍岡 쌍영총雙楹塚[3](도 III-33)이나 집안輯安 무용총舞踊塚[4](도 III-36) 등 벽화고분에 나타난 기마인물도에서도 말다래가 사실적으로 묘사되어 있어 진즉부터 그 존재가 예견되었다.

그러나 다래의 재질이 대부분 쉽게 부식되는 약한 유기물이거나 금속제품들이어서 원상을 알아볼 수 있을 만큼 남아 있는 경우가 극히 드물었다. 진즉 경주 금령총[5]에서도 천마총에서와 비슷한 죽심과 맞새김한 금동 장식판(도 III-37)의

도 III-32 금령총 출토 기마인물상 토기

도 III-33 용강 쌍영총 기마인물도

도 III-34 양산 부부총 출토 안장깔개

도 III-35 천마총 출토 천마도 다래(아래판)

도 III-36 집안 무용총 기마인물도

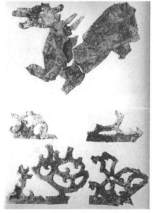

도 III-37 금령총 출토 삿자리 금동판 다래

쪼가리들이 나왔는데 보고서에서는 죽심의 삿자리와 여기에 부착되어 나온 맞새김한 금동판은 말다래로 보았다. 그러나 죽심에서 따로 분리되어 나온 금동판에 대해 보고서 본문에서는 안장깔개(韉)의 일부로 추정하였고 도판에서는 이를 말다래로 기술하는 등 일관성 없는 견해를 보였다.

이 밖에 양산 부부총[6]에서는 안장의 아래에서 가죽과 마포가 뒤엉킨 작은 쪼가리가 나왔는데(도 III-34) 보고자는 이것을 안장깔개로 추정하였다.

천마도 말다래(도 III-29, 35)는 얇게 벗겨낸 자작나무 껍질(白樺樹皮)을 결이 어긋나도록 마치 합판처럼 여러 겹으로 접합하여 굵은 실로 빗문살(斜格) 모양으로 누빈 뒤 둘레에는 얇은 가죽으로 단을 돌렸다. 다래 윗변 가운데가 둥그스름하게 파이고 그 양 끝에는 안장에 매달기 위한 구멍이 뚫려 있는데 여기에 꿰넣은 가느다란 가죽 끈이 아직 남아 있었다.

갈색 바탕의 다래 가장자리 둘레에는 네모나게 무늬띠(文樣帶)를 돌리고 여기에는 주朱·흑黑·백白·녹綠의 채색으로 그린 여러 개의 굵은 인동당초忍冬唐草 무늬를 번갈아 뒤집어 그려 넣었다. 이 무늬띠 안의 다래 한 복판에는 흰색의 안료로 날아오르는 말 한 필을 그렸는데 입에서 마치 서기瑞氣처럼 내민 다소 과장된 혀와 목덜미에서 바람에 날리는 갈기나 꼬리털을 매우 사실적으로 표현하였다.

하늘을 나는 천마라고 하기에는 날개의 표현이 다소 미약하지만 힘차게 치켜 올린 꼬리나 휘날리는 털과 함께 유연한 네 다리의 표현이 충분히 날아오르는 천마임을 느끼게 해 주었다. 천마가 그려진 복판의 네 귀퉁이에는 큰 꽃 이파리와 씨방(子房)을 사실적으로 표현한 반절화半截花를 그려 넣었다.

아무리 땅 속이라고는 하지만 연약한 자작나무판이 아직까지 그 오랜 세월을 견디어 왔다는 것 자체가 불가사의한 일이었다. 더구나 위아래 한 벌에 그려진 천마도 그림, 특히 위판을 들어내자 그 아래에 펼쳐진 천마도는 바로 기적이었다. 천마와 그 둘레를 에워싼 사실적 도형들에는 바로 이제 막 화공이 붓을 놓은 듯한 그런 생생함이 묻어 있었다.

나만의 착시錯視였는지도 모르지만 그러한 생생함은 공기에 닿으면서 눈에 띄게 퇴색이 진행되었고 현재와 같은 색조로 변하기까지는 불과 얼마 되지 않은 순식간의 일이었던 것으로 기억된다.

4

이와 같은 전대미문의 부장유물이 출토되면서 발굴단에서는 잠시나마 깊은 고민의 상황에 빠져들 수밖에 없었다. 우선 이와 유사한 유물의 출토 예가 지금까지 전무했던 까닭에 이 유물의 용도에 대해 처음 한동안은 확신할 수 없는 의문에 휩싸일 수밖에 없었다.

그러나 바로 위에서 수습된 금동판 다래 등의 존재랄지 그 형태로 보아 말다래임은 의심할 나위가 없었지만 문제는 이 희대의 '유물'에 대한 안전한 수습 및 사후 처리 방법이었다.

천수백 년 동안 땅속에서 견디는 동안 워낙 취약해진 재질에도 불구하고 놀랄 만큼 선명하게 드러난 이 채화판彩畵板은 일찍이 신라의 유적에서는 그 전례가 드문 본격적인 회화繪畵 자료라고 할 수 있었다. 같은 시대적 배경을 갖춘 고구려나 백제는 물론 가야유적에서 발견된 여러 고분벽화와는 달리 신라고분에서는 '돌방무덤(石室墳)'인 영주 순흥順興의 읍내리邑內里와 태장리台庄里 벽화고분 외에는 아직까지 뚜렷한 벽화의 선례가 나타나지 않은 상황에서 얻어진 새로운 자료였던 것이다.

더구나 벽화의 존재가 불가능했던 이와 같은 '돌무지덧널무덤'으로부터의 발견은 그 자체만으로도 희귀한 역사적 자료로 기록되기에 충분한 '사건'이라고 할 만했다.

이 채화판의 명칭으로는 '백마도白馬圖'와 '용마도龍馬圖', '비마도飛馬圖'도 잠시 거론되었으나 곧 '천마도'로 의견이 모아지고 이에 대한 안전한 수습 처리에 총력을 기울이게 되었다. 다행스럽게도 그 위를 덮고 있던 금동판 다래는 천마도 다래 위에 가볍게 얹힌 상태로 나와 어렵지 않게 분리할 수가 있었다.

도 Ⅲ-38 천마총 천마도
수습작업

　　다만 두 장이 한 벌을 이루며 드러난 천마도 다래는 한데 뒤엉키듯 붙어 나와 이들을 따로 분리시키는데 많은 어려움이 뒤따랐다. 우선 기다란 대칼과 '핀셋' 등 필요한 장비와 자잘한 도구들을 동원하여 위아래로 겹쳐진 다래의 살점이 떨어져 나가지 않도록 조심스레 떼어내는 데 상당한 시간이 소요되었다(도 Ⅲ-38).

　　무덤 안의 다른 매장 부위에서 도면 작성이나 유물 수습, 보존처리 등 막바지 정리작업에 몰두하고 있던 모든 조사원들도 이때만은 각자의 손길을 멈추고 천마도 둘레를 에워쌌다.

　　크기에 적당히 맞춰 처음에는 다래를 옮겨 얹을 만한 합판을 준비하였으나 불규칙하게 일그러진 굴곡 때문에 결국 보다 유연한 함석판을 두 장의 다래 사이에 굴곡을 따라 조심스럽게 끼워넣어 비로소 위판을 무사히 들어낼 수가 있었다.

　　아래에 깔려 있던 다래도 위판과 같은 모양이었지만 여기에 그려진 천마도는 전혀 훼손되지 않았고 흘러간 천수백 년의 세월이 믿어지지 않을 만큼 그 윤곽과 색깔도 훨씬 선명하였다. 위에 얹혀 있던 죽심금동판 다래를 처리하는 과정에서 위판의 한가운데 부분이 일부 훼손된 상태에서 그나마 아래판에서만이라도 전체의 완전한 모습을 살필 수 있었던 것은 대단한 천행天幸이 아닐 수 없었다.

　　소심스러운 손길을 거쳐 급조한 두 개의 나무상자에 따로따로 무사히 옮겨진 이들 한 벌의 천마도 다래는 즉시 '비닐'포로 밀봉하여 수습, 다음 날로 급히 경복

궁 안의 국립중앙박물관으로 옮겨 별도의 응급처리실을 마련하여 곧바로 처리작업에 들어갔다. 우선 살균작업을 마친 뒤 외형 복원작업에 들어갔는데 전광電光에 의한 퇴색 방지를 위해 자외선紫外線 차단 전구로 교체하는 등 사전 준비에 만전을 기하였다. 또한 건조상태를 최소화하기 위해 외형의 복원작업과 밀봉 가습작업을 30분씩 교대로 실시하는 한편, 천마도에 대한 모사模寫 작업을 병행해 나갔다.

외형의 응급복원이 끝난 다래는 크기에 맞춰 특수 제작한 '아크릴' 상자에 방부제防腐劑와 온·습도계를 넣어 밀봉한 상태에서 차광遮光을 위해 우단羽緞 '커버'를 씌운 상태로 어두운 항온항습의 수장고 안에 보관함으로서 외기外氣와의 접촉을 철저히 통제하였다.

몇 차례에 걸친 중앙박물관의 이전 때마다 이곳저곳으로 옮겨 다니면서도 보다 나은 상태를 유지하기 위해 그때그때 부분적인 처리가 이루어져 왔다. 이제 그동안 오랜 외지에서의 유랑생활을 마치고 지난 연말에는 40여 년 만에 국립경주박물관으로 되돌아와 보다 완벽한 보존처리 과정을 거치면서 '천마'의 새로운 삶이 시작되고 있다.

(『천마총 출토 천마문 장니』, 국립경주박물관, 2014)

주

1 『天馬塚』, 文化公報部 文化財管理局, 1974.
   천마도 말다래의 발견과 함께 주어진 '천마총天馬塚'의 원래 고유 명칭은 '경주 황남동皇南洞 155호분'으로, 일제강점기 때에 경주 일원에 분포한 고총高塚 고분들에 붙인 고유번호의 맨 마지막 번호를 부여받았다.
2 梅原末治, 「慶州金鈴塚·飾履塚發掘調査報告 -本文·圖版」, 『大正13年度古蹟調査報告』第1冊, 朝鮮總督府, 1932·1931.
3 金元龍, 「壁畵」, 『韓國美術全集 4』, 同和出版公社, 1974.
4 池內宏·梅原末治, 「舞踊塚」, 『通溝』卷下 -滿洲國通化省輯安縣高句麗壁畵墳, 日滿文化協會, 1940.
5 梅原末治, 앞의 책(주 2), 본문 p. 150, 도판 p. 131~133.
6 馬場是一郎·小川敬吉, 「梁山夫婦塚と其遺物」, 『古蹟調査特別報告』第5冊, 본문 p. 67, 朝鮮總督府, 1927.

경주지방 석실고분의 일례―例

1

경주에서 포항으로 가는 7번 국도를 따라 10km가량 가면 신당리神堂里로 빠지는 오른쪽 오르막길에 이르고, 이 소로를 따라 500m를 더 가면 200호 남짓 되는 민가가 밀집해 있는 신당1리 마을에 닿는다. 일대는 낮은 야산이 둥글게 이어져 직경 2~3km의 남북으로 긴 타원형의 분지를 이루는데 신당1리는 분지의 서편 기슭에 자리 잡고 있다. 마을의 서편에는 표고 100m 미만의 낮은 야산이 동에서 남으로 호형弧形을 이루며 구부러지는데 이 석실분은 만곡된 능선의 바로 안쪽, 경사진 지표상에 위치해 있다.

석실분의 주위에는 5~6년생의 작은 소나무가 드문드문 자라며 봉토의 일부가 깎여나간 봉분 10여 기가 산재해 있으나 이것들이 고분古墳의 봉토인지 아니면 근래의 민묘民墓들인지는 확인할 수 없었다. 그러나 이 석실분에서 동북쪽으로 이어지는 같은 산맥의 골짜기에는 연도羨道가 동쪽으로 치우쳐 있는 남향의 석실분 1기가 노출되어 있었는데 주민들의 말에 의하면 이 밖에도 몇 기의 다른 석실분이 인근 골짜기에 노출되어 있었으나 지금은 모두가 무너지거나 토사로 매몰되어 버렸다고 한다.

이곳은 현 행정구역상으로 월성군月城郡 천북면川北面 신당1리, 이 고분과 마을과는 완만한 골짜기를 따라 서로 마주보고 있으며 이 골짜기에 조그만 샘이 있었다고 하여 주민들은 이곳을 '샘골'이라 부른다. 이 석실분은 필자가 1973년 4월에 경주 최남주崔南柱 옹의 안내를 받아 처음 발견하였으며 그 후 재차의 조사를 거쳐 석실 내부의 전모를 확인할 수 있었다.

2

이 고분의 봉토 지름은 동서 8m, 남북 9m의 원형분이며 봉토의 높이는 상기한 바와 같이 주위 지표면이 경사에 따라 동남쪽에서는 3.5m이지만 서북쪽에서는 1m 남짓밖에 안 된다. 봉토의 남쪽은 석실 남벽 붕괴와 함께 봉토의 일부가 석실 안으로 흘러 들어가 바닥의 거의 전면을 덮고 있었는데 안쪽의 북벽 가까이에서만 관대석棺臺石의 일부가 노출되어 있었다.

석실의 평면은 남북으로 긴 장방형을 이루며 입구로 보이는 남벽과 동벽 남단의 일부가 붕괴되었으나 다른 내부의 구조는 비교적 원형을 그대로 간직하고 있었다. 석실은 동서 200cm, 남북 277cm의 정확한 장방형을 이루며 중앙에 길이 218cm, 폭 103cm, 높이 15cm의 고르게 다듬은 화강석제의 1매 판석으로 된 장방형의 관대棺臺가 남북으로 길게 놓여 있었다.

이 관대의 주위에는 방형으로 다듬은 대소 9매의 판석으로 바닥을 깔았는데 석실 북편의 관대와 바닥 판석의 틈을 통해서 바닥 아래에 깔린 자연괴석을 확인하였으며 여기에서 관대와 바닥 판석의 밑동은 다듬지 않은 깨진 면 그대로의 것임도 알 수 있었다. 따라서 석실의 기저부基底部는 지반 위에 자연괴석을 깔고 그 위에 관대를 먼저 설치한 뒤 주위에 바닥 판석을 조립한 후 그 가장자리에서 네

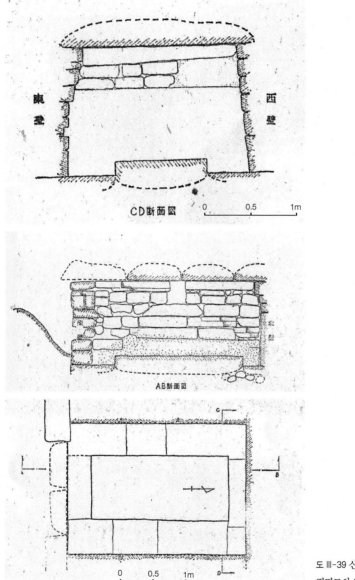

東壁

西壁

CD斷面図

0 0.5 1m

北壁

AB斷面図

도 Ⅲ-39 신당리 석실고분의
평면도와 단면도

0 0.5 1m

벽을 쌓아올린 것으로 파악되었다.

　　먼저 북벽은 석실 바닥의 바로 위에 가로 200cm 이상, 세로 90cm, 두께 미상
의 거대한 판석 1매를 세우고 그 위에는 두께 15cm 내외의 방형方形 괴석을 2단으

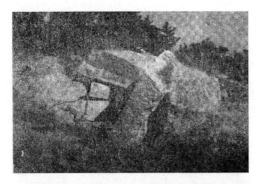

도 Ⅲ-40 석실의 입구(남쪽에서)

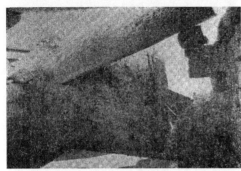

도 Ⅲ-41 남벽의 붕괴상태(석실 내부에서)

도 Ⅲ-42 석실 내부의 서북우

도 Ⅲ-43 석실의 북벽

로 올렸으나 지금 동반부의 벽석은 탈락되어 있었다. 그 위에 길이 170cm 이상의 장대석長臺石 1매를 얹었는데 두께는 서단에서 21cm, 동단에서 12cm의 장제형長梯形으로 다듬은 석재이며 그 위에 동서로 길게 천정석天井石이 얹혀 있었다.

이와 같이 수직으로 직립한 높이 140cm의 북벽 양단에서 쌓아나간 동벽과 서벽은 북벽과는 달리 천장부에 가까워지면서 경미하게 내경內傾하여 천정의 동서 폭은 170cm가 되며 따라서 석실의 동서 단면은 제형梯形을 이루었다.

서벽은 대략 상하 7단으로 쌓아올렸는데 여기에 사용된 석재는 장대석과 방형의 괴석 외에도 건물의 갑석甲石이나 지대석재地臺石材로 쓰이는 유단有段의 석재¹을 혼용하였다. 실측도에서와 같이 벽의 하부에서는 오직 장대석만을 사용하였으나 상부에서는 방형의 괴석과 유단의 석재를 혼용하여 쌓아올리고 석재의 사이사이에 생긴 틈은 작은 할석으로 메꾸었다.

동벽도 서벽에서와 같이 7단으로 쌓았으며 석재도 장대석, 방형의 괴석과 함께 유단의 석재를 사용하는 등 그 축조방식과 재료가 동일한 것이다.

동·서·북의 세 벽은 이와 같이 각양의 석재를 사용해서 면이 가지런하게 쌓아올렸는데 그 표면에는 벽석재의 이음새가 보이지 않을 정도로 회를 두껍게 발라서 처리한 것 같으나 지금은 동서 양벽의 하부에만 남아 있고 그 윗부분에서는 거의가 탈락되어 석재의 이음새에만 일부 남아 있는 정도였다.

천정석으로는 4매의 장방형 대형 판석을 동서로 길게 얹었으나 이 가운데 남단의 1매는 남벽의 붕괴와 함께 낙하되어 그 동단부東端部가 입구의 매토埋土 위에 얹혀 있었다. 남벽으로 사용되었던 대형의 판석 2매는 남단의 천정석과 함께 석실 밖에 넘어져 있었으며 2매가 모두 길이 142cm, 폭 72cm로 동형동대同形同大의 것이었다.

이것들은 천정석과 마찬가지로 배면背面을 제외한 전면을 장방형으로 다듬었는데 서쪽에 넘어진 판석의 한쪽 장변長邊의 측면이 계단상으로 음각되어 있는 것으로 보아 이 석재도 건물의 계단석으로 사용되었던 것이 아닌가 생각된다.

이 판석의 크기와 석실의 서남우西南隅에 남아 있는 일부 축석築石 상태로 보아 남벽은 바닥 판석의 위에 이 대형판석 2매를 중앙에 세우고 동서 양 벽과 판석의 공간은 다른 괴석들로 채워 막았던 것으로 보인다.

3

붕괴된 남벽으로 흘러들어간 토사에 묻힌 관대를 노출시키다가 흙더미 속에서 토기편 등 유물 수 점을 수습하였다. 이 중에서 철제 고리 1점은 관대의 서남우에 접한 석실 바닥에서 출토된 것이며 나머지는 모두 남벽 가까이 매몰토 중에서 수습한 것이다.

① 토기편 2점(도 Ⅲ-45의 아래)
1점은 음각된 두 줄의 횡선으로 나누어진 구간에 동심의 중원문대重圓文帶와 삼각집선三角集線의 거치문대鋸齒文帶가 음각된 경질토기로 경주지방의 석실고분에서 출토되는 통식通式의 것이다.

1점은 대형 항아리의 기저부器底部로 보이는 두꺼운 파편으로 표면에 흑갈색의 회유灰釉가 거칠게 발렸다. 두께 1.2cm

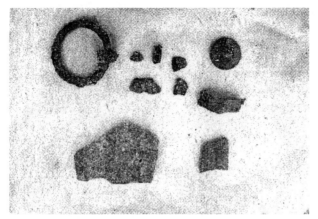

② 청동제 뚜껑 1점(도 III-45의 오른쪽 위)

청동소완靑銅小鋺의 뚜껑으로 보이며 보주형寶珠形의 꼭지가 달려 있다. 표면에 음각된 문양의 일부가 남아 있으나 형태는 알아볼 수가 없을 만큼 녹이 슬었다. 직경 4.1cm

③ 관금구棺金具 1점(도 III-45의 오른쪽 중앙)

장방형의 동판으로 가운데가 ㄱ자 상태로 구부러져 있다. 양 단변의 중앙이 요입凹入되어 있고 사우에서 단면이 네모난 작은 못 4개가 박혀 있다. 길이 6.8cm, 폭 2.3cm, 못 길이 1.7cm

④ 철제고리 1점(도 III-45의 왼쪽 위)

문고리 모양의 둥근 고리이며 고리못의 일부가 남아 있다. 석실분의 석비石扉에 달린 고리 같기도 하지만 남벽의 판석에는 고리가 달린 흔적이 없는 것으로 보아 관에 달았던 고리였을 것으로 보인다. 직경 8.5cm

이 밖에도 형태를 전혀 식별할 수 없는 철편 5점을 수습하였다(도 III-45의 가운데 위).

4

본 고분은 상술한 바와 같이 남북으로 긴 평면 장방형의 석실분이다. 조사 당시 남
벽은 붕괴되었지만 원래 남북 양 벽은 거의 직립한 상태가 확실하고 동서 양 벽은
위로 올라가면서 점차 내경內傾하여 동서 단면은 제형梯形을 이루었다.

남벽을 막았던 동대同大의 2매 판석은 석비石扉의 역할을 하였던 것으로 보이
며 따로 연도羨道의 시설은 없었던 것이 분명하다. 본 고분에 사용된 석재는 상술
한 바와 같이 기왕에 다른 건물에 쓰였던 석재를 다시 그 일부를 가공하여 사용한
것이다. 이는 사후의 안거安居를 바라는 건물의 연장이라는 내세적인 관념에서인
지 혹은 벽면에 회칠을 하기 때문에 회에 가리게 될 석재의 외관에는 신경을 쓰지
않고 그저 버려진 석재를 사용한 것인지는 알 수 없다. 그러나 이와 같이 기존의
건재建材를 사용하여 영묘營墓한 것은 매우 흥미로운 사실임에 틀림없다.

따라서 이 고분은 그 구조면에서 이 지방 석실분의 특이한 양식이며 비록 심
하게 교란된 상태에서 출토되었지만 소수의 유물상으로 보아서는 그것이 경주지
방의 연도가 달린 이른바 횡혈식 석실분과 같은 성격의 것임을 알 수 있다. 이제까
지 경주지방에서 조사 보고된 석실분은 유형상으로 방형의 현실玄室에 연도가 달
린 고분이 주류를 이루는 것으로 알려지고 있다. 또 이러한 석실분의 경우, 현실은
4벽이 천정부에 가까워질수록 내경하여 천정에 이르러서는 1매 혹은 2매의 판석
을 덮어 현실 내부는 궁륭상穹窿狀에 가까운 양식이 통례로 되어 있다. 그러나 이
고분은 그 구조상 횡구식橫口式 석실분으로 보아야 할 것이며 그렇다면 그 구조적
선행양식은 경주지방이나 가야지역의 다른 고분에서 찾아야 할 것이다.

경주 황남동皇南洞 151호분[2]은 인근지역에서는 구조상 가장 가까운 석실분의
일례일 것이며 특히 대구 지방을 비롯한 가야고분 중에서는 이와 유사한 구조를
갖는 석실분이 다수 분포되고 있다. 달성군達城郡 달서면達西面 고분군[3]을 비롯하
여 창녕 교동校洞 31호분[4] 성주 성산동星山洞 1호분[5] 등이 이와 가장 비슷한 예이며
특히 달서면 37호분의 제1석곽, 제2석곽, 동55호분, 동57호분 등에서는 전벽과 후

벽에 대형의 판석을 사용하는 등 본 석실분과는 너무도 흡사한 구조를 보여주고 있다.

　　그러나 여기에서 갑자기 단 일례의 비슷한 구조만으로 이 가야고분들과 연관시킬 수는 없으며 유형의 고분이 더 조사된 후라야 그에 대한 구조적 원류문제, 경주지방의 다른 석실분과의 관계 및 편년적 성격이 밝혀지리라 믿는다.

(『영대문화 6』, 특집 – 한국의 선사고고학, 영남대학교총학생회, 1974)

주

1　건물이나 석탑의 기단부에 쓰이는 석재로 보이며 여기에서는 모두 돌출부를 위로 하여 쌓았다. 실측도의 석재 단면표시부 참조.
2　朴日薰, 「황남리 151호분」, 『慶州 皇吾里 第1·33號, 皇南里 151號 古墳發掘調査報告』, 文化財管理局, 1969.
3　野守健·小泉顯夫, 「慶尙北道達城郡達西面古墳調査報告」, 『大正12年度 古蹟調査報告 第1冊』, 1931.
4　濱田耕作, 「慶尙南道昌寧郡古墳」, 『大正7年度古蹟調査報告 第1冊』, 1922.
5　濱田耕作, 「慶尙北道星州郡古墳」, 위 책(주 4).

경주 인왕동 신라 석곽분과 출토유물

1. 머리말

경주시내에는 근년近年에 정화사업이 이루어져 황남동皇南洞 미추왕릉味鄒王陵 지구 고분공원 안에 편입된 20여 기의 대소고분 외에도 시가지의 민가 사이나 변두리의 들판에는 우뚝 솟은 고대高大한 신라 봉분들이 드문드문 자리를 잡고 있다. 이 봉분들이 위치하는 곳은 주로 황남·황오동皇吾洞을 비롯하여 노서路西·노동路東·인왕동仁旺洞 등지로 지금 경주의 도심을 이루고 있는 지역이다.

이제까지의 발굴 예로 보아 대체로 대형고분이 위치한 지역에는 이보다 규모가 작은 소형의 고분도 지금은 봉토부가 남아 있지 않지만 그 밀집된 분포를 같이하는 것으로 나타나고 있다.

경주관광종합개발계획의 일환으로 1973년 이후에 이루어진 미추왕릉 지구 정화사업에 따라 정리조사된 분묘유구만도 모두 200여 기를 헤아릴 정도이며[1] 이 밖에도 유구의 흔적만이 일부 나타나거나 이미 파괴가 조사불능의 상태로까지 악화되어 실제 조사에 착수하지 못한 것까지 합치면 그 숫자는 더욱 늘어날 것으로 보인다. 사실상 경주 일원에서는 어느 곳에서나 지표 아래 1m 이상의 굴착공사에서는 반드시 이러한 유구가 노출되게 마련이다.

따라서 경주에서는 여느 도시처럼 새로운 도시계획을 수립하여 상·하수도시설이나 건물 신축을 위해 지하 깊숙이 파들어가는 일에 신중을 기하지 않으면 안 될 것이다. 그러나 종합개발계획에 따라 경주에서는 곳곳에서 곡괭이와 삽질이 쉴 새 없이 계속되고 있으며 여기에서 이따금 분묘나 건물유구가 발견되고 있으나 노출된 유구를 그때그때 수습처리할 만한 조사전담기구가 따로 있는 것도 아니다. 공사 도중에 이러한 유구가 나타나면 공사담당자는 공사의 지연을 꺼려 신고하기를 기피하고 경우에 따라서는 고의적으로 유구나 유물을 까뭉개서 현장을 은닉해 버리기가 일쑤다.

그러다가 현장이 일부 관심 있는 이들에게 목격되어 시당국에 신고되면 그때서야 박물관이나 사적관리사무소에 발굴의뢰가 오게 되는 실정이다. 이러한 상황을 이 좁은 지면에 고발하고 경주 일원을 지금이라도 영구사적지로 지정하여 앞으로는 이곳에서의 어떠한 신축공사도 불용하거나 부분적인 도시계획을 수행하더라도 여기에서 노출되는 유적·유물을 즉각 정리조사할 수 있는 상설조사기구의 설치가 시급하다는 것을 제의하여 두는 바이다.

2. 발굴경위 및 경과

이 석곽고분도 경주시가 시공중인 탑동塔洞 수원지와 보문普門 배수지를 잇는 상수도 배관공사를 위해 폭 0.8m에 깊이 1.3m로 굴착작업을 진행하다가 그 유구의 일부가 드러났다. 현장을 목격하고 이를 신고한 주민 박문석 씨(朴文錫, 59세. 경주시 인왕동 751-1)에 의하면 현 지표 아래 0.9m의 굴구掘溝 바닥에서 가지런히 놓여진 판석板石(蓋石) 3개가 나왔으나 인부들은 굴구 벽면에 깊숙이 박힌 1개만 남겨두고 나머지 2개는 들어냈다고 한다. 판석 밑에서 몇 개의 토기가 드러나자 무지한 인부들은 삽으로 가장자리를 찔러보고 제쳐보고 하다가 신고인 박 씨에 의해 만류되었다는 것이다. 박 씨는 이 사실을 곧 경주박물관에 신고하고 경주사적관리사무소에서는 그 현지조사에 나갔다.

현장에 도착했을 때는 이미 유구의 상당부분이 교란되어 있었고 표면에 노출된 토기류도 파손되거나 원위치에서 이탈되어 있었다. 일부 드러난 석재로 보아 이 유구가 석곽분임을 알 수 있었는데 판석이 놓인 방향으로 보아서는 대개 동-서 장축으로 판단되었고 지금 나타난 유물부위가 석곽의 동단부東端部임을 확인하였다.

발굴작업은 우선 상수도공사를 위해 파들어간 굴구의 서편에 사방 2.5m의 구획을 잡아 위에서부터 파들어가기 시작했다. 조사는 11월 19일부터 7일 동안 실시되었으며 소요경비는 공사 시공청인 경주시가 부담하였다.

3. 고분의 위치와 배경

팔우정八友亭 '로타리'에서 반월성半月城 쪽으로 500m가량 가면 차 도서편에 경주시 교육청이 있고 그 차도 맞은편 보도 밑에서 이 석곽분이 노출되었다. 노출된 지점의 원지번은 인왕동 751-1, 동편으로 70m 되는 곳에 경주~울산 간 철로가 남-북으로 뻗어 있는데 철도부지를 제외한 일대는 넓은 평지를 이루고 있다.

지금은 이곳에 주택지가 조성되어 민가가 조밀하게 들어서 있지만 20여 년 전 현 도로가 개설되기 전까지만 해도 주위는 전답으로 남아 있었던 곳이라 한다.

여기에서 동북쪽의 인왕동 고분군까지는 150m가량 떨어져 있고 맞은편 교육청사 남쪽 담장 밖에서 몇 해 전 적석목곽분 2기가 발굴된 것 등으로 보아[2] 일대는 상당수의 분묘가 축조되었던 고분지대로 추정되는 곳이다.

4. 구조와 유물의 출토상태

석곽의 개석蓋石 윗면이 노출된 곳은 현 지표 아래 0.9m로 표토에서부터 개석에 이르기까지 흑갈색의 부식토가 계속되었고 여기에서는 잔자갈이나 할석들이 간간이 섞여 나왔다. 부식토의 여기저기에서 신라토기편들과 조선조의 기와, 자기, 옹기 파편들도 섞여 나와 원래의 봉토부로 여겨지는 부분을 전혀 확인할 도리가 없었다. 더구나 석곽의 서편 바로 위에는 '콘크리트'로 다져진 하수구가 매설되어 있어서 다행히 개석부까지는 피해가 없었지만 그 위의 토층은 거의 교란되었을 것으로 생각되었다.

석곽의 장축은 정동-서 방향인데 동쪽으로 약간 낮게 경사져 있었다. 석곽을 덮고 있던 개석은 주부곽主副槨을 포함하여 모두 7매로서 주곽의 동단부를 덮고 있던 네모진 할판석 1매를 빼고는 모두가 일부만을 깨낸 기다란 자연판석들이었다.

개석들의 폭과 두께가 일정치 않았지만 길이는 대개 1m 내외였고 서쪽 끝 1매만 0.8m가량의 짧은 것이었다. 형태는 모두 고르지 못해 개석 사이에 생긴 틈은 잔돌로 막고 다시 점토로 메워 곽내를 밀폐시키려 했던 것으로 보인다. 개석 바로 남편에 많은 잔돌이 깔려 있었는데 개석이 전체적으로 곽 북편에 약간 치우쳐 있는 형태와 어떤 연관을 갖는 것이 아닌가 생각되었다.

개석 아래의 곽 내부는 주위에서 스며든 부식토로 충만되어 있었고 이 침토浸土 중에서 이 고분의 시기보다 분명히 떨어지는 시유施釉된 인화문印花文 토기편들이 섞여 나왔다. 부장유물이 나타난 곽 바닥은 황갈색의 점토가 3~4cm가량의 두께로 깔렸을 뿐 별다른 조성을 하지 않았던 것으로 보이며 그 밑은 사질토와 자갈이 섞인 자연토층이었다.

한편 곽벽석은 자연석 또는 일부만 깨뜨린 판석을 이어 세우고 판석 사이의 틈새를 잔돌로 메웠다(도 III-47⑤⑥). 남벽에는 북벽에 비해서 약간 작은 판석들을 세웠는데 이에 따라 벽 높이가 낮아진 남벽에는 세워진 판석 위에 다시 1~2단으로 잔돌을 쌓아 다른 벽과의 높이가 같도록 맞춘 뒤 그 위에 개석을 얹었다.

이와 같이 남, 북벽은 각 3매 판석으로 세우고 서벽은 1매 판석을 세워 마구리 돌로 하였으며 주곽과 부곽 사이에는 판석 1매를 세워 주·부곽의 경계벽으로 하였다(도 III-47③). 부곽에서는 주곽에서와 같은 벽석이 따로 세워지지 않았던 것 같았다. 조사당시 이미 부곽의 일부가 교란되긴 했지만 유물의 윗부분에 그쳤던 것으로 보아 부곽에는 원래부터 벽석은 세우지 않고 토벽 내에 유물을 배치한 후 개석을 얹었던 것으로 생각되었다.

이에 따라 주곽의 크기는 동–서 길이 1.9m, 남–북 폭은 동벽부에서 0.6m, 서벽부에서는 0.55m로 동벽 쪽에서 약간 넓었으며 곽벽의 높이는 바닥에서 개석이 얹혀 있던 곽벽 상단까지 대개 0.45m가량이었다.

한편 부곽은 벽석시설이 없었기 때문에 확실한 크기를 알 수가 없었지만 유물 부위의 범위로 보아 남–북 폭은 주곽의 동벽과 거의 일치함을 알 수 있었고 동–서 폭은 대개 0.3m 안팎으로 추정되었다. 부곽의 바닥은 주곽보다 약간 움푹하게 파여 있었는데 가장 깊은 중심부에서는 주곽 바닥보다 0.2m가량 낮았다. 이 바닥도 주곽에서처럼 별다른 처리를 하지 않고 바닥 흙 위에 토기류를 그대로 부장시켜두었다.

위와 같은 구조의 판석으로 만들어진 석곽은 주위의 토층 확인에 따라 남쪽 곽벽 바깥의 자연토층의 높이가 곽 바닥이나 다른 곽벽 바깥의 자연토층보다 0.2m가량 높아지는 것을 알아볼 수 있었다. 여기에서 석곽 주위의 지표가 원래는 북쪽으로 약간 기울어진 경사지였던 것을 석곽축조를 위해서 남쪽 경사면을 깎아 벽석을 세웠던 것이 아닌가 생각되었다.

주곽에서의 유물출토 상태를 보면 주곽 중앙에서 0.2m가량 동쪽으로 치우쳐 벽상단으로부터 0.2m 아래에서 척추골의 마디뼈 한 개가 나왔다. 그러나 근처에서는 다른 인골의 흔적을 확인할 수가 없었고 더구나 출토 위치가 곽 바닥에서 24cm가량 높은 곳이었다. 이보다 12cm가량 더 내려가 척추골에서 남쪽으로 0.2m 되는 곳에서 한 개의 유리구슬이 출토되었다.

그러나 이 척추골과 유리구슬은 바닥으로부터 상당히 높은 곳에서 한 개씩만 출토되었고 주위의 침토浸土 중에서는 간혹 후대의 토기편들이 수습되었기 때문

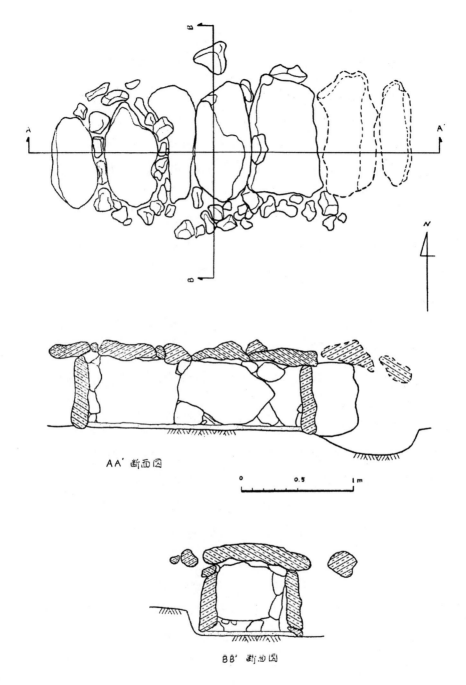

AA′ 斷面圖

BB′ 斷面圖

도 III-46 석곽구조 평면 및 단면도

에 이것이 원래 묻혔던 것으로 보기는 어려울 것 같았다.

주곽의 바닥 가까이에 이르면서 여기저기에서 흔적만 확인할 수 있을 정도로 부식된 인골편들이 나타나기 시작했으나 형태를 알아볼 수 있었던 것은 중앙에서 약간 서남쪽으로 치우친 곳에서 수습된 대퇴골편 하나뿐이었다.

주곽의 바닥에서 노출된 유물은 장경호長頸壺 2점과 철제유물 2점이었다. 장경호 2점은 동벽 가까이에서 약간 남쪽으로 치우쳐 서로 반대 방향으로 눕혀져 있었다.

철제유물은 2점 모두 주곽의 중앙에서 약간 동쪽으로 치우친 곳에서 출토되었는데 북벽 가까이에서 유자이기有刺利器가, 맞은편 남벽 가까이에서는 철겸鐵鎌이 모두 봉부鋒部를 서쪽으로 향한 채 거의 완전한 상태로 출토되었다(도 III-47⑦).

이 밖에 곽 동편 바닥에서 침토 중에 섞여 나온 철정鐵釘 한 개를 수습하였으나 그 정확한 출토위치는 확인하지 못했다.

이상이 주곽 안의 유물출토 상태로 서곽내 서반부에서는 부장품으로 생각되는 유물은 단 한 점도 출토되지 않았다.

한편 주곽 동편의 부곽 안에 부장되었던 유물은 모두가 토기류뿐이었다. 그 출토상태를 보면 부곽의 한복판에 원저호圓底壺 2점이 서로 붙은 채 대개 남북으로 비스듬히 배치되고 원저호 사이의 양쪽에는 장경호 2점이 각각 동서로 놓여 있었다. 사방으로 배치된 이 대형기大形器의 둘레에는 소형기小形器들이 공간을 차지하고 있었으며 소형기들의 아래에는 또 다른 소형기들이 깔린 형태로 배치되어 있었다.

소형기로는 고배高杯가 주류를 이루고 있었지만 적갈색토기赤褐色土器도 상당수가 출토되었다. 이 가운데 고배류는 대부분 그릇과 뚜껑이 한 조를 이루면서 배치되어 있었는데 어떤 것은 뚜껑이 덮인 채로, 어떤 것은 뚜껑이 열린 채 서로 근접하여 출토되었다. 특히 무개식 고배등 2점을 제외한 나머지 모든 고배는 대족부臺足部가 결실된 상태로 출토되었는데 이것은 부장 당시 이미 일부러 대족부를

① 석곽 개석 노출

④ 주·부곽내 유물 배치상태

② 석곽 노출

⑤ 주곽 북벽 보강상태(안에서)　　⑥ 주곽 북벽 보강상태(밖에서)

③ 주·부곽의 경계벽

⑦ 주곽 내 철제유물·인골편 노출

도 Ⅲ-47 석곽의 구조 및 유물출토상태

떼어버린 후에 부장시켰던 것으로 생각되었다.

　적갈색토기는 모두 완류盌類의 그릇과 뚜껑들로서 출토 당시 뚜껑이 제대로 덮여 있던 것은 한 조組도 없었지만 그릇과 뚜껑이 각각 6점씩 출토되었고 기질器質이나 크기로 보아 원래는 서로 조를 이루었던 것 같았다.

　주·부곽의 조사를 마치고 실시한 곽 주위에 대한 정리작업 중에 곽외의 서편과 북편의 두 군데에서 파수배把手杯가 1점씩 출토되었다. 서편에서의 출토지점은 곽 서벽 남단에서 20cm가량 떨어진 곳으로 높이로는 서벽의 중간 위치였으며 구연부口緣部가 북쪽을 향해 눕혀 있었다.

　북편에서 출토된 1점은 주곽의 동벽, 즉 주·부곽의 경계벽 북단에서 북서쪽으로 0.8m가량 떨어진 곳에서 출토되었는데 이것도 높이로는 북벽의 중간쯤 되었으며 구연부는 서향이었디. 이 곽외 유물들은 그 출토상태로 보아 석곽과 관련을 갖는 것들임이 분명하였으며 그렇다면 이것들은 석곽의 축조중에 별도로 어떤 특수한 의식이나 절차에 따라 부장된 것이 아닌가 생각되었다.

5. 출토유물

1) 주곽 출토유물

(1) 장경호 2점(도 III-49④)

동벽 가까이에서 출토된 2점의 장경호는 몸통의 모양과 크기가 서로 비슷하지만 1점은 대족이 그대로 남아있고 다른 1점도 원래는 유대호有臺壺였던 것이나 대족을 떼어버리고 원저호처럼 만들었다.

　둘 다 목에 두 줄의 가는 띠를 돌리고 어깨에는 한 줄의 희미한 띠를 돌렸다.

　유대호는 대족에 1단段 5공孔의 제형梯刑 투창透窓이 뚫리고 투창 밑에는 한 줄의 홈띠를 돌렸다. 무대호의 밑바닥에는 원래 6개의 투창이 뚫렸던 흔적이 남아 있었다. 2점 모두 어깨와 목 내벽에 소성燒成 시의 재 떨어진 흔적이 많이 남아 있으며 유대호가 보다 짙은 회색을 띠고 있다.

　　유대호 : 높이 20cm, 아가리 지름 10.8cm, 몸체 지름 13.5cm.

　　무대호 : 높이 16cm, 아가리 지름 11cm, 몸체 지름 13.2cm.

(2) 철제유자기 1점(도 Ⅲ-48①, 도 Ⅲ-49①)

한쪽으로 약간 굽은 신부身部의 양쪽에 모두 날이 서 있었던 것으로 보인다. 양날에는 각 두 군데에 짧고 예리한 가지가 봉부鋒部 쪽으로 돌출되었으며 봉부의 끝은 결실된 듯 뭉툭해져 있다. 신부身部의 한쪽 끝을 양쪽에서 두드려 접어 통형筒形의 대부袋部를 만들었다.

　　길이 18.4cm, 기부 폭 3.2cm.

(3) 철겸 1점(도 Ⅲ-48②, 도 Ⅲ-49②)

등이 구부러지고 내만內彎한 쪽에 날이 서있으며 봉부 끝을 날쪽으로 심하게 휘어서 흡사 역자逆刺 모양으로 만들었다. 기부基部의 끝을 U자 형으로 구부렸는데 여기에 목병木柄 등을 묶어 고착시켰던 것이 아닌가 생각된다.

　　길이 18.5cm, 기부 폭 2.8cm.

(4) 철정 1점(도 Ⅲ-59③)

곽 동편의 바닥 바로 왼쪽에서 출토되었으나 정확한 출토지점은 확인하지 못했다. 못 대가리는 반구형半球形으로 보이는데 표면부식이 심하다.

　　길이 4.5cm, 대가리 지름 0.8cm.

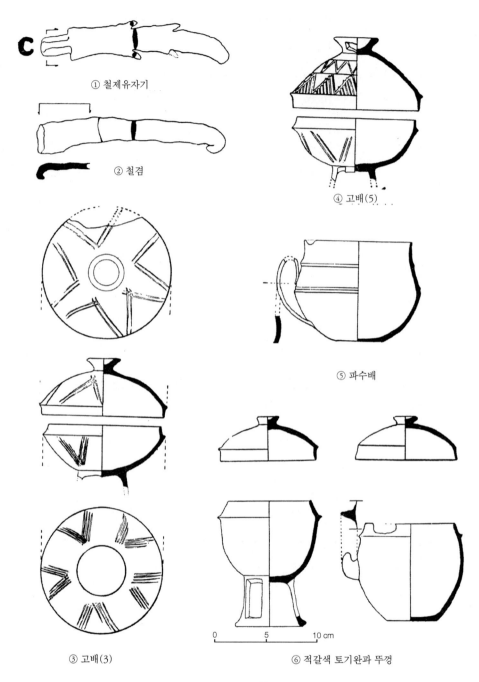

① 철제유자기

② 철겸

④ 고배(5)

⑤ 파수배

③ 고배(3)

⑥ 적갈색 토기완과 뚜껑

0   5   10 cm

도 Ⅲ-48 유물실측도

2) 부곽 출토유물

A. 회색경질토기

(1) 원저호 3점

ⓐ 부곽의 서북쪽 귀퉁이에 배치되었던 이 대호는 기표면에 시문施文은 없으나 동체와 경부의 경계에 가는 띠 한 줄이 돌아가고 구연에 이르러서는 거의 수평에 가깝게 외반外反되었다. 두툼해진 구연의 안쪽에도 가는 띠 한 줄을 돌렸다.

경부 내벽에 나타난 나선형의 침선沈線으로 보아 제작시의 회전방향이 좌선회, 즉 시계반대방향이었음 알 수 있었다.

높이 41.5cm, 아가리 지름 24m, 몸체 지름 36.8cm.

ⓑ 옅은 회색의 승석문토기繩蓆文土器로서 ⓐ의 바로 남쪽에 접해서 배치되어 있었다.

구형에 가까운 동체에 바닥은 편편하고 구연부는 외반되었다. 동체의 전면에 걸쳐 횡주하는 승석문이 시문되어 있으며 토기 내벽에도 승석문이 나타나 있지만 기표만큼 고르지 못하고 선도 보다 가늘다. 소성이 고르지 못했던지 표면 군데군데에 희끗희끗한 반점이 남아 있다.

높이 30cm, 아가리 지름 20cm, 몸체 지름 30.4cm(도 III-49⑤).

ⓒ 부곽의 밑바닥에서 출토된 완전 형태의 반이 채 못 되는 파편이지만 구연부의 일부와 바닥이 남아 있어 전체 형태의 추정이 가능하다. 종주승석문縱走繩蓆文이 전면에 시문되어 있으나 바닥에 이르면서 시문이 흐트러져 종횡으로 마구 두드린 듯한 흔적이 뚜렷하다. 구연은 몸통에서 곧장 짧게 외반하였다.

높이 7cm.

(2) 장경호 2점

ⓐ 남북으로 배치된 위의 원저호 ⓑ와 ⓒ 사이의 바로 서편에서 경계벽에 접하여 배치되어 있었다. 목에 3줄의 가는 띠를 돌렸을 뿐이며 몸통의 몇 군데에서 불규칙하게 돌아가는 침각선沈刻線은 제작시에 생긴 회전흔적으로 보인다. 대족부에

는 선이 고르지 못한 7개의 장방형투창이 뚫려 있다. 구연부가 파손되었는데 전체적으로 손질이 거친 조악품이다.

　높이 25cm, 아가리 지름 13cm, 몸체 지름 17.5cm.

　ⓑ는 ⓐ의 동쪽 맞은편에서 출토되었다. 목에는 상하로 각각 2줄, 1줄의 가는 띠가 돌아가고 각 띠의 밑에는 5줄로 이루어진 파형집선문波形集線文을 한 줄씩 돌렸다. 목과 몸통의 경계부와 복부腹部에도 각 한 줄의 띠를 돌렸는데 복부의 띠 밑으로도 한 줄의 파상집선문이 시문되어 있다. 대족에는 원래 7개의 투창이 뚫렸던 것으로 보이는데 결실된 상태로 보아 부장하기 전에 일부러 떼어낸 것임을 알 수가 있었다. 그릇의 상당부분이 파손되었지만 매우 정교하게 만들어졌던 것으로 보인다.

　높이(대족 제외) 30cm, 추정 아가리 지름 15cm, 복부 지름 23.4cm.

(3) 장경소호 1점

부곽의 바닥층에서 출토되었다. 구연부와 대족부가 파손되었는데 파손된 부분의 상태가 성연하고 특히 구연부에서는 여러 번 타정打整한 흔적이 뚜렷한 것으로 보아 이것도 의도적으로 파기된 것이 아닌가 생각된다. 지금 남아 있는 부분의 몸통과 목의 경계에, 몸통의 어깨에 각 한 줄의 가는 띠가 돌아가며 대족에는 원래 6개의 투창이 뚫렸던 것임을 알 수 있다.

　몸통 지름 13.5cm.

(4) 유개고배 6조組(도 III-48③④, 도 III-49⑥⑦)

뚜껑을 갖춘 이 6조의 고배는 부곽의 상층부와 하층부의 여기저기에서 출토되었다. 6조 가운데 2조는 무문無文이고 나머지 4조는 세부적인 장식만 조금씩 다를 뿐 화판花瓣을 도안화한 선각문線刻文 등 전체의 장식수법은 거의 비슷하다.

　화판문은 1줄, 2줄 또는 4줄의 단·복선으로 음각시켜 5판화문五瓣花文 또는 6판화문六瓣花文을 나타냈다. 판화문이 아닌 2점의 뚜껑중 하나는 X자를 밀착되게 음각하여 돌린 것이고 다른 하나는 2줄의 동심원을 그리고 상하 2구를 모두 '지그

재그'로 선각하였는데 그 중 하구는 삼각집선의 거치문대鋸齒文帶로 만들었다.

뚜껑 꼭지는 하나만 3개의 투창이 뚫린 대족형의 꼭지이고 나머지는 모두가 단추형 꼭지이다(별표 참조).

(5) 고배 6점분

이 가운데 3점은 대족만 떨어져 나간 완형으로 모두 무문이고 나머지 3점은 일부 또는 반파된 것들로 개부고배蓋附高杯에서와 같은 화판문으로 장식되어 있다. 하나는 2줄로 이루어진 8판문八瓣文, 다른 하나는 4줄로 이루어진 6판문六瓣文이며 나머지 하나도 화판문에서와 같은 선각의 흔적은 확실하지만 원형原形은 알 수가 없다. 이것도 일부 파손되었으나 2단 3공의 투창이 뚫린 대족을 갖춘 유일한 유개식 고배이다(별표 참조).

(6) 고배 뚜껑 2점

하나는 무문이고 다른 하나는 단선의 6판문이 정연하게 음각되어 있다. 2점 모두 단추형 꼭지가 달려 있다(별표 참조).

(7) 무개식고배(도 III-49⑧)

주발 모양의 움푹한 몸통 밑에 잘록한 대족이 붙어 있으나 기부에 이르러 넓게 벌어졌다. 대족의 아래쪽에 치우쳐 3개의 장방형 투창이 뚫렸으며 전면이 무문이다(별표 참조).

(8) 파수배 1점(도 III-49⑨의 오른쪽)

상층부의 동북 귀퉁이에서 출토되었다. 편구형扁球形의 몸통에 직립한 구연이 올라가고 바닥은 편편하다. 한쪽에 단면 원형의 이형耳形 손잡이가 달려 있고 어깨와 내부 바닥에 회유灰釉가 생겼지만 선각장식은 없다. 거의 완형으로 복원되었는데 구연부만이 가지런히 깨져 나갔다.

높이 10.3cm, 아가리 지름 9.4cm.

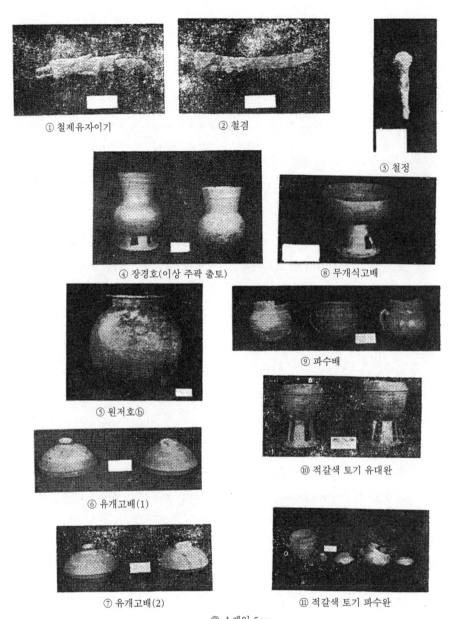

① 철제유자이기　　　② 철겸

③ 철정

④ 장경호(이상 주곽 출토)　　　⑧ 무개식고배

⑨ 파수배

⑤ 원저호ⓑ

⑩ 적갈색 토기 유대완

⑥ 유개고배(1)

⑦ 유개고배(2)　　　⑪ 적갈색 토기 파수완

◎ 스케일 5cm

도 III-49 출토유물

B. 적갈색 연질토기(도 III-48⑥, 도 III-49⑩⑪)

(1) 파수완把手盌 3점분

상층부 남쪽에서 대부분 파편으로 수습되었다. 1점만 거의 완형으로 복원되고 나머지는 파실이 많았지만 모두 3점분이었다. 기벽이 몹시 얇고 조질粗質이며 표면의 산화가 심했던 것으로 보인다. 3점 모두 기질器質과 형태가 비슷한데 구연이 내경하며 그 아래의 한쪽에 잎사귀 모양의 작은 손잡이가 달려 있다.

　　완형 1점의 높이 9.5cm, 아가리 지름 8.7cm.

(2) 유대완有臺盌 3점분

파수완과 동형의 그릇에 고배에서와 같은 대족이 달려 있다. 2점은 거의 완형이나 1점은 대족부의 위쪽 파편만 수습되었다. 대족에는 1단 4공의 위아래로 긴 장방형 투창이 뚫려 있다. 파수완에 비해 붉은빛이 짙고 기질도 훨씬 단단하다. 완형 2점의 크기가 약간 다르다.

　　소완小盌의 높이 12cm, 아가리 지름 7.8cm.

(3)뚜껑 6점분

완류盌類의 뚜껑들이지만 출토상태만으로 보아서는 확실한 제 짝으로 맞출 수 있었던 것은 하나도 없었다. 그러나 6점 가운데 각 3점씩이 형태가 조금씩 달라 대개 2종으로 구분할 수가 있을 것으로 판단되었다. 이 구분의 가장 결정적인 요소는 뚜껑 윗면과 구연부의 경계에 돌출한 턱으로 3점은 턱이 돌출하고 기질이 보다 단단한 데 비해 다른 3점은 턱이 없거나 극히 희미한 흔적만 남아 있을 뿐이며 기질도 더 거칠게 보인다. 크기는 모두 별 차이가 없어 아가리 지름은 9.3~10.2cm이고 단추형의 꼭지가 붙어 있다. 6점 모두 유대완과 같은 짙은 적갈색을 띠고 있다.

3) 곽외 출토유물

(1) 파수배 2점(도 III-49⑨의 왼쪽과 중앙)

곽외 서편과 북편에서 출토된 2점의 크기는 다르지만 전체적으로 구연이 직립하고 표면에 몇 줄의 띠를 돌려 장식한 수법 등은 같다. 서편 출토의 파수배는 지금은 파손되었지만 떨어진 자국으로 보아 부곽 출토의 것과 같이 단면 원형의 이형 耳形 손잡이가 달렸던 것으로 보인다. 이에 반해 북편에서 출토된 것은 그릇 한쪽에 넓적한 띠 모양의 이형 손잡이가 달려 있으며 앞의 것보다 짙은 회색을 띠고 있다.

서편 출토 배 : 높이 9.7cm, 아가리 지름 8.8cm.

북편 출토 배 : 높이 9.7cm, 아가리 지름 10.7cm.

출토 고배류 일람표

	구분	아가리 지름	시문	선	화판	꼭지	투공	*흡수율
유개고배(1)	그릇	11.4cm	화판문	2개	6개		3개	3.50%
	뚜껑	13	"	2	6	단추형		2.13
" (2)	그릇	11	"	4	6		3	7.70
	뚜껑	12.8	연X자문			"		3.87
" (3)	그릇	11	화판문	4	5		3	5.52
	뚜껑	12.2	"	2	5	"		3.94
" (4)	그릇	9.5	무문				4	1.96
	뚜껑	10.5	"			"		7.34
" (5)	그릇	11.2	화판문	2	6		3	4.44
	뚜껑	13	거치문			대족형		5.42
" (6)	그릇	10.2	무문				4	0
	뚜껑	11	"			단추형		7.14
고배(1)	그릇	11.7	화판문	4	6		3	6.13
" (2)	"	13(?)	"	2	8		4	9.88
" (3)	"	11(?)	무문				4	2.14
" (4)	"	10.7	"				3	7.0
" (5)	"	10	"				4	4.15
" (6)	"	(?)	화판문(?)	4	(?)		3	0.45
뚜껑(1)	뚜껑	12.5	"	1	6	"		7.35
" (2)	"	10.6	무문			"		0.44
무개식 고배	그릇	10.7	"				3	4.3

*흡수율 : 그릇을 물속에 16시간 동안 담근 뒤 증가된 차중差重을 건조상태에서의 무게로 나누어 백분율한 수치임

4. 고분의 성격

지금까지 인왕동의 한 신라 석곽분에 대한 구조와 출토유물을 설명하였지만 처음부터 그 일부가 교란된 상태였기 때문에 완전한 현상기록에 미흡한 점이 많았다고 생각한다. 끝으로 이 발굴을 통해 우리가 살필 수 있었던 몇 가지 상황을 요약·정리하는 것으로 이 고분의 성격을 대신하고자 한다.

1) 발굴과정에서 주위의 굴구掘溝를 통해 원 봉토의 잔존 여부를 살피려 했으나 개석 바로 윗부분에서까지 후대의 유물들이 출토된 상황 아래에서의 봉토 확인은 전혀 불가능하였다.

2) 구조에서 보았듯이 주곽의 벽석을 이룬 주재는 판석재였고 주·부곽 사이에는 1매 판석을 막아 경계벽으로 하였다. 이와 같은 판석재의 사용 예는 지금까지 우리가 보고서를 통해서 알 수 있는 것으로서는 미추왕릉 지구 제5구역 16호분이 그 유일한 예이다.[3]

3) 석곽의 방향은 정동~서로 장축을 두고 있었으며 유물의 배치상태와 일부 유골의 출토위치 등으로 보아 피장자의 두향頭向이 동침東枕이었음을 알 수 있었다.

4) 출토된 유물은 모두가 그 형태상 극히 단조롭고 신라고분에서 통상 자주 출토되는 형식의 것들이었다. 다만 토기 중 고배류에 가해진 장식은 대개 다판多瓣의 화문花文을 도안화한 것들이 주류를 이루는 점이 위 그릇의 의장意匠에서 특징적인 면이었다고 할 수 있겠다.

5) 또 토기류에서 볼 수 있었던 점으로 상당수의 그릇 일부가 원래 파손된 상태로 출토되었다. 이러한 파기破棄가 기능상 취해진 것인지 아니면 의례상 그렇게 했던 것인지 알 수 없는 일이지만 분명한 것은 의도적으로 그릇의 일부를 파기한 뒤 부장시켰던 점이다.

6) 석곽의 바깥쪽 북편과 서편에서는 각 1점씩의 파수배가 거의 같은 높이에서 출토되었다. 이것은 묘곽 축조 중 어떤 특별한 의식에 따라 묻은 부장물이 아닌

가 생각되었다.

　7) 토기류 중 그릇 표면에서 녹로흔轆轤痕을 살필 수 있었던 것들이 몇 개 있었는데 경질, 연질토기를 막론하고 모두 녹로회전이 좌선회左旋回, 즉 시계반대 방향으로 이루어졌음을 알 수 있었다.

　8) '출토유물'의 마지막에 제시한 일람표 가운데 흡수율은 고배류를 16시간 동안 물속에 담근 뒤 꺼내어 불어난 무게를 건조상태에서의 무게로 나누어 백분율한 수치이다. 이 수치는 소성온도에 따른 그릇의 경도와도 직접적인 상관관계를 갖는다는 판단에 따른 것이지만 이것은 어디까지나 실험적 결과에 불과한 것이다. 앞으로 자료가 증가하면 토기 제작기술의 발달과 연계한 새로운 이론 제시의 자료로 활용될 수 있으리라 기대한다.

추기 : 이 석곽분은 발굴을 끝낸 후 경주박물관으로 옮겨져 현재 고분관에 복원전시되고 있다. 발굴작업에서 마지막 정리에 이르기까지 도와준 정일동鄭日童 학예사에게 깊이 감사한다.

(『한국고고학보 2』, 한국고고학연구회, 1977)

주

1　1973~74년 중 미추왕릉 지구 일원에서 발굴된 고분은 모두 196기로 문화재관리국, 서울대학교를 비롯해서 모두 10개 조사단이 참가하여 지역별로 분담, 발굴하였다.
　a. 慶州史蹟管理事務所,『慶州地區古墳發掘調査報告書(第一輯)』, 1975.
　b. 嶺南大學校博物館,『皇南洞古墳發掘調査概報』, 1975.
2　1973. 7~8월에 단국대학교박물관에 의해 인왕동 752, 808 일대에서 적석목곽분積石木槨墳 2기가 발굴되었다. 보고서 미간.
3　慶州史蹟管理事務所, 앞 책(주 1a).

한국의 고대 궁시弓矢에 대하여

1. 머리말

인류의 출현과 함께 그들이 맨 처음 가공했던 연모는 생업에 필요한 사냥(狩獵)과 고기잡이(漁撈)에 필요한 도구였을 것이다. 식생활을 위한 사냥감의 획득을 위해서 초기의 구석기인들은 자연석 그대로의 팔맷돌을 던져 사냥을 했겠지만 차츰 인지가 발달하면서 자연석을 깨뜨려 만든 타제석기로 보다 능률적인 수렵생활을 영위했을 것으로 생각된다. 처음에는 창이나 작살과 같은 돌연모를 나무 자루에 묶어 가까운 거리의 사냥감을 포획하였으나 먼 거리에 있는 먹잇감을 사냥하기 위한 새로운 수렵구로서 활을 발명하게 되었던 것으로 보인다.

활은 수렵구로뿐 아니라 적과의 전쟁에서도 새로운 병기로 인류의 무기사武器史에 서 신기원을 이룩했다고 할 수 있다. 초기에 만들어진 활은 긴 나무막대에 끈을 매단 간단한 구조의 것으로 여기에 끝을 뾰족하게 깎은 나무화살을 재워 먼 거리에 있는 목표물을 쏘아 맞혔을 것으로 여겨진다. 그러다가 석기의 제작기술이 정교해지기 시작한 후기 구석기시대에 이르러 뗀돌살촉(打製石鏃)이나 뼈, 또는 뿔을 갈아 화살촉을 만들어 나무화살의 끝에 끼워 사용했던 것으로 보인다.

중석기시대에 이르러 석촉은 더욱 정교해지고 이후 신석기시대에 이르러서도 뗀돌살촉은 그대로 사용되었으며 대부분의 간돌살촉(磨製石鏃)은 신석기시대의 늦은 단계에 이르러서야 만들어진 것으로 보인다. 청동기시대에는 드물게나마 청동제의 화살촉이 제작되지만 그 사용은 특수 계층에 한정되었고 아직까지 간돌살촉이 널리 쓰였음을 알 수 있다.

활이나 화살은 나무로 만들어진 재질상의 취약성에 따라 오랜 시간이 흐르는 동안 땅 속에서 썩어 없어지기 때문에 우리가 고고학적 발굴을 통해서 얻을 수 있는 것은 대부분 돌살촉(石鏃)들이고 활이나 화살은 저습지低濕地 등 특수한 조건의 유구에서 극히 예외적으로만 출토되고 있다.

삼국시대에 이르러 철제살촉(鐵鏃)이 널리 보급되어 이 시기의 고분 발굴을 통해서 다양한 종류의 많은 화살촉이 수습되었고 활도 급속도로 개량되어 기능이 향상되면서 새로운 기능의 만궁彎弓이 출현하게 된다. 특히 고구려의 몇몇 고분벽화를 통해서 당시에 만들어진 활이나 화살의 모습과 함께 실제의 발사 자세 등을 살필 수가 있다. 또한 중국의 사서를 통해서 삼국시대 초기에 해당되는 시기에 이루어진 활쏘기와 관련된 기사에서 우리나라에서 이루어진 고대의 궁시에 관한 자료들을 접할 수가 있다.

근세에 이르러 화기火器가 보급되기까지 활은 수많은 외침에 대항하기 위한 우리 민족의 주된 무기로서 오랫동안 사용되면서 그 기능이 차츰 개량된 것으로 보인다.

2. 삼국시대 이전의 궁시

공주 석장리石壯里 유적[1]과 같은 한반도에서 확인된 구석기시대의 후기에 해당되는 유적으로부터 출토된 많은 잔석기(細石器) 가운데 뾰족날 연모(尖削器)의 일부는 화살촉일 가능성이 큰 것들이다. 통영 상노대도上老大島의 조개무지[2]와 같은 신석기시대의 유적에서는 흑요석黑曜石으로 만든 화살촉들이 나와 여기에서 수습한 사슴, 멧돼지나 바다짐승들의 뼈를 통해 당시 수렵활동의 실상을 살필 수가 있다.

이 밖에도 가까운 통영 연대도烟臺島[3]와 욕지도欲知島,[4] 부산 동삼동東三洞,[5] 양양 오산리鰲山里[6] 제주 고산리高山里[7] 등 신석기시대의 중요한 유적에서는 많은 뗀돌살촉이 출토되어 이 시기에는 활의 사용이 그들의 일상생활에 보편화되었음을 알 수 있다.

이때 살촉의 제작기법은 몸돌에서 길쭉하게 격지를 떼어낸 후 눌러떼기와 다듬기의 2차 가공을 거쳐 완성된 뗀돌살촉이 만들어진다. 화살촉을 만드는 재료로는 이른 시기에는 흑요석이나 '플린트(flint, 燧石)' 등이 주로 쓰였지만 뒤에는 점판암粘板岩 같은 무르지만 가공이 쉬운 재질의 돌이 사용되었다.

뗀돌살촉은 그 형태에 따라 슴베가 달린 유경식有莖式과 그렇지 않은 무경식無莖式으로 구분되는데 이는 화살대에 꽂는 긴착緊着의 정도와 관련 있을 것으로 보인다.

청동기시대에 이르면 지금까지의 뗀돌살촉의 단계에서 벗어나 간돌살촉이 만들어지면서 보다 예리하고 능률적인 사냥이 가능했을 것으로 여겨진다. 재료도 앞서 뗀돌살촉에 비해 훨씬 다양해져 점판암과 함께 혈암頁岩, 이암泥岩, 편암片岩 등이 쓰이게 된다.

간돌살촉도 그 형식에 따라 크게 유경식과 무경식으로 분류되는데 유경식은 다시 일단경식一段莖式과 이단경식二段莖式, 세장경식細長莖式 등으로, 무경식은 삼각촉三角鏃과 삼각만입촉三角彎入鏃, 쌍각촉雙脚鏃으로 구분할 수 있다. 이 밖에 유경식과 무경식의 중간형식으로 긴 마름모꼴의 장능형長菱形과 양변이 밋밋해진 유엽형柳葉形이 있는데 이것들은 시기적으로, 혹은 지역적 분포상으로 각기 나름대로의 특성을 갖추며 나타나고 있다.[8] 이 다양한 돌살촉들 가운데 가장 일반화된 형식은 일단경식으로 신석기시대부터 나타나기 시작하여 청동기시대의 전 기간을 거쳐 기원 전후에 이르기까지 가장 오랜 기간에 걸쳐 거의 전국적인 분포를 보이며 나타난다.

처음 사냥용으로 출현한 돌살촉은 전투용으로 쓰이면서 차츰 형식과 기능이 다양해지며 그 출토 수량도 급증해 갔음을 알 수가 있다. 금속기가 처음 출현한 청동기시대에 이르러 청동제의 화살촉이 등장하는데 이것들은 대개 슴베와 미늘逆刺을 갖춘 것들이 대부분이다. 그러나 재료의 희귀성과 기능성의 한계에 따라 그 출토 예는 극히 드물고 늦은 청동기시대까지도 돌살촉이 계속 만들어지고 있음을 알 수 있다.

이렇듯 청동기시대의 다양한 형식과 많은 살촉의 출토에도 불구하고 실물로서의 활은 출토된 바가 없고 다만 2005년 봄, 춘천 천전리泉田里의 한 집자리(A지역 47호)에서 돌살촉이 부착된 싸리나무로 다듬어 만들어진 11점의 화살이 불에 탄 상태로 고스란히 출토되었다.[9] 남은 길이 35~40cm, 지름 0.5cm의 이 화살을 통해 싸리나무가 화살대의 호재好材로 쓰였음을 알 수 있다.

선사시대 우리 민족의 활과 화살에 관한 자료는 발굴조사를 통한 고고학적 유물을 통해서 얻을 수 있지만 이후 역사시대에 이르러서도 활은 창이나 칼과 함께 중요한 무기의 하나로서 개량을 거듭해 온 것으로 보인다.

우리나라에서 이루어진 고고학적 발굴을 통해서 얻어진 실물로서의 활의 존재는 원삼국시대에 이르러서야 비로소 확인되고 있다. 지금까지 활이 출토된 유적은 창원 다호리茶戶里 1호 널무덤(木棺墓)[10]과 광주 신창동新昌洞의 저습지 유적[11]이 그 전부라고 할 수 있다. 모두 국립박물관에 의해 발굴이 이루어진 서력기원 전후의 원삼국시대에 해당되는 이 유적들에서 출토된 활은 나무를 깎아 만든 직궁直弓들이다.

다호리 1호 무덤에서 출토된 2개의 활은 모두 횡단면이 반월형半月形, 혹은 장방형으로표면에 옻칠을 하였는데 활 중간 줌통 부위는 단면이 방형을 이루면서 약간 잘록해졌다. 활과 함께 7~8점의 화살이 수습되었는데 살촉 없이 나무를 깎아 만든 옻칠한 살대만 나왔다.

신창동에서 출토된 6점의 활은 나뭇가지를 이용하여 만든 직궁으로 활의 양쪽 끝에 시위를 걸어 매기 위한 홈이 파여 있다.

실물로서 출토된 활의 존재가 매우 드문 데 비해 서력기원 직후 한반도의 생활 실태를 기록한 중국의 사서를 통해서 당시 활의 존재를 살필 수가 있다. 우리나라의 삼국시대 초기에 해당되는 서기 1~3세기의 한韓민족에 관한 최초의 기록이라고 할 수 있는 『삼국지三國志』「위지 동이전魏志 東夷傳」 가운데 '읍루挹婁'조에서 활과 화살에 관한 비교적 상세한 자료를 접할 수가 있다.[12]

여기에서는 그 모양과 재질에 대해 "활의 길이는 넉자이며 그 위력은 쇠뇌(석궁)와 같다. 화살로는 싸리나무를 썼는데 길이는 한자 여덟 치이고 청석으로 화살촉을 만들었다(其弓長四尺 力如弩 矢用楛 長尺八寸 靑石爲鏃)"고 적고 있다. 또 "활을 잘 쏘아 사람을 쏘면 어김없이 명중시킨다. 화살에는 독약을 바르기 때문에 사람이 맞으면 모두 죽는다(善射 射人皆人 矢施毒 人中皆死)"고 하였다. 이어서 "이웃 나라 사람들이 그들의 활과 화살을 두려워하여 끝내 굴복시키지 못 하였다(鄰國人 畏其弓矢 卒不能服也)"고 하여 활과 화살의 기능과 효율성에 대해 적고 있다.

한편 기원전 2세기 말부터 4세기 초까지 약 400여 년에 걸쳐 한반도에 주둔했던 한사군漢四郡시대의 활로는 낙랑의 쇠뇌(弩)가 주종을 이루는데 지금까지 주로 평양 부근의 유적에서 출토되고 있다. 나무로 만들어진 쇠뇌의 몸체와 살은 남아 있지 않고 쇠로 만든 발사장치(牙)만 남아 이것들이 주로 한대漢代의 것들임을 보여주고 있다.[13]

3. 삼국시대의 궁시

삼국시대의 활과 화살이 실물로서 출토된 예는 나무나 뼈, 뿔 등으로 만들어진 재질의 성격상 남아 있는 경우가 매우 드물고 활과 관련된 자료로 우리가 접할 수 있는 것들은 대부분 철제의 화살촉들이다. 활과 화살에 관해서는 오히려 고구려의 고분벽화를 통해서 그 자세한 실상을 접할 수가 있다.

고분벽화 가운데에서는 중국 길림성의 집안集安에 있는 무용총舞踊塚[14]과 각저총角抵塚,[15] 장천동長川洞 1호 무덤[16]과 황해도 안악安岳 무덤[17] 등의 수렵도狩獵圖

등을 통해서 활과 화살의 모습을 확인할 수 있다.

무용총의 서벽에 그려진 수렵도에는 사냥개(獵犬)까지 동원하여 사슴과 호랑이를 쫓는 기사騎士들의 모습이 사실적으로 묘사되어 있다. 여기에서는 활, 화살과 함께 화살통(箭筒)까지도 구체적으로 그려져 있어 당시 궁시구弓矢具의 연구에 매우 귀중한 자료를 제공해 주고 있다. 특히 화살은 모두 살상용이 아닌 신호용의 소리 화살(鳴鏑)로서 수렵의 상징성을 나타낸 것으로 생각된다.

각저총의 주실主室 북벽에 그려진 남자 주인공의 등 뒤에 그려진 탁자 위에 재워진 활과 화살이 놓여 출정 직전의 주인공 모습과 함께 일상생활에서 차지하는 궁시의 비중을 보여주고 있다.

장천동 1호 무덤의 앞방(前室) 왼쪽 벽에는 달아나는 멧돼지와 고라니, 이것을 쫓는 기마무사들이 활시위를 당기는 순간적 팽팽한 긴장감이 마치 동화動畫의 한 장면을 보는 듯한 실감을 자아내도록 세련되고 가는 필선으로 그려져 있다.

이 벽화들을 통해 고구려의 활들은 만궁彎弓에 속하는 단궁短弓들로 활고자가 모두 밖으로 크게 휘었으며 특히 무용총 벽화에 그려진 활채는 다섯 절로 이뤄졌는데 절 사이의 마디가 무엇인가로 묶여 있어 매우 강인한 모습을 보여주고 있다.

고구려 활에 관한 기록으로는 맥궁貊弓, 단궁檀弓, 경궁勁弓, 각궁角弓, 만궁彎弓 등으로 표현되어 활의 재질과 특징, 형태 등을 표현하는 함축적인 용어로 쓰였음을 알 수 있다.

백제의 활로서 실물은 나주 신촌리新村里 9호 무덤 을乙호 옹관甕棺[18]이 있고 신라의 활로는 경주 금관총金冠塚[19]에서 활고자(弓弭)가 출토되었다. 한편 가야의 활로는 양산梁山의 부부총夫婦塚[20]에서 흑칠黑漆한 활과 골제骨製의 소리살촉(鳴鏑)이 나왔는데 경주 황오리 4호 무덤[21]에서도 청동제의 소리살촉이 출토되었다.

이와 같이 실물로서의 활이 매우 드문 데 비해 화살촉은 고분의 발굴을 통해서 비교적 다양한 형식의 출토 예를 접할 수 있다. 지역별로 나름대로의 독특한 형식들이 나오고 있으나 크게 살상용殺傷用과 비살상용非殺傷用으로 구분할 수 있다.

이 가운데 살상용은 살촉의 형태에 따라 끝이 넓적한 끌모양(鑿頭形), 칼날모양(刀身形), 버들잎모양(柳葉形), 양날개모양(兩翼形), 세모꼴(三角形), 마름모꼴(菱

形) 등으로 구분할 수 있다. 비살상용으로는 세날개 살촉(三翼鏃)과 소리살촉(鳴鏑)으로 구분되는데 전자는 화전용火箭用으로, 후자는 효시嚆矢와 같은 신호용으로 쓰인 것으로 생각된다.

낙랑 유적에서 출토된 쇠뇌가 삼국시대에 이르러서는 실물로서의 출토 예는 없지만 『삼국사기』의 「신라본기」 '진흥왕 19년조'에 "쇠뇌를 제작하여 임금께 바쳤다(奈麻身得 作砲弩上之 置之城上)"는 기록으로 보아 신라에서도 이를 제작·사용하였음을 알 수 있다. 한편 『성호사설 유선(星湖僿說類選 卷五下)』에는 안시성에서 "쇠뇌의 살이 천 보를 날아가 고구려를 침략해 온 당 태종이 이 화살에 맞아 애꾸눈이 되었다(本弩千步唐太宗東征爲流矢所中目)"는 기록으로 보아 삼국시대에 쇠뇌의 존재 가능성을 살필 수가 있다.

4. 맺음말

후기 구석기시대에 사냥도구로서의 처음 만들어진 활은 신석기시대와 청동기시대를 거쳐 역사시대에 이르면서 검이나 창과 함께 우리 민족의 주된 무기로 사용되어 왔다. 삼국시대의 활은 실물로서보다는 고분벽화와 기록과 함께 그 실상을 자세히 살필 수 있으며 이 시대의 고분발굴에서 수습된 많은 종류의 화살촉을 통해 당시 무구류(武具類)에서 차지하는 활의 비중을 알 수가 있다.

따라서 지금까지 우리에게 전하는 활의 구조와 기능은 이미 고구려 벽화에서 보이는 바와 같이 삼국시대에 정착되었고 이후 왕조가 바뀌면서도 작은 변화와 개량을 거쳐 오늘의 '국궁國弓'에 이르고 있음을 알 수가 있다. 오늘날까지 우리의 전통적 기상이 서려 맥을 이어 온 활에 대한 무형의 문화재로서의 기능과 정신적 전수가 한데 어우러져 온 민족이 즐기면서 이어가는 고유의 무예武藝로서 정착되어 가길 바란다.

(『2007 세계민족궁대축전 - 세계 전통활쏘기의 현황과 과제』, 국궁문화연구회, 2007)

주

1   손보기, 『석장리 선사유적』, 동아출판사, 1993.

2   장호수, 「상노대도 유적의 석기」, 『孫寶基博士停年紀念 考古人類學論叢』, 1988.

3   國立晉州博物館, 『煙臺島(I) – 박물관유적조사보고서 제8책』, 1993.

4   國立晉州博物館, 『欲知島 – 박물관유적조사보고서 제3책』, 1989.

5   國立中央博物館, 『東三洞貝塚, 本文, 圖面·寫眞 I~IV』, 2002~2005.

6   서울大學校博物館, 『鰲山里遺蹟 I·II·III』, 1984·1985·1988.

7   濟州大學校博物館, 『濟州高山里遺蹟』, 1998.

8   崔盛洛, 「韓國磨製石鏃의 考察」, 『韓國考古學報 12』, 韓國考古學硏究會, 1982.

9   江原文化財硏究所, 『泉田里 – A지역』, 2008.

10 李健茂 外, 「義倉 茶戶里遺蹟 發掘進展報告 I·II·III」, 『考古學誌 1·3·5』, 韓國考古美術硏究所, 1989~93.

11 趙現鐘 外, 『光州 新昌洞 低濕地 遺蹟 II』, 國立光州博物館, 2001.

12 國史編纂委員會, 「三國志 魏書 東夷傳」, 『국역 中國正史朝鮮傳』, 1986.

13 梅原末治·藤田亮策, 『朝鮮古文化綜鑑 第2卷』, 1948.

14 池內宏·梅原末治, 『通溝(下)』, 日滿文化協會, 1940.

15 池內宏·梅原末治, 위 책(주14).

16 吉林省文物工作隊, 集安長川一號壁畵墓, 『東北考古與歷史』, 文物出版社, 1982.

17 고고학 및 민속학연구소, 『안악 제1호 및 제2호 발굴보고』, 과학원출판사, 1960.

18 國立文化財硏究所, 『羅州 新村里 9號墳』, 2001.

19 濱田耕作·梅原末治, 「慶州金冠塚と其遺寶, 圖版下冊」, 『古蹟調査特別報告 第3冊』, 朝鮮總督府, 1927.

20 馬場是一郞·小川敬吉, 「梁山夫婦塚と其遺物 – 本文」, 『古蹟調査特別報告 第5冊』, 朝鮮總督府, 1927.

21 洪思俊·金正基·朴日薰, 『皇吾里4·5號古墳 皇南里破壞古墳 發掘調査報告』, 國立博物館, 1964.

부록

Dolmens d'Extrême-Orient

1. La Construction Mégalithique

Comme dans toutes les régions du monde où ont été construits des mégalithes, on observe en Extrême-Orient la présence de carrières près des monuments.

En Corée, la vallée d'Odok-ni, Yontan, où une centaine de dolmens se regroupent en cinq petits ensembles, renferme trois carrières dans sa partie nord. Dans le groupe de Mukbang-ni, Gaechon, une carrière se trouve à 0.5 km du groupe.

Le dolmen de Vinja-ling, Liaoning, se situe près d'une grande carrière de granite, une des carrières les plus renommées en Mandchourie.

De même, au Japon, les dolmens du groupe de Kazémitaké, Nagasaki, sont construits en dalles de dolérite extraites du pied de la colline où la dolérite affleure.

Dolmen du type nord.
Bugun-ni, Ganghwa-do,
province du Gyong-ki. H.
2,6 m.

Les creux rectangulaires observés surtout sur le bloc de couverture sont considérés comme des traces de l'extraction. A la surface de la couverture en porphyre du dolmen n° 1 de Bosan-ni, Naju, une trentaine de traces de l'extraction ont été recensées. Les traces mesurent de 10 à 20 cm de long et de 5 à 15 cm de large.

Pour le transport des mégalithes en Corée, quelques hypothèses ont été émises d'après les méthodes traditionnelles : transport des pierres par des cordes attachées à des joures en bois supportés par des hommes ; utilisation de leviers ; traction par cordes de blocs sur rouleaux et tansport par radeaux.

Il semble que les seuls instruments aient été l'outillage primitif. Tous les travaux étaient accomplis de main d'homme. Si les dalles levées présentent, surtout pour les dolmens du type nord, une difficulté au levage, ce sont les dalles ou les blocs de couverture qui posent le plus de difficulté.

Dans les dolmens du type sud, il suffit que la couverture soit posée sur la partie supérieure du coffre ou de la sépulture. Pour les dolmens du type nord, la construction s'accompagne de difficultés supérieures. Une fois construite la chambre en dalles levées, une dalle devait être posée pour la couvrir.

Dolmen du type sud.
Sanggap-ni, Kochang,
province du Jolla du Nord.

Les couvertures varient en grandeur selon les types et les régions. Elles pèsent généralement d'une à dix tonnes. Mais on peut souvent rencontrer des couvertures qui atteignent plusieurs dizaines de tonnes, rarement plus de cent tonnes, sauf exception, comme le bloc d'un dolmen du groupe Sanggap-ni, Gochang, dont le poid estimé est d'à peu près 170 tonnes.

En comparaison, les dolmens du Japon possèdent une dalle ou un bloc de couverture relativement plus petit q'en Corée. Dans le groupe de Kazémitaké, Nagasaki, trente et une dalles de couverture ont été pesées; la plus grande atteint 6321 kg et la plus petit 451 kg, ce qui fait une moyenne de 2043 kg.

2. Une mobilisation humaine considérable

Le problème de la construction mégalithique est directement lié au type de population et à la structure de la société. Le nombre de personnes nécessaires pour la construction mégalithique a été estimé par certains archéologues entre 200 à 500 suivant le poid des dalles, ce qui a été démontré par quelques expériences menées à Glamorgan au Pays de Galles, à Bougon dan les Deux-Sèvres, France, ou à La Venta au Mexique.

Pour mobiliser 200 à 500 actifs en supposant qu'ils aient constitué 20 % de l'effectif, on peut penser que la population de la société devait être au moin de 1000 à 2500 habitants.

Si l'on se remémore schématiquement la situation démographique de la Corée à cette époque-là d'après quelques textes historiques, les dynasties "Trois Han"(ca.0~250 ap.J.-C.) qui occupaient la partie méridionale de la péninsule coréenne, étaient réparties en au moins soixante-dix huit communautés comportant au total 550000 foyers; la communauté de base ne comprenait que 600 à 700 foyers. Selon la situation démographique, on peut supposer que presque tous les habitants du groupe devaient participer au travaux d'un grand dolmen.

La construction mégalithique peut donc manifester une disponibilité latente des groupes voisins, soit lignée, soit tribus dont la coopération était possible.

3. Sépultures familiales ou individuelles

On n'a trouvé aucune trace d'enterrement collectif dans les dolmens d'Extrême-Orient. On ne peut penser qu'à une sépulture familiale ou celle de parents en ligne directe en cas de sépultures multiples dans un blocage.

Si les dolmens étaient des sépultures individuelles, il semble qu'ils n'aient pu être construits pour tous les morts de cette époque-là et qu'on y a inhumé des personnes de classes privilégiées et leur famille d'après l'importance des travaux. De cette situation on peut naturellement déduire une hiérarchie sociale. La différence de classe sociale peut se manifester

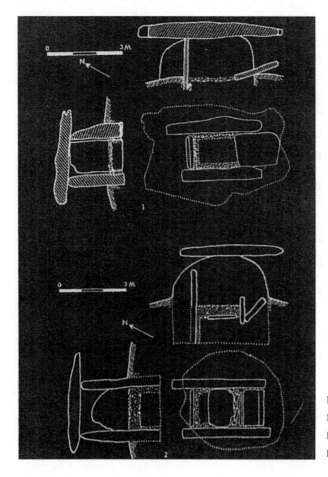

Dolmens du type nord.
N° 4 de Songshin-dong,
Hwangju, province du
Hwangshae.

dans la dimension des dolmens et dans la quantité du mobilier.

Dans le groupe de Daebong-dong, Daegu, certains dolmens qui possèdent une couverture relativement grande et un blocage étendu sont considérés comme ceux des personnages influents. Dans les autres groupes, on peut souvent rencontrer quelques dolmens énormes comparativement aux autres dolmens d'une même unité.

4. L'inhumation des morts

On ne trouve que très rarement les squelettes dans les dolmens d'Extrême-Orient. Mais on peut dire qu'un dolmen contient normalement un défunt dans une chambre, un coffre ou une fosse.

Dans les dolmens du type nord, on peut supposer la possibilité d'enterrement collectif du fait de la construction comportant une dalle debout qui pourrait être facilement couverte. Mais dans le dolmen n° 5 de Daepyong-ni, Bukchang, et celui de Quoi-tong-quen, Liaoning, on n'a trouvé qu'un squelette.

Dans les dolmens du type sud, il ne semble pas être possible d'enterrer à plusieurs reprises, la partie sépulcrale étant toujours couverte d'une dalle lourde. On a effectivement trouvé un squelette dans quelques coffres.

Les dolmens manifestent des tailles très variées. Pour coucher un adulte à plat, l'espace de l'inhumation doit avoir 1,60 m de longueur au moins. Mais de nombreux dolmens n'atteignent pas cette dimension. On peut donc présumer une coutume plus fréquente d'inhumation en flexion. Mais quelques dolmens possèdent une chambre ou un coffre très étroit, caractéristique d'une inhumation en flexion même pour les enfants.

La chambre du dolmen A d'Oksok-ni, Paju, mesure 0,50 m de long, 0,35 m de large et de hauteur. Deux coffres du dolmens A du groupe de Chonjon-ni, Chunchon, ne mesurent que 0,41 m sur 0,25 m et 0,45 m sur 0,22 m. Avec un espace aussi étroit, on ne peut présumer l'inhumation d'un corps mais une inhumation secondaire.

L'inhumation des squelettes semble être une coutume très fréquente depuis l'époque la plus reculée. Pour ce type de sépulture, après avoir

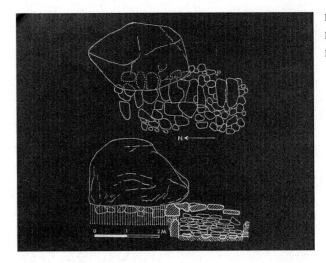

Dolmen du type sud.
N° 1 de la zone V de
Daebong-dong, Daegu.

laissé le cadavre se décomposer à l'air libre ou dans la terre pendant une durée déterminée, on rassemble les ossements dans le coffre ou dans une urne. Cette coutume était fréquente jusqu'à ces dernières années surtout dans les régions maritimes de l'ExtrêmeOrient comme à Taïwan, à Okinawa et dans les Îles méridionales de la Corée.

Dans les dolmens de la Corée et de la Chine du Nord-Est, le mobilier est, en principe, découvert dans la chambre ou le coffre. Mais dans les dolmens du Japon, la majorité du mobilier est plus souvent trouvé à L'extérieur, surtout au-dessus du coffre ou de la fosse qu'à l'intérieur. Cela indique une différence dans le culte des morts suivant les régions.

En Corée et en Chine du Nord-Est, le mobilier semble être offert au moment de l'enterrement des morts. Mais au Japon on peut supposer que les mobiliers étaient offerts juste avant ou après la pose de la couverture.

5. Une orientation symbolique

En Extrême-Orient la recherche d'une orientation symbolique était un élément indispensable à la disposition des sépultures, à l'emplacement des bâtiments et des temples. On décèlera là une constante dans la construction de toute les sépultures avec quelques variations selon les périodes et les régions depuis la Préhistoire.

L'observation des quatre points cardinaux, mais aussi la situation de la montagne, de la direction du fleuve et de la rivière dominent également l'orientation des sépultures. En ce qui concerne les dolmens, la disposition semble davantage fonction du terrain que de l'alignement sur quatre points cardinaux.

6. Les dolmens de la Corée

L'alignement des dolmens de la Corée correspond souvent à la direction des chaînes de montagnes ou des fleuves. Dans ce cas, les dolmens possèdent généralement le même axe que la direction du groupe.

En Corée du Nord, dans le groupe de Dumu-ri, Yontan, une centaine de dolmens s'alignent en une ou deux files de l'est vers l'ouest le long de la rivière Hwangju. Parmi eux, les neuf dolmens fouillés possèdent leur chambre dans l'axe est-ouest. Huit dolmens du groupe de Kindong, Hwangju, se trouvent en files du sud vers le nord dans la vallée du nord-ouest du Mont Jongbang. Parmi eux les cinq dolmens fouillés ont été

Groupe de dolmens,
Sanggap-ni, Kochang,
province du Jolla du Nord.

aménagés selon l'axe sud-nord.

En Corée centrale, dans le groupe d'Oksok-ni, Paju, quatre dolmens sur six fouillés ont été construits dans l'axe sud-nord qui correspond à la direction d'une rivière mais deux autres sont dans l'axe est-ouest suivant la direction de l'arête de la colline.

Une dizaine de dolmens du groupe de Chonjon-ni, Chunchon, s'alignent de l'est vers l'ouest le long de la rivière Soyang. Tous les dolmens fouillés ont également été aménagés selon l'axe est-ouest.

En Corée du Sud, les dolmens du groupe de Hwangsok-ni, Jaewon, occupent un emplacement ressemblant à celui du groupe de Chonjon-ni. Une vingtaine de dolmens se groupent en deux files de l'est vers l'ouest au long du fleuve Han du Sud. Tous les dolmens qui possèdent un coffre évident ont été construits selon l'axe est-ouest. Dans le coffre du dolmen n° 13, on a trouvé un squelette, tête tournée vers l'est.

A Daebong-dong, Daegu, six petits groupes s'alignent du sud vers le nord et trois ou quatre dolmens forment un petit groupe. Un kilomètre à l'est du groupe, la rivière Susong coule du sud vers le nord. Sur une quinzaine de dolmens fouillés, tous les coffres ont été aménagés selon l'axe sud-nord sauf deux coffres axés est-ouest.

Le groupe de Sanggap-ni, Kochang, correspond à la direction de la

Dolmen de la Chine. N°
2 de Cou-chou-che,
Liaoning.

chaîne de montagne. Quatre centaines de dolmens se groupent de l'est
vers l'ouest sur 2.5 km dans la vallée de mont Mae. La plupart des dolmens
recensés lors de la fouille ont été construits dans l'axe est-ouest.

Il y a cependant une variation de l'orientation dans un même groupe.
Les dolmens du type sud dans le groupe de Mukbang-ni, Gaechon, se
trouvent dans la vallée de l'est du mont Gachi. Une vingtaine de dolmens
fouillés manifestent une orientation différente pour la position du coffre.
L'axe des coffres souterrains est est-ouest et pour les coffres exhaussés, il
est sud-nord.

7. Les dolmens de la Chine du Nord-Est

Concernant l'orientation des dolmens de la Chine du Nord-Est on n'a
que des matériaux très limités. De plus, il est difficile de distinguer leur
axe principal, leur plan étant fréquemment carré. La corrélation entre
l'orientation des dolmens et la situation topographique est donc très ob-
scure.

On ne peut consulter que quelques matériaux sur l'orientation. Sur sept dolmens recensés en Mandchourie(deux dolmens à Pou-lan-din, un à Vinja-ling, à Che-pin-shan et à Fing-sei et deux à Cou-chou-che), une dalle debout sur quatre s'oriente vers le nord magnétique dans quatre dolmens et les trois autres dolmens sont orientés de 4°, 18° et 39° de l'ouest vers le nord.

A cette époque(vers 1930's ?), en Mandchourie, le nord magnétique a été dévié de 5° vers l'ouest du nord géographique. On peut donc dire que, pour tous les dolmens recensés en Mandchourie, il y a un décalage du nord vers l'ouest.

8. Les dolmens du Japon

Il est difficile de définir la caractère générale de l'orientation des dolmens du Japon. Elle ne s'appuie ni sur les quatre points cardinaux, ni sur la direction du fleuve ou de la chaîne de montagnes. Il semble qu'elle tienne plutôt compte de la situation géomorphologique autour du site choisi.

La plupart des dolmens du Japon ont été construits sur une colline ou un plateau. Pour sauvegarder le coffre ou la fosse avec la dalle de couverture sur la pente, la construction devait être effectuée en fonction de la situation.

Dans le groupe de Hayamaziri, Saga, cinq dolmens s'alignent du nord-est au sud-est sur la pente d'une colline de 20 m d'altitude. Toutes les fosses des dolmens possèdent leur axe longitudinal suivant la courbe de niveau.

Dans le groupe d'Ogawauchi, Nagasaki, dix dolmens sont groupés sur un espace étroit de 8 m sur 5 à l'extrémité d'une colline. Ils ont été construits selon des opérations divergentes. Mais il semble que tous les coffres aient été aménagés d'après l'axe longitidunal suivant la courbe de niveau. Cette tendance très remarquable s'observe dans les coffres de l'île Tsushima.

9. Orientation de la tête du mort

Dans les dolmens de l'Extrême-Orient on a trouvé quelques squelettes. Mais il y en a si peu qu'on n'a pu que rarement établir l'orientation. Dans certains dolmens, on peut supposer l'orientation de la tête selon la position de quelques éléments de mobiliers comme les oreillers de pierre et les poignards dont la direction du manche peut correspondre à celle de la tête.

Si la disposition des dolmens correspond plutôt à la configuration du terrain, il semble que la conception des quatre points cardinaux influe sur l'orientation de la tête. Dans les sépultures préhistoriques de Corée, même dans les dolmens, les têtes sont souvent à l'est ou au sud, mais l'est représente la tendance dominante.

On a trouvé des squelettes qui sont précisément orientés à l'est dans le dolmen n° 13 de Hwangsok-ni et celui du n° 5 de Daepyong-ni, Bukchang. Dans quelques dolmens du groupe de Daebong-dong et le dolmen de Mugye-ri, Kimhae, l'orientation à l'est a pu être établie selon la position du mobilier. Les dolmens n°1 et 2 de Kota, Fukuoka au Japon présentent

Dolmen du Japon. N° 6 de Fukantake, Nagasaki.

également une orientation à l'est.

La plupart des dolmens du groupe de Daebong-dong disposés selon l'axe sud-nord sont considérés comme appartenant à la catégorie à l'orientation sud. Dans le dolmen n° 1 d'Orari, Jéju, on a trouvé un oreiller de pierre dans la partie sud de la chambre.

Exception aux orientations dominantes, le dolmen n° 4 de Hayamaziri est vraisemblablement orienté à l'ouest de même que le n° 1 de Bosan-ni au nord.

10. Réutilisation

On peut également émettre des remarques sur la réutilisation des mégalithes par la postérité à la période historique. Les dolmens, surtout la chambre, ont été réutilisés pour inhumation ou comme emplacement de culte.

Menhir. Banam-ni, Kochang, province du Jolla du Nord. H.
2,1 m.

En Corée, la chambre du dolmen n° 2 du groupe de Chonjon-ni a été
réutilisée dans la période de la dynastie de Silla unifié(ca.650 à918 ap.J.-
C.). Dans le dolmen A du groupe de Sanggap-ni, un coffre de la période
tardive des dynasties des Trois Royaumes(Ier s. au VIIe s. ap.J.-C.) a été
aménagé dans une partie du dolmen.

Le dolmen de l'île Yongjong, Inchon, a reservi à une période plus ré-
cente. On y a trouvé des porcelaines et des poteries qui correspondent
à la dynastie Koryo(918~1392). Deux datations par le radiocarbone ont
été obtenues sur des échantillons provenant du dolmen. Des charbons,
prélevés dans la chambre, ont donné des dates de la période moyenne:

1070±110 AD et 1230±100 AD.

Au Japon, quelques dalles de couverture des dolmens de Sakogashira, Saga, ont été réutilisées pour la construction d'une tombe de la première période d'époque Kofun(IVe s.~VIIe s. ap.J.-C.).

En Mandchourie, les chambres des dolmens de Vinja-ling et de Che-pin-shan furent utilisées tardivement comme oratoire pour la vénération des tablettes des ancêtres.

Les menhirs ont été également métamorphosés en statues religieuses ou en stèles. Le menhir du village de Gajwadong, Gaepung, a été trans-formé en statue de Maïtreya. A Namsan-ni, Yongbyon, sur le menhir de 3,45 m de hauteur, une inscription a été gravée qui dit que le menhir a été dressé au commencement du monde dans cette région-là.

La grande stèle renommée, dressée en 414 ap.J.-C., du grand roi Gwanggaeto de la dynastie Koguryo mesurant 6,20 m de hauteur et 1,50 m à 2 m de largeur, est présumée avoir été un menhir. Sur les menhirs de Shi-zhu-zi, Liaoning, et de Taïishi, Saga, on a trouvé des inscriptions gravées par la postérité.

(Fiche supplément du N° 304 d' *ARCHÉOLOGIA*, Paris, septembre 1994)

BIBLIOGRAPHIE

-Ji, Gon-gil, Le mégalithisme d'Extrême-Orient, typologie, chronologie, originalité par rapport au mégalithisme occidental, Université de Rennes, France, 1981.

-Kim, C.W. et Yoon, M.B., Les études des dolmens de la Corée, 1967.

-Matsuo, T., Etude sur les dolmens de Kyushu du Nord, Fukuoka, 1957.

-Migami, T., Les dolmens et les coffres de la Mandchourie et de la Corée, 1977.

-Suk, K.J., Etude sur les dolmens dans la région du Nord-Est de la Corée, 1979.

-Xu, Y.L., Etude sur les dolmens de la Péninsule de Liaotung, 1985.

Korean Dolmens : Unique Aspect of the World Megalithic Culture

Megalithic culture is a general term that refers to the cultural aspects and ritual activities related to burial or sacrificial pratices, including relevant structures built of large stones. Various megalithic relics are found throughout the Eurasian expanse, primarily along coastal and island regions, such as the Atlantic Ocean's eastern coast, the Mediterranean Sea, the Indian Ocean, and the Pacific Ocean's western coast, but not in the colder areas of the northern regions.

These megalithic relics can be generally categorized into menhirs, menhir alignments, stone circles, and dolmens. Of these, dolmens are the most common prehistoric monuments used for burial purposes.

Diversity of Megalithic Relics

Menhirs are among the most basic type of megalithic relics, consisting of a single, upright stone, measuring one to three meters in height. Menhir relics, which are rarely seen on the Korean Peninsula or throughout the Northeast Asian region, originated from phallism, religious worship of the male sex organ, as a symbol of fertility and abundance. In the region of Brittany, France, there are examples of huge menhirs, reaching heights of up to 10 meters.

Lines of stones or alignments of single or multiple rows of menhirs are found primarily in Western European countries, such as France and England. In all likelihood, these relics are related to some form of sun worship, since their alignment often coincides with the sun's position on the summer solstice. In Carnac, France, some 3,000 menhirs are arranged into 10 or so rows, along a distance of 4 kilometers, creating a grand spectacle.

Generally, arrangements of menhirs into circles are thought to have served as altars or sacred grounds for sun-worship rituals. The world-famous Stonehenge, situated on England's Salisbury Plain, is the most representative of these relics; archaeological excavation and research have revealed that its construction was started in about 2800 B.C., and then required another 1,200 years to be completed.

In general, a dolmen consists of several flat stones, which are positioned above ground to form a rectangular burial chamber covered by a capstone. However, in various regions, dolmens are built with an underground burial chamber that is covered by a capstone just above or at ground level.

Upright stone alignments [avenues] of Carnac. France; some 3,000 menhirs are arranged in 10 or so rows, along a distance of 4 kilometers, creating a grand spectacle.

In contrast to the megalithic relics of Europe, which served as ritual structures related to sun worship and other beliefs, dolmens were typically used as burial tombs. Among megalithic relics, dolmens are most actively studied, due to their significant number and variety of structure. Dolmens also involve a wide range or burial methods, and while the majority of dolmens on the Korean Penisula and elsewhere in Northeast Asia are examples of single-burial tombs, some dolmens found in Western Europe served as multiple-burial structures. The remains of 20 corpses have been recovered from a single dolmen, within a burial chamber measuring only 1.65 meters by 1 meter, in the Eure area of France.

Background of Megalithic Culture

In general, relics of megalithic culture were produced during the prehistoric period, ranging from the Neolithic Age to the Bronze Age, although there are various adjustments to this time frame due to regional differences. The megalithic relics of Western Europe, which could be called the center

Easter Island is home to some 550 stone sculptures, known as Moai, some of which have an estimated weight of 90 tons.

Stonehenge, on England's Salisbury Plain, is one of the best-known megalithic monuments, featuring a circular arrangement of menhirs.

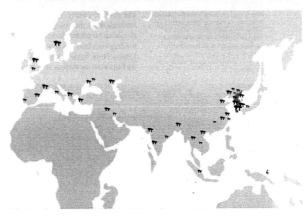

Megalithic relics are primarily found throughout coastal and island regions, such as the Atlantic Ocean's east coast, the Mediterranean Sea, the Indian Ocean, and the Pacific Ocean's west coast. Roughly half of the world's dolmens are found on the Korean Peninsula.

of megalithic cultural studies, were built over a period of 3,000 years, from about 5000 B.C. to 2000 B.C.

The dolmens of Northeast Asia, including those found on the Korean Penisula, in the Liaoning and Jilin provinces of China, and Kyushu, Japan, appear to have been built during the first millennium B.C., which corresponds to the Bronze Age for this region.

Yet megalithic culture is also known for its long-term existence, as seen in the fact that megalithic cultural traditions survived until recent times in Southeast Asia and areas of Oceania.

Archaeologists have long been interested in the formal and structural traits that these relics share, despite the existence of such a broad range of temporal and spatial characteristics. For example, the round holes found in the support stone of dolmens on India's Deccan Plateau, and in western Caucasus, are found in Western Europe as well, particularly in the Oise area, north of Paris, Frane. Even up through the mid-20th century, various European archaeologists suggested that there might be a connection between these structural characteristics.

The cultural relics that first attracted the attention of European diplomats and missionaries who visited Korea in the late 19th century were the dolmens scattered about the peninsula. There were many Korean dolmens that showed structural similarities with the dolmens found in various European regions. In this way, dolmens became the first archaeological relics to be introduced to the Western world.

Northeast Asia's Megalithic Culture

Megalithic cultural relics on the Korean Peninsula include a predominance of dolmens, along with a few menhirs. The dolmen culture of the Korean Peninsula forms the center of a Northeast Asian megalithic cultural sphere, which extends from northeast China to Kyushu, Japan. Studies have found that the highest concentrations of dolmens are situated in the northwestern areas of the Korean Peninsula, including Pyeong-annam-do Province and Hwanghae-do Province, as well as the western coast of Korea, along Jollanam-do Province and Jollabuk-do Province. The gently sloping topography, ample waterways and rolling hills of these regions made them attractive locations for prehistoric people to settle. This is also evident from the location of today's major cities.

Although there are some solitary dolmens, the majority is found in clusters about 10 or so. But there are several clusters that include tens and even hundreds of dolmens. Some 400 to 500 dolmens can be found along a 2-kilometers tract of land in Sanggap-ni, Gochang Jollabuk-do Province, while another cluster of about 850 dolmens has been discovered in the area of Yeontan and Hwangju of Hwanghae-do Province. Although no accurate statistics have been compiled on the distribution of dolmens on the Korean Peninsula, and surrounding areas, various project surveys of certain regions have been undertaken.

Over 20,000 dolmens have been identified thus far in Jollanam-do Province where the bulk of the surveys and studies of dolmens have been conducted. This region, which features the highest concentration of dolmens in Korea, offers a general guide to the distribution of dolmens throughout the Korean Peninsula.

Northern and Southern Types

As such, the Korean Peninsula is recognized for having a higher concentration of dolmens than any other area in Eurasia. The dolmens of Korean Peninsula and surrounding areas can be grouped into northern type and southern type, based on their structural characteristics, such as whether the burial chamber is above or below ground. The northern type dolmen, which was generally built above ground, consists of a chamber enclosed by four stone-slab walls that was covered by a capstone larger in size than the chamber area.

In comparison, the southern type dolmen includes a burial chamber that was dug into the ground, while stone mounds placed along the perimeter of the chamber area or a few support stones supported the capstone. Some have no support structure, in which case the capstone was placed directly onto the ground. The northern type is found in the northern region of the Korean Peninsula and adjacent northeastern areas of China, while the southern type is associated with the southern regions of the Korean Peninsula and Kyushu, Japan. A boundary between the two types could roughly be drawn along the Bukhangang River.

Unlike the varied megalithic cultural relics of Western Europe, dolmens make up the majority of such relics in Northeast Asia. Also, there are no known examples of stone-row or stone-circle arrangements. In contrast to Northeast Asian dolmens, which can be grouped into northern type and

Northern type dolmens were built with broad slabs to form a chamber above ground, which was covered by a capstone, often of massive proportions. Due to their resemblance to a table, they are known as "table dolmens."

Southern type dolmens often included a series of Support stones, upon which the capstone would be positioned. Other forms would have no support structure, in which case the capstone was placed directly onto the ground.

southern type, based on their structural characteristics, the dolmen types of Western Europe include passage graves, single chambers, gallery graves, and other forms.

Also, the majority of Northeast Asian dolmens are built with a single burial chamber, while dolmens in Western Europe include structures for multiple burials. These differences in megalithic culture can be attributed to the influences of regional characteristics, related to geographical and historical factors.

(Koreana, *KOREAN ART & CULTURE* vol.21, No.1, The Korea Foundation, Spring 2007)